Chris Carter

DER KRUZIFIX-KILLER

Thriller

Aus dem Amerikanischen von
Marja Rößner

Bild
am Sonntag
MEGA-THRILLER

Lizenzausgabe der Axel Springer SE, Berlin
1. Auflage März 2014

Die Originalausgabe erschien 2009 unter dem Titel The Cruzifix Killer bei
Simon & Schuster, London

Erschienen im Ullstein Taschenbuch Verlag
in der Übersetzung von Maja Rößner

Konzeption und Gestaltung: Klaus Fuereder, Berlin
Projektkoordination: Stephan Pallmann, Alexandra Wesner

Satz: Satzkasten, Stuttgart
Druck und Verarbeitung: CPI – Ebner & Spiegel, Ulm

ISBN: 9783942656849

Für Samantha Johnson, mein Ein und Alles.

1

Freitag, 5. August, 10.25 Uhr

»DETECTIVE HUNTER am Apparat …«

»Hallo, Robert. Ich habe eine Überraschung für dich.«

Hunter erstarrte und ließ beinahe den vollen Kaffeebecher fallen. Die metallische Stimme kannte er nur zu gut. Und sie konnte nur eines bedeuten – eine weitere verstümmelte Leiche.

»Hast du deinen Partner in letzter Zeit mal gesehen?«

Hunters Augen suchten hastig das Großraumbüro ab. Keine Spur von Carlos Garcia.

»Hat jemand heute Morgen schon was von Garcia gehört?«, schrie er durch den Raum, nachdem er die Stummtaste an seinem Handy gedrückt hatte.

Seine Kollegen warfen sich fragende Blicke zu. Hunter kannte die Antwort, bevor sie kam.

»Zuletzt gestern«, sagte Detective Maurice mit einem Kopfschütteln.

Hunter drückte erneut die Stummtaste.

»Was haben Sie mit ihm gemacht?«

»Habe ich nun also deine volle Aufmerksamkeit?«

»Was haben Sie mit ihm gemacht?«, fragte Hunter mit eisiger Stimme.

»Wie ich schon sagte, es ist eine Überraschung, Robert«, erwiderte die metallische Stimme lachend. *»Aber ich gebe dir noch einmal eine Chance. Vielleicht strengst du dich diesmal etwas mehr an. Sei in einer Stunde im Wäscheraum im Keller der alten Nummer 122, Pacific Alley, in South Pasadena. Wenn du Verstärkung mitbringst, stirbt er. Wenn du nicht in einer Stunde da bist, stirbt er. Und glaub mir, Robert, es wird ein sehr qualvoller Tod sein.«* Ein Klicken, dann war die Leitung tot.

2

Hunter rannte mit Riesensätzen die Treppen des alten Gebäudes im Ostteil von L. A. hinunter. Mit jedem Treppenabsatz, den er weiter in die Tiefe drang, wurde es dunkler und heißer. Sein Hemd war klatschnass geschwitzt, die engen Schuhe quetschten ihm die Zehen zusammen.

»Wo ist dieser verdammte Wäscheraum?«, flüsterte er, als er den Keller erreicht hatte.

Am Ende eines dunklen Korridors drang ein schmaler Lichtschein unter einer anscheinend geschlossenen Tür hervor. Er rannte darauf zu und rief den Namen seines Partners.

Keine Antwort.

Hunter zog seine Pistole, eine Wildey Survivor mit Spannabzug, und stellte sich rechts neben der Tür mit dem Rücken an die Wand.

»Garcia …«

Stille.

»Grünschnabel, bist du da drin?«

Ein dumpfer Laut, wie ein Schlag, drang hinter der Tür hervor. Hunter spannte den Hahn und holte tief Luft.

»Scheiße!«

Immer noch mit dem Rücken zur Wand, stieß er mit der rechten Hand die Tür auf, duckte sich mit einer fließenden, eingeübten Drehung um die eigene Achse in die Türöffnung und riss die Waffe hoch. Ein unerträglicher Gestank nach Urin und Erbrochenem raubte ihm fast den Atem und ließ ihn unwillkürlich einen Schritt zurückweichen.

»Garcia …«, rief er erneut.

Stille.

Von der Tür aus konnte Hunter nicht viel erkennen. Über einem kleinen Holztisch in der Mitte des Raums hing eine Glühbirne von der Decke, doch ihr spärliches Licht reichte nicht aus, um den ganzen Raum zu erleuchten. Hunter holte noch einmal Luft und wagte sich einen Schritt in den Raum hinein. Der Anblick, der sich ihm kurz darauf bot, drehte ihm den Magen um. Garcia war an ein mannsgroßes Kreuz genagelt, das in einem abgeschlossenen Plexiglaskubus stand. Am Boden hatten sich Pfützen gebildet, von dem Blut, das aus seinen Wunden tropfte. Er trug nur seine Unterwäsche und hatte eine Dornenkrone auf dem Kopf. Die dicken Metallstacheln hatten sich ins Fleisch gebohrt. Sein Gesicht war blutüberströmt. Er wirkte leblos.

Ich komme zu spät, durchfuhr es Hunter.

Als er sich dem Plexiglaskäfig näherte, stellte er überrascht fest, dass im Inneren ein Herzmonitor aufgebaut war. Die angezeigte Herzkurve war flach, aber beständig. Garcia lebte noch.

»Garcia!«

Keine Regung.

»Carlos!«, schrie Hunter.

Mit größter Anstrengung gelang es Garcia, die Augen ein klein wenig zu öffnen.

»Halt durch, Partner.«

Hunters Blick streifte durch den spärlich beleuchteten Raum. Er war ziemlich groß, jede Wand bestimmt mindestens fünfzehn Meter lang. Der Boden war übersät mit alten Lumpen, gebrauchten Spritzen, Crackpfeifen und Glasscherben. In einer Ecke rechts von der Tür stand ein verrosteter Rollstuhl. Auf den Holztisch in der Mitte hatte jemand einen tragbaren Kassettenrekorder gestellt, auf einem Zettel daran stand in roter Schrift: »Spiel mich ab.« Hunter drückte auf Play, und aus dem kleinen Lautsprecher drang klirrend die inzwischen vertraute Metallstimme.

»Hallo, Robert, du hast es also rechtzeitig geschafft.« Pause. *»Bestimmt hast du bereits bemerkt, dass dein Freund dringend deine Hilfe benötigt. Allerdings, wenn du ihm helfen willst, musst du ein paar Regeln befolgen …* meine *Regeln. Es ist ganz einfach, Robert. Ein kleines Spiel. Dein Freund befindet sich in einem kugelsicheren Glaskäfig. Versuch also erst gar nicht zu schießen. An der Tür befinden sich vier verschiedenfarbige Knöpfe. Einer von ihnen öffnet die Tür, die anderen drei – nicht. Du musst also nichts weiter tun, als dich für einen der Knöpfe zu entscheiden. Wenn du den richtigen drückst, geht die Tür auf, du kannst deinen Partner befreien und einfach aus dem Raum spazieren.«*

Eine Chance von eins zu drei, um Garcia zu retten – *nicht gerade eine gute Ausgangsposition*, zuckte es Hunter durch den Kopf.

»Und jetzt kommt der lustige Teil«, fuhr die Stimme auf dem Kas-

settenrekorder fort. *»Wenn du einen der drei falschen Knöpfe drückst, fließt augenblicklich eine hohe Ladung Strom durch die Dornenkrone, die dein Freund auf dem Kopf hat, und zwar ohne Unterbrechung. Hast du schon einmal gesehen, was mit einem Menschen auf dem elektrischen Stuhl passiert?«*, fragte die Stimme mit einem eiskalten Lachen. *»Die Augen springen heraus, die Haut zerbrutzelt wie Speck in der Pfanne, die Zunge rollt sich im Mund zusammen, bis man daran fast erstickt, das Blut fängt an zu kochen und lässt die Adern platzen. Ein exquisites Schauspiel, Robert.«*

Garcias Herzschlag fing an zu rasen. Hunter sah, wie die Ausschläge auf dem Monitor in immer kürzeren Intervallen kamen.

»Aber jetzt kommt erst der eigentliche Spaß an der Sache ...«

Hunter hatte geahnt, dass die Sache mit dem Strom nicht der einzige Haken war.

»Hinter dem Glaskasten habe ich genügend Sprengstoff deponiert, um den kompletten Raum in Schutt und Asche zu legen. Der Sprengstoff ist mit dem Herzmonitor gekoppelt, und sobald der keinen Herzschlag mehr anzeigt ...« Diesmal folgte eine längere Pause. Hunter wusste, was jetzt gleich kommen würde.

»Bumm ...! Dann fliegt hier alles in die Luft. Du siehst also, Robert, wenn du den falschen Knopf drückst, dann darfst du nicht nur zusehen, wie dein Freund durch deinen Fehler qualvoll stirbt, sondern gleich darauf wirst auch du sterben.«

Inzwischen hämmerte Hunter das Herz in der Brust. Schweiß tropfte ihm von der Stirn und brannte ihm in den Augen. Seine Hände waren feucht und zitterten.

»Aber du hast die Wahl, Robert. Du musst deinen Partner nicht retten. Du kannst dich auch ganz ohne Risiko selbst retten. Geh einfach und lass ihn alleine sterben. Keiner außer mir weiß davon. Kannst du damit leben? Oder setzt du dein Leben für seines aufs Spiel? Such dir eine Farbe aus. Dir bleiben sechzig Sekunden Zeit.« Ein lauter Piepton erklang auf dem Band, dann trat Stille ein.

Hunter sah, wie über Garcias Kopf eine rote Digitalanzeige ansprang: 59, 58, 57 ...

3

Fünf Wochen vorher

JENNY RIEB SICH DIE AUGEN und erhob sich von ihrer Tischgesellschaft im Vanguard Club in Hollywood. Insgeheim hoffte sie, dass sie nicht so müde aussah, wie sie sich fühlte.

»Wo gehst du hin?«, fragte D-King und nippte an seinem Champagner.

Bobby Preston war der bekannteste Dealer im Nordwesten von Los Angeles, doch keiner nannte ihn je bei seinem richtigen Namen. Alle kannten ihn nur als D-King. Das »D« stand für »Dealer«, denn er dealte praktisch mit allem: Drogen, Frauen, Autos, Waffen. Er beschaffte, was immer gewünscht wurde, Hauptsache, der Preis stimmte.

Jenny war sein mit Abstand hübschestes Mädchen. Ihr Körper war makellos geformt und gebräunt, ihre Gesichtszüge waren vollkommen, und ihrem bezaubernden Lächeln konnte kein Mann auf Erden widerstehen, da war sich D-King sicher.

»Ich geh nur mein Make-up auffrischen. Bin gleich zurück, Babe.« Sie warf ihm eine Kusshand zu und verließ mit dem Champagner-Glas in der Hand die exklusive V.I.P.-Lounge.

Jenny hatte für heute genug vom Alkohol, nicht weil sie sich betrunken fühlte, sondern weil dies ihre fünfte Party-Nacht in Folge war. So hatte sie sich ihr Leben eigentlich nicht vorgestellt – dass sie ihr Dasein als Prostituierte fristete. D-King versicherte ihr zwar dauernd, sie wäre keine, und nannte sie Luxusbegleiterin für Gentlemen mit extrem gutem Geschmack und extrem viel Geld, doch am Ende lieferte sie eben doch Sex gegen Bezahlung. Damit war sie in ihren eigenen Augen eine Hure.

Die meisten ihrer Kunden waren perverse alte Millionäre, die bei ihr nach etwas suchten, was sie zu Hause nicht bekamen. Daher war der Sex nie die ganz gewöhnliche Nummer in Missionarsstellung. Alle wollten sie was Besonderes für ihr Geld. Fesseln, Sadomaso, Auspeitschen, Wassersport, Strap-on-Sex – die Liste war endlos. Und was sie auch wollten, Jenny musste es liefern. Doch heute Nacht arbeitete sie nicht. Heute wurde sie nicht nach Stunden bezahlt, und sie war auch nicht mit einem ihrer kaputten Kunden unterwegs. Heute Nacht war sie mit dem Boss aus, und das hieß Party, so lange, bis er sagte, dass Schluss war.

Jenny war schon oft im Vanguard gewesen. Es war einer von D-Kings Lieblingsclubs, und natürlich war es ein phantastisches, hinreißend luxuriöses Spektakel – angefangen bei der riesigen Tanzfläche bis hin zu der Lasershow und der großen Bühne. Im Vanguard fanden bis zu zweitausend Leute Platz, und an diesem Abend war der Laden knallvoll.

Jenny bahnte sich einen Weg zu der Bar, die in Richtung der Damentoiletten lag. Zwei Barkeeper arbeiteten dahinter auf Hochtouren. Der ganze Club wimmelte nur so von schönen Menschen, die meisten in den Zwanzigern und frühen Dreißigern. Jenny merkte nicht, dass ihr ein Augenpaar folgte, während sie den V.I.P.-Bereich verließ und zur Bar ging. Ein Augenpaar, das schon den ganzen Abend an ihr gehangen hatte. Genaugenommen folgte es ihr schon seit vier Wochen, von Nachtclub zu Nachtclub und von Hotel zu Hotel. Beobachtete sie, während sie ihre Kunden unterhielt und jedem einzelnen das Gefühl gab, dass sie sich prächtig amüsierte.

»Hi, Jen, alles okay? Du siehst etwas müde aus«, bemerkte Pietro, der langhaarige Barkeeper, als Jenny an die Bar trat. Er sprach noch immer mit einem leichten spanischen Akzent.

»Alles okay, Honey. Nur ein bisschen zu viel Party in letzter Zeit«, erwiderte sie mit wenig Begeisterung, nachdem sie in einem der Spiegel hinter der Bar einen Blick auf sich erhascht hatte. Ihre hypnotischen blauen Augen schienen heute Abend etwas von ihrem Glanz verloren zu haben.

»Keine Pause im Paradies, was?«, merkte Pietro mit einem schüchternen Lächeln an.

»Heute Nacht nicht«, erwiderte Jenny ebenfalls lächelnd.

»Irgendwas zu trinken für dich?«

»Nein, danke, ich kämpfe noch mit dem hier«, sagte sie, hob ihr Champagnerglas und zwinkerte ihm kokett zu. »Ich muss nur einfach mal ein Weilchen von meinem Tisch weg.«

Pietro und Jenny flirteten zwar hin und wieder miteinander, doch Pietro hatte nie irgendwas bei ihr versucht. Er wusste, dass sie D-King gehörte.

»Na dann, wenn du doch was willst, ruf mich einfach.« Pietro wandte sich wieder seinen Cocktails zu und jonglierte weiter mit seinen Flaschen. Eine dunkelhaarige Frau, die an der gegenüberliegenden Seite der Bar stand, warf Jenny einen finsteren Blick zu, der ungefähr zu sagen schien: »Schwirr ab, Schlampe, ich war zuerst an ihm dran.«

Jenny fuhr sich mit der Hand durch ihr langes, goldblondes Haar, stellte ihr Champagnerglas auf der Theke ab und drehte sich so, dass sie die Tanzfläche sehen konnte. Sie mochte die Atmosphäre in diesem Club. All die Leute, die ihren Spaß hatten, tanzten, tranken und sich verliebten. Okay, vielleicht nicht wirklich ver*liebten*, dachte Jenny, aber zumindest hatten sie Sex zum Vergnügen und nicht, weil sie dafür bezahlt wurden. Sie wünschte sich, auch eine von ihnen zu sein. Das hier war jedenfalls nicht das tolle Leben à la Hollywood, von dem sie geträumt hatte, als sie vor sechs Jahren von Idaho fortgegangen war.

SEIT IHREM ZWÖLFTEN LEBENSJAHR war Jenny Farnborough fasziniert von Hollywood. Damals wurde das Kino ihr Zufluchtsort vor den ständigen Streitereien zwischen ihrer unterwürfigen Mutter und ihrem aggressiven Stiefvater. Filme waren ihr Fluchtweg in eine andere Welt, in der sie noch nie gewesen war und zu der sie gehören wollte.

Jenny wusste sehr wohl, dass ihr Traum von Hollywood ein Hirngespinst war. Etwas, das nur in kitschigen Romanen und Filmen existierte, und davon hatte sie jede Menge gelesen und gesehen. Sie war eine Träumerin, das ließ sich nicht leugnen, aber vielleicht war das ja gar nicht so schlimm. Vielleicht würde sie ja diejenige sein, der tatsächlich das Glück begegnete. Und außerdem hatte sie sowieso nichts zu verlieren.

Mit vierzehn nahm Jenny ihren ersten Job an, als Popcorn-Verkäuferin in einem Kino. Jeden Cent, den sie verdiente, legte sie auf die Seite, und an ihrem sechzehnten Geburtstag hatte sie endlich genug Geld beisammen, um das gottverdammte Kaff, in dem sie aufgewachsen war, hinter sich zu lassen. Damals schwor sie sich, nie wieder nach Idaho zurückzukehren. So erfuhr Jenny nie, dass sich ihre Mutter, nur eine Woche nachdem sie fortgegangen war, mit einer Überdosis Schlaftabletten umgebracht hatte.

Hollywood empfing sie so, wie Jenny es sich vorgestellt hatte: ein magischer Ort voll von schönen Menschen, glitzernden Lichtern und schillernden Phantasien. Doch die harte Realität des Alltags in der Stadt der Engel hatte mit der Illusion, die Jenny sich geschaffen hatte, herzlich wenig zu tun. Ihre Ersparnisse reichten nicht lange, und da sie keinerlei Berufsausbildung besaß, stapelten sich die Absagen schon bald wie ein Berg schmutziger Wäsche. Ihr herrlicher Traum verwandelte sich ganz allmählich in einen Alptraum.

Über Wendy Loutrop, eine andere Möchtegern-Schauspielerin, machte Jenny die Bekanntschaft D-Kings. Zunächst wies sie all seine Angebote rundweg ab. Schließlich kannte sie all die Geschichten über hübsche junge Frauen, die mit dem Traum, ein Filmstar zu werden, nach Hollywood gekommen waren und schon bald auf der Straße oder für die Pornoindustrie arbeiteten. Jenny war fest entschlossen, nicht aufzugeben. Sie wollte nicht eine weitere Versager-Story sein. Sie wollte an ihrem Traum festhalten. Allerdings musste ihr Stolz erst einmal hinter ihren Überlebensinstinkt zurücktreten. Und so kam es, dass D-King nach einigen Monaten mit wiederholten Anrufen und teuren Geschenken doch noch sein neues Mädchen hatte.

JENNYS AUGEN HINGEN IMMER NOCH an der wogenden Menge auf der Tanzfläche, deshalb bemerkte sie nicht, wie eine Hand eine farblose Flüssigkeit in ihr Champagnerglas kippte.

»Hallo, schöne Frau, kann ich Ihnen vielleicht einen Drink spendieren?«, fragte der großgewachsene blonde Mann rechts neben ihr mit einem strahlenden Lächeln.

»Ich hab schon einen, aber danke für das Angebot«, erwiderte Jenny höflich, jedoch ohne mit dem Fremden Blickkontakt aufzunehmen.

»Sicher? Ich kann uns auch eine Flasche Cristal bestellen. Wie wär's, Schätzchen?«

Jenny wandte sich um und blickte den Mann an. Er war elegant gekleidet – dunkelgrauer Versace-Anzug, weißes Hemd mit steifem Kragen und blaue Seidenkrawatte. Das Auffallendste an ihm waren seine grünen Augen. Er war ohne Frage attraktiv.

»Wie heißen Sie?«, fragte sie und rang sich ein Lächeln ab.

»Carl. Freut mich, Sie kennenzulernen«, entgegnete er und hielt ihr die Hand hin.

Jenny ignorierte die dargebotene Hand und nippte stattdessen an ihrem Champagner. »Sehen Sie, Carl, ich gebe zu, Sie sind ein attraktiver Mann«, sagte sie, und ihre Stimme nahm dabei einen süßen, schmeichelnden Ton an. »Aber eine Frau aufreißen zu wollen, indem man mit Geld um sich wirft, ist nicht gerade sehr schlau, schon gar nicht in einem Laden wie diesem hier. Da muss man sich ja wie ein Flittchen vorkommen, oder nicht? Es sei denn, Sie suchen nach einem Flittchen? Ist es das, was Sie suchen, Carl, jemand Käufliches?«

»O … nein, nein!« Carl fummelte nervös an seiner Krawatte herum. »Entschuldigung, so habe ich das nicht gemeint.«

»Sie suchen also nicht nach einem Party-Girl, mit dem Sie so richtig Spaß haben können?«, fragte sie und nippte erneut an ihrem Champagner, während sie ihm jetzt tief in die Augen blickte.

»Nein, nein, natürlich nicht. Nur ein netter kleiner Drink, und falls dann die Chemie zwischen uns stimmt …« Er ließ den Rest des Satzes mit einem Schulterzucken in der Luft hängen.

Ganz langsam und zärtlich fuhr sie mit den Fingern an seiner Krawatte herunter, bevor sie ihn daran zu sich her zog. »Wirklich zu schade, dass du nicht doch nach einem Party-Girl suchst«, flüsterte sie ihm ins Ohr.

Carls Lächeln wich einem Ausdruck von Verwirrung.

»Sonst hätte ich dir die Nummer von meinem Zuhälter geben können, er sitzt gleich da drüben«, sagte sie und deutete mit einem sarkastischen Lächeln auf den Lippen zur V.I.P.-Lounge hinüber.

Carl machte den Mund auf, als wollte er etwas sagen, doch es kam kein Wort heraus.

Jenny trank ihr Champagnerglas leer, zwinkerte ihm aufreizend zu und verließ die Bar in Richtung Damentoiletten.

Das Augenpaar folgte ihr noch immer.

Es kann nicht mehr lange dauern, bis die Droge wirkt.

Jenny malte gerade ihre Lippen nach, als sie sich plötzlich ganz schwach fühlte. Irgendwas stimmte nicht mit ihr. Auf einmal war ihr fiebrig heiß, und die Wände schienen auf sie zuzukommen. Außerdem kriegte sie kaum noch Luft. So schnell sie konnte, ging sie zur Tür. Sie musste unbedingt hier raus.

Als sie taumelnd die Damentoilette verließ, drehte sich alles um sie herum. Sie wollte zu D-Kings Tisch zurückgehen, aber ihre Beine gehorchten ihr nicht. Wie in Zeitlupe sank Jenny zu Boden, doch ein Paar Arme fing sie auf.

»Alles okay? Du siehst aus, als ginge es dir nicht gut.«

»Mir ist irgendwie schwindlig. Ich glaube, ich muss mal ...«

»... an die frische Luft. Es ist so stickig hier drin. Gehen wir doch einen Augenblick hinaus.«

»Aber ich ...« Ihre Worte kamen jetzt lallend. »Ich muss erst D- ... Ich muss zurück zu ...«

»Das hat Zeit, Schätzchen. Jetzt kommst du erst mal mit mir.«

Niemand bemerkte, wie der Fremde mit Jenny zum Ausgang des Clubs ging.

4

»JA, DETECTIVE HUNTER HIER.« Nach dem sechsten Klingeln bekam Hunter endlich sein Handy zu fassen und ging ran. Seine Stimme klang heiser, und die Wörter kamen stockend. Ihm war unschwer anzuhören, dass er kaum Schlaf gehabt hatte.

»Hunter, wo zum Teufel steckst du? Der Captain sucht dich schon seit zwei Stunden.«

»Grünschnabel, bist du das? Wie spät ist es?« Carlos Garcia war seit einer Woche Hunters neuer Partner. Er war ihm zugeteilt worden, nachdem sein bisheriger, langjähriger Partner gestorben war.

»Drei Uhr morgens.«

»Was für ein Tag?«

»Mann, verdammt ... Montag. Hör zu, komm besser her und sieh dir das an. Wir haben hier einen ziemlich durchgeknallten Mordfall.«

»Wir sind das Morddezernat I für besonders schwere Fälle, Garcia. Wir haben nur durchgeknallte Mordfälle.«

»Also, der hier ist jedenfalls eine ziemliche Sauerei, und du solltest wirklich schleunigst hier aufkreuzen. Der Captain will, dass wir das hier übernehmen.«

»Mhm«, erwiderte Hunter unbeeindruckt. »Kriege ich eine Adresse?«

Er legte sein Handy ab und blickte sich in dem kleinen, dunklen, fremden Zimmer um. *Wo zum Teufel bin ich?*, fuhr es ihm durch den Kopf.

Sein pochender Schädel und der ekelhafte Geschmack in seinem Mund riefen ihm wieder in Erinnerung, wie viel er letzte Nacht getrunken hatte. Er ließ den Kopf tief in das Kissen zurücksinken in der Hoffnung, dass dies die Schmerzen lindern würde. Neben ihm im Bett bewegte sich etwas.

»Heißt der Anruf, dass du gehen musst?« Die Frauenstimme klang sonor und sexy und sprach mit einem Hauch von italienischem Akzent. Hunter blickte überrascht auf den halb zugedeckten Frauenkörper neben ihm. In dem spärlichen Licht, das von der Straßenbeleuchtung durchs Fenster hereinsickerte, konnte er gerade eben ihre Umrisse ausmachen. Erinnerungsfetzen aus der vorangegangenen Nacht tauchten vor seinem inneren Auge auf. Die Bar, Drinks, Flirten, die Taxifahrt zur Wohnung der Fremden und sie selbst, eine schlanke, große, schwarzhaarige Frau, an deren Namen er sich nicht mehr erinnern konnte. Das war in den letzten fünf Wochen bereits die dritte Frau, neben der er aufwachte.

»Ja, ich fürchte. Tut mir leid«, sagte er möglichst beiläufig. Er stand auf und blickte sich suchend nach seiner Hose um. Als sich seine Augen an das Halbdunkel gewöhnt hatten, konnte er das Gesicht der Frau ein wenig besser erkennen. Sie schien um die dreißig oder knapp darüber zu sein. Ihr seidiges, dunkles Haar reichte ihr bis über die Schultern und umrahmte ein herzförmiges Gesicht mit einer fein geformten Nase und ebensolchen Lippen. Sie war attraktiv, allerdings nicht im Stil irgendeiner Hollywood-Filmschönheit. Der fransige Pony stand ihr perfekt, und in den dunkelgrünen Augen lag ein ungewöhnliches, faszinierendes Funkeln.

Hunter fand seine Hose auf der Türschwelle zum Schlafzimmer. Auch seine Unterhose lag dort – die mit dem blauen Teddybärmuster. *Ausgerechnet*, stöhnte er innerlich.

»Kann ich mal das Bad benutzen?«, fragte er, während er sich den Reißverschluss an der Hose hochzog.

»Klar. Erste Tür rechts, wenn du rausgehst«, sagte sie, setzte sich auf und lehnte sich ans Kopfende.

Hunter ging ins Bad und machte die Tür hinter sich zu. Er spritzte sich ein paar Hände kaltes Wasser ins Gesicht und blickte sein Spiegelbild an. Seine blauen Augen wirkten blutunterlaufen. Seine Haut war noch blasser als sonst, das Kinn unrasiert.

»Toll, Robert«, sagte er zu sich und spritzte sich noch mehr kaltes Wasser in sein müdes Gesicht. »Noch eine Frau, von der du nicht mehr weißt, wie du sie kennengelernt hast und wie du bei ihr zu Hause gelandet bist. Sex ohne Verpflichtungen ist schon was Tolles, vor allem, wenn man sich daran erinnern kann. Gott, ich muss mit der Trinkerei aufhören.«

Er schmierte sich ein wenig Zahnpasta auf den Finger und putzte sich damit notdürftig die Zähne. Auf einmal zuckte ihm ein neuer Gedanke durch den Kopf. *Und wenn sie nun eine Prostituierte ist? Und ich schulde ihr Geld für etwas, woran ich mich nicht mal mehr erinnere?* Er warf rasch einen Blick in sein Portemonnaie. Das wenige Geld, das er mithatte, war an Ort und Stelle.

Er fuhr sich mit der Hand durch die kurzen blonden Haare und ging ins Schlafzimmer zurück. Sie saß immer noch im Bett.

»Hast du da drin Selbstgespräche geführt?«, fragte sie mit einem zurückhaltenden Lächeln.

»Was? O … äh, ja, das mache ich manchmal, um nicht verrückt zu werden. Hör mal, ähm …« Er entdeckte sein Hemd, auf dem Boden neben dem Bett. »Schulde ich dir irgendwie Geld?« Er versuchte, ganz unbekümmert zu klingen.

»Wie bitte? Hältst du mich etwa für eine Nutte?«, fragte sie. Es war offensichtlich, dass sie verletzt war.

Oh, Shit. Ihm war sofort klar, dass er Mist gebaut hatte. »Nein, überhaupt nicht … Hör zu, es ist nicht so, wie du denkst, es ist … Das ist mir schon mal passiert. Ich trinke zu viel und … Ich wollte dich nicht beleidigen.«

»Wirke ich auf dich vielleicht wie eine Nutte?«, fragte sie irritiert.

»Absolut nicht, nein«, erwiderte er entschieden. »War ein idiotischer Gedanke von mir. Tut mir leid, echt. Wahrscheinlich bin ich immer noch halb betrunken.« Hunter ruderte mit aller Macht zurück.

Sie beobachtete ihn einen Moment lang. »Hör mal, ich bin nicht die Art von Frau, für die du mich ganz offensichtlich hältst. Ich habe einen Job, der eine Menge Verantwortung und Stress mit sich bringt, und die letzten Monate waren ziemlich heftig. Ich wollte einfach mal Druck ablassen und ein paar Drinks genießen. Wir sind ins Plaudern gekommen. Du warst lustig, nett, sogar richtig charmant. Und in der Lage, ein zusammenhängendes Gespräch zu führen, im Gegensatz zu den Typen, die mir sonst so über den Weg laufen, wenn ich mal ausgehe. Ein Drink führte zum nächsten, und so sind wir hier gelandet. Was offensichtlich ein Fehler war.«

»Nein … ehrlich …« Hunter suchte nach den richtigen Worten. »… ich rede manchmal irgendwelches Zeug, ohne richtig darüber nachzudenken. Und … um die Wahrheit zu sagen … ich kann mich an fast nichts von letzter Nacht erinnern. Tut mir echt leid. Und ich komme mir wirklich wie ein Arschloch vor.«

»Solltest du auch.«

»Glaub mir, ich tu's.«

Sie musterte ihn scharf. Was er sagte, klang aufrichtig.

»Jedenfalls, deinen Klamotten und deiner Unterwäsche nach zu urteilen, wäre ich wahrscheinlich sowieso viel zu teuer für dich.«

»Autsch. Danke, das saß. Es war mir auch so schon peinlich genug, ohne dass du es erwähnst.«

Sie lächelte.

Hunter war froh, dass seine Beschwichtigungsversuche Erfolg zeigten. »Stört's dich, wenn ich mir eine Tasse Kaffee mache, bevor ich gehe?«

»Ich habe keinen Kaffee, aber du kannst dir gerne einen Tee machen. Die Küche ist am Ende des Gangs.«

»Tee? Hm, ich glaube, da passe ich lieber. Zum Aufwachen brauche ich was Stärkeres.« Inzwischen hatte er sich das Hemd zugeknöpft.

»Bist du sicher, dass du nicht bleiben kannst?«, fragte sie und ließ die Decke von ihrem nackten Körper gleiten. Tolle Kurven, schön geformte Brüste und nirgendwo eine Spur von Haaren. »Du könntest mir zeigen, wie sehr es dir leidtut, dass du mich für eine Nutte gehalten hast.«

Hunter stand einen Moment lang unschlüssig da. Dann biss er sich auf die Lippe und verscheuchte ihren verlockenden Vorschlag aus seinem Hirn. Seine Kopfschmerzen waren ihm eine lautstarke Mahnung.

»Ehrlich, wenn ich könnte, würde ich bleiben.« Er war jetzt vollständig angezogen und startbereit.

»Verstehe. War das deine Frau am Telefon?«

»Was? Nein, ich bin nicht verheiratet. Glaub mir, das war die Arbeit.« Sie sollte ihn um Himmels willen nicht auch noch für einen fremdgehenden Ehemann halten.

»Okay«, sagte sie in neutralem Ton.

Hunter ließ seinen Blick noch einmal über ihren Körper wandern und spürte, wie sein eigener reagierte. »Wenn du mir deine Nummer gibst, könnten wir uns ja mal wiedersehen.«

Sie blickte ihn eine kleine Weile prüfend an.

»Du denkst, ich werde ja doch nicht anrufen, stimmt's?«, fragte Hunter, da er ihr Zögern spürte.

»Ach, Gedankenleser bist du also auch noch? Netter Party-Trick.«

»Du solltest mich erst mal mit einem Set Karten sehen.«

Jetzt lächelten beide.

»Außerdem tue ich nichts lieber, als Leuten zu beweisen, dass sie unrecht hatten.«

Sie griff grinsend nach dem Notizblock auf ihrem Nachttisch.

Hunter nahm den Zettel entgegen und küsste sie auf die rechte Wange. »Ich muss dann los.«

»Das wären dann eintausend Dollar, Schätzchen!«, sagte sie zärtlich und fuhr ihm dabei mit dem Finger über die Lippen.

»Was?«, fragte er verdutzt. »Aber …«

Sie grinste schon wieder. »Sorry, das konnte ich mir nicht verkneifen.«

Als er auf der Straße stand, faltete Hunter den Zettel auseinander. Isabella. *Hübscher Name*, dachte er. Er blickte sich suchend nach seinem alten Buick Lesabre um, doch der Wagen war nirgends zu sehen.

»Scheiße! Ich war ja viel zu betrunken zum Fahren«, murmelte er vor sich hin und winkte einem vorbeifahrenden Taxi.

DIE WEGBESCHREIBUNG, die Garcia ihm gegeben hatte, führte mitten ins Nirgendwo. Die Little Tujunga Canyon Road in Santa Clarita ist achtzehn Meilen lang, von Bear Divide zum Foothill Boulevard in Lakeview Terrace, und verläuft dabei fast vollständig im Los Angeles National Forest. Die Ausblicke auf Wald und Berge sind immer wieder atemberaubend. Garcias Beschreibung ließ nichts zu wünschen übrig, und schon bald bog das Taxi auf eine schmale, holprige Forststraße ein, die sich zwischen Hügeln und wildem Buschwerk hindurchschlängelte.

Die Dunkelheit und Abgeschiedenheit waren überwältigend. Nach ungefähr zwanzig Minuten tauchte ein altes Holzhaus auf, der Zufahrtsweg war voller Schlaglöcher.

»Schätze, wir sind am Ziel«, sagte Hunter und gab dem Fahrer das gesamte Geld, das er bei sich hatte.

Der Weg war gerade breit genug für einen normalen Pkw. Rechts und links wucherte dichtes, undurchdringliches Gestrüpp. Überall standen Polizeiwagen und offizielle Fahrzeuge herum. Es sah aus wie ein Verkehrsstau mitten in der Wüste.

Garcia stand vor dem Haus und redete mit einem Beamten von der Spurensicherung. Beide hielten eine Taschenlampe in der Hand. Hunter musste sich zwischen den kreuz und quer stehenden Fahrzeugen hindurcharbeiten, um zu ihnen zu gelangen.

»Du lieber Himmel, so was nenne ich abgelegen. Noch ein Stückchen weiter, und wir stehen in Mexiko … Hallo, Peter«, sagte Hunter und nickte dem Kriminaltechniker zu.

»Harte Nacht gehabt, Robert? Du siehst genauso aus, wie ich mich fühle«, sagte Peter mit einem sarkastischen Grinsen.

»Danke, du siehst auch blendend aus. Wann ist es denn so weit?«, erwiderte Hunter und klopfte Peter auf den Bierbauch. »Also, was haben wir?«, wandte er sich an Garcia.

»Ich denke, das siehst du dir besser selbst an. Der Anblick ist schwer in Worte zu fassen. Der Captain ist noch drin, er will zuerst mit dir reden, bevor er die Jungs von der Spurensicherung loslegen lässt.« Garcia wirkte beinahe verstört.

»Was zum Teufel macht der Captain hier? Er sieht sich sonst nie einen Tatort an. Kennt er das Opfer?«

»Ich weiß auch nicht mehr als du, aber ich glaube nicht, sie ist ja auch nicht wirklich erkennbar.« Auf Garcias letzte Bemerkung hin kniff Hunter besorgt die Augen zusammen.

»Eine Frauenleiche also?«

»Oh, eine Frau ist es, so viel lässt sich sagen.«

»Bist du okay, Grünschnabel? Du siehst etwas mitgenommen aus.«

»Alles in Ordnung«, versicherte Garcia.

»Er hat sich ein paarmal übergeben«, bemerkte Peter mit spöttischer Miene.

Hunter schaute Garcia prüfend an. Er wusste, dass dies nicht sein erster Tatort war. »Wer hat die Leiche gefunden? Von wem kam der Anruf?«

»Anscheinend ein anonymer Anruf bei der Notfallzentrale«, sagte Garcia.

»O toll. Die Tour mal wieder.«

»Hier, nimm«, sagte Garcia und reichte Robert die Taschenlampe.

»Brauchst du auch eine Kotztüte?«, witzelte Peter.

Hunter ignorierte die Bemerkung und nahm sich einen Moment lang Zeit, um das Holzhaus von außen zu betrachten. Es gab keine Eingangstür. Die vordere Fassade fehlte fast vollständig, und zwischen den noch vorhandenen Holzdielen am Boden wuchs Gras, so dass das vordere Zimmer wie ein kleiner Privatwald wirkte. Vereinzelte Flecken abblätternder Farbe auf den rudimentären Überresten der Fenstersimse ließen den Schluss zu, dass das Haus früher einmal weiß gestrichen war. Hier hatte ganz eindeutig seit Jahren niemand mehr gewohnt, und diese Beobachtung beunruhigte Hunter. Bei einem ersten Mord machten sich die Täter normalerweise nicht die Mühe, einen so abgelegenen Ort aufzuspüren.

Links neben dem Haus standen drei Polizisten, alle mit dampfenden Kaffeebechern in der Hand, und unterhielten sich über das Football-Spiel vom Vorabend.

»Wo gibt's den?«, fragte Hunter, auf die Kaffeebecher deutend.

»Ich besorg dir einen«, erwiderte Garcia. »Der Captain ist im hinteren Zimmer, durch den Flur und dann links. Ich komme gleich nach.«

»Und, viel zu tun, Jungs?«, rief Hunter den drei Polizisten zu. Sie quittierten die schnippische Frage mit einem gleichgültigen Blick und setzten ihre Unterhaltung fort.

Im Inneren des Hauses hing ein eigenartiger Geruch in der Luft, eine Mischung aus verrottendem Holz und rohen Abfällen. Im ersten Zimmer gab es nichts zu sehen. Hunter knipste die Taschenlampe an und ging durch die Tür am gegenüberliegenden Ende des Raums. Von einem langen, schmalen Flur führten vier weitere Zimmer ab, zwei auf jeder Seite. Vor der letzten Tür links stand ein junger Polizist. Hunter folgte dem Flur und warf je einen kurzen Blick in die Zimmer rechts und links: nur Spinnweben und kaputte Überreste von altem Gerümpel. Die knarrenden Holzdielen verliehen dem Haus eine noch unheimlichere Note. Als Hunter sich der letzten Tür und dem dort postierten

Polizisten näherte, überkam ihn ein Frösteln. Das Frösteln, das jeder Mordschauplatz auslöst. Das Frösteln des Todes.

Hunter zog seine Polizeimarke heraus, und der Beamte trat einen Schritt zur Seite.

»Bitte sehr, Detective!«

Auf einem Tisch neben der Tür lagen die üblichen Accessoires bereit: Overalls, Überzieher für die Schuhe und Haarhauben aus blauer Plastikfolie, daneben eine Box mit Einmalhandschuhen. Hunter zog sich die Sachen über und machte die Tür auf, um seinem nächsten Alptraum zu begegnen.

Der Anblick, der sich ihm beim Betreten des Raums bot, raubte ihm den Atem.

»Heiliger Himmel.« Seine Stimme war bestenfalls ein Flüstern.

5

HUNTER STAND IM EINGANG zu einem großen, zweigeteilten Raum, der nur von zwei sich bewegenden Lichtkegeln erleuchtet war – den Taschenlampen von Captain Bolter und Dr. Winston. Zu Hunters Überraschung war dieses Zimmer weit besser erhalten als der Rest des Hauses. Bei dem Anblick, der sich ihm bot, verkrampfte sich Hunters Magen.

Direkt ihm gegenüber, ungefähr einen Meter von der rückwärtigen Zimmerwand entfernt, hing die nackte Leiche einer Frau. Sie war an den Handgelenken zwischen zwei Holzpfosten aufgehängt, und ihre Knie berührten den Boden, so dass ihr Körper ein Y bildete. Die Fesseln an ihren Handgelenken, die mit dem oberen Ende der Pfosten verbunden waren, hatten ihr tief ins Fleisch geschnitten: Das Blut war ihre dünnen Arme hinuntergeronnen und angetrocknet. Hunter starrte auf das Gesicht der Frau, während sein Gehirn zu verarbeiten versuchte, was er da sah.

»Gott im Himmel.«

Ein Schwarm Fliegen umschwirrte unablässig und mit quälendem Gesurre die Leiche, ließ jedoch ihr Gesicht unbehelligt. Ihr *hautloses* Gesicht. Eine konturenlose Masse aus Muskelgewebe.

»Hunter! Wie nett, dass Sie sich doch noch blicken lassen.« Captain

Bolter stand neben Dr. Winston, dem Leiter der forensischen Abteilung, am anderen Ende des Zimmers.

Hunter starrte immer noch wie gebannt auf die Frauenleiche. »Wurde sie gehäutet?«, fragte er schließlich in fassungslosem Ton von der Tür her.

»Bei lebendigem Leib … Jemand hat sie bei lebendigem Leib gehäutet«, korrigierte Dr. Winston Hunter in sachlichem Tonfall. »Sie starb erst Stunden nachdem ihr die Haut vom Gesicht gezogen worden war.«

»Das ist nicht Ihr Ernst!« Hunters Blick richtete sich erneut auf die gesichtslose Frau. Die fehlende Gesichtshaut ließ ihre Augen grotesk hervortreten. Sie schienen ihn geradewegs anzustarren. Ihr Mund stand offen. Die Zähne fehlten.

Hunter schätzte sie auf höchstens fünfundzwanzig. Ihre Beine, Bauch und Arme waren wohlgeformt: Es war klar, dass sie sich fit gehalten hatte und stolz auf ihren Körper gewesen war. Ihre glatten, goldblonden Haare reichten ihr bis auf den Rücken. Sie musste eine sehr attraktive Frau gewesen sein.

»Es kommt noch ärger«, sagte Dr. Winston. »Sehen Sie mal hinter die Tür.«

Hunter trat ins Zimmer, schloss die Tür hinter sich und starrte sie einige Sekunden verwirrt an.

»Ein Ganzkörperspiegel?«, fragte er verdutzt, während ihm sein eigenes Abbild entgegenblickte. Einer plötzlichen Eingebung folgend trat er einen Schritt zur Seite. Auf einmal war das Spiegelbild der Frau zu sehen.

»O mein Gott! Der Killer hat sie dabei zusehen lassen.« Ihr Körper befand sich direkt gegenüber der Tür.

»Ganz offensichtlich«, stimmte Dr. Winston zu. »Vermutlich verbrachte sie ihre letzten Lebensstunden vor ihrem eigenen entstellten Spiegelbild – mentale Folter zusätzlich zur physischen.«

»Der Spiegel war nicht ursprünglich an dieser Tür …«, stellte Hunter fest und blickte sich in dem Raum um. »… oder überhaupt in diesem Zimmer. Der sieht nagelneu aus.«

»Genau. Der Spiegel und die beiden Holzpfosten wurden eigens hier angebracht, um die Qualen des Opfers zu erhöhen«, bestätigte Dr. Winston.

Direkt vor Hunters Augen ging die Schlafzimmertür auf und riss ihn aus seinem entgeisterten Blick in den Spiegel. Garcia kam mit einem Becher Kaffee in der Hand herein. »Hier, bitte«, sagte er und reichte Hunter den Becher.

»Ich glaube, ich verzichte im Moment doch lieber«, erwiderte Hunter mit einer ablehnenden Geste. »Meinem Magen ging's schon mal besser, und hellwach bin ich inzwischen auch.«

Da Captain Bolter und Dr. Winston ebenfalls den Kopf schüttelten zum Zeichen, dass sie kein Interesse hatten, öffnete Garcia die Tür und reichte den Becher dem jungen Polizisten draußen. »Hier bitte, für Sie. Sie sehen aus, als könnten Sie einen gebrauchen.«

»Äh! Danke, Sir«, stammelte der Beamte überrascht.

»Gern geschehen.« Garcia schloss die Tür wieder und ging mit Hunter zu der Leiche. Ein beißender Geruch ging von ihr aus. Hunter legte sich instinktiv die Hand über die Nase. Die Frau kniete in einer Pfütze aus Urin und Kot.

»Sie hing stundenlang an diesen zwei Pfosten, vielleicht auch einen ganzen Tag. Das da war ihre Toilette«, stellte Dr. Winston fest und deutete auf den Boden.

Garcia verzog angeekelt das Gesicht.

»Wie lange ist sie schon tot?«, fragte Hunter.

»Genaues kann ich im Moment noch nicht sagen. Der menschliche Körper kühlt nach dem Tod pro Stunde um 1,5 Grad ab. Ihr Körper ist ungefähr um zwölf Grad abgekühlt, das heißt, sie könnte seit circa acht Stunden tot sein. Allerdings hängt das auch von den Umständen ab. Die Sommerhitze verlangsamt den Vorgang natürlich, außerdem muss der Raum hier tagsüber die reinste Sauna sein. Genauere Angaben zum Todeszeitpunkt kann ich daher erst nach der Obduktion machen.«

»Sie hat keine Schnittwunden, Schusswunden, Würgemale. Ist sie an den Gesichtsverletzungen gestorben?«, fragte Hunter, während er den Körper der Frau musterte und mit einer Handbewegung die Fliegen verscheuchte.

»Auch das kann ich erst nach der Obduktion mit Sicherheit sagen, aber ich tippe auf Herzversagen infolge der Schmerzen und purer Erschöpfung. Wer auch immer ihr das angetan hat, hat sie in dieser Haltung gefesselt und ihr dann ständig neue Qualen zugefügt, bis sie tot war. Der Mörder wollte, dass sie so lange wie möglich leidet. Und sie hat garantiert gelitten.«

Hunter blickte sich erneut in dem Raum um, als suchte er nach etwas. »Was ist das für ein Geruch? Irgendwas ist da noch, wie Essig oder so.«

»Sie haben eine gute Nase, Hunter«, sagte Dr. Winston und deutete in eine Ecke des Raums. »Dieses Gefäß da drüben war mit Essig gefüllt. Außerdem kann man den Essig an ihrem Körper riechen, vor allem am oberen Teil. Anscheinend hat der Mörder ihr immer wieder Essig über das gehäutete Gesicht geträufelt.«

»Außerdem hält Essig die Fliegen fern«, sagte Hunter.

»Genau«, bestätigte Dr. Winston. »Aber jetzt stellen Sie sich mal die Schmerzen vor, die diese Frau erdulden musste. Sämtliche Nerven in ihrem Gesicht waren bloßgelegt. Da verursacht schon ein kleiner Windhauch unerträgliche Qualen. Vermutlich ist sie immer wieder ohnmächtig geworden oder hat es zumindest versucht. Sie hatte ja auch keine Augenlider mehr – keine Möglichkeit, sich vor Licht zu schützen, ihre Augen einen Moment lang auszuruhen. Jedes Mal, wenn sie wieder zu sich kam, hat sie als Erstes ihren nackten, entstellten Körper im Spiegel gesehen. Ich spare mir nähere Beschreibungen dazu, welche Qualen der Essig auf dem rohen Fleisch ausgelöst haben muss.«

»Lieber Gott!«, murmelte Garcia und wich ein paar Schritte zurück. »Die arme Frau.«

»War sie auch bei Bewusstsein, als sie gehäutet wurde?«, fragte Hunter.

»Ich denke nicht. Sie muss zumindest betäubt gewesen sein. Ich vermute, dass sie für einige Stunden unter einem Betäubungsmittel stand, während dieser Irre sich an ihrem Gesicht zu schaffen gemacht hat, und danach hat er sie dann in dieses Haus hier gebracht, an die Pfosten gefesselt und so lange weitergefoltert, bis sie starb.«

»Was? Sie glauben, er hat sie nicht in diesem Haus gehäutet?«, fragte Garcia verwirrt.

»Nein«, erwiderte Hunter, noch bevor Dr. Winston etwas darauf entgegnen konnte. »Sieh dich mal um. Egal welches Zimmer, hier ist nirgends auch nur ein Tropfen Blut zu sehen außer dem am Boden direkt unter der Leiche. Auch wenn der Killer noch aufgeräumt hat, bevor er abzog – hier kann er es nicht gemacht haben. Korrigieren Sie mich, Doc, wenn ich danebenliege, aber einen Menschen zu häuten ist sicher eine komplizierte Angelegenheit.«

Dr. Winston nickte schweigend.

»Der Täter brauchte chirurgisches Werkzeug, OP-Beleuchtung, und nicht zu vergessen eine Menge Zeit und fundiertes Wissen«, fuhr Hunter fort. »Wir reden hier von einem hochgebildeten Psychopathen. Jemand, der über detaillierte medizinische Kenntnisse verfügt. Nein, sie wurde nicht in dem Haus hier gehäutet. Hier wurde sie nur zu Tode gefoltert.«

»Vielleicht ist der Mörder ein Jäger. Kennt sich aus mit dem Häuten von Tieren?«, schlug Garcia vor.

»Mag sein, aber viel würde ihm das nicht helfen«, entgegnete Hunter. »Menschliche Haut reagiert anders als Tierhaut. Die Elastizität ist ganz anders.«

»Woher weißt du das? Jagst du selbst?«, fragte Garcia beeindruckt.

»Nein, aber ich lese viel«, erwiderte Hunter leichthin.

»Außerdem sind Tiere im Allgemeinen tot, wenn sie gehäutet werden«, fuhr jetzt Dr. Winston fort. »Man kann das Fell einfach so herunterreißen. Unser Täter hat das Opfer aber am Leben gehalten, und das allein erfordert schon detailliertes Wissen. Wer immer das hier war, kennt sich aus in der Medizin. Wahrscheinlich würde er sogar einen ziemlich guten Schönheitschirurgen abgeben, auch wenn ihre Zähne kein Beleg dafür sind. Die wurden einfach rausgerissen. Da ging es ihm nicht um Raffinesse, sondern nur um maximale Qual.«

»Der Täter wollte nicht, dass wir sie identifizieren können«, mutmaßte Garcia.

»Ihre Finger hat er aber unversehrt gelassen«, gab Hunter zu bedenken, nachdem er einen Blick darauf geworfen hatte. »Warum ihr die Zähne ausreißen, aber zulassen, dass sie über die Fingerabdrücke identifiziert wird?«

Garcia nickte zustimmend.

Hunter ging um die zwei Pfosten herum, um das Opfer von hinten zu betrachten. »Wie eine Bühne«, murmelte er vor sich hin. »Ein Ort, an dem das Böse zum Leben erwachen kann. Dafür hat der Täter sie hergebracht. Diese Position, das hat etwas Rituelles.« Er wandte sich an Captain Bolter. »Der Täter hat so was schon mal gemacht.«

Captain Bolter schien diese Feststellung nicht zu überraschen.

»Niemand könnte solche Schmerzen stumm ertragen«, stellte Garcia fest. »Das hier ist der perfekte Ort, vollkommen abgeschieden, keine

Nachbarn, niemand, der zufällig vorbeikommen könnte. Sie hätte sich die Lungen aus dem Leib schreien können, und keiner hätte sie gehört.«

»Haben wir irgendwas über das Opfer? Wissen wir, wer sie ist?« Hunter betrachtete noch immer die Rückseite der Toten.

»Bis jetzt nicht, aber wir haben noch keine Fingerabdrücke genommen«, antwortete Garcia. »Die erste Durchsuchung des Hauses hat absolut nichts ergeben, nicht einmal ein zurückgelassenes Kleidungsstück. Gewohnt hat sie hier ja wohl nicht, und das Haus nach Hinweisen auf ihre Identität abzusuchen ist wahrscheinlich reine Zeitverschwendung.«

»Es muss trotzdem gemacht werden«, sagte Hunter. »Wie sieht's mit Vermisstenmeldungen aus?«

»Ich habe eine Beschreibung von ihr in die Vermissten-Datenbank eingespeist«, antwortete Garcia. »Bis jetzt gibt es keine Übereinstimmungen. Allerdings, ohne Gesicht ...« Garcia schüttelte den Kopf angesichts dieses aussichtslosen Unterfangens.

Hunter ließ den Blick eine Weile durch das Zimmer schweifen, bis er an einem nach Süden hinausgehenden Fenster hängenblieb. »Wie sieht es mit Reifenspuren vor dem Haus aus? Der schmale Waldweg scheint die einzige Zufahrt zu sein. Der Täter muss hier raufgefahren sein.«

Captain Bolter nickte. »Sie haben recht. Der Weg ist die einzige Zufahrt, und inzwischen ist die komplette Polizeiflotte samt Spurensicherungsteam hier auf und ab gefahren. Wenn da je eine Spur war, ist sie inzwischen zerstört. Und dafür werde ich ein paar Leuten die Hölle heiß machen.«

»Na großartig.«

Stille trat ein. Sie alle sahen so was nicht zum ersten Mal. Ein Opfer, das gegen seinen wahnsinnigen Mörder keine Chance gehabt hatte – eine leere Leinwand bemalt mit den grellen Farben des Todes –, doch das hier war anders. Es fühlte sich anders an.

Schließlich brach Hunter das Schweigen. »Das sieht alles nicht gut aus. Gar nicht gut. Das ist nicht irgendein Mord, der aus einem Moment heraus geschieht. Das hier war genauestens geplant, und zwar schon seit langem. Stellt euch mal vor, was für eine Geduld und Entschlossenheit dahinterstecken muss.« Hunter rieb sich die Nase. Der Geruch des Todes setzte ihm allmählich zu.

»Ein Verbrechen aus Leidenschaft vielleicht? Rache, für eine beendete Affäre oder etwas in der Art?«, schlug Garcia vor.

»Das ist kein Verbrechen aus Leidenschaft«, sagte Hunter mit einem Kopfschütteln. »Niemand, der sie einmal geliebt hat, hätte ihr so etwas antun können. Egal, wie verletzt er war. Es sei denn, sie hatte eine Affäre mit dem Teufel persönlich. Schaut sie euch doch an, das ist einfach grotesk, und das macht mir Sorgen. Das wird hier nicht enden.« Hunters Worte lösten ein neues Frösteln unter den Anwesenden aus. Das Letzte, was die Stadt Los Angeles brauchen konnte, war der nächste psychopathische Serienkiller, der Jack the Ripper sein wollte.

»Hunter hat recht, das ist kein Verbrechen aus Leidenschaft. Es war nicht die erste Tat unseres Killers«, sagte Captain Bolter auf einmal im Ton einer Feststellung und trat vom Fenster weg. Die anderen standen wie vom Donner gerührt.

»Wissen Sie etwas, was wir nicht wissen?« Garcia stellte die Frage, die allen auf der Zunge lag.

»Erst seit kurzem. Da wäre noch eine Sache, die ich Ihnen zeigen will, bevor ich die Jungs von der Spurensicherung ranlasse.«

Hunter hatte sich darüber schon von Anfang an gewundert. Normalerweise nimmt das Team von der Spurensicherung den Tatort ab, bevor die Detectives sich dort umsehen dürfen, doch diesmal hatte der Captain darauf bestanden, dass Hunter zuerst an Ort und Stelle war. Und Captain Bolter brach eigentlich nie das Protokoll.

»Sehen Sie sich mal ihren Nacken an«, sagte er und neigte den Kopf in Richtung der Leiche.

Hunter und Garcia wechselten einen beunruhigten Blick und traten dann erneut zu der Frauenleiche.

»Ich brauche irgendwas, womit ich ihren Kopf anheben kann«, sagte Hunter. Dr. Winston reichte ihm einen ausziehbaren Metallzeigestock.

Hunter nahm ihn und richtete den Lichtkegel seiner Taschenlampe auf den entblößten Nacken der Frau. Was er sah, löste einen Wirbelsturm an Gedanken in seinem Kopf aus. Er starrte ungläubig auf die Stelle – kreidebleich im Gesicht.

Garcia konnte von da, wo er stand, nicht sehen, was Hunters konsternierten Blick verursachte. Doch was immer es auch war, es hatte Hunter eine Heidenangst eingejagt.

6

HUNTER WAR NEUNUNDDREISSIG, doch sein jugendliches Gesicht und sein durchtrainierter Körper ließen ihn wie einen Mann Anfang dreißig wirken. Er war etwas über eins achtzig groß, breitschultrig, hatte hohe Wangenknochen und kurze blonde Haare. Sein Outfit beschränkte sich in der Regel auf Jeans, T-Shirt und eine ausgebeulte Lederjacke. In jeder seiner Bewegungen lag eine geballte, konzentrierte Körperkraft, doch das Fesselndste an ihm waren seine durchdringend hellblauen Augen: Aus ihnen sprachen Intelligenz und absolute Entschlossenheit.

Hunter war als einziges Kind eines Ehepaars aus der Arbeiterschicht in Compton aufgewachsen, einem sozial schwachen Viertel im Süden von Los Angeles. Als er sieben war, verlor seine Mutter den Kampf gegen den Krebs. Sein Vater heiratete nicht wieder und musste zwei Jobs annehmen, um alleine mit einem Kind über die Runden zu kommen.

Hunter machte schon als Kind auf sich aufmerksam – es war offensichtlich, dass er anders war als seine Altersgenossen. Er hatte eine schnellere Auffassungsgabe als die meisten um ihn herum. Die Schule langweilte und frustrierte ihn. Den Sechstklässler-Stoff bewältigte er in gerade mal zwei Monaten und las sich danach, einfach um sich zu beschäftigen, den Stoff der siebten, achten und neunten Klasse an. Mr Fratelli, der Schuldirektor, war so beeindruckt von dem begabten Jungen, dass er ihm einen Termin an der Mirman School in Mulholland Drive verschaffte, einer Schule für Hochbegabte im Nordwesten von Los Angeles. Dr. Tilby, der Schulpsychologe der Mirman School, ließ Hunter ein ganzes Arsenal von Tests absolvieren: Hunter bestand sie alle, mit einem Ergebnis »jenseits der Skala«. Eine Woche später wechselte Hunter in die achte Klasse der Mirman School. Da war er gerade mal zwölf.

Mit vierzehn arbeitete er sich bereits mühelos durch den Highschool-Lehrplan in Englisch, Geschichte, Biologie und Chemie. Vier Jahre Highschool waren in zwei Schuljahren zusammengefasst, und so hatte Hunter bereits mit fünfzehn seinen Abschluss mit Bestnoten absolviert. Mit den Empfehlungsschreiben seiner sämtlichen Lehrer in der Tasche wurde Hunter als Ausnahmestudent mit Stipendium an der Stanford University angenommen – Amerikas Top-Universität für Psychologie zu der Zeit.

Eigentlich war Hunter gutaussehend, doch so jung und spindeldürr, wie er war, und dazu noch mit seinem eigenwilligen Kleidungsstil hatte er wenig Erfolg bei Mädchen und war ein bevorzugtes Opfer für die Schikanen tyrannischer Mitschüler. Er hatte weder den Körperbau noch eine besondere Begabung für Sport und verbrachte seine Freizeit am liebsten in der Bibliothek. Er las mit einer irrsinnigen Geschwindigkeit, die Bücher wurden von ihm regelrecht verschlungen. Die Welt der Kriminologie faszinierte ihn ebenso wie die Psyche der sogenannten »Bösen«. Mühelos hielt er sein gesamtes Studium hindurch einen Top-Notendurchschnitt. Doch die ständigen Hänseleien und das Image der »halben Portion« nervten ihn. Also suchte er sich ein Fitnessstudio und nahm an Kampfsport-Kursen teil. Zu seiner eigenen Überraschung genoss er die physische Anstrengung des Trainings. Er trainierte wie ein Besessener, und nach einem Jahr waren die Erfolge nicht mehr zu übersehen: Er hatte massiv Muskulatur aufgebaut. Aus der »halben Portion« war ein Athlet geworden. Es dauerte nicht einmal zwei Jahre, bis er seinen schwarzen Gürtel in Karate hatte. Die Schikanen hörten auf, und plötzlich rissen sich die Mädchen um ihn.

Mit neunzehn hatte Hunter seinen Universitätsabschluss in Psychologie, mit dreiundzwanzig seinen Doktor in Kriminal- und Bio-Psychologie. Seine Doktorarbeit mit dem Titel »Eine vertiefende Studie zur Psychologie kriminellen Verhaltens« war als Buch erschienen und inzwischen zur Pflichtlektüre beim Nationalen Zentrum für die Analyse von Gewaltverbrechen beim FBI avanciert.

Alles lief bestens, doch zwei Wochen nachdem Hunter seinen Doktortitel erhalten hatte, brach seine Welt in Scherben. In den vorausgegangenen dreieinhalb Jahren hatte sein Vater beim Sicherheitsdienst einer Filiale der Bank of America am Avalon Boulevard gearbeitet. Bei einem Bankraub, der zu einer wilden Schießerei eskalierte, traf ihn eine Kugel in die Brust. Zwölf Wochen lang rang er im Koma mit dem Tod. Hunter wich keinen Augenblick von seiner Seite.

Diese zwölf Wochen, in denen er still am Bett seines Vaters saß und mit ansehen musste, wie dieser mehr und mehr aus dem Leben schwand, veränderten Hunter. Er konnte an nichts anderes mehr denken als an Rache. Als die Polizei ihm mitteilte, dass sie keinen Verdächtigen hatten, war Hunter klar, dass der Mörder seines Vaters nie gefasst würde. Eine abgrundtiefe Hilflosigkeit überkam ihn, und das Gefühl widerte ihn an. Nach der Beerdigung seines Vaters traf er eine Entscheidung. Er wollte nicht mehr nur die Psyche von Kriminellen studieren. Er wollte sie selbst jagen.

Also ging er zur Polizei, wo er sich rasch einen Namen machte und mit Lichtgeschwindigkeit durch die Hierarchieebenen aufstieg. Mit gerade mal sechsundzwanzig Jahren brachte er es bereits zum Detective beim Los Angeles Police Department. Bald schon rekrutierte ihn die Abteilung für Mord und bewaffneten Raubüberfall, wo er einem erfahrenen Detective, Scott Wilson, an die Seite gestellt wurde. Sie bildeten ein Team des Morddezernats 1, Zuständigkeit: Serienkiller und besonders schwere Morde und Gewaltverbrechen. All die Sachen, die aufwendige Untersuchungen erforderten.

Wilson war damals neununddreißig, ein Schwergewicht von knapp ein Meter neunzig Körpergröße bei 130 Kilo Fett und Muskelmasse. Das auffallendste Merkmal an ihm war eine leuchtende Narbe auf seinem kahlen Schädel. Sein bedrohliches Aussehen kam ihm natürlich in seinem Beruf nur gelegen. Wer legte sich schon mit einem Polizei-Detective an, der aussah wie ein übellauniger Shrek?

Wilson war bereits seit achtzehn Jahren bei der Polizei, die letzten neun davon als Detective beim Morddezernat. Zuerst war er alles andere als angetan von der Idee, mit einem jungen, unerfahrenen Partner zusammenzuarbeiten, doch Hunter lernte schnell, und seine scharfsinnigen Analysen und Schlussfolgerungen waren immer wieder erstaunlich. Mit jedem Fall, den sie zusammen lösten, wuchs Wilsons Respekt vor Hunter. Zwischen den beiden entwickelte sich eine tiefe Freundschaft auch jenseits der Arbeit.

Der Stadt Los Angeles mangelte es noch nie an schlimmen und brutalen Morden, doch an Detectives, um sie aufzuklären, sehr wohl. Wilson und Hunter arbeiteten nicht selten an bis zu sechs Fällen gleichzeitig. Der Druck störte sie nicht, im Gegenteil, er beflügelte sie. Doch dann kostete sie ein Mordfall um einen Hollywoodstar beinahe ihre Dienstmarken und ihre Freundschaft.

Bei dem Fall ging es um John Spencer, einen berühmten Plattenproduzenten, der mit drei aufeinanderfolgenden Rock-Alben einen Nummer-eins-Hit schaffte und so ein Vermögen gemacht hatte, und seine Frau Linda. John und Linda hatten sich bei einer After-Show-Party kennengelernt, es war Liebe auf den ersten Blick gewesen, und drei Monate später waren sie verheiratet. John hatte ein herrliches Haus in Beverly Hills gekauft, ihre Ehe wirkte wie aus dem Bilderbuch, alles schien perfekt. Die beiden luden gern Gäste ein, und mindestens zweimal im Monat gaben sie eine extravagante Party an ihrem Swimmingpool, der die Form eines Konzertflügels hatte. Doch das Märchen hielt nicht lange. Ihre Ehe war kaum ein Jahr alt, als die Liebe erkaltete und mit ihr die Feierlaune. Drogen und Alkohol bestimmten mehr und mehr Johns Leben, bis irgendwann die Streitereien an der Tagesordnung waren, nicht nur privat, sondern auch in aller Öffentlichkeit.

Nach einer Augustnacht, in der es wieder einmal zu einem heftigen Streit gekommen war, wurde Lindas Leiche in der Küche ihres Hauses gefunden. Sie war mit einem einzigen Revolverschuss, Kaliber .38, in den Hinterkopf regelrecht hingerichtet worden. Es gab weder Spuren eines Kampfes oder Einbruchs noch Kratzer oder Blutergüsse an Lindas Händen und Armen, die auf eine Verteidigung hingewiesen hätten. Die Spuren am Tatort und die Tatsache, dass John Spencer nach dem Streit verschwunden und seither nicht wieder aufgetaucht war, machten ihn zum einzigen Tatverdächtigen. Hunter und Wilson wurden mit dem Fall betraut.

John Spencer wurde einige Tage später gefasst: Er war betrunken und vollgepumpt mit Heroin. Im Verhör stritt er keineswegs ab, in jener Nacht wieder heftig mit seiner Frau gestritten zu haben. Er gab offen zu, dass ihre Ehe zuletzt nicht gut gelaufen war. Er erinnerte sich an den Streit und daran, das Haus aufgebracht und betrunken verlassen zu haben, doch was er in den paar Tagen bis zu seiner Verhaftung getrieben hatte, wusste er nicht mehr. Er hatte kein Alibi. Doch er behauptete unerschütterlich, dass er Linda nie etwas angetan hätte. Schließlich liebe er sie noch immer über alles.

Mordfälle, in die Hollywoodstars involviert sind, erregen immer eine Menge Publicity, und auch in diesem Fall hatten die Medien im Nu ihre eigene Version der Geschichte kreiert: »BERÜHMTER PLATTENPRODUZENT ERMORDET IN TOBSUCHTSANFALL SEINE SCHÖNE EHEFRAU.« Sogar der Bürgermeister verlangte lautstark nach einer raschen Aufklärung des Falls.

Die Untersuchungen ergaben, dass John tatsächlich einen Revolver Kaliber .38 besaß, der jedoch nie gefunden wurde. Auch mangelte es nicht an Zeugen, die die ständigen, unverhohlenen Streitereien zwischen John und Linda bestätigen konnten. Meist sei John derjenige gewesen, der laut herumschrie, während Linda einfach nur weinte. John Spencer ein aufbrausendes Temperament zu attestieren war praktisch ein Kinderspiel.

Wilson war von Spencers Schuld überzeugt, Hunter hingegen war sich sicher, dass ihnen der Falsche ins Netz gegangen war. In Hunters Augen war John nur ein verängstigter Junge, der zu schnell reich geworden war, und mit Ruhm und Reichtum kamen die Drogen. Er hatte keine gewalttätige Vorgeschichte. In der Schule war er nie besonders aufgefallen – ein normaler, leicht versponnener Jugendlicher, der in zerrissenen Bluejeans herumlief, einen komischen Haarschnitt zur Schau trug und permanent Heavy Metal hörte. Hunter redete wiederholt auf Wilson ein.

»Na gut, er hat sich mit seiner Frau gestritten. Zeig mir eine Ehe, in der es keinen Streit gibt«, argumentierte Hunter. »Aber er hat Linda bei keiner einzigen dieser lautstarken Auseinandersetzungen geschlagen oder verletzt.«

»Die Ballistik hat eindeutig bewiesen, dass die Kugel, die Linda getötet hat, aus dem Munitionsvorrat in Johns Schreibtischschublade stammt«, rief Wilson.

»Das beweist noch lange nicht, dass er auch den Abzug gedrückt hat.«

»Sämtliche Fasern am Opfer stammen von den Kleidern, die Spencer in der Nacht trug, als er gefunden wurde. Frag irgendwen, der die beiden kannte, und er wird dir bestätigen, dass Spencer ein aufbrausendes Temperament hatte, dass er sie ständig anschrie. Du bist der Psychologe. Du weißt doch, wie solche Sachen eskalieren.«

»Genau, sie eskalieren. Und zwar allmählich. Aber nicht vom bloßen Anschreien bis zu einem gezielten Schuss in den Hinterkopf in einem einzigen Schritt.«

»Hör zu, Robert. Ich habe deine Einschätzungen eines Verdächtigen immer respektiert. Sie haben uns viele Male in die richtige Richtung geführt, aber ich vertraue auch meinem Instinkt. Und mein Instinkt sagt mir, dass du diesmal falschliegst.«

»Der Mann hat eine Chance verdient. Wir sollten mit der Untersuchung noch weitermachen. Vielleicht haben wir irgendwas übersehen.«

»Wir können nicht weitermachen.« Wilson lachte. »Diese Entscheidung liegt nicht bei uns. Das weißt du ganz genau. Wir haben unseren Teil erledigt. Wir haben die Beweise gesichert und den Verdächtigen festgenommen, hinter dem wir her waren. Überlass den Rest seinen Anwälten.«

Hunter wusste, was einen Mörder ausmachte, und John Spencer passte einfach nicht ins Bild. Doch seine Meinung allein konnte nichts ausrichten. Wilson hatte recht. Es lag nicht mehr in ihren Händen. Sie waren bereits mit fünf weiteren Fällen im Rückstand, und Captain Bolter drohte Hunter, ihn zu suspendieren, wenn er noch mehr Zeit an einen Fall verschwendete, der offiziell abgeschlossen war.

Die Geschworenen brauchten nicht einmal drei Stunden, um sich auf ein »Schuldig im Sinne der Anklage« zu einigen, so wurde John Spencer zu lebenslanger Haft verurteilt. Und genau das bekam er: Achtundzwanzig Tage nach seiner Verurteilung erhängte sich John mit Hilfe seines Bettlakens in seiner Zelle. Neben ihm fand man eine Notiz: *Linda, bald bin ich bei dir. Kein Streit mehr, versprochen.*

Zweiundzwanzig Tage nach John Spencers Selbstmord wurde der Pool-Reiniger der Spencers in Utah in seinem Wagen angehalten. Darin fand man Johns Kaliber-.38-Revolver sowie eine Auswahl an Schmuck und Wäsche, die Linda Spencer gehört hatten. Forensische Untersuchungen erbrachten, dass die Kugel, die Linda getötet hatte, aus ebendiesem Revolver abgefeuert worden war. Der Pool-Reiniger gestand wenig später den Mord an ihr.

Hunter und Wilson gerieten unter heftigen Beschuss seitens der Medien, des Polizeichefs, der internen Ermittler und des Bürgermeisters. Man warf ihnen Nachlässigkeit und unterlassene Sorgfalt bei einer Untersuchung vor. Wäre Captain Bolter nicht für sie eingetreten und hätte einen Teil der Schuld auf sich genommen, hätten sie ihre Dienstmarken abgeben können. Hunter verzieh es sich nie, dass er damals nicht hartnäckig geblieben war, und seine Freundschaft mit Wilson hatte einen schweren Knacks erlitten. All das war sechs Jahre her.

7

»WAS DENN? WAS IST DA?«, fragte Garcia und trat näher zu seinem Partner, der noch immer kein Wort gesagt hatte. Hunter stand reglos da und starrte auf etwas, das in den Nacken der Frauenleiche eingeritzt war, etwas, das er nie vergessen würde.

Garcia stellte sich auf die Zehenspitzen, um über Hunters Schulter hinweg einen Blick auf den Nacken der Leiche zu erhaschen, doch was er sah, sagte ihm nichts. Ein eingeritztes Symbol, das er noch nie gesehen hatte. »Was bedeutet es?«, fragte er in der Hoffnung, von irgendjemandem eine Auskunft zu erhalten.

Schweigen.

Garcia trat näher. Das Symbol sah aus wie zwei ineinandergeschobene Kreuze, eines richtig herum, das andere auf dem Kopf stehend, wobei die Querbalken relativ weit voneinander entfernt waren, nämlich fast ganz an den Enden des Längsbalkens. Garcia konnte noch immer nichts damit anfangen.

»Soll das irgendein perverser Scherz sein, Captain?«, fragte Hunter, endlich aus seiner Trance auftauchend.

»Pervers schon, aber kein Scherz«, entgegnete der Captain mit fester Stimme.

»Würde vielleicht mal irgendwer die Güte besitzen, mit mir zu reden?«, fragte Garcia mit wachsender Ungeduld.

»Verdammt!«, stieß Hunter hervor und ließ die Haare der Toten wieder fallen.

»Hallo!« Garcia wedelte ihm mit der Hand vor den Augen herum. »Ich kann mich nicht daran erinnern, heute Morgen meine Tarnkappe aufgesetzt zu haben. Also, wäre vielleicht irgendwer so nett, mir zu verraten, was zum Teufel hier los ist?« Er klang allmählich ärgerlich.

Hunter war, als wäre der Raum noch dunkler, die Luft noch drückender geworden. In seinem Kopf pochte es inzwischen so heftig, dass ihm jeder logische Gedanke schwerfiel. Er rieb sich die verklebten Augen in der schwachen Hoffnung, dass dies alles nur ein böser Traum war.

»Sie setzen am besten mal Ihren Partner ins Bild, Hunter«, sagte

Captain Bolter und bereitete damit Hunters Hoffnungen ein jähes Ende.

»Danke«, bemerkte Garcia, froh, endlich einen Verbündeten gefunden zu haben.

Hunter ging noch immer nicht auf Garcia ein. »Sie wissen, was das heißt, Captain?«

»Ich weiß jedenfalls, wonach es aussieht, ja.«

Hunter fuhr sich mit der Hand durch die Haare. »Die Presse wird sich überschlagen, wenn sie davon Wind bekommt«, fuhr er fort.

»Für den Augenblick wird die Presse von gar nichts Wind bekommen, darum werde ich mich persönlich kümmern«, versicherte ihm der Captain. »Aber Sie finden besser heraus, ob wir es hier mit dem Original zu tun haben.«

»Welchem Original?«, rief Garcia.

Dr. Winston schaltete sich ein. »Also, was auch immer Sie zu tun gedenken, könnten Sie es bitte draußen tun? Ich brauche jetzt die Jungs von der Spurensicherung hier. Ich will nicht noch mehr Zeit verlieren.«

»Wie lange wird es dauern, bis die hier fertig sind? Bis wir mehr wissen?«, fragte Hunter.

»Ich weiß noch nicht genau, aber angesichts der Größe des Hauses vermutlich den ganzen Tag, vielleicht sogar bis in die Nacht hinein.«

Hunter kannte das Prozedere und wusste, dass ihm nichts anderes übrigblieb, als zu warten.

»Wenn Sie rausgehen, schicken Sie doch bitte das Team von der Spurensicherung herein, ja?«, bat ihn Dr. Winston, während er zu der Leiche trat.

»Ja, machen wir«, erwiderte Hunter und bedeutete Garcia, der ziemlich verloren herumstand, mit einem Kopfnicken, mit ihm zu kommen.

»Keiner sagt mir hier irgendwas«, beschwerte der sich.

»Komm. Wenn du mich bei meinem Wagen absetzt, können wir auf der Fahrt reden.«

Hunter warf noch einen letzten Blick auf die verstümmelte, zwischen den zwei Pfosten hängende Leiche. Kaum vorstellbar, dass dieser Körper vor ein paar Tagen noch eine lebenslustige junge Frau gewesen war. Hunter zog die Tür auf und trat auf den Flur, Garcia folgte ihm.

Als sie das Freie erreichten und zu Garcias Wagen gingen, wirkte

Hunter noch immer aufgewühlt. »Wo ist denn dein Auto?«, fragte Garcia, während er die Tür seines Honda Civic aufmachte.

»Was?«, fragte Hunter. Er schien mit den Gedanken ganz woanders zu sein.

»Dein Wagen. Wo der ist.«

»Oh! In Santa Monica.«

»Santa Monica. Das ist ja am anderen Ende der Stadt, verdammt.«

»Wieso, hast du was Dringendes vor?«

»Jetzt nicht mehr«, antwortete Garcia ironisch. »Wo denn genau in Santa Monica?«

»Kennst du die Hideout Bar?«

»Ja, kenne ich. Was zum Teufel wolltest du denn da?«

»Das wüsste ich auch gerne«, erwiderte Hunter mit einem angedeuteten Kopfschütteln.

»Bis Santa Monica brauchen wir ungefähr zwei Stunden von hier aus. Da bleibt uns zumindest jede Menge Zeit zum Reden.«

»Zwei Stunden?«, fragte Hunter verdutzt. »Was hast du denn da unter der Motorhaube? Einen Rollermotor?«

»Hast du die Schlaglöcher auf dem Weg hierher nicht bemerkt? Das ist ein neuer Wagen. Ich versaue mir doch nicht schon gleich die Federung. Bis wir also diese Mondlandschaft hier hinter uns haben, wird das eine recht gemächliche Fahrt.«

»Wie du meinst.« Hunter stieg ein, schnallte sich an und blickte sich im Inneren um: das Paradies eines jeden Sauberkeitsfanatikers. Alles war makellos. Keine Chipstüten auf dem Boden, keine Kaffeeflecken auf den Fußmatten, keine Fettflecken von Donut-Fingern auf den Sitzen.

»Mann, Grünschnabel, kriegt der Wagen jeden Tag eine Generalreinigung, oder was?«

»Ich habe eben gern einen sauberen Wagen. Ist doch angenehmer als so eine fahrende Müllkippe, oder?« Garcia klang beinahe stolz.

»Und was ist das für ein seltsamer Geruch? Das riecht wie ... Duftsträußchen oder so.«

»Duftspray heißt das. Solltest du auch mal in deiner alten Rostlaube probieren.«

»He, an meinem Wagen gibt's nichts auszusetzen. Nicht gerade das neueste Modell, zugegeben, aber unverwüstlich. Nicht wie diese billigen Ausländer.«

»Der Wagen war überhaupt nicht billig.«

»Ja, sicher«, erwiderte Hunter mit einem kurzen Lacher. »Ich bin ja auch schwer beeindruckt. Putzt du auch Wohnungen? In Beverly Hills gibt's nämlich eine Riesennachfrage, falls du je deine Polizeimarke an den Nagel hängen willst.«

Garcia überging die Bemerkung, ließ den Motor an und manövrierte vorsichtig zwischen den paar Polizeifahrzeugen hindurch, die noch vor dem alten Haus standen. Er bemühte sich, auf dem schmalen Zufahrtsweg nicht das Gestrüpp links und rechts zu streifen, und fluchte leise, wenn er trotzdem das kratzende Geräusch von Ästen auf Metall vernahm. Garcia fuhr zunächst ganz langsam, um die Schlaglöcher so sanft wie möglich zu nehmen, und sowohl er als auch Hunter schwiegen, bis sie die breite Schotterstraße erreicht hatten.

Hunter war die Little Tujunga Road schon des Öfteren entlanggefahren. Wenn man abschalten will, ist sie ideal und belohnt einen mit erstaunlichen Ausblicken.

»Okay, ich bin ganz Ohr«, sagte Garcia in die Stille hinein. »Also bitte, Schluss mit der Geheimnistuerei, ja? Was zum Teufel bedeutet dieses eigenartige Zeichen im Nacken des Opfers? Anscheinend siehst du es nicht zum ersten Mal, deiner Reaktion nach zu urteilen?«

Hunter suchte nach den richtigen Worten, während ein Strom alter, lang verdrängter Bilder in sein Hirn flutete. Er musste Garcia in einen Alptraum einweihen – einen, den er selbst mühsam zu vergessen suchte.

»Hast du mal vom Kruzifix-Killer gehört?«

Garcia zog eine Augenbraue hoch und warf Hunter einen kurzen Seitenblick zu. »Soll das ein Witz sein?«

Hunter schüttelte den Kopf.

»Klar habe ich vom Kruzifix-Killer gehört. Jeder in L. A. hat vom Kruzifix-Killer gehört. Verdammt, jeder in den ganzen Vereinigten Staaten hat vom Kruzifix-Killer gehört. Ich habe den Fall damals ganz genau verfolgt. Warum?«

»Was weißt du darüber? Über den Fall?«

»Willst du jetzt angeben, oder was?«, fragte Garcia mit einem unbehaglichen Lächeln zurück, als warte er auf die offensichtliche Antwort. Doch die kam nicht. »Ist das dein Ernst? Du willst, dass ich dir von dem Fall erzähle?«

»Tu mir den Gefallen.«

»Na gut«, sagte Garcia mit einem Achselzucken. »Das war vermutlich dein größter Fall. Sieben scheußliche Morde über einen Zeitraum von zwei Jahren verteilt. Irgendein wahnsinniger religiöser Fanatiker. Du und dein Ex-Partner habt den Typ vor ungefähr eineinhalb Jahren geschnappt. Als er aus L. A. rausfuhr. Wenn ich mich recht erinnere, war sein ganzer Wagen gespickt mit Beweismaterial, Sachen, die den Opfern gehörten, und so Zeug. Anscheinend hat er sogar relativ bald gestanden, das Verhör hat gar nicht lange gedauert, stimmt's?«

»Woher weißt du von dem Verhör?«

»Ich bin auch Polizist, schon vergessen? Wir kriegen ganz gute interne Informationen. Jedenfalls wurde er zum Tode verurteilt und bekam vor einem Jahr oder so die tödliche Spritze, eins der am schnellsten vollzogenen Todesurteile der Geschichte. Sogar der Präsident hat sich eingeschaltet, nicht wahr? Es kam alles groß und breit in den Nachrichten.«

Hunter betrachtete seinen Partner einen Moment lang schweigend. Garcia kannte die Geschichte so, wie sie in den Medien dargestellt worden war.

»Das ist alles, was du darüber weißt? Weißt du, warum die Presse ihn den Kruzifix-Killer nannte?«

Jetzt war es Garcia, der seinen Partner einen Moment lang ansah. »Du hast nicht zufällig was getrunken, oder?«

»Nicht seit ein paar Stunden«, entgegnete Hunter und warf instinktiv einen Blick auf die Uhr.

»Klar, jeder weiß das. Wie gesagt, er war ein religiöser Fanatiker. Dachte, er würde die Sünde aus der Welt tilgen oder irgend so einen Mist. Prostituierte und Drogenabhängige umbringen und so – oder was ihm diese perverse Stimme in seinem Kopf eben gerade eingab. Jedenfalls, Kruzifix-Killer hieß er, weil er jedem seiner Opfer auf den linken Handrücken ein Kreuz ritzte.«

Hunter saß nur schweigend da.

»Moment mal, du glaubst, wir haben es hier mit einem Nachahmer zu tun? Dieses seltsame Symbol im Nacken der Frau. Jetzt, wo du das sagst – es sah tatsächlich wie irgendein Kreuz aus«, überlegte Garcia laut.

Hunter antwortete nicht. Zwei oder drei Minuten lang kehrte wieder Stille ein. Sie hatten jetzt die Sand Canyon Road erreicht, ein exklusives Viertel in Santa Clarita, und überall um sie herum standen große Häuser mit makellos gepflegten Vorgärten. Hunter war froh, wieder in der Zivilisation zu sein. Der Verkehr wurde dichter: Es war die Zeit des morgendlichen Berufsverkehrs. Überall sah Hunter Männer und Frauen in Anzug und Kostüm aus den Häusern kommen, bereit für ihren Tag im Büro. Die ersten Sonnenstrahlen streiften gerade eben den Himmel, und es versprach wieder ein brütend heißer Tag zu werden.

»Was den Kruzifix-Killer angeht, kann ich dich da was fragen?«, sagte Garcia schließlich in die Stille hinein.

»Schieß los«, gab Hunter in gleichförmigem Ton zurück.

»Es gab damals Gerüchte, dass einer von euch, entweder du oder dein Partner, nicht glaubte, dass der Kerl, der festgenommen wurde, tatsächlich der Killer war – trotz der ganzen Beweise in seinem Wagen und obwohl er gestanden hatte. Stimmt das?«

In Hunters Kopf tauchten die Bilder des einzigen damaligen Verhörs mit dem sogenannten Kruzifix-Killer auf und spulten sich ab wie ein Film.

KLICK …

»Mittwoch, 15. Februar, 10 Uhr 30. Detective Robert Hunter beginnt mit dem Verhör von Mike Farloe im Fall 017632. Der Verdächtige Mr Farloe hat erklärt, dass er auf einen Rechtsbeistand verzichtet.« Hunter befand sich in einem der acht Verhörräume im Gebäude des Morddezernats und sprach in den altmodischen Kassettenrekorder.

Hunter gegenüber saß ein vierunddreißigjähriger Mann mit ausgeprägtem Unterkiefer, vorspringendem Kinn, Dreitagebart und Augen wie schwarzes Eis. Das schüttere schwarze Haar war nach hinten gekämmt. Seine Hände waren in Handschellen und lagen flach auf dem breiten Metalltisch zwischen ihm und Hunter.

»Sind Sie sicher, dass Sie keinen Anwalt bei diesem Verhör hinzuziehen wollen?«

»Der Herr ist mein Hirte.«

»Na gut. Sie heißen Mike Farloe, ist das richtig?«

Der Mann hob den Blick von seinen gefesselten Händen und schaute Hunter direkt in die Augen. »Ja.«

»Und Ihre augenblickliche Adresse lautet 5 Sandoval Street in Santa Fe?«

Für jemanden, dem die Anklage wegen »mehrfachen Mordes« drohte, war Farloe eigenartig ruhig. »Da habe ich bisher gewohnt, ja.«

»Bisher?«

»Von jetzt ab werde ich doch im Gefängnis wohnen, nicht wahr, Detective? Zumindest für eine kleine Weile.« Seine Stimme klang dumpf und monoton.

»Wollen Sie denn ins Gefängnis?«

Schweigen.

Hunter war der beste Mann in Verhörtechnik im ganzen Dezernat. Sein fundiertes Wissen in Psychologie befähigte ihn, Verdächtigen höchst wertvolle Informationen zu entlocken, manchmal sogar Geständnisse. Er konnte die Körpersprache und nonverbalen Signale eines Verdächtigen lesen wie eine Anzeigetafel. Captain Bolter wollte jede noch so winzige Information über diesen Mike Farloe, die aus ihm herauszubekommen war, und Hunter war seine Geheimwaffe.

»Können Sie sich daran erinnern, wo Sie in der Nacht des 15. Dezember des vergangenen Jahres waren?« Das war die Nacht, bevor das letzte Opfer des Kruzifix-Killers gefunden wurde.

Farloe schaute ihm noch immer geradewegs in die Augen. »Ja, kann ich ...«

Hunter wartete ein paar Sekunden lang auf die Antwort, doch sie kam nicht.

»Und wo waren Sie?«

»Ich habe gearbeitet.«

»Und was für eine Arbeit ist das?«

»Ich reinige die Stadt.«

»Sie arbeiten bei der Müllabfuhr?«

»Stimmt. Aber ich arbeite auch für unseren Herrn Jesus Christus.«

»Inwiefern?«

»Ich reinige die Stadt«, wiederholte er ruhig. »Ich reinige die Stadt von Schmutz – Sündern.«

Hunter spürte förmlich, wie Captain Bolter sich auf seinem Stuhl im Beobachtungsraum jenseits der verspiegelten Glasscheibe rührte.

Hunter massierte sich mit der rechten Hand den Nacken. »Gut. Wie steht's dann mit dem ...« – er ließ kurz den Blick über die Notizen wandern, die er sich mitgebracht hatte – »... 22. September. Wissen Sie noch, was Sie in jener Nacht gemacht haben?«

In dem kleinen Beobachtungsraum runzelte Wilson, Hunters Partner, verdutzt die Stirn. »22. September? Was soll da passiert sein? An dem Tag wurde kein Opfer gefunden, nicht mal in den Tagen davor oder danach. Was zum Teufel macht Hunter da?«

Die sieben Morddaten des Kruzifix-Killers hatten sich in Wilsons Hirn förmlich eingebrannt, und er war sich sicher, dass Hunter sie ebenso gut kannte. Dazu brauchte er nicht in seine Notizen zu schauen.

»Lassen Sie ihn einfach seine Arbeit machen«, lautete die Antwort von Dr. Martin, einem Polizeipsychologen, der das Verhör mit ansah.

»Dasselbe. Da habe ich genau dasselbe getan«, erwiderte Farloe überzeugt. Die Antwort überraschte alle im Beobachtungsraum.

»Was?«, murmelte Wilson. »Heißt das, es gibt ein Opfer, von dem wir nichts wissen?«

Captain Bolter zuckte bloß mit den Schultern.

Hunter hatte Mike Farloes Reaktionen genau beobachtet, hatte versucht, einen Einblick in sein Denken zu gewinnen, verräterische Signale zu erkennen. Aus der Verhaltenspsychologie wusste Hunter, dass er die Augenbewegungen Farloes beobachten musste – laut Schulbuch bedeutete eine Pupillenbewegung nach links oben, dass die Person auf den Teil der Großhirnrinde zugriff, in dem innere Bilder produziert wurden, die vorher noch nicht da waren, also ein klares Anzeichen dafür, dass die Person log. Eine Pupillenbewegung nach rechts oben bedeutete hingegen, dass die Person ihr Gedächtnis nach visuell erinnerten Bildern absuchte, daher also vermutlich die Wahrheit sagte. Doch Farloe zeigte überhaupt keine Augenbewegungen. Seine Augen waren so starr wie die eines Toten.

»Was ist mit den Gegenständen, die wir in Ihrem Wagen gefunden haben? Können Sie mir dazu etwas sagen? Woher haben Sie die?«, fragte Hunter weiter. Darunter waren ein Pass, ein Führerschein und ein Sozialversicherungsausweis, die man in einer Papiertüte unter dem Ersatzreifen von Mike Farloes rostigem 1992er Oldsmobile Custom Cruiser gefunden hatte. Jedes dieser Dokumente gehörte einem anderen Opfer. Im Kofferraum hatte die Polizei außerdem einige blutige Kleiderfetzen gefunden. Eine DNA-Analyse hatte ergeben, dass sie denselben drei Opfern gehört hatten.

»Die habe ich von den Sündern.«

»Den Sündern?«

»Ja … stellen Sie sich doch nicht dumm, Detective. Sie wissen genau, wen ich meine.«

»Vielleicht nicht. Warum erklären Sie es mir nicht einfach?«

»Sie wissen, dass die Welt nicht so geplant war, wie sie jetzt ist.« Zum ersten Mal lag eine Spur von Emotion in Mike Farloes Reaktion – Zorn. »Jede Sekunde wird eine weitere Sünde begangen. Jede Sekunde missachten wir die Gesetze, die uns von einer höheren, der höchsten Macht auferlegt wurden. So kann es nicht weitergehen auf der Welt. Den Herrn und seine Botschaft zu missachten. Jemand muss sie bestrafen.«

»Und dieser Jemand sind Sie?«

Schweigen.

»Für mich waren all diese Opfer nur ganz normale Leute, keine großen Sünder.«

»Das liegt daran, Detective, dass Sie selbst völlig verblendet sind. Sie sind so verblendet von dem ganzen Schmutz in dieser Stadt, dass Sie nicht mehr klar sehen können. Keiner von euch kann das. Eine Prostituierte, die ihren Körper für Geld verkauft und die ganze Stadt mit Krankheit verseucht.« Hunter wusste, dass er vom zweiten Opfer sprach. »Ein Anwalt, dessen einziger Zweck im Leben darin bestand, Drogendealer-Abschaum zu verteidigen, um sich davon seinen playboyhaften Lebensstil zu leisten. Eine Person ohne jede Moral«, sagte er in Anspielung auf das fünfte Opfer. »Eine karrieregeile Opportunistin, die sich nach oben gefickt hat, der es egal war, welchen Schwanz sie lutscht, solange er sie nur wieder eine Sprosse höher bringt.« Das sechste Opfer. »Sie mussten bezahlen. Sie mussten lernen, dass man sich nicht einfach so von den Gesetzen Gottes entfernen kann. Jemand musste ihnen eine Lektion erteilen.«

»Und dieser Jemand waren Sie?«

»Ja … Ich habe nur unserem Herrn gedient.« Der Zorn war verflogen, seine Stimme so rein und unschuldig wie das Lachen eines Babys.

»P-S-Y-C-H-O.« Der Kommentar fiel im Beobachtungsraum und kam von Wilson.

Hunter goss sich ein Glas Wasser aus dem Metallkrug auf dem Tisch ein.

»Möchten Sie auch ein Glas Wasser?«

»Nein, danke, Detective.«

»Möchten Sie sonst irgendetwas … einen Kaffee? Eine Zigarette?«

Er antwortete nur mit einem Kopfschütteln.

Hunter konnte sich noch immer keinen Reim auf Mike Farloe machen. Seine Tonlage blieb immer gleich, er zeigte keine abrupten Bewegungen und kein Mienenspiel. Seine Augen blieben tot und kalt, transportierten keinerlei Emotion. Seine Hände lagen vollkommen still, auf seiner Stirn bildete sich kein Schweiß. Hunter brauchte mehr Zeit.

»Glauben Sie an Gott, Detective?«, fragte Farloe ruhig. »Beten Sie, damit Ihnen Ihre Sünden vergeben werden?«

»Ich glaube an Gott, aber nicht an Mord«, erwiderte Hunter in neutralem Ton.

Farloes Augen fixierten Hunter, als wären die Rollen vertauscht, als würde er nun Hunters Reaktionen zu interpretieren versuchen. Hunter wollte gerade eine weitere Frage stellen, als Farloe erneut sprach. »Detective, warum sparen wir uns nicht den ganzen Unfug und kommen zum Punkt? Fragen Sie einfach, was Sie zu fragen haben. ›Fragt, und Ihr werdet Antwort erhalten.‹«

»Und was wäre das? Was habe ich denn zu fragen?«

»Sie wollen wissen, ob ich diese Morde begangen habe. Sie wollen wissen, ob ich der Kruzifix-Killer bin.«

»Sind Sie es?«

Zum ersten Mal wandte Farloe den Blick von Hunter ab. Stattdessen richtete er ihn auf den Spiegel an der nördlichen Zimmerwand. Er wusste natürlich, was auf der anderen Seite los war. Dass die Spannung dort jetzt ins Unerträgliche wuchs. Captain Bolter hätte schwören können, dass Farloe ihn direkt ansah.

»Ich habe mir diesen Namen nicht ausgesucht, das hat die Presse getan.« Er richtete den Blick wieder auf Hunter. »Aber, ja, ich habe ihre Seelen aus einem sündigen Leben erlöst.«

»Heilige Scheiße … wir haben ein Geständnis.« Captain Bolter konnte im Beobachtungsraum seine Erregung kaum im Zaum halten.

»Zum Teufel, ja! Und Hunter hat nur zehn Minuten gebraucht, um es aus ihm herauszukriegen. So mag ich ihn, diesen Jungen«, stimmte Wilson mit einem Lächeln ein.

»Wenn Sie der Kruzifix-Killer sind, dann haben Sie sich Ihren Namen sehr wohl ausgesucht«, fuhr Hunter fort. »Sie haben die Opfer mit einem Zeichen gebrandmarkt. Sie haben das Zeichen gewählt.«

»Sie mussten bereuen. Das Zeichen unseres Herrn hat ihre Seelen befreit.«

»Aber Sie sind nicht Gott, Mike. Sie haben nicht die Macht, irgendjemanden zu befreien. Du sollst nicht töten, ist das nicht eines der zehn Gebote? Macht es nicht *Sie* zu einem Sünder, dass Sie diese Menschen getötet haben?«

»Nichts ist Sünde, was im Namen des Herrn geschieht. Ich habe nur Gottes Werk getan.«

»Inwiefern denn? Hatte sich Gott etwa an dem Tag krankgemeldet? Warum sollte er ausgerechnet Sie bitten, in seinem Namen zu töten? Ist er nicht eigentlich ein gütiger Gott?«

Zum ersten Mal in diesem Verhör zeigte Farloe so etwas wie ein Lächeln, indem er eine Reihe nikotingelber Zähne entblößte. Es war etwas Bösartiges an ihm, etwas … irgendwie anderes, fast Unmenschliches.

»Ich kriege eine Gänsehaut von dem Kerl. Sollen wir nicht einfach hier abbrechen? Er hat schließlich gestanden – er war es, Schluss, aus«, sagte Wilson ärgerlich.

»Warten Sie noch. Geben Sie ihm noch ein paar Minuten«, sagte Dr. Martin.

»Machen Sie, was Sie wollen … aber ich verschwinde, ich habe genug gehört.« Wilson öffnete die Tür und trat auf den Korridor im dritten Stock des Morddezernats hinaus.

Hunter nahm ein Blatt Papier, schrieb etwas darauf und schob es Farloe hin. »Wissen Sie, was das ist?«

Farloe richtete den Blick auf das Blatt und starrte es ungefähr fünf Sekunden lang an. An seinen Augenbewegungen und dem kaum merklichen Stirnrunzeln erkannte Hunter, dass Farloe nicht die leiseste Ahnung hatte, was das sein sollte. Hunter bekam keine Antwort.

»Na gut, dann will ich Sie jetzt eines fragen …«

»Schluss mit den Fragen«, unterbrach ihn Farloe. »Sie wissen, was ich getan habe, Detective. Sie haben mein Werk gesehen. Sie haben gehört, was Sie hören wollten. Sparen Sie sich Ihre weiteren Fragen. Ich habe alles gesagt.« Farloe schloss die Augen, legte die Hände aneinander und fing an, ein Gebet zu flüstern.

»STIMMT. ICH HABE NIE GEGLAUBT, dass er unser Killer war«, antwortete Hunter schließlich auf Garcias Frage.

Obwohl gerade erst kurz nach sechs, war es bereits heiß. Hunter ließ die Fensterscheibe an der Beifahrertür heruntergleiten. Inzwischen hatten sie die luxuriösen Villen von Santa Clarita hinter sich gelassen und fuhren im Verkehrslärm den San Diego Freeway hinunter.

»Soll ich die Klimaanlage einschalten?«, fragte Garcia und machte sich am Armaturenbrett zu schaffen.

Hunter fuhr einen alten Buick, der mit keinen der Spielereien moderner Autos aufwarten konnte. Keine Klimaanlage, kein Schiebedach, keine elektronisch gesteuerten Fenster und Spiegel. Dafür war es ein Buick – »pure amerikanische Muskelkraft«, wie Hunter es zu nennen pflegte.

»Nein, mir ist es so lieber, frische verschmutzte L. A.-Luft. Einfach unschlagbar.«

»Und weshalb warst du nun so überzeugt davon, den Falschen zu haben? Immerhin gab es da das ganze Beweismaterial im Kofferraum und dazu noch sein Geständnis. Was wolltest du denn noch?«, nahm Garcia den Gesprächsfaden wieder auf.

Hunter neigte den Kopf zum offenen Fenster hinaus und ließ sich den Fahrtwind durch die Haare wehen. »Wusstest du, dass wir an keinem der sieben Tatorte je irgendwelches Beweismaterial gefunden haben?«

»Auch davon war damals intern die Rede, aber ich hab mir damals gesagt, dass ihr Jungs euch wohl einfach nicht in die Karten schauen lassen wollt.«

»Es stimmte aber. Wilson und ich haben jeden Zentimeter dieser Tatorte mit der Lupe abgesucht, die Spurensicherung natürlich auch, aber wir haben nie auch nur irgendwas gefunden – keinen Fingerabdruck, kein Haar, keine Textilfaser … nichts. Die Tatorte waren wie ein forensisches Vakuum.« Hunter schwieg einen Augenblick und hielt erneut das Gesicht in den Wind. »Zwei Jahre lang macht der Killer nie einen einzigen Fehler, lässt nie irgendwas zurück, leistet sich nicht eine einzige Unachtsamkeit. Er war wie ein Geist. Wir hatten nichts, keine Spur, keine Richtung, nicht den leisesten Schimmer, wer der Mörder sein könnte. Und dann, auf einmal, wird er mit diesem ganzen Zeug im Auto aufgelesen? Das passt nicht zusammen. Wieso zum Teufel wird aus dem vermutlich sorgfältigsten Killer der Kriminalgeschichte auf einmal der schlampigste?«

»Wie hast du ihn denn erwischt?«

»Ein anonymer Anruf, kurz nachdem das siebte Opfer gefunden worden war. Jemand hatte einen verdächtigen Wagen gesehen, angeblich mit Blutflecken auf dem Kofferraum. Der Anrufer hatte sich das Autokennzeichen notiert, und der Wagen wurde am Rand von L. A. entdeckt.«

»Und das war Farloe?«

»Genau. Und sein Kofferraum war das reinste Weihnachtsfest für die Spurensicherung.«

Garcia runzelte die Stirn. Hunters Gedankengang leuchtete ihm ein. »Mag sein, aber viele berühmte Kriminelle wurden genauso gefasst, wegen einer Geschwindigkeitsübertretung oder irgendeinem kleinen Verkehrsdelikt. Vielleicht war er ja nur an seinen Tatorten sorgfältig, aber zu Hause total schlampig.«

»Das überzeugt mich nicht«, erwiderte Hunter mit einem Kopfschütteln. »Außerdem hat er mich während des gesamten Verhörs mit Detective angeredet.«

»Und was ist daran merkwürdig?«

»Der Kruzifix-Killer rief mich immer auf meinem Handy an, um mir den Ort mitzuteilen, wo wir die nächste Leiche finden würden. So haben wir sie überhaupt erst entdeckt. Ich war der Einzige, der Kontakt mit ihm hatte.«

»Warum gerade du?«

»Ich habe es nie herausgefunden, aber jedes Mal, wenn er mich anrief, nannte er mich bei meinem Vornamen. Er hat mich immer Robert genannt, nie Detective«, sagte Hunter und hielt erneut inne. Er war sich bewusst, dass er Garcia gleich eine Bombe in den Schoß werfen würde. »Aber das Entscheidende war seine Reaktion auf meine Frage nach dem Zeichen, das er auf den Handrücken der Opfer hinterlassen hatte. Er hat es hingenommen, hat irgendwas davon erzählt, das Zeichen des Herrn könnte sie erlösen oder so.«

»Genau, er war ein religiös motivierter Psychopath. Wo liegt das Problem?«

»Ich habe ihm das Symbol aufgemalt, das der Kruzifix-Killer benutzt hat, und ich bin mir sicher, dass er es nicht erkannte.«

»Er hat ein Kreuz nicht erkannt?«, fragte Garcia mit hochgezogenen Brauen.

»Der Kruzifix-Killer hat seinen Opfern nie ein Kreuz auf den linken Handrücken geritzt. Das war nur die Geschichte, die wir der Presse verkauften, um uns gegen Nachahmer zu wappnen.«

Garcia hielt instinktiv den Atem an, während er wartete, was als Nächstes kam. Eine Gänsehaut kroch ihm über den Rücken.

»In Wirklichkeit hat der Kruzifix-Killer ein seltsames Zeichen hinterlasen, eine Art Doppelkreuz, eines richtig herum, das andere auf dem Kopf stehend. Und er hat es ihnen in den Nacken geritzt.« Hunter zeigte zur Verdeutlichung auf seinen eigenen Nacken. »Das war sein wahres Erkennungszeichen.«

Für Garcia kam diese Eröffnung aus heiterem Himmel. Blitzartig sah er wieder die Frauenleiche in dem alten Holzhaus vor sich. Das gehäutete Gesicht. Das eingeritzte Zeichen im Genick. Das Erkennungszeichen des Kruzifix-Killers. »Das ist ein schlechter Witz, oder?« Garcia wandte für einen Moment den Blick von der Straße ab und schaute Hunter an.

»Pass auf!«, rief Hunter, da sie eben auf eine rote Ampel zufuhren. Garcia richtete seine Aufmerksamkeit wieder auf die Straße und trat so scharf auf die Bremse, dass Hunter in seinem Sitz nach vorn geschleudert wurde wie ein Torpedo. Der Gurt zerrte ihn sofort wieder zurück, doch sein Kopf schlug heftig gegen die Kopfstütze.

»Verdammt! Jetzt ist mein Kopfweh wieder da. Besten Dank«, stöhnte Hunter und rieb sich mit beiden Händen die Schläfen.

Doch Hunters Kopfschmerzen kümmerten seinen Partner im Moment am allerwenigsten. Hunters Worte hallten ihm in den Ohren. »Und was bedeutet das? Dass jemand die tatsächliche Handschrift des Kruzifix-Killers herausgefunden hat und sie benutzt?«

»Das bezweifle ich. Nur eine Handvoll Leute wusste davon. Nur ein paar von uns im Morddezernat und Dr. Winston. Wir haben sämtliche Informationen über den Killer unter Verschluss gehalten. Das Symbol, das wir heute gesehen haben, ist exakt dasselbe.«

»Scheiße noch mal, soll das jetzt heißen, dass er aus dem Reich der Toten zurückgekehrt ist, oder was?«

»Was ich sagen will, ist: Mike Farloe war nicht der Kruzifix-Killer, wie ich vermutet habe. Der echte läuft immer noch da draußen herum.«

»Aber der Typ hat gestanden. Warum zum Teufel sollte er das tun, wenn er weiß, dass ihn dafür die Giftspritze erwartet?« Garcia schrie jetzt fast.

»Vielleicht wollte er den Ruhm, was weiß ich. Sieh mal, ich habe keinen Zweifel daran, dass Mike Farloe ein völlig durchgeknallter Typ war, ein religiöser Psychopath, er war nur nicht derjenige, den wir gesucht haben.«

»Aber wie zum Teufel ist dann das ganze Beweismaterial in seinen Wagen gelangt?«

»Keine Ahnung. Er wurde eben reingelegt.«

»Reingelegt? Aber der Einzige, der das getan haben könnte, wäre der Kruzifix-Killer selbst.«

»Genau.«

»Und warum dann jetzt? Warum sollte er ausgerechnet jetzt zurückkehren?«

»Das frage ich mich selbst schon die ganze Zeit«, gab Hunter zurück.

Garcia starrte Hunter regungslos an. Er brauchte Zeit, um das alles zu verdauen. Es erklärte natürlich Hunters Reaktion auf das eingeritzte Symbol im Nacken der Frau. War es tatsächlich möglich, dass der Kruzifix-Killer nie gefasst worden war? Dass er nach wie vor frei herumlief? Hatte der Staat einen Unschuldigen hingerichtet? Seit Mike Farloes Festnahme und Verurteilung hatte es keine weiteren Morde mehr gegeben – scheinbar eine weitere Bestätigung, dass er der Killer gewesen sein musste. Sogar Hunter hatte irgendwann angefangen, das zu glauben.

Sie schwiegen eine Weile. Hunter spürte, wie Garcia damit rang, all diese Informationen zu verarbeiten, zu verstehen, warum jemand ein Verbrechen gestand, das er gar nicht begangen hatte.

»Wenn wir es hier tatsächlich mit dem echten Kruzifix-Killer zu tun haben, werden wir es ziemlich bald herausfinden«, bemerkte Hunter.

»Ja? Und wie?«

»Nun, wenn es wirklich derselbe ist, dann wird zunächst einmal die Spurensicherung nichts finden. Wieder ein blitzblanker Tatort … Grün!«

»Was?«

»Die Ampel. Wir haben Grün.«

Garcia legte einen Gang ein und trat aufs Gas. Keiner sagte mehr ein Wort, bis sie Santa Monica erreichten.

Die Hideout Bar liegt ganz am Ende der West Channel Road, da wo der Strand beginnt. Santa Monica Beach ist praktisch gleich auf der anderen Straßenseite, was die Hideout Bar zu einem der beliebtesten Nachtclubs in der Westside Region macht. Garcia war erst ein einziges Mal dort gewesen. Wehende Vorhänge teilten den mit maritimen Motiven gestalteten Barbereich von der großen Lounge, in der überall Fotos von Santa Monica in den zwanziger Jahren hingen. Das großzügig ausgebaute Dachgeschoss verfügte über eine riesige Terrasse samt Liegestühlen. Das Hideout war vor allem bei jüngeren Leuten beliebt und garantiert nicht die Art von Bar, die Garcia mit Hunter in Verbindung gebracht hätte.

Hunters Wagen stand nur ein paar Meter vom Eingang entfernt. Garcia parkte direkt dahinter.

»Ich will noch mal einen Blick in das Holzhaus werfen, wenn die Spurensicherung fertig ist. Was meinst du?«, fragte Hunter und zog seine Wagenschlüssel aus der Jackentasche.

Garcia schaffte es nicht, Hunter anzusehen.

»Hey, Grünschnabel, alles okay?«

»Ja, ja. Alles okay«, antwortete Garcia schließlich. »Ja, gute Idee.«

Hunter stieg aus dem blitzblanken Honda Civic und öffnete die Tür seines alten, verbeulten Buick. Während er den Motor anließ, ging ihm ein einziger Gedanke durch den Kopf.

Sein erster Fall sollte nicht ausgerechnet das hier sein.

8

D-KING ZEIGTE WENIG VERSTÄNDNIS DAFÜR, wenn eines seiner Mädchen versuchte, sich aus dem Staub zu machen. Seit drei Tagen hatte er nichts von Jenny gehört, seit sie in jener Nacht im Vanguard Club von seinem Tisch aufgestanden und verschwunden war. Im Unterschied zu anderen Zuhältern in L. A. behandelte D-King seine Mädchen vollkommen gewaltfrei. Wenn eine beschloss, dass sie genug hatte, und rauswollte, konnte er damit leben, solange sie nicht für die Konkurrenz arbeitete oder mit seinem Geld durchbrannte.

Neue Mädchen zu finden war der leichteste Teil in seinem Geschäft. Jeden Tag landeten Hunderte hübscher Mädchen mit der Hoffnung auf ihr ganz persönliches Hollywood-Märchen in Los Angeles. Jeden

Tag gingen Hunderte dieser Mädchenträume an der harten Realität zu Bruch. Man musste nur einen Blick dafür haben, welche man ansprechen konnte: die Verzweifelten, die, die völlig pleite waren – und dringend einen Schuss brauchten –, und die, die begierig auf den Lebensstil waren, den D-King ihnen bieten konnte. Wenn eine von ihnen aussteigen wollte, brauchte sie es nur zu sagen. Ihre Nachfolgerin wartete schon an der nächsten Ecke.

D-King schickte seinen ständigen Bodyguard, Jerome, los, um herauszufinden, was mit Jenny passiert war. *Warum hatte sie sich nicht auf seine Anrufe gemeldet? Und vor allem, warum war sie letzte Nacht nicht zu ihrem Termin mit einem Kunden erschienen?* Dass man einen Kunden versetzte, duldete D-King nicht. So was war schlecht fürs Geschäft, denn selbst in zwielichtigen Branchen war Zuverlässigkeit Trumpf. D-King wurde den Verdacht nicht los, dass da etwas faul war. Jenny war sein zuverlässigstes Mädchen, und er war sich sicher, dass sie ihn angerufen hätte, falls sie in Schwierigkeiten geraten wäre.

Er hatte tatsächlich eine Schwäche für Jenny. Sie war ein wirklich nettes Mädchen, hatte immer ein Lächeln auf den Lippen und einen tollen Humor – Qualitäten, die man in ihrer Branche lange suchen musste. Als Jenny bei D-King eingestiegen war, hatte sie ihm gleich gesagt, sie würde diesen Job nur so lange machen, bis sie auf eigenen Füßen stehen konnte. Er respektierte diesen Entschluss, doch im Augenblick war sie eines seiner profitabelsten Mädchen, hochbegehrt unter den fetten reichen Säcken, die seine Klientel bildeten.

Als Jerome von seinen Recherchen zurückkehrte, war D-King gerade bei seinem Frühsport – fünfundzwanzig Bahnen in seinem privaten Fünfundzwanzig-Meter-Schwimmbecken.

»Boss, ich fürchte, ich habe keine guten Neuigkeiten.« Jerome wirkte schon rein äußerlich wie ein Mann, mit dem man sich ungern anlegte. Der Afroamerikaner war eins neunzig groß und hundertfünfzig Kilo schwer, hatte kurzgeschorenes Kraushaar und eine krumme Nase, die so oft gebrochen worden war, dass er mit dem Zählen aufgehört hatte. Dazu kamen ein eckiger Kiefer und blendend weiße Zähne. Jerome war vor langer Zeit als kommender Schwergewichts-Boxweltmeister gehandelt worden, doch dann kam der Autounfall, nach dem er von der Hüfte abwärts nahezu gelähmt gewesen war. Erst vier Jahre später konnte er wieder normal gehen, mit seinen Titelhoffnungen war es da längst vorbei. So arbeitete er schließlich als Rausschmeißer für einen Nachtclub in Hollywood. Als D-King eines Abends mitbekam, wie Jerome allein mit einer Gruppe von sieben Footballspielern fertig wurde, die Ärger suchten, bot er ihm einen Job und eine satte Gehaltssteigerung an. Seither arbeitete Jerome exklusiv für ihn.

D-King stieg aus dem Pool, zog sich einen frischen weißen Bademantel über, auf dessen Rücken in großen goldenen Lettern der Schriftzug »King« prangte, und setzte sich an den kleinen Tisch neben dem Pool, auf dem sein Frühstück bereitstand.

»Das ist nicht das, was ich hören will, Jerome. Wer fängt den Tag schon gern mit schlechten Neuigkeiten an.« Er goss sich ein Glas Orangensaft ein. »Na los, Nigga, rück raus damit«, forderte er ihn auf. Sein Ton war so gelassen wie immer. D-King war nicht der Typ, der leicht seine Coolness verlor.

»Also, du wolltest, dass ich mal nach Jenny sehe, warum sie seit ein paar Tagen nicht aufgetaucht ist.«

»Genau.«

»Okay, also: Es sieht so aus, als wäre sie nicht nur neulich Nacht aus dem Club, sondern gleich komplett verschwunden.«

»Was zum Teufel soll das heißen?«

»Sie scheint in den letzten Tagen überhaupt nicht in ihrer Wohnung gewesen zu sein. Der Portier in ihrem Apartmenthaus hat sie auch nicht gesehen.«

D-King stellte seinen Orangensaft ab und sah seinen Leibwächter eine Weile nachdenklich an. »Was ist mit ihren Sachen? Sind die noch in der Wohnung?«

»Es ist alles noch da – Kleider, Schuhe, Handtaschen, sogar ihr Makeup. Ihre Koffer liegen alle aufeinandergestapelt im Schrank. Falls sie abgehauen ist, muss sie es verdammt eilig gehabt haben.«

»Sie hatte keinen Grund abzuhauen«, stellte D-King fest, während er sich eine Tasse Kaffee eingoss.

»Hat sie einen Freund?«

»Einen *was*?«, fragte D-King und schnitt dazu ein ungläubiges Gesicht. »Red keinen Scheiß, Nigga. Du weißt genau, dass keins meiner Mädchen eine Beziehung hat. Ist schlecht fürs Geschäft.«

»Vielleicht hat sie an dem Abend im Vanguard jemanden kennengelernt?«

»Und dann?«

»Was weiß ich. Ist sie mit zu ihm gegangen.«

»Nie im Leben. Jenny schiebt keine Gratisnummern.«

»Vielleicht mochte sie den Typ.«

»Sie ist eine Nutte, Jerome. Sie hatte gerade fünf Nächte durchgearbeitet. Mit einem freiwillig in die Kiste zu springen, wär das Letzte gewesen, wonach ihr der Sinn stand.«

»Private Kunden?«

»Wie bitte? Meine Mädchen wissen ganz genau, was ihnen blüht, wenn sie nebenbei ihr eigenes Geschäft aufziehen. Und Jenny wäre sowieso nicht der Typ dafür, sie ist nicht blöd.«

»Vielleicht ist sie bei 'ner Freundin«, schlug Jerome vor.

»Auch unwahrscheinlich. Sie ist jetzt wie lange bei mir – drei Jahre? Und nie gab's irgendwelchen Ärger. Sie erscheint immer pünktlich zu ihren Terminen. Nein, Jerome, da stimmt was nicht. Die Sache stinkt.«

»Glaubst du, sie steckt vielleicht in Schwierigkeiten … ich meine Geldnöte, oder so? Vielleicht Spielschulden?«

»Wenn, wäre sie damit zu mir gekommen, ganz sicher. Sie ist nicht der Typ, der einfach wegläuft.«

»Was soll ich jetzt tun, Boss?«

D-King nahm einen Schluck Kaffee und dachte nach. »Versuch's erst mal bei den Krankenhäusern. Wir müssen rausfinden, ob ihr was zugestoßen ist.«

»Glaubst du, irgendwer hat ihr was angetan?«

»Wenn ja … dann ist das Schwein so gut wie tot.«

Jerome fragte sich, wer wohl so dumm wäre, einem von D-Kings Mädchen was zu tun.

»Wenn bei den Krankenhäusern nichts rauskommt, müssen wir's bei den Bullen versuchen.«

»Soll ich Culhane anrufen?«

Detective Mark Culhane arbeitete beim Drogendezernat – und stand außerdem auf D-Kings Gehaltsliste. Einer von den schmutzigen Cops.

»Er ist zwar nicht der Hellste, aber ich schätze, dann bleibt uns nichts anderes mehr übrig. Sag ihm aber, er soll nicht rumschnüffeln wie ein streunender Köter. Ich will die Sache erst mal nicht an die große Glocke hängen.«

»Verstanden, Boss.«

»Versuch's zuerst bei den Krankenhäusern, und erst wenn dabei nichts rauskommt, rufst du ihn an.«

Jerome nickte und überließ D-King seinem Frühstück.

D-King nahm einen Bissen von seinem Eiweiß-Omelett, doch der Appetit war ihm vergangen. In seinen über zehn Jahren als Dealer hatte er einen Riecher für faule Sachen entwickelt, und die hier stank zum Himmel. D-King war in Los Angeles nicht nur wohlbekannt, sondern auch gefürchtet. Nur ein einziges Mal war es vorgekommen, dass ein Kunde eines seiner Mädchen ins Gesicht geschlagen hatte. Der Kunde wurde ein paar Tage später in einem Koffer aufgefunden – zerlegt in sechs Teile: Kopf, Torso, Arme und Beine.

9

CARLOS GARCIA HATTE SICH ALS JUNGER DETECTIVE bei der Polizei von Los Angeles fast so schnell emporgearbeitet wie Hunter. Er war der Sohn eines brasilianischen Bundesagenten und einer amerikanischen Geschichtslehrerin, deren Ehe in die Brüche ging, als er zehn war. Daraufhin zog seine Mutter mit ihm nach Los Angeles. Obwohl Garcia den Großteil seines Lebens in Amerika verbracht hatte, sprach er Portugiesisch wie ein Brasilianer. Sein Vater war ein höchst attraktiver Mann mit glatten, dunklen Haaren, braunen Augen und dunkler Haut. Seine Mutter war blond und blauäugig mit einem hellen, europäisch anmutenden Teint. Garcia hatte den dunklen Teint seines Vaters geerbt und ebenso die dunkelbraunen Haare, die er immer etwas länger trug, als seine Mutter es sich gewünscht hätte. Seine Augen waren zwar nicht so hellblau wie die seiner Mutter, doch sie kamen eindeutig von ihrer Seite. Obwohl schon einunddreißig, hatte er noch immer etwas Jungenhaftes an sich. Er war von leichter Statur, eher hager und sehnig als muskulös. Nicht zuletzt infolge jahrelanger Leichtathletik besaß er jedoch mehr Körperkraft, als man ihm zugetraut hätte.

Jennet Liams, Garcias Mutter, hatte mit aller Macht versucht, ihrem

Sohn eine berufliche Laufbahn bei der Polizei auszureden. Ihre Ehe mit einem FBI-Agenten hatte sie in dieser Hinsicht einiges gelehrt. Es war ein gefährliches Leben, und nur wenige Menschen waren fähig und willens, den mentalen Druck auszuhalten, den ein solches Leben mit sich bringt. Ihre Familie und ihre Ehe hatten unter dem Beruf ihres Mannes gelitten, und sie wollte nicht, dass ihren Sohn und seine zukünftige Familie einmal dasselbe Schicksal ereilen würde. Doch als Garcia zehn war, stand sein Entschluss bereits fest. Er wollte genauso sein wie sein Vater, sein Held.

Seit der Highschool hätte er eine feste Freundin, und kurz nach ihrem Schulabschluss heirateten die beiden. Anna war ein reizendes Mädchen. Sie war ein Jahr jünger als Garcia, hatte wunderschöne haselnussbraune Augen und kurzes schwarzes Haar. Sie besaß eine eigenwillige, aber faszinierende Schönheit. Kinder hatten sie keine – eine Entscheidung, die sie beide zusammen getroffen hatten, zumindest fürs Erste.

Garcia verbrachte zwei Jahre als Detective im Norden von Los Angeles, bevor man ihn mit einunddreißig Jahren vor die Wahl stellte, entweder im Drogendezernat oder im Morddezernat anzufangen. Er entschied sich für das Morddezernat.

Am Morgen seines ersten Arbeitstags in der neuen Abteilung war Garcia früher als sonst aufgewacht. Er hatte sich bemüht, leise zu sein, aber Anna wachte trotzdem auf. Um acht Uhr dreißig sollte er in Captain Bolters Büro erscheinen, doch um halb sieben stand er bereits fix und fertig in Anzug und Krawatte in seiner kleinen Wohnung im Norden L. A.s und quälte sich damit, die verbleibende Zeit totzuschlagen.

»Wie sehe ich aus?«, fragte er seine Frau nach seiner zweiten Tasse Kaffee.

»Das fragst du mich jetzt schon zum dritten Mal«, antwortete Anna lachend. »Du siehst toll aus, Schatz. Die können sich glücklich schätzen, weil sie nämlich den hübschesten Detective in ganz L. A. kriegen«, sagte sie zärtlich und küsste ihn auf den Mund. »Bist du nervös?«

Garcia nickte und biss sich auf die Lippe. »Ein wenig.«

»Musst du nicht. Du wirst das großartig machen.«

Eigentlich war Anna Optimistin und sah an allem das Positive. Deshalb freute sie sich für Garcia, weil er dort angelangt war, wo er immer hingewollt hatte, doch tief in ihrem Inneren hatte sie Angst. In den vergangenen Jahren hatte Garcia bereits einige brenzlige Situationen erlebt. Als ihm eine Kugel Kaliber .44 das Schlüsselbein zertrümmerte, verbrachte er eine Woche im Krankenhaus – und Anna eine Woche in Tränen. Sie kannte die Gefahren, die sein Job mit sich brachte, und sie wusste, dass er niemals vor irgendetwas zurückschrecken würde. Und dieses Wissen erfüllte sie mit einer lähmenden Angst.

Um Punkt halb neun stand Garcia vor Captain Bolters Büro im Gebäude des Morddezernats. Schmunzelnd stellte er fest, dass auf dem Namensschild an der Bürotür »KONG« stand. Er klopfte dreimal.

»Herein.«

Garcia öffnete die Tür und trat ein.

Captain William Bolter war bereits Ende fünfzig, sah jedoch gut und gerne zehn Jahre jünger aus: groß, stark wie ein Ochse und mit einem vollen Schopf silbergrauer Haare und einem dicken Schnauzer. Seine Erscheinung war respekteinflößend. Wenn man den Geschichten glauben durfte, die über ihn kursierten, hatte er sich im Lauf seiner Dienstjahre über ein Dutzend Kugeln eingefangen, doch keine hatte ihn untergekriegt.

»Wer zum Teufel sind Sie? Kommen Sie von der Internen?« Seine Stimme war kraftvoll, aber nicht aggressiv.

»Nein, Sir …« Garcia trat einen Schritt näher und reichte ihm seine Unterlagen. »Carlos Garcia, Sir. Ich bin Ihr neuer Detective.«

Captain Bolter saß in einem imposanten Bürostuhl mit hoher Lehne hinter einem Rosenholzschreibtisch. Er blätterte die Unterlagen durch, wobei mehrfach ein anerkennender Ausdruck über sein Gesicht huschte, und legte sie dann vor sich auf dem Tisch ab. Er brauchte den Papierkram nicht, um zu wissen, dass Garcia ein guter Detective war. Wenn jemand seinem Dezernat zugewiesen wurde, musste er zwangsläufig ein hohes Maß an Kompetenz und Fachwissen bewiesen haben, und Garcias Akte bescheinigte dem jungen Mann jede Menge davon.

»Eindrucksvoll … und Sie sind pünktlich. Ein guter Anfang«, stellte der Captain mit einem flüchtigen Blick auf seine Armbanduhr fest.

»Danke, Sir.«

Der Captain ging zu seiner Kaffeemaschine, die in einer Ecke des Zimmers stand, und goss sich eine Tasse ein. Garcia bot er keinen an. »Okay, erst mal das Wichtigste. Besorgen Sie sich einen anständigen Anzug. Wir sind das Morddezernat, nicht die Modepolizei. Die Jungs werden Sie kreuzigen«, sagte er mit einer vagen Geste zu den Büros hinaus.

Garcia warf einen Blick an sich hinunter. Er mochte diesen Anzug. Es war sein bester – und sein einziger.

»Wie lange sind Sie schon Detective?«

»Zwei Jahre, Sir.«

»Hm, das ist bemerkenswert. Gewöhnlich braucht man als Detective mindestens fünf oder sechs Jahre Erfahrung, bevor man überhaupt fürs Morddezernat in Frage kommt. Entweder sind Sie 'ner Menge Leute in den Hintern gekrochen, oder Sie sind wirklich gut.« Da von Garcia keine Antwort kam, fuhr der Captain fort. »Nun, Sie mögen da draußen ein guter LAPD-Detective gewesen sein, aber das hier ist das Morddezernat.« Er nippte an seinem Kaffee und kam damit zum Schreibtisch zurück. »Der Urlaub ist vorbei, Junge. Das hier ist härter und definitiv gefährlicher als alles, was Sie je gemacht haben.«

»Ich weiß, Sir.«

»Ach ja?« Er fixierte Garcia mit seinem intensiven Blick. Sein Tonfall wurde unheilschwanger. »Dieser Job hier wird Ihnen ans Mark gehen. Sie werden sich damit mehr Feinde als Freunde machen. Ihre alten Kumpel vom LAPD werden Sie wahrscheinlich von jetzt an hassen. Sind Sie wirklich sicher, dass Sie das hier wollen? Sind Sie sicher, dass Sie stark genug dafür sind? Und ich rede hier nicht von körperlicher Stärke, Junge. Sind Sie sicher, dass Sie bereit sind für das hier?«

Garcia war auf die Mordsgefährlicher-Job-Rede gefasst gewesen. Jeder Captain hat so eine im Repertoire. Ohne dem Blick des Captains auch nur einen Moment auszuweichen, erwiderte er mit fester, unerschütterlicher Stimme: »Ich bin bereit, Sir.«

Der Captain fixierte Garcia immer noch, suchte nach einer Spur von Furcht oder vielleicht Selbstzweifeln, doch seine jahrelange Erfahrung und Menschenkenntnis sagten ihm, dass dieser Junge hier keinen Schiss hatte, jedenfalls noch nicht.

»Na gut, das wär's. Dann stelle ich Sie jetzt Ihrem neuen Partner vor«, sagte er. Er ging zur Tür seines Büros und zog sie auf. »Hunter … kommen Sie mal her«, rief er hinaus. Seine Stimme hallte auf der geschäftigen Etage wider.

Hunter war gerade eben angekommen, saß an seinem Schreibtisch und rührte seinen starken schwarzen Kaffee um. Infolge seines Schlafmangels dröhnte die Stimme des Captains wie eine Heavy-Metal-Band in seinem Kopf. Er nahm in aller Ruhe einen Schluck von dem bitteren Getränk und verbrannte sich die Lippen und die Zunge daran. In den letzten paar Monaten hatte seine Schlaflosigkeit, genährt von den ständigen Alpträumen, immer schlimmere Ausmaße angenommen. Wenn er Glück hatte, schlief er zwei, drei Stunden pro Nacht. Seine Tage verliefen inzwischen in einer Art dumpfer Monotonie – üble Kopfschmerzen, kochend heißer, starker Kaffee, einmal den Mund verbrannt und dann weiter mit dem Stapel zweitrangiger Fälle auf seinem Schreibtisch.

Hunter klopfte nicht an, sondern kam einfach zur Tür herein. Garcia stand neben dem Rosenholzschreibtisch.

»Hallo! O nein, Captain, da sind Sie bei mir falsch, mit der Internen habe ich nichts zu tun«, sagte Hunter sofort und biss sich auf die lose Haut an seiner verbrühten Oberlippe.

Garcia blickte erneut an seinem Anzug hinunter.

»Setzen Sie sich, Hunter, er ist nicht von der Internen«, entgegnete Captain Bolter und schwieg einen Augenblick, um die Spannung zu steigern. »Darf ich vorstellen, Ihr neuer Partner.«

Zunächst schien es, als kämen die Worte gar nicht bei Hunter an. Garcia ging zwei Schritte auf ihn zu und streckte ihm die Hand hin. »Carlos Garcia. Freut mich sehr, Sie kennenzulernen, Detective Hunter.«

Hunter ließ Garcias Hand einfach in der Luft hängen. Er zeigte keine Regung, nur seine Augen bewegten sich. Garcia spürte förmlich, wie Hunter ihn musterte, ihn einzuschätzen versuchte. Es dauerte zwanzig Sekunden, dann schien Hunter sich ein Bild von seinem neuen Partner gemacht zu haben.

»Nein danke, Captain. Ich komme ganz gut allein zurecht.«

»Einen Teufel tun Sie, Hunter«, erwiderte der Captain ruhig. »Seit Wilsons Tod machen Sie doch nichts mehr außer Bürokram und dem LAPD bei Ladendiebstählen und kleinen Einbrüchen zu helfen. Heilige Scheiße! Außerdem wussten Sie, dass es so kommen würde. Oder was glauben Sie, wer Sie sind? Dirty Harry? Hören Sie, Hunter, ich erspare Ihnen die blödsinnige Ansprache von wegen, was für ein toller Detective Sie sind und wie Sie Ihr Talent vergeuden. Sie sind der beste Detective, den ich je in meiner Abteilung hatte. Sie reimen sich

Sachen zusammen, auf die niemand sonst kommt ... nennen Sie es, wie Sie wollen, jedenfalls haben Sie es drauf wie kein anderer. Ich brauche Sie wieder hier im Morddezernat, und zwar hellwach und bei klarem Verstand. Sie wissen sehr wohl, dass ich einen Detective in einem Mordfall nicht allein auf die Straße schicken kann, das verstößt gegen die Regeln. In Ihrem momentanen Zustand sind Sie nutzlos für mich.«

»Ach, und wie kommen Sie darauf?«, schoss Hunter in halb beleidigtem Ton zurück.

»Werfen Sie mal einen Blick in den Spiegel.«

»Und jetzt geben Sie mir so einen Grünschnabel als Partner?« Er wandte sich an Garcia. »Sorry, ist nicht persönlich gemeint.«

»Schon klar.«

»Wir waren alle mal Grünschnäbel, Hunter«, entgegnete der Captain und strich sich mit den Fingern verschmitzt über den Schnauzbart. »Sie hören sich haargenau an wie Scott, als ich ihm damals eröffnet habe, dass er einen neuen Partner bekommt. Er konnte Sie am Anfang nicht ausstehen, wissen Sie noch? Sie waren jung und unerfahren ... und jetzt sehen Sie mal, was aus Ihnen geworden ist.«

Garcia biss sich auf die Lippe, um sich ein Lachen zu verkneifen.

Hunter musterte ihn erneut. »Oh, Sie finden das also amüsant?«

Garcia neigte den Kopf ein wenig zur Seite und zuckte leicht mit den Achseln, als wollte er sagen, *vielleicht*.

»Erzählen Sie mir mal, was für Erfahrung Sie in dem Job haben«, forderte Hunter ihn auf.

»Ich war zwei Jahre lang Detective beim LAPD«, antwortete Garcia frischfröhlich.

»Oho, ein Eigengewächs.«

Garcia nickte.

»Warum sind Sie so nervös?«

»Wie kommen Sie darauf, dass ich nervös bin?«, fragte Garcia mit einem Kopfschütteln zurück.

Hunter warf Captain Bolter einen selbstzufriedenen Blick zu. »Ihre Krawatte ist zu fest gebunden, aber anstatt sie einfach ein wenig zu lockern, kreisen Sie ständig kaum merklich mit dem Kopf und hoffen, dass es keinem auffällt. Als Sie mir vorhin die Hand schütteln wollten, ist mir aufgefallen, dass sie feucht ist. Nun ist es hier drin aber nicht besonders warm, also schätze ich, dass Sie aus Nervosität schwitzen. Und seit ich hier hereinspaziert bin, verlagern Sie ständig das Gewicht von einem Bein aufs andere. Entweder haben Sie Rückenprobleme, oder Sie fühlen sich ein wenig unbehaglich. Und da Sie es mit Rückenproblemen schwerlich zum Detective gebracht hätten …«

Garcia runzelte die Stirn und blickte hilfesuchend zu Captain Bolter, der ihn vielsagend angrinste.

»Darf ich Ihnen einen Rat geben?«, fuhr Hunter fort. »Wenn Sie nervös sind, setzen Sie sich lieber hin. Das ist nicht nur bequemer, sondern erlaubt Ihnen auch, verräterische Körpersignale besser zu verbergen.«

»Er ist gut, nicht?«, sagte Captain Bolter schmunzelnd. »Aber wie dem auch sei, Hunter, Sie haben in dieser Frage sowieso nichts zu melden. In meinem Urwald bin immer noch ich der King, und Sie arbeiten entweder mit einem neuen Partner, oder Sie fliegen raus.«

Nun verstand Garcia auch das Namensschild an der Tür. Er wartete ein paar Sekunden und streckte dann Hunter erneut die Hand hin.

»Wie schon gesagt: Carlos Garcia, und es freut mich, Sie kennenzulernen.«

»Die Freude ist ganz Ihrerseits, und trocknen Sie sich mal die Hand ab«, entgegnete Hunter, wobei er Garcias Hand ein zweites Mal in der Luft hängen ließ. »Und sehen Sie zu, dass Sie diesen Anzug loswerden, Junge, oder was glauben Sie, wo Sie hier sind – bei der Modepolizei?«

10

ALS ES DUNKEL WURDE ÜBER L. A., fuhren Hunter und Garcia noch einmal zu dem alten Holzhaus. Das Team von der Spurensicherung war inzwischen abgezogen, und der Ort lag verlassen da. Eine Besichtigung der Umgebung des Hauses kam angesichts der zunehmenden Dunkelheit und des dichten, undurchdringlichen Gestrüpps nicht mehr in Frage, doch Hunter hatte ohnehin keinen Zweifel, dass die Spezialisten von der Spurensicherung alles peinlich genau abgesucht hatten.

So konzentrierten er und Garcia sich noch einmal auf das Haus, aber nach ein paar Stunden hatten beide das Gefühl, dass es nichts mehr zu holen gab.

»Falls hier irgendwas zu finden war, haben es die Leute von der Spurensicherung garantiert mitgenommen«, sagte Garcia mit einem Unterton von Hoffnung.

Hunter sah überall im Haus Reste des feinen, grün fluoreszierenden Pulvers, das die Forensiker benutzten, um mittels Laser und Ultraviolettlicht Fingerabdrücke sichtbar zu machen, die man mit bloßem Auge nicht entdeckte. Hunter beschlich eine dumpfe Ahnung, dass auch die Spurensicherung nichts erbracht hatte. »Hoffen wir, dass Dr. Winston morgen früh irgendetwas für uns hat«, sagte er zu Garcia. »Hier können wir heute nichts mehr tun.«

Es war schon nach Mitternacht, als Hunter seinen alten Buick in die Saturn Avenue und Templeton Street im Süden von Los Angeles steuerte. Die gesamte Straße wirkte renovierungsbedürftig mit ihren vor sich hin gammelnden Häusern und ungepflegten Vorgärten. Hunter parkte vor dem fünfstöckigen Wohnhaus, in dem sich sein Apartment befand, und blickte einen Moment lang daran hoch. Die einst leuchtend gelbe Fassade war inzwischen zu einem unappetitlichen Beige verblasst, und Hunter fiel auf, dass schon wieder jemand die Glühbirnen über dem Hauseingang zerschlagen hatte. Die Wände im Treppenhaus waren schmutzig, die Farbe blätterte ab, und außer Graffiti gab's dort gar nichts Dekoratives. Trotz des heruntergekommenen Zustands fühlte sich Hunter in dem Gebäude wohl.

Hunter lebte allein, keine Frau, keine Kinder, keine Freundin. Er hatte eine Reihe fester Beziehungen gehabt, doch letztlich hatte sein Job in diesem Punkt immer seinen Tribut gefordert. Mit dem gefährlichen Lebenswandel eines Detectives beim Morddezernat fertig zu werden, war nicht leicht, und am Ende wollten seine Freundinnen immer mehr, als er zu geben bereit war. Inzwischen litt Hunter auch nicht mehr groß unter dem Alleinsein. Es war sozusagen sein Verteidigungsmechanismus. Wenn man niemanden hatte, der einem nahestand, konnte einem auch niemand entrissen werden.

Hunters Wohnung lag im dritten Stock und hatte die Nummer 313. Das Wohnzimmer hatte einen seltsamen Grundriss, und die Möbel sahen aus, als kämen sie vom Sperrmüll. An der langen Wand standen ein abgewetztes schwarzes Kunstledersofa und ein paar ungleiche Stühle. Auf dem kleinen, völlig verkratzten Holzschreibtisch rechts daneben thronten ein Laptop, ein Drucker und eine kleine Schreibtischlampe. Schräg gegenüber befand sich eine schicke Bar aus Glas, die überhaupt nicht zum Rest der Wohnung passte. Es war das einzige Möbelstück, das sich Hunter nagelneu und in einem trendigen Laden gekauft hatte. Darin standen mehrere schottische Single Malt Whiskys, denen Hunters Leidenschaft gehörte.

Hunter schloss die Wohnzimmertür hinter sich, schaltete das Licht an und dimmte es auf minimale Beleuchtung. Er brauchte jetzt einen Drink. Er goss sich einen doppelten Whisky von dem zwanzig Jahre alten Talisker ein und warf einen Eiswürfel ins Glas.

Das Bild der gesichtslosen Frau ging ihm einfach nicht mehr aus dem Kopf. Jedes Mal, wenn er die Augen schloss, sah er das Symbol in ihrem Nacken, roch er den beißenden Geruch in dem Raum. Ging das jetzt alles wieder los? Konnte es wirklich derselbe Killer sein? Und falls ja, warum fing er plötzlich wieder an zu morden? Eine Frage jagte die andere, und Hunter wusste sehr wohl, dass die Antworten bei weitem nicht in dieser Geschwindigkeit kommen würden. Er rührte mit dem Zeigefinger einmal den Eiswürfel im Glas herum und setzte es an die Lippen. Der herbe, scharfe Geschmack entspannte ihn sofort.

Hunter war sich sicher, dass ihm wieder eine schlaflose Nacht bevorstand, doch irgendwie musste er sich ausruhen. Er schaltete die Lampen im Schlafzimmer an und leerte den Inhalt seiner Taschen auf den Nachttisch: Autoschlüssel, Hausschlüssel, etwas Kleingeld und ein Papierschnipsel, auf dem stand: *Ruf mich an – Isabella.* Unwillkürlich musste Hunter schmunzeln, als ihm der Vorfall vom Morgen einfiel.

Ich fasse es nicht! Sie einfach so zu fragen, ob sie eine Nutte ist! Bei diesem Gedanken wurde aus dem Schmunzeln ein Lachen. Ihr sarkastischer Humor auf seine plumpe Unterstellung hin hatte ihm gefallen. Sie war jedenfalls ein anderes Kaliber als die langweiligen Frauen, die ihm sonst so in den Bars begegneten. Er warf einen Blick auf seine Uhr: Fast eins – zu spät, um noch anzurufen. Aber ein anderes Mal vielleicht.

Er ging in die Küche und heftete den Zettel mit Isabellas Nummer an die Pinnwand neben dem Kühlschrank. Dann ging er zurück ins Schlafzimmer, bereit für den Kampf gegen die Schlaflosigkeit.

Vom Parkplatz auf der Straße aus beobachtete eine dunkle, im Schatten verborgene Gestalt gespannt, wie in der Wohnung im dritten Stock die Lichter an- und ausgingen.

11

Ein paarmal schaffte Hunter es im Lauf der Nacht, für einige Minuten wegzudösen, doch mehr war nicht drin. Um halb sechs stand er auf und fühlte sich wie von einem Laster überfahren; seine Augen waren verklebt, sein Mund ausgetrocknet, dazu quälte ihn ein bohrender Kopfschmerz, der ihn den ganzen Tag über begleiten würde – die typischen Symptome von Schlafmangel. Er goss sich eine Tasse starken Kaffee ein und überlegte, ob er sich einen Schuss Whisky gönnen sollte. Aber vermutlich würde er sich dann noch elender fühlen. Um halb sieben war er angezogen und wollte gerade aus dem Haus gehen, als sein Handy klingelte.

»Detective Hunter.«

»Hunter, hier ist Garcia.«

»Grünschnabel, du musst dir abgewöhnen, mich immer so verflucht früh anzurufen. Schläfst du eigentlich auch gelegentlich?«

»Manchmal, aber letzte Nacht war's schwierig.«

»Dass kannst du laut sagen. Was gibt's?«

»Ich habe gerade mit Dr. Winston gesprochen.«

Hunter warf einen raschen Blick auf seine Uhr. »So früh? Hast du den auch aufgeweckt?«

»Nein, er war sowieso fast die ganze Nacht auf. Jedenfalls sagte er, die Spurensicherung hat in dem Haus nichts gefunden.«

Hunter fuhr sich mit der Hand übers Kinn. »Tja, das habe ich fast erwartet«, erwiderte er enttäuscht.

»Außerdem meinte er, es gäbe da etwas, das er uns zeigen will, etwas Wichtiges.«

»Das gibt's immer. Ist er jetzt in der Rechtsmedizin?«

»Genau.«

»Na gut, dann treffen wir uns dort in … einer halben Stunde?«

»Ja, das passt. Bis gleich.«

Das rechtsmedizinische Institut von Los Angeles liegt an der Mission Road im Norden der Stadt. Es ist eines der größten seiner Art in den ganzen Vereinigten Staaten und kann bis zu hundert Leichen an einem Tag aufnehmen.

Hunter parkte neben dem Hauptgebäude und traf Garcia am Eingang. Nach über zehn Jahren als Detective hatte er bereits eine Menge Leichen gesehen, doch noch immer überkam ihn ein mulmiges Gefühl, wenn er die Gänge der Rechtsmedizin entlangschritt. Es roch wie in einem Krankenhaus, nur irgendwie noch stechender – ein Geruch, der in den Nasenlöchern brannte und die Rachenschleimhäute reizte.

Die Frauenleiche aus dem Holzhaus war in einem kleinen separaten Raum im Keller des Instituts obduziert worden. Dr. Winston hatte bereits beim Kruzifix-Killer-Fall die Autopsien durchgeführt, wenn also jemand feststellen konnte, ob es sich bei dem neuen Fall um denselben modus operandi handelte, dann er.

»Warum gehen wir runter? Sind die Obduktionssäle nicht alle im Erdgeschoss?«, fragte Garcia verwundert, als sie die Treppe in den Keller hinunter einschlugen und einen leeren, unheimlichen Korridor erreichten.

»In dem Raum hier unten wurden auch die Obduktionen der Kruzifix-Killer-Morde durchgeführt. Wie der Captain schon sagte, soll die ganze Sache erst mal geheim bleiben, aber diese gottverdammten Reporter haben ja immer irgendwo einen Informanten, und das ist hier drin nicht anders. Solange wir nicht mit Sicherheit ausschließen können, dass der Alptraum wieder von vorne losgeht, will der Captain dieselben Vorsichtsmaßnahmen wie bei den Originalfällen. Das heißt, nur Dr. Winston selbst und wir haben Zugang zu der Leiche.«

Am Ende des engen, gut beleuchteten Flurs angelangt, drückte Hunter auf den Klingelknopf einer Gegensprechanlage und schnitt eine Grimasse in die Überwachungskamera über der Tür. Augenblicke später ertönte Dr. Winstons Stimme durch den knackenden Lautsprecher.

»Robert. Augenblick, ich lasse Sie gleich rein.«

Ein Summton hallte im Flur wider, gefolgt von einem klickenden

Geräusch. Hunter schob die schwere Metalltür auf und trat, zusammen mit Garcia, in den Raum.

Vor der gegenüberliegenden Wand stand ein einzelner glänzender Edelstahltisch mit Waschbecken. Eine große OP-Lampe direkt über dem Tisch beleuchtete den ganzen Raum. Unweit des Beckens gab es die obligatorische Ablage für die Organe, die im Lauf der Obduktion entnommen wurden. Daran hing ein bräunlich verfärbter Schlauch, durch den Flüssigkeiten abfließen konnten. Der stechende Geruch war hier im Raum noch intensiver. Auf einem kleinen Tisch lagen, fein säuberlich aufgereiht, zwei große Sägen und mehrere Skalpelle verschiedener Formen und Größen. Die Leiche der gesichtslosen Frau lag auf dem Stahltisch.

»Kommen Sie nur herein«, forderte Dr. Winston die beiden Detectives auf.

Garcias Blick blieb an dem leblosen Frauenkörper hängen. Er spürte, wie sich ihm die Nackenhaare aufstellten.

»Und, was haben Sie für uns?«, fragte Hunter so leise, als fürchtete er, die Frau aufzuwecken.

»Leider nicht sehr viel«, antwortete Dr. Winston und zog sich ein frisches Paar OP-Handschuhe über. »Die Spurensucher haben nicht einen einzigen Fingerabdruck in dem ganzen Haus entdeckt, und angesichts dessen, womit wir es womöglich erneut zu tun haben, überrascht mich das nicht.«

»Ja, Garcia hat schon so was gesagt«, erwiderte Hunter mit einem frustrierten Seufzer. »Sonst irgendwas, womit wir anfangen könnten? Irgendwelche Fasern oder so?«

»Tut mir leid, Robert. Absolut nichts.«

»Aber wie ist das möglich?«, fragte Garcia. »Der Mörder hat die Frau doch stundenlang in dem Haus gefoltert. Wie kann es da sein, dass absolut nichts zurückgeblieben ist?«

»Du hast es doch selbst schon gesagt«, erklärte Hunter. »Ein völlig abgelegener Ort. Der Killer konnte die Frau ungestört stundenlang quälen. Und als sie dann tot war, hatte er alle Zeit der Welt, um das Haus von oben bis unten zu reinigen. Die Zeit war auf seiner Seite.«

Dr. Winston nickte.

»Wie sieht's mit dem Opfer aus?«, fragte Hunter und nickte zu der Leiche hin. »Können Sie uns irgendetwas über sie sagen?«

»Dreiundzwanzig bis fünfundzwanzig vielleicht, und in Topform. Hat offenbar sehr auf ihren Körper geachtet. Ein Körperfettanteil von ungefähr 14,5 Prozent, das ist ein Wert für Sportler. Dazu gut geformte Muskulatur, das heißt, sie war vermutlich ein Dauergast im Fitnessstudio. Keine Operationen oder Implantate: Mandeln und Blinddarm noch da, und die Brüste waren auch echt. Ihre Haut fühlt sich selbst nach dem rigor mortis noch sehr weich an, und die Laboranalysen ergaben eine hohen Anteil an Weichhaltern, Feuchtigkeits- und Schmiermitteln.«

»Was heißt das?«, fragte Garcia stirnrunzelnd.

»Feuchtigkeitscremes«, warf Hunter erklärend ein.

»Das heißt, sie hat ihre Haut gepflegt. Das tun die meisten Frauen.«

»Davon kann ich ein Lied singen«, bemerkte Dr. Winston schmunzelnd. »Trisha gibt ein Vermögen für irgendwelche Cremes und Lotionen aus, die absolut keinen Effekt haben. Ist alles ein Riesenschwindel, wenn Sie mich fragen, allerdings haben die Tests ergeben, dass die Produkte, die das Opfer verwendete, von sehr hoher Qualität waren. Anders gesagt, sie hat sich das teure Zeug geleistet … genau wie Trisha. Ich würde also darauf tippen, dass sie recht wohlhabend war.«

»Warum? Nur weil sie teure Cremes verwendet hat?«, fragte Garcia.

»Haben Sie eine Ahnung, was das Zeug kostet?«

Garcia zog fragend die Augenbrauen hoch.

»Einen Haufen Geld, das kann ich Ihnen versichern. Außerdem, sehen Sie sich mal ihre Finger- und Zehennägel an.«

Hunter und Garcia folgten der Aufforderung. Die Nägel sahen bestens gepflegt aus.

»Ich musste ihren Nagellack abnehmen. Gehört zum üblichen Prozedere. Auch hier wieder ein sehr hochwertiges Produkt. Dem Schnitt der Nägel und der Nagelhaut nach zu urteilen, professionelle Arbeit. Nun sind zwar Maniküre und Pediküre keine wirklich teuren Behandlungen, aber zumindest zeigt es, dass die Frau großen Wert auf ihr Äußeres legte. Nach den Ergebnissen der Haaranalyse hat sie die Haare auch mit hochwertigen Pflegeprodukten bearbeitet, und dem Haarzustand nach zu urteilen, hatte sie mindestens einmal im Monat einen Friseurtermin.«

»Sind die Haare gefärbt?«, fragte Garcia.

»Nein, naturblond. Womit sie sich auch immer ihren Lebensunterhalt verdient hat, ich würde sagen, dass ihr Aussehen dabei eine große Rolle spielte.«

»Ein reicher Ehemann vielleicht?«, schlug Garcia vor.

»Es gibt keinen Hinweis auf einen Ehering oder darauf, dass sie je einen getragen hätte«, entgegnete Dr. Winston.

»Das heißt, sie muss selbst so viel verdient haben.«

»So sieht es aus, ja.«

»Wurde sie vergewaltigt?«, fragte Hunter.

»Nein, kein Geschlechtsverkehr seit mindestens achtundvierzig Stunden. Keine Gleitmittel in Vagina oder Anus, womit auch geschützter Geschlechtsverkehr ausgeschlossen wäre. Dem Killer ging es offenbar nicht um sexuelle Lust.«

»Irgendwelche Körpermerkmale, die zur Identifizierung beitragen könnten?«

»Nichts. Keine Tattoos, keine Muttermale, keine Narben.«

»Fingerabdrücke?«

»Die habe ich letzte Nacht schon Captain Bolter gefaxt, das heißt, Sie haben den Abgleich vorliegen, wenn Sie aufs Revier zurückkehren. Allerdings kann ich auch von hier auf die zentrale Fingerabdruck-Datenbank zugreifen, und da hat sich keine Übereinstimmung ergeben. Sie ist also nicht im System, und über die Zähne können wir auch keine Identifizierung mehr vornehmen, wie Sie wissen.« Dr. Winston ging rasch zu seinem Schreibtisch hinüber und suchte in ein paar losen Blättern herum. »Wie vermutet stand sie unter Einfluss von Drogen. In ihrem Magen habe ich Spuren von Gammahydroxybuttersäure gefunden. In Clubs ist das besser bekannt als GHB oder auch Liquid Ecstasy.«

»Davon habe ich gehört«, sagte Garcia. »Die neue Date-Rape-Droge, stimmt's?«

»Also, neu ist das Zeug eigentlich nicht mehr, Grünschnabel. Manche Leute nehmen es in kleinen Dosen, um high zu werden, aber eine Überdosis ruft einen ähnlichen Effekt hervor wie Rohypnol«, erklärte Hunter.

»So eine Art Blackout?«

»Genau«, sagte Dr. Winston. »Wenn die Person wieder bei Bewusstsein ist, kann sie sich an nichts mehr erinnern, was während der Zeit passierte, als sie unter dem Einfluss der Droge stand.«

»Können wir es zurückverfolgen?«, fragte Garcia.

Hunter schüttelte den Kopf. »Kaum. GHB ist im Grunde nichts weiter als ein Lösungs- oder Abbeizmittel vermischt mit Abflussreiniger. Das kann sich jeder zu Hause anmischen, das richtige Mischverhältnis findet man im Internet.«

»Jugendliche mischen Lösungsmittel und Abflussreiniger und nehmen es als Droge?«, fragte Garcia verblüfft.

»Tja, die Jugend hat sich eben weiterentwickelt seit unseren Tagen, Detective«, bemerkte Dr. Winston und klopfte Garcia auf den Rücken.

»Wie sieht es mit der Todesursache aus?«, fragte Hunter.

»Herz-, Leber- und Nierenversagen. Ihr Körper konnte irgendwann einfach nicht mehr. Eine Kombination aus den immensen Schmerzen, dazu Dehydrierung und Hunger. Wenn sie nicht so fit gewesen wäre, hätte sie wohl nur ein paar Stunden durchgehalten.«

»Wie lange hat sie denn durchgehalten?«

»Irgendwas zwischen zehn und sechzehn Stunden. Der Tod muss zwischen zwanzig Uhr am Sonntagabend und ein Uhr am Montagmorgen eingetreten sein.«

»Sie wurde sechzehn Stunden lang gefoltert? Du lieber Gott«, stöhnte Garcia.

Einen Augenblick lang schwiegen alle drei. Schließlich fuhr Dr. Winston fort. »Wir haben auch die Schnüre untersucht, mit denen sie an die beiden Pfosten gefesselt war.«

»Und?«

»Auch nichts Auffälliges. Eine ganz gewöhnliche Nylonschnur, wie man sie in jedem Heimwerkerladen bekommt.«

»Was ist mit dem Spiegel auf der Schlafzimmertür? Er sah neu aus. Gibt's da irgendwas?«

»Nicht wirklich. Wir haben nur alte Spuren von Chemikalien gefunden, die typischerweise in Spiegelklebern vorkommen.«

»Und das bedeutet?«, fragte Garcia.

»Dass der Killer den Spiegel nicht gekauft, sondern von irgendeiner Tür abgenommen hat. Ich glaube allerdings nicht, dass irgendwer eine gestohlene Spiegeltür melden würde. Diese Spur zu verfolgen wäre sinnlos«, sagte Hunter.

»Und der Essig in dem Schraubglas?«

»Ganz gewöhnlicher Essig. Gibt's in jedem Supermarkt.«

»Im Klartext, wir haben absolut nichts«, stellte Hunter nüchtern fest.

»O doch, wir haben etwas, aber das wird Ihnen nicht gefallen … Kommen Sie, ich zeige es Ihnen.« Dr. Winston ging zu einem kleinen Tisch, auf dem einige Fotos ausgebreitet waren. Hunter und Garcia folgten ihm.

»Das ist das eingeritzte Symbol im Nacken des Opfers«, sagte Dr. Winston und deutete auf das erste Foto. »Alle anderen Fotos, die Sie hier sehen, sind von den Opfern des Kruzifix-Killers. Die Symbole stimmen überein. Ich lehne mich so weit aus dem Fenster, zu behaupten, dass sie nicht nur von derselben Person ausgeführt wurden, sondern vermutlich mit demselben scharfen Instrument.«

Das Quäntchen Hoffnung, an das Hunter sich geklammert hatte – dass es sich vielleicht doch um einen Nachahmer handelte –, war somit dahin. Die Fotos lösten einen Wirbelsturm von Erinnerungen in ihm aus.

Für Garcia war es das erste Mal, dass er Originalbeweismittel aus dem Kruzifix-Killer-Fall zu sehen bekam. Die Ähnlichkeit auf den Fotos war offensichtlich.

»Können Sie uns irgendwas über das Häuten sagen?«, fragte Garcia.

»Allerdings. Dabei zeigt uns der Täter, wie gut er ist. Das war chirurgische Präzisionsarbeit – wie er geschnitten hat, wie er dabei das Muskelgewebe und die Sehnen intakt ließ – phantastisch. Er muss einige Zeit mit ihrem Gesicht verbracht haben. Es würde mich nicht wundern, wenn der Täter Chirurg oder etwas in der Art ist. Aber so viel wussten wir bereits über den Kruzifix-Killer.«

»Wie meinen Sie das?«, fragte Garcia verwirrt.

»Der Kruzifix-Killer hat jedes Mal ein Körperteil an seinem Opfer entfernt, ein Auge, einen Finger, ein Ohr, so eine Art Trophäe aus Fleisch und Blut«, erklärte Hunter. »Das ist eine Art Unterschrift von ihm, wie auch die Gravur im Nacken der Opfer und dass er sie auszog. Laut Dr. Winston hat der Täter jeden dieser Körperteile chirurgisch perfekt entfernt, und zwar immer, während das jeweilige Opfer noch lebte.«

»Anscheinend hat sich der Killer in dieser Hinsicht noch verbessert«, schloss Dr. Winston.

»Und warum macht er so was? Dem Opfer ein Körperteil entfernen?«, fragte Garcia.

»Um sich an das Opfer zu erinnern«, erwiderte Hunter. »Das ist nicht ungewöhnlich bei Serienmördern. Ihre Opfer bedeuten ihnen viel. Meistens empfindet der Killer sogar eine Art von Bindung zwischen sich und seinen Opfern. Manche behalten ein Kleidungsstück, meist ein intimes. Manche eben einen Körperteil. Das sind gewöhnlich die grausameren und sadistischeren Täter.«

»Mannomann«, sagte Garcia, während er nachdenklich die Fotos betrachtete. »Ich nehme an, bei der damaligen Untersuchung wurden Ärzte als potentielle Täter ins Auge gefasst?«

»Nebst Medizinstudenten, Krankenschwestern und so weiter. Aber wir sind auf niemand Verdächtigen gestoßen«, antwortete Hunter.

Carlos ging zu der Leiche zurück. »Sie sagten, sie hat keine Muttermale, Tattoos oder dergleichen. Gibt es irgendwas, das uns helfen könnte, das Opfer zu identifizieren?«

»Wir können es mit dem Gesicht versuchen.«

Garcia warf Dr. Winston einen unwilligen Blick zu. »Das soll wohl ein Scherz sein.«

»Wir sind im einundzwanzigsten Jahrhundert, Detective«, erklärte Dr. Winston, und um seine Mundwinkel zuckte der Hauch eines Lächelns. »Mit Computern kann man heutzutage kleine Wunder vollbringen. Die arbeiten oben schon seit einer Stunde daran, und ich warte jeden Augenblick auf ein wie auch immer geartetes Computerbild. Wer weiß, wenn wir Glück haben, können Sie es gleich mitnehmen.«

»Wenn man bedenkt, wie viel Einsatz sie in die Pflege ihres Äußeren gesteckt hat, würde ich entweder auf ein Model oder eine Möchtegern-Schauspielerin tippen«, sagte Hunter.

»Oder eine Edelprostituierte, womöglich sogar eine Pornodarstellerin. Die können nämlich ganz nett verdienen«, spann Garcia Hunters Ansatz weiter.

»Woher weißt du das denn? Jüngst mit einem Pornostar ausgegangen?«, fragte Hunter grinsend.

»Ach … das ist doch allgemein bekannt.«

»Aber klar. Und, wer ist dein Lieblingsstar?«

»Ich bin verheiratet.«

»Ach soooo. Ja, dann ist natürlich alles ganz anders. Verheiratete Männer sehen sich ja niemals Pornos an, wie konnte ich das vergessen. Ich finde Briana Banks absolut stark.«

»Diese Zungennummer von ihr ist aber widerlich«, sagte Garcia – und erstarrte im nächsten Augenblick.

»Jetzt sind Sie ihm aber schnurstracks in die Falle getappt«, stellte Dr. Winston fest und klopfte ihm auf die Schulter.

Beide Detectives betrachteten eine Weile die Leiche vor ihnen. Sie sah jetzt anders aus als in dem Haus. Ihre Haut wirkte gummiartig und blass, und ihr verstümmeltes Gesicht wie eine Maske – eine perfekt hergerichtete Schauspielerin, die gleich eine Horrorszene in einem Hollywoodstreifen spielen würde, ein geradezu vollkommenes Sinnbild des Bösen.

»Dann sehen wir doch mal, ob dieses Computerbild schon fertig ist. Oder gibt es sonst noch etwas, was Sie uns zeigen möchten, Doc?«

»Nein, Robert, ich fürchte, das war schon alles, was ich Ihnen zu bieten habe.«

»Lassen Sie sie in dem Einzelzimmer hier?«

»Ja, so hat es der Captain angeordnet. Wir haben hier auch eigene Kühlzellen. Hoffen wir bloß, dass kein Mehrbettzimmer daraus wird.«

Hunter und Garcia verließen den Obduktionssaal und gingen schweigend hinauf ins technische Labor.

»Kann ich dich etwas fragen?«, hob Garcia schließlich an.

»Nur zu.«

»Wieso hat dir niemand geglaubt, dass Mike Farloe nicht der Kruzifix-Killer war?«

»Ich habe es nie so klar gesagt. Captain Bolter und mein Ex-Partner Scott kannten meine Argumente. Aber angesichts der ganzen Beweise in Farloes Wagen und dazu noch seines Geständnisses blieb uns nicht viel anderes übrig, als unsere Ermittlungen als beendet zu betrachten. Ab da lag es in den Händen der Staatsanwaltschaft. Und die wollte keine Einwände mehr hören.« Hunter blickte zu Boden und schien zu überlegen, ob er es bei dieser Antwort belassen sollte. »Vielleicht wollten wir einfach alle zu sehr, dass es endlich vorbei war«, entschied er sich schließlich dagegen. »Es hatte schon viel zu lange gedauert. Insgeheim wünschte ich mir wohl, dass Farloe unser Killer war. Und jetzt beginnt der Alptraum von neuem.«

Für Garcia begann er zum ersten Mal. Für Hunter war es die schlimmste Sorte: die, die immer wiederkehrte.

12

Kinderkliniken und psychiatrische Einrichtungen ausgenommen, gab es im zentralen Stadtbereich von Los Angeles insgesamt acht Krankenhäuser, doch nur vier hatten in den letzten Tagen anonyme Zugänge zu verzeichnen. Jerome gab sich mal als Arbeitskollege, mal als Freund aus, wurde jedoch in keinem der vier fündig. Wenn Jenny in irgendeinem Krankenhaus gelandet war, dann jedenfalls nicht in Downtown L. A.

Jerome hatte überlegt, ob er seine Suche noch auf Santa Monica, San Diego, Long Beach und Santa Ana ausweiten sollte, doch das hätte eine ganze Woche gedauert, und so viel Zeit hatte er nicht. So beschloss er, Detective Culhane zu kontaktieren.

Mark Culhane hasste es zwar, von einem Kriminellen, einem Drogenboss, Geld zu erhalten, doch konnte er die Finanzspritzen gut gebrauchen. Es war mehr als das Doppelte von dem, was er beim Drogendezernat verdiente. Als Gegenleistung wurde von ihm erwartet, dass er bei größeren Drogengeschäften wegschaute, die Ermittlungen ein wenig behinderte und hin und wieder eine Insider-Information herausrückte. Die Welt ist nun mal korrupt, und es hatte D-King nicht allzu viel Mühe gekostet, jemanden wie Mark Culhane zu finden.

Jerome und Culhane trafen sich im In-N-Out Burger Restaurant in der Gayley Avenue, einem von Jeromes bevorzugten Hamburger-Lokalen. Als Culhane eintraf, hatte Jerome bereits seinen zweiten Double-Double-Burger intus.

Culhane war neunundvierzig, eins siebzig groß, hatte schütteres Haar und einen beängstigenden Bierbauch. Jerome fragte sich immer, wie Culhane eigentlich einen Flüchtigen zu Fuß verfolgen wollte.

»Culhane … setzen Sie sich«, sagte Jerome, während er sich seine letzten Pommes in den Mund schob.

Culhane nahm Jerome gegenüber an dem Tisch Platz, der im altmodischen Stil durch die hohe Rückenlehne der Sitzbank vom nächsten Tisch abgeschirmt war. Er sah älter aus, als ihn Jerome in Erinnerung hatte. Die Tränensäcke waren noch größer geworden. Jerome hatte keine Zeit für höfliche Konversation, deshalb schob er dem Detective wortlos einen braunen Umschlag zu. Culhane griff danach, hielt ihn sich direkt vor die Brust wie ein Blatt Pokerkarten und warf einen Blick auf das Foto.

»Sie ist verschwunden«, erklärte Jerome.

»Ach ja? Wieso versucht ihr es dann nicht bei der Vermisstenstelle? Ich bin im Drogendezernat, schon vergessen?«, erwiderte Culhane genervt.

»Was soll denn der Ton?«, fragte Jerome zurück und nahm einen kräftigen Schluck von seinem Riesenbecher Root-Beer.

Culhane schwieg.

»Sagen wir einfach, sie liegt D-King besonders am Herzen.« Er schob Culhane noch einen braunen Umschlag zu. »Kleines Extra.«

Diesmal musste Culhane nicht erst hineinsehen, um zu wissen, was drin war. Er nahm den Umschlag und steckte ihn in seine Jackentasche.

»Wie heißt sie?«, fragte er in besänftigenden Ton.

»Jenny Farnborough.«

»Ist sie ihm abgehauen, oder vermutet ihr was anderes?«

»Wir sind nicht sicher, aber eigentlich ist sie nicht der Typ, der einfach abtaucht. Sie hat keinen Grund wegzulaufen. Außerdem sind ihre Sachen alle noch da.«

»Nimmt sie was? Ist sie vielleicht einfach nur auf 'nem Trip hängengeblieben und liegt irgendwo rum?«

»Unwahrscheinlich. Sie kokst hin und wieder mal, um sich bei Laune zu halten, aber sie ist kein Junkie. Sonst würde sie nicht für den Boss arbeiten.«

»Freund? Familie?«

»Kein Freund, und ihre Familie lebt irgendwo in der Pampa in Idaho oder Wyoming, aber mit denen kommt sie sowieso nicht klar.«

»Wann habt ihr sie das letzte Mal gesehen?«

»Letzten Freitagabend. Sie war mit dem Boss weg, ein paar andere Mädels waren auch noch mit dabei. Sie ist aufs Klo gegangen, ihr Make-up auffrischen oder so, und danach war sie weg, einfach so.«

»Vielleicht wurde sie festgenommen und hängt noch in irgendeiner Ausnüchterungszelle ab.«

»Dann hätte sie angerufen, außerdem gibt's keinen Grund, wieso sie festgenommen werden sollte. Aber checken Sie das ruhig mal ab.«

»Kann ich Ihnen irgendwas bringen?« Die Frage kam von einer jungen brünetten Bedienung, die an ihren Tisch getreten war.

»Nein, danke«, sagte Culhane mit einer abwehrenden Geste und wartete, bis die Bedienung wieder außer Hörweite war. »Muss ich sonst noch was wissen?«, fragte er Jerome.

»Nein, ich schätze, das wäre alles.«

»Hat sie vielleicht Geld geklaut oder so, irgendwas, was ihr einen Grund gäbe abzutauchen?«

»Nicht von uns.«

»Spielschulden?«

»Nicht dass wir wüssten.«

»Und wenn sie noch mit jemand anderem im Geschäft war, bei D-Kings Konkurrenz vielleicht?«

»Niemals«, gab Jerome mit einem Kopfschütteln zurück. »Sie war ein richtig gutes Mädchen, vielleicht sein bestes. Sie hatte absolut keinen Grund, vor irgendwas wegzurennen.« Er trank erneut an seinem Root-Beer.

»Die Guten sind normalerweise die Schlimmsten«, sagte Culhane, doch Jerome fand die Bemerkung nicht amüsant. »Seit wann ist sie bei D-King?«

»Knapp drei Jahre.«

»Vielleicht hatte sie einfach genug und wollte raus.«

»Sie wissen doch, dass der Boss kein Problem damit hat, wenn ein Mädchen rauswill. Wenn sie genug hatte, hätte sie es bloß zu sagen brauchen. Und wie schon gesagt, sie hat nichts mitgenommen.«

»Okay, geben Sie mir vierundzwanzig Stunden Zeit, und ich sehe zu, was ich rausfinden kann.« Culhane schickte sich an zu gehen.

»Culhane.«

»Ja?« Culhane wandte sich noch einmal zu Jerome um.

»D-King will keinen Wirbel um die Sache. Also gehen Sie bloß nicht mit dem Foto hausieren.«

Culhane nickte und ging zur Tür, während Jerome sich die Speisekarte schnappte und die Desserts aufschlug.

Im Wagen angelangt, sah sich Culhane das Foto noch einmal genauer an, das Jerome ihm gegeben hatte. Das Mädchen sah atemberaubend aus. Um mit so einer zu schlafen, musste man einen ziemlichen Haufen Geld hinblättern. Er befühlte den anderen Umschlag in seiner Jackentasche. *Hallo, neuer Wagen*, dachte er und grinste breit.

Culhane vermutete, dass das Mädchen auf dem Foto in Schwierigkeiten steckte. D-King war ziemlich gut zu seinen Mädchen – schöne Wohnungen, teure Klamotten, Drogen gratis, ein Leben wie ein Superstar. Er hatte noch nie gehört, dass eine von ihnen abgetaucht wäre.

Er könnte damit anfangen, die Krankenhäuser zu checken, aber das würde eine Ewigkeit dauern. Er überlegte kurz, zog dann sein Handy heraus und rief Peter Talep an, einen guten Freund bei der Vermisstenstelle des LAPD.

»Peter, hier ist Mark vom Drogendezernat, wie geht's? Sag mal, könntest du mir einen kleinen Gefallen tun …«

Die Abteilung für vermisste Personen beim LAPD war 1972 eingerichtet worden. Ihr Zuständigkeitsbereich war das gesamte Stadtgebiet von Los Angeles. Über fünfundzwanzig Detectives kümmerten sich dort um vermisst gemeldete Erwachsene. Peter Talep war einer von ihnen.

Peter und Culhane trafen sich in der Eingangshalle des South Bureau Police Departments an der 77th Street. Wenn Culhane Peter bitten wollte, inoffiziell in der Vermisstendatenbank nach jemandem zu suchen, musste er ihm eine gute Geschichte auftischen, sonst riskierte er hochgezogene Augenbrauen. Also erzählte er ihm, Jenny sei eine seiner wichtigsten Informantinnen aus der Drogenszene und irgendwann im Lauf der letzten zweiundsiebzig Stunden verschwunden. Culhane wollte, dass Peter über den Zugang seiner Abteilung die Krankenhausdatenbank überprüfte.

»Hast du ein Foto von dem Mädchen?«, fragte Peter.

»Leider nicht, deswegen muss ich selbst mit dir die Daten durchgehen. Fotos von Informanten können einem einen Haufen Scherereien einbringen«, log Culhane. Wenn D-King die Sache verschwiegen behandelt wissen wollte, wäre es keine so gute Idee, Peter das Foto zu geben.

»Na gut, wonach suchen wir?«

»Eine Frau, kaukasischer Typ, ungefähr drei-, vierundzwanzig, blond, blaue Augen, sieht umwerfend aus. Wenn du ein Foto von ihr sehen würdest, wüsstest du sofort, was ich meine«, sagte Culhane mit einem verschmitzten Grinsen.

»Wann hattest du das letzte Mal Kontakt zu ihr?«

»Letzten Freitag.«

»Hat sie vielleicht Familie in der Nähe, irgendwen, der sie als vermisst melden würde?«

»Nein, ich glaube nicht, sie lebt allein. Ihre Familie ist von außerhalb.«

»Fester Freund oder Ehemann?«

»Nein.«

»Das heißt, niemand würde sie vermisst melden? Du bist der Erste?«

»Genau«, bestätigte Culhane.

»Also, wenn sie am Freitag verschwunden ist, dann bist du viel zu früh dran«, sagte Peter und schüttelte den Kopf.

»Wie meinst du das? Wieso zu früh?«

Peter rollte sich auf seinem Schreibtischstuhl vom Computer weg. »Sämtliche Einträge, die wir in unserer Datenbank haben, beziehen sich auf Personen, die von irgendjemandem vermisst gemeldet wurden – einem Familienangehörigen, dem Freund, wem auch immer. Normalerweise bringen die Leute ein Foto mit und füllen dann eine Vermisstenmeldung aus, du kennst ja das Prozedere. Und diese Meldung wird dann in die Vermisstendatenbank eingespeist. Wenn jemand nicht vermisst gemeldet wird, gibt's auch keinen Eintrag.«

»Ja, aber was ist mit nicht identifizierten Personen, zum Beispiel namenlose Einlieferungen in den Krankenhäusern?«

»Die gibt's eigentlich nicht oft.«

»Mag sein. Aber es gibt sie doch, oder?«

»Schon, aber dann müssten sie entweder bewusstlos sein oder unter Amnesie leiden. In diesem Fall würde das Krankenhaus für gewöhnlich zwischen sieben und vierzehn Tage warten, bevor sie den Patienten tatsächlich als namenlos bezeichnen und uns melden. Dann gleichen wir das Bild, das uns das Krankenhaus geschickt hat, mit der Datenbank ab, und wenn sich da kein Treffer ergibt, wird das Foto in die Datenbank für nicht identifizierte Personen eingespeist. Das heißt, wenn sie am Freitag verschwunden ist und niemand sie als vermisst gemeldet hat, dann ist es viel zu früh, um in der Datenbank nach ihr zu suchen. Falls sie bewusstlos in irgendeinem Krankenhaus liegt oder das Gedächtnis verloren hat, musst du entweder warten, bis sie wieder zu sich kommt, oder Krankenhaus für Krankenhaus abklappern, oder du kannst in zwei Wochen wieder bei mir nachfragen.«

»Mist!«

»Tut mir leid, Mark, aber ich fürchte, ich kann im Moment nichts für dich tun.«

»Schon gut. Trotzdem danke.«

Vor dem Gebäude des South Bureau Police Department blieb Culhane in seinem Wagen sitzen und überlegte, welche Möglichkeiten ihm blieben. Ganz sicher würde er nicht sämtliche Krankenhäuser in L. A. nach einer von D-Kings Nutten absuchen. Die Übersicht der Festnahmen des vergangenen Wochenendes, die er angefordert hatte, war ihm gerade eben ins Auto gefaxt worden. Auf sechs Mädchen passte seine Beschreibung. Drei waren bereits wieder auf Kaution frei. Und eine Ahnung sagte ihm, dass auch keine der anderen drei die Gesuchte war.

Es dauerte ungefähr fünf Minuten, bis die Fotos durch das Faxgerät kamen. Wie er vermutet hatte, war keine von ihnen Jenny. Blieb nur noch eine Möglichkeit: Er musste die Leichen überprüfen.

Er konnte einfach beim Morddezernat anrufen, doch zwischen denen und der Drogenfahndung herrschte von jeher böses Blut. Allzu häufig führte die Ermittlung der einen Behörde irgendwann zur anderen. In L. A. gingen Morde und Drogen Hand in Hand.

Zum Teufel mit dem Morddezernat, dachte Culhane. Wenn Jenny tot war, dann wusste er, wo er sie suchen musste: in der Leichenhalle der Rechtsmedizin.

13

Die Kriminaltechniker von der Rechtsmedizin verwendeten ein Softwareprogramm, das speziell zu dem Zweck entwickelt worden war, bruchstückhafte menschliche Bilder zu vervollständigen – ganz ähnlich den Programmen, die in Filmstudios für Computeranimationen benutzt wurden. Dabei wird zunächst ein Drahtmodell einer Figur als Ausgangsbasis entworfen und dieses dann mit einer »Haut« überzogen. Die Kriminaltechniker bedienten sich desselben Funktionsprinzips, nur dass in diesem Fall das Drahtmodell nicht nötig war: Als Basis diente ein Bild des verstümmelten Gesichts.

Auf diese Weise kann zum Beispiel aus der Knochenstruktur einer Leiche, die sich bereits in einem fortgeschrittenen Verwesungsstadium befindet, ein Abbild des Opfers rekonstruiert werden. In dem vorliegenden Fall war der Prozess dadurch erleichtert, dass die Muskelfasern des Gesichts noch nahezu vollständig intakt waren. Der Computer brauchte gar nicht erst zu berechnen, wie voll die Wangen des Opfers gewesen waren oder wie Kinn und Nase geformt gewesen sein mochten. Es genügte, einfach eine Haut über das noch vorhandene Gewebe zu legen, das Alter der Haut und die Pigmentierung zu berechnen, und schon hatten Hunter und Garcia ein Foto in der Hand.

Hunter hatte recht gehabt: Die Tote war eine auffallend schöne Frau gewesen. Obwohl sie durch das Softwareprogramm etwas Künstliches hatte und ein wenig an eine Figur aus einem Fantasy-Videospiel erinnerte, fielen Hunter sofort die weichen, ebenmäßigen Züge auf – ein Gesicht wie von einem Model.

Auf dem Rückweg ins Büro rief Hunter vom Wagen aus Captain Bolter an.

»Hunter. Ich hoffe, Sie haben irgendwas Positives zu berichten.«

»Nun, die Jungs von der Rechtsmedizin haben mit ihren Computerkünsten ein ziemlich gutes Foto von ihr hinbekommen. Damit sollten wir sie identifizieren können.«

»Das ist immerhin ein Anfang. Und sonst?«

»An guten Nachrichten war's das«, sagte er und holte tief Luft. »Dr. Winston hegt keine Zweifel, dass wir es mit dem Killer von damals zu tun haben.«

Stille in der Leitung. Captain Bolter hatte genau das befürchtet, seit er das Doppelkreuz im Nacken der Leichen entdeckt hatte.

»Captain?«

»Ja, ich bin noch dran. Komme mir allerdings vor wie in irgendeiner bescheuerten Episode von Akte X.«

Hunter ging es genauso, doch er sagte nichts.

»Ich stelle Ihnen und Garcia ein separates Büro zur Verfügung, auf einem anderen Stockwerk. Ich will, dass nicht mal die anderen Detectives aus dem Dezernat was davon mitkriegen.«

»Geht in Ordnung.«

»Das Letzte, was ich jetzt brauchen kann, ist eine ganze Stadt in

Panik, nur weil irgend so ein Scheißjournalist Wind von der Geschichte bekommt.«

»Früher oder später wird aber irgend so ein Scheißjournalist Wind von der Geschichte bekommen, Captain.«

»Dann sehen wir zu, dass es eher später als früher ist, okay?«

»Sie wissen, dass wir unser Bestes tun, Captain.«

»Diesmal brauche ich mehr als Ihr Bestes, Hunter. Ich will diesen Killer, und zwar den ECHTEN.« Sein Zorn war nicht zu überhören, als er den Hörer auf die Gabel knallte.

14

DAS BÜRO, das Captain Bolter für Hunter und Garcia bereitstellte, lag im obersten Stockwerk des Morddezernats. Es war ein mittelgroßer Raum, etwa acht mal zehn Meter, mit zwei einander gegenüberstehenden Schreibtischen in der Mitte. Auf jedem Schreibtisch standen ein Computer, ein Telefon und ein Faxgerät. Dank zweier Fenster zur Ostseite hin und mehrerer 50-Watt-Halogen-Lampen an der Decke war der Raum sehr hell. Zu Hunters und Garcias Überraschung waren bereits sämtliche Originalakten des Kruzifix-Killer-Falls hereingeschafft worden: Sie lagen in zwei riesigen Stapeln auf den beiden Schreibtischen. An der südlichen Zimmerwand war eine Korkpinnwand aufgezogen worden, an der bereits sämtliche Fotos der sieben ersten Opfer des Killers hingen und dazu das neue der gesichtslosen Frau.

»Was denn, keine Klimaanlage, Captain?«

Captain Bolter überging Hunters Sarkasmus und wandte sich an Garcia: »Sind Sie inzwischen im Bilde?«

»Ja, Captain.«

»Sie wissen also, womit wir es hier womöglich zu tun haben?«

»Ja«, antwortete Garcia mit dem Hauch eines Zitterns in der Stimme.

»Okay. Auf Ihrem Schreibtisch finden Sie alles Material, das wir zu den alten Fällen haben«, fuhr der Captain fort. »Hunter, Sie sind ja bereits damit vertraut. Die Computer haben eine T1-Internetverbindung, und jeder von Ihnen hat eine eigene Telefon- und Fax-Leitung.«

Er trat zu den Fotos an der Pinnwand. »Sie sprechen über diesen Fall mit niemandem, weder innerhalb noch außerhalb des Morddezernats, verstanden? Wir halten die Untersuchung so lange wie irgend möglich geheim.« Er schwieg einen Moment und blickte beide Detectives scharf an. »Wenn der Fall an die Öffentlichkeit dringt, darf niemand erfahren, dass es hier möglicherweise um denselben Psychopathen geht, der das da getan hat«, sagte er und deutete auf die Fotos der Opfer. »Daher will ich auch nicht, dass irgendjemand bei dem neuen Fall vom Kruzifix-Killer redet. Was uns angeht, ist der Kruzifix-Killer tot, hingerichtet vor ungefähr einem Jahr. Das hier ist ein nagelneuer Fall, verstanden?«

Die beiden Detectives machten eine Miene wie Schuljungen, denen der Direktor die Leviten liest. Sie blickten zu Boden und nickten nur.

»Sie beide kümmern sich ausschließlich um diesen Fall, nichts sonst. Sie beißen sich in diesen Fall rein, bis er Ihnen aus allen Poren kommt, verstanden? Ab morgen will ich jeden Tag um zehn einen Bericht über die Ereignisse des Vortags auf meinem Tisch, und zwar so lange, bis wir den Kerl haben.« Captain Bolter ging zur Tür. »Ich will alles wissen, was in diesem Fall passiert, egal ob gut oder schlecht. Und tun Sie mir einen Gefallen: Lassen Sie die verdammte Tür nicht offen stehen. Wehe, hier sickert irgendwas durch.« Damit knallte er so laut die Tür hinter sich zu, dass es im Inneren des Raums widerhallte.

Garcia stellte sich vor die Fotos und betrachtete sie schweigend. Es war seine erste Begegnung mit den Original-Polizeiakten des Kruzifix-Killer-Falls. Zum ersten Mal sah er mit eigenen Augen, was für ein Grauen der Killer angerichtet hatte. Dabei kämpfte er gegen die aufsteigende Übelkeit an. Seine Augen saugten alles auf, während sein Verstand sich dagegen sträubte. Wie konnte irgendjemand zu so etwas fähig sein?

Einem der Opfer, einem Mann, fünfundzwanzig Jahre alt, waren die Augen in den Schädel gedrückt worden, bis sie unter dem Druck geplatzt waren. Seine Hände hatte der Täter so gründlich zermalmt, dass die Knochen praktisch pulverisiert waren. Einem anderen Opfer, einer vierzigjährigen Frau, hatte der Killer den Bauch aufgeschlitzt und sie ausgenommen wie erlegtes Wild. Einem dritten Opfer, diesmal ein fünfundvierzig Jahre alter Afroamerikaner, war der Hals der Länge nach aufgeschnitten worden; seine Hände waren wie zum Gebet gefaltet und zusammengenagelt. Auf den anderen Bildern gab es zum Teil noch grausigere Details. All diese Dinge waren den Opfern bei lebendigem Leib zugefügt worden.

Garcia erinnerte sich noch genau daran, wie er das erste Mal von den Kruzifix-Morden gehört hatte. Das war gut drei Jahre her, und er war damals noch kein Detective gewesen. Forschungen hatten inzwischen ergeben, dass in den Vereinigten Staaten ständig circa fünfhundert Serienmörder aktiv waren, die jährlich um die fünftausend Menschenleben forderten. Nur wenige von ihnen bekamen die breite mediale Aufmerksamkeit, die der Kruzifix-Killer genossen hatte, er hatte jedenfalls überproportional viel davon erhalten. Damals hatte sich Garcia gefragt, wie es wohl sein mochte, als Detective mit so einem hochkarätigen Fall betraut zu sein. Die Beweise zu sammeln, die Spuren zu verfolgen, die Verdächtigen zu verhören und dann alles zusammenzubringen, um den Fall zu lösen. Wenn es nur immer so einfach wäre!

Garcia war zum Detective befördert worden, kurz nachdem man das erste Opfer gefunden hatte, und er verfolgte den Fall damals so genau wie möglich. Als Mike Farloe verhaftet und in den Medien als Kruzifix-Killer präsentiert wurde, wunderte Garcia sich, wie jemand, der eine so geringe Intelligenz zu besitzen schien, es geschafft hatte, sich derart lange einer Festnahme zu entziehen. Garcia erinnerte sich, wie er zu dem Schluss gelangt war, dass die Polizisten, die mit dem Fall betraut waren, nicht besonders gut sein konnten.

Als er sich jetzt die Pinnwand mit den Fotos ansah, überkam Garcia eine Mischung aus Erregung und Angst. Nicht nur, dass er jetzt ein führender Ermittler in einem Serienmörder-Fall war, nun war er ein führender Ermittler im Kruzifix-Killer-Fall. Das hatte fast etwas Unwirkliches.

Hunter schaltete seinen Computer an und sah zu, wie der Bildschirm zum Leben erwachte. »Verkraftest du das alles, Grünschnabel?«, fragte er Garcia. Er spürte das Unbehagen seines Partners angesichts der Fotos.

»Was? O ja, klar«, erwiderte Garcia und wandte sich zu Hunter um. »Das ist eine ganz eigene Kategorie des Bösen.«

»Das kannst du laut sagen.«

»Was bringt jemanden dazu, solche Verbrechen zu begehen?«

»Also, wenn du die klassischen Motive für Mord willst, dann wären das: Eifersucht, Rache, Gier, Hass, Angst, Mitleid, Verzweiflung, Vertuschung eines anderen Verbrechens, Vermeidung von Schande oder einer Bloßstellung oder das Streben nach Macht.« Hunter schwieg einen Moment. »Was Serienmörder antreibt, sind Motive wie: andere zu manipulieren, zu beherrschen, zu kontrollieren, sexuelle Befriedigung oder schlicht und einfach Lust am Töten.«

»Dieser Killer scheint das Ganze zu genießen.«

»Stimmt. Es verschafft ihm eine Befriedigung, allerdings nicht sexueller Art. Ich würde sagen, er genießt es, zuzusehen, wie Menschen leiden.«

»Er?«, fragte Garcia gespannt.

»Die Art der Verbrechen legt den Schluss nahe, dass der Killer männlich ist.«

»Inwiefern?«

»Zunächst mal ist die überwiegende Mehrzahl von Serienmördern männlichen Geschlechts«, erklärte Hunter. »Weibliche Serienmörder töten fast immer aus finanziellen Motiven, für einen materiellen Gewinn. Das kommt zwar auch bei männlichen Serienkillern vor, ist aber eher selten. Dafür stehen bei Männern sexuelle Motive ganz oben auf der Liste. Forschungen haben außerdem ergeben, dass weibliche Serienkiller normalerweise Menschen töten, die ihnen nahestehen, also den Ehemann, Familienmitglieder oder Menschen, die von ihnen abhängig sind. Männliche Killer dagegen töten häufiger völlig Fremde. Des Weiteren töten Frauen eher leise, mit Gift oder auf andere unblutige Weise, z. B. durch Ersticken. Bei Männern dagegen zeigt sich eine größere Bereitschaft, den Prozess des Tötens mit Folter oder Verstümmelung zu verbinden. Wenn Frauen sadistische Morde begehen, dann meist in Zusammenarbeit mit einem Mann.«

»Unser Killer arbeitet aber allein«, schloss Garcia.

»Jedenfalls haben wir keinen anderweitigen Hinweis. Dann kommt der Aspekt der körperlichen Stärke hinzu. Für die meisten Kruzifix-Morde war ein gewisses Maß an Körperkraft notwendig, vor allem, wenn die Opfer an einen anderen Ort getragen werden mussten. Womit ich nicht sagen will, dass eine Frau dazu nicht in der Lage wäre, allerdings müsste sie ziemlich stark und fit sein. Wenn man all diese Überlegungen zusammennimmt, gelangt man zwangsläufig zu dem Schluss, dass der Killer männlich sein muss.«

Die beiden Detectives schwiegen eine Weile. Garcia wandte sich wieder zu den Fotos um. »Und was haben wir nun zu den bisherigen Opfern? Was für eine Verbindung gibt es?«, fragte er, begierig, mit der Arbeit anzufangen.

»Keine.«

»Wie bitte? Das ist jetzt nicht dein Ernst, oder?«, sagte Garcia kopfschüttelnd. »Du willst doch wohl nicht sagen, dass du und dein Team zwei Jahre an diesem Fall gearbeitet habt, ohne irgendeine Verbindung zwischen den Opfern herstellen zu können?«

»Doch. Genauso ist es.« Hunter stand auf und trat zu Garcia vor die Pinnwand. »Sieh dir die Fotos an. Was, würdest du sagen, ist die Altersspanne der Opfer?«

Garcias Blick wanderte von Bild zu Bild und ruhte auf jedem für einige Sekunden. »Ich bin nicht sicher, aber ich würde schätzen, so Anfang zwanzig bis Mitte sechzig.«

»Ziemlich weit, oder?«

»Schon, ja.«

»Und was, würdest du sagen, ist der dominierende Typ unter den Opfern – alt, jung, weiblich, männlich, schwarz, weiß, blond, braunhaarig, was auch immer?«

Erneut betrachtete Garcia sorgfältig die Fotos. »Alles, was du aufgezählt hast, den Fotos nach zu urteilen.«

»Wieder ein ziemlich breites Spektrum, nicht?«

Garcia zuckte mit den Schultern.

»Über ein weiteres Kriterium geben die Fotos keinen Aufschluss, nämlich über den sozialen Status der Opfer. All diese Menschen kamen aus ganz unterschiedlichen sozialen Milieus – arm, reich, Mittelschicht, religiös, nicht religiös, vollbeschäftigt und arbeitslos …«

»Ja, aber worauf willst du hinaus, Hunter?«

»Worauf ich hinauswill, ist, dass der Killer es nicht auf einen bestimmten Typus abgesehen hat. Bei jedem neuen Opfer haben wir in wochen- und monatelanger Kleinarbeit versucht, irgendeine Verbindung zu den anderen Opfern herzustellen. Arbeitsplatz, Vereine, Nachtclubs, Bars, Universität, Schule, Geburtsort, Freunde und Bekannte, Hobbys, Familienstammbaum und so weiter, immer wieder mit demselben Ergebnis: nichts. Keinerlei Gemeinsamkeiten. Wir fanden immer mal wieder irgendwas, was zwei der Opfer miteinander verband, jedoch nicht die anderen, nichts, was auf Dauer standhielt. Wenn wir bei zwei Opfern eine Kette zu entdecken glaubten, dann brach sie spätestens beim dritten und vierten wieder ab, so dass wir wieder ganz am Anfang standen. Aus unserer Sicht könnten diese Opfer rein zufällig ausgewählt worden sein. Der Killer könnte bei der Auswahl im Telefonbuch geblättert haben. Und wenn er ihnen nicht das Symbol eingeritzt hätte, könnten es sieben verschiedene Opfer von sieben verschiedenen Tätern sein – mit unserem neuen Opfer acht. Nichts ist identisch, abgesehen von dem Ausmaß an Folterqualen, das die Opfer erdulden mussten. Dieser Täter ist eine völlig neue Gattung von Serienkiller. Er ist einzigartig.«

»Die Verbindungen, die du zwischen einzelnen Opfern herstellen konntest – was für Verbindungen waren das?«

»Zwei der Opfer lebten in South Central L. A., nur ein paar Häuserblocks voneinander entfernt, doch die übrigen kamen aus der ganzen Stadt. Zwei andere Opfer, Nummer vier und Nummer sechs« – Hunter deutete auf die beiden Fotos an der Wand –, »gingen in dieselbe Highschool, allerdings nicht zur selben Zeit. Diese Gemeinsamkeiten waren eher zufälliger Natur, kein Durchbruch. Nichts Konkretes.«

»Gab es immer ein bestimmtes Zeitintervall zwischen den Morden?«

»Auch hier: völlig willkürlich«, sagte Hunter. »Die Abstände reichten von wenigen Tagen zwischen dem dritten und vierten Opfer bis hin zu Monaten. Und bis zu unserem jetzigen Opfer sogar ein Jahr.«

»Wie steht's mit den Fundorten der Leichen?«, fragte Garcia.

»Hier drüben ist ein Stadtplan, auf dem sie eingezeichnet sind. Komm.« Hunter entfaltete einen großen Plan von Los Angeles, auf dem sieben zehncentstückgroße rote Kreise eingezeichnet waren. Neben jedem Kreis stand eine Ziffer.

»Das sind die Fundorte, chronologisch nummeriert.«

Garcia sah sich die Lage der Fundorte in Ruhe an. Die erste Leiche war in Santa Clarita gefunden worden, die zweite in Downtown Los Angeles, und die weiteren lagen über das gesamte Stadtgebiet verstreut. Garcia musste zugeben, dass es auf den ersten Blick ziemlich willkürlich aussah.

»Auch hier haben wir wieder alles versucht, verschiedene Sequenzen und Muster. Wir haben einen Mathematiker und einen Kartographen hinzugezogen. Das Problem ist: Wenn man eine Ansammlung willkürlicher Punkte lange genug anstarrt, dann geht es einem, wie wenn man die Wolken am Himmel anstarrt – irgendwann fängt man zwangsläufig an, Figuren oder Formen zu erkennen, nichts, was wirklich da wäre, nichts, was uns irgendwie weiterbringen könnte. Es ist bloß die eigene Phantasie, die einem einen Streich spielt.« Hunter setzte sich an seinen Schreibtisch, während Garcia noch immer die Karte betrachtete.

»Er muss irgendein Muster haben. Alle haben das.«

Hunter lehnte sich auf seinem Stuhl zurück. »Du hast recht, gewöhnlich haben das alle, aber wie schon gesagt, der Kerl ist anders. Er hat keine zwei Opfer auf dieselbe Art getötet, er versucht jedes Mal irgendetwas Neues – als ob er experimentieren würde.« Hunter schwieg einen Augenblick und rieb sich die Augen. »Einen Menschen zu töten, selbst wenn es der soundsovielte Mord ist, ist nie einfach, egal wie viel Erfahrung jemand darin hat. In fünfundneunzig Prozent der Fälle ist der Mörder nervöser als das Opfer. Einige Killer bleiben bei ihrem modus operandi, einfach weil es so schon mal funktioniert hat und sie sich daher mit der Methode sicher fühlen. Manche entwickeln ihre Methode von Mal zu Mal weiter. Oder aber ein Täter stellt fest, dass eine bestimmte Methode nicht sehr effektiv war, nicht das, wonach er sucht. Vielleicht zu laut, vielleicht zu blutig, vielleicht zu schwer zu kontrollieren, was auch immer. Dann lernt der Killer daraus und versucht etwas Neues, das vielleicht besser taugt. So lange, bis er schließlich eine Methode gefunden hat, mit der er sich sicher fühlt.«

»Und bei der bleibt er dann«, schloss Garcia.

»Meistens, ja, aber nicht unbedingt.« Hunter schüttelte den Kopf.

Garcia schaute ihn fragend an.

»Serienkiller suchen für gewöhnlich nach einer Befriedigung … einer kranken Art der Befriedigung natürlich, aber trotzdem geht's ihnen genau darum. Es könnte sexuelle Lust sein oder ein Gefühl von Macht, ein Gottgefühl, aber das ist noch nicht alles.«

»Der Akt des Tötens?« Garcias Stimme klang düster.

»Genau. Es ist wie mit Drogen. Am Anfang reicht schon eine kleine Dosis, um high zu werden, aber schon bald braucht man mehr und hangelt sich in immer kürzeren Abständen von Drogenrausch zu Drogenrausch. Im Fall eines Serienkillers bedeutet das, dass die Morde brutaler werden müssen, die Opfer müssen mehr leiden, um dem Killer die Befriedigung zu verschaffen, nach der er lechzt, und wie bei einer Droge gibt es auch hier üblicherweise eine kontinuierliche Steigerung.«

Garcia richtete den Blick erneut auf die Fotos. »Was ist hier die Steigerung? Sie wirken alle gleich brutal auf mich, eine Tat so monströs wie die andere.«

Hunter nickte nur.

»Es wirkt, als ob er sofort bis ans Ende der Skala gesprungen wäre. Was zu der Vermutung Anlass gibt, dass die Steigerung der Gewalt bereits früher in seinem Leben stattgefunden haben muss«, schloss Garcia.

»Stimmt genau. Du bist fix, Grünschnabel, aber du kannst das alles auch in den Akten nachlesen«, sagte Hunter und nickte mit dem Kopf in Richtung der beiden Aktenstöße auf den Schreibtischen.

»Kein einziger dieser Morde ging schnell«, stellte Garcia fest. Er hatte sich wieder zur Pinnwand gedreht.

»Korrekt. Der Kerl nimmt sich richtig Zeit für seine Opfer. Er genießt es, ihnen zuzusehen, wie sie leiden. Er kostet ihre Qualen aus. Daraus zieht er seine Befriedigung. Er übereilt nichts, gerät nicht in Panik, und genau das ist sein größter Vorteil uns gegenüber.«

»Leute, die in Panik geraten, machen Fehler, vergessen irgendwas, lassen etwas liegen«, führte Garcia den Gedanken aus.

»Exakt.«

»Aber unser Killer nicht?«

»Bis jetzt nicht.«

»Was ist mit diesem Symbol? Was wissen wir darüber?«, fragte Garcia und deutete auf ein Foto, das das eingeritzte Doppelkreuz im Nacken eines der Opfer zeigte.

»Jetzt wird's kompliziert.« Hunters Mund straffte sich. »Wir haben einen Fachmann für Symbolik dazu befragt, als das erste Opfer gefunden wurde.«

»Und?«

»Das Symbol ist anscheinend eine Rückkehr zur ursprünglichen Form des Doppelkreuzes, auch Lothringer Kreuz genannt.«

»Wieso ursprüngliche Form?«

»In seiner ursprünglichen Form bestand das Doppelkreuz aus einem längeren vertikalen Balken, gekreuzt von zwei kürzeren horizontalen Balken, die gleich lang waren. Der untere und obere Querbalken waren jeweils gleich weit vom jeweiligen Ende des Längsbalkens entfernt.«

»Warum ›waren‹?«

»Weil sich mit der Zeit die Form dieses Kreuzes verändert hat. Der untere Querbalken wurde etwas länger als der obere, und beide Querbalken sind jetzt etwas weiter nach oben verschoben.«

Garcia richtete den Blick wieder auf die Fotos. »Dann ist das also die alte Version?«

Hunter nickte. »Man nimmt an, dass diese Version auf heidnische Zeiten zurückgeht. Jedenfalls glauben Historiker, dass es da erstmals benutzt wurde, allerdings als Symbol für ein zweischneidiges Schwert.«

»Okay, lassen wir die Historiker mal beiseite. Was bedeutet das alles?« Garcia machte eine ungeduldige Geste, um Hunters Vortrag abzukürzen.

»Psychologisch betrachtet, steht das Symbol, so nimmt man jedenfalls an, für einen Menschen mit einem Doppelleben – ein zweischneidiges Schwert, also eines mit zwei Klingen, klar? Darum geht es also, um eine Dualität, Gut und Böse, Weiß und Schwarz, alles in einer Gestalt. Jemand, der zwei völlig gegensätzliche Seiten hat.«

»Also zum Beispiel jemand, der tagsüber ein unbescholtener Bürger ist und nachts zum psychopathischen Killer wird?«

»Genau. Diese Person könnte ein angesehenes Mitglied in der Gemeinde sein, Politiker oder sogar Priester, der heute gute Taten vollbringt und morgen jemandem die Kehle aufschlitzt.«

»Aber das ist doch ein klassischer Fall von Schizophrenie.«

»Nein, ganz und gar nicht«, widersprach Hunter. »Das ist ein gängiger Irrtum. Schizophrene haben keine geteilte Persönlichkeit, sondern leiden unter einer Denk- und Wahrnehmungsstörung, die zu Halluzinationen, verwirrtem Denken und abnormalen sprachlichen Äußerungen oder Verhaltensweisen führt. Normalerweise stellen sie keine Gefahr für ihre Umwelt dar. Woran du denkst, sind Leute mit multipler Persönlichkeitsstörung. Diese Personen besitzen mehrere unterschiedliche, voneinander getrennte Identitäten oder Persönlichkeiten.«

»Vielen Dank, Professor Hunter«, sagte Garcia mit ironischem Unterton.

»Aber ich glaube nicht, dass unser Killer unter einer multiplen Persönlichkeitsstörung leidet.«

»Und warum nicht?«, fragte Garcia gespannt.

»Leute mit dieser Störung haben keinerlei Kontrolle darüber, wann sie in eine andere Persönlichkeit verfallen. Unser Killer dagegen ist sich seines Tuns voll und ganz bewusst. Er findet Gefallen daran. Er kämpft nicht mit sich selbst.«

Garcia dachte eine Weile über diesen Einwand nach. »Und wie steht es mit einem religiösen Hintergrund? Für mich sieht das Zeichen wie ein religiöses Symbol aus.«

»Also, in der Hinsicht wird es noch komplizierter«, antwortete Hunter, während er sich die geschlossenen Augenlider massierte. »Es gibt zwei wissenschaftliche Theorien dazu. Nach der einen ist das Doppelkreuz das älteste Symbol für den Antichristen.«

»Was? Ich dachte, das wäre das umgedrehte Kreuz.«

»So kennen wir es heute. Aber man nimmt an, dass die frühen Propheten das Doppelkreuz als Symbol verwendeten, um das Ende der Welt vorherzusagen, wenn die Ausgeburt des Bösen über die Welt kommen würde.«

Garcia warf Hunter einen ungläubigen Blick zu. »Also bitte, du willst mir doch wohl nicht erzählen, dass wir ein gehörntes Wesen mit einer 666 auf der Stirn suchen, oder?«

»Würde mich nicht überraschen«, sagte Hunter, während sein Blick wieder zu den Fotos wanderte. »Jedenfalls«, fuhr er fort, »in diesen Prophezeiungen war davon die Rede, dass diese Verkörperung des Bösen das Symbol des absolut Bösen mit sich brächte. Ein Symbol, das die Umkehrung von Gott bedeutet.«

Garcia blickte erneut auf die Fotos, und auf seinem Gesicht dämmerte eine Erkenntnis. »Heilige Scheiße. Zwei Kreuze in einem«, stellte er fest. »Eins richtig rum, das andere auf dem Kopf?«

»Genau. Das Symbol Jesu mit seiner eigenen negativen Spiegelung. Der Antichrist.«

»Das heißt, wir könnten es hier tatsächlich mit einem religiösen Fanatiker zu tun haben?«

»Mit einem antireligiösen Fanatiker«, korrigierte Hunter.

Eine Weile herrschte Stille. »Und wie lautet die zweite?«

»Wie bitte?«

»Die zweite Theorie? Du hast eben gesagt, es gäbe zwei Theorien hinsichtlich der religiösen Bedeutung des Symbols.«

»Die musst du dir auf der Zunge zergehen lassen: Nach ihr glaubt der Killer, er wäre die Wiederkunft Christi.«

»Wie bitte? Soll das ein Witz sein?«

»Ich wünschte, es wäre einer. Einige Wissenschaftler sehen in dem frühen Doppelkreuz nicht etwa ein normales und ein auf dem Kopf stehendes Kreuz, sondern zwei übereinandergelegte Kreuze – ein Bild für den zweiten Sohn Gottes. Die Wiederkehr Christi.«

»Aber diese zwei Theorien widersprechen sich komplett. Nach der einen wäre der Killer der Antichrist und nach der anderen der wiederkehrende Christus.«

»Stimmt. Aber vergiss nicht, es sind eben nur Theorien, Forschermeinungen darüber, was das Doppelkreuz symbolisieren könnte. Das heißt noch lange nicht, dass eins davon auf unseren Killer zutrifft. Genauso gut könnte es sein, dass der Kerl sich das Symbol nur ausgesucht hat, weil es ihm einfach gefällt.«

»Wird es von irgendwelchen religiösen Gruppen oder Sekten benutzt?«

»Die neuere Version mit den beiden unterschiedlich langen, nach oben gerückten Querbalken wurde schon von diversen Gruppen als Emblem benutzt, mit und ohne religiösen Hintergrund. Sogar die American Lung Association hat es in ihrem Logo.«

»Und die alte Version? Die der Killer benutzt?«

»Da muss man über hundert Jahre zurückgehen, um überhaupt etwas zu finden. Allerdings gibt es auch da nichts, was für unseren Fall relevant sein könnte.«

»Was ist dein Bauchgefühl dazu?«

»Bauchgefühle spielen bei dem Fall keine Rolle. Das ist jedenfalls mein bisheriges Resümee.«

»Komm schon, mir zuliebe. Nach allem, was ich über dich gehört habe, besitzt du doch eine phänomenale Intuition«, sagte Garcia.

»Ehrlich gesagt, ich bin mir nicht sicher. Dieser Killer hat eine Reihe klassischer Verhaltensstörungen gezeigt, wie sie für Serienkiller typisch sind. Einige Dinge sind wie aus dem Lehrbuch, fast schon zu perfekt. Als wollte er unbedingt, dass wir ihn für einen typischen Serienkiller halten.« Hunter rieb sich einen Moment lang mit geschlossenen Augen die Nasenwurzel. »Manchmal glaube ich, wir haben es mit einem religiös motivierten Spinner zu tun, dann wieder kommt mir der Kruzifix-Killer vor wie ein genialer Verbrecher, der sich ein Spiel mit uns liefert und immer die richtigen Fäden zieht, um uns in die falsche Richtung zu schicken. Ein Spiel, bei dem nur er die Regeln kennt, die er obendrein verändern kann, wann immer ihm der Sinn danach steht.« Hunter holte tief Luft und hielt sie ein paar Sekunden lang an. »Jedenfalls ist er hochintelligent und geht ebenso methodisch wie eiskalt vor. Er gerät nie in Panik. Aber wir müssen uns jetzt auf das neue Opfer konzentrieren. Vielleicht führt die Frau uns zu ihm.«

Garcia nickte. »Zuerst mal sollten wir das Foto an möglichst viele Model- und Schauspielagenturen faxen. Wenn wir ihre Identität kennen würden, wäre das schon mal ein guter Anfang.«

»Könnte sein. Aber zuerst möchte ich noch etwas anderes versuchen.«

»Und das wäre?«

»Weißt du noch, was Dr. Winston über das Opfer gesagt hat?«

»Er hat einiges über das Opfer gesagt.«

»Das mit dem Dauergast im Fitnessstudio.«

Garcia zog anerkennend die Brauen hoch. »Guter Gedanke.«

»Das Problem ist nur, dass es über tausend Fitnessstudios in dieser Stadt gibt.«

»Im Ernst?«, fragte Garcia überrascht.

»O ja, wir sind hier in L. A., der Stadt, in der man schon toll aussehen muss, wenn man sich um einen Kellner-Job bewirbt. Ohne Fitness läuft hier gar nichts.«

»In einem Land, in dem die Fettleibigkeitsrate jede Statistik sprengt?«

»Wie gesagt, das ist L. A., die Stadt der schönen, fitten Menschen.« Hunter spannte mit einem ironischen Grinsen seinen Bizeps an.

»Ja klar, in deinen kühnsten Träumen.«

»Wir sollten zumindest ein paar der größeren, bekannteren Studios probieren«, schlug Hunter vor und dachte kurz nach. »Dr. Winston meinte doch, dass sie teure Kosmetik verwendet. Also hat sie sich ihr Aussehen etwas kosten lassen.«

»Und mit so einem Körper wollte sie bestimmt gesehen werden«, warf Garcia ein.

»Denke ich auch.«

»Und wenn man seinen Körper zeigen will, in welches Studio geht man dann? Du bist doch dafür der Experte!«, fragte Garcia spöttisch.

»Nun, ich würde es bei Gold's Gym versuchen. Davon gibt's zwei Filialen in Hollywood, in denen eine Menge berühmter und angesagter

Leute verkehren. Und dann gibt's noch die berühmte Gold's Gym von Arnold Schwarzenegger in Venice Beach.«

»Dann sollten wir uns die mal vornehmen.«

»Druck mir doch bitte das Computerbild aus, dann machen wir einen Besuch bei den Bodybuildern.«

Als Hunter die Bürotür erreichte, klingelte sein Handy. »Ja, Detective Hunter hier.«

»Hallo, Robert, hast du mich vermisst?«, fragte eine roboterhafte Stimme.

15

GARCIA WAR SCHON AUF DEM WEG INS TREPPENHAUS, als ihm auf einmal auffiel, dass Hunter nicht bei ihm war. Er blieb stehen und drehte sich nach ihm um. Hunter stand vor der Tür zu ihrem neuen Büro und hielt sich das Handy ans rechte Ohr. Seinem Gesichtsausdruck war unschwer zu entnehmen, dass etwas nicht stimmte.

»Was gibt's?«

Hunter antwortete nicht. Er schüttelte den Kopf – nur eine angedeutete Bewegung, doch Garcia kapierte sofort, was los war.

»Verdammt!«, entfuhr es Garcia leise. Er eilte zu Hunter zurück, stellte sich neben ihn und neigte den Kopf zum Telefon, um mithören zu können.

»Ich schätze, du hast mein neuestes Werk gesehen?«

In Hunters Kopf herrschte auf einmal völlige Leere, während sein Herz wie wild raste.

»Willst du nicht mit mir reden, Robert?«

Es war fast zwei Jahre her, seit Hunter diese Roboterstimme zuletzt gehört hatte. »Es war ja nicht zu übersehen«, sagte er schließlich mit ruhiger Stimme.

Gelächter. *»Nun ja, der ganze Kick, das Abenteuer – ich will doch, dass du das würdigst. Ich mache deinen Job doch erst interessant.«*

»Ehrlich gesagt, ich hatte gehofft, Sie wären hinüber.«

Erneutes Gelächter. *»Ach, komm, Robert! Du hast doch den Kerl, der dir da ins Netz gegangen ist, nicht ernsthaft für mich gehalten.«*

Hunter ging langsam ins Büro zurück, Garcia neben ihm her. »Also war er nur ein weiteres Ihrer Opfer?«

»Ich habe ihn nicht umgebracht.«

»Sie haben ihm die Falle gestellt. Das läuft auf dasselbe hinaus.«

»In Wahrheit habe ich euch einen Gefallen getan. Er war nur ein perverser Sack … ein Pädophiler.«

Trotz seines Widerwillens wusste Hunter, dass er den Killer am Reden halten musste in der Hoffnung, dass der sich irgendwann zu einem Fehler, einem Ausrutscher hinreißen ließ.

»Sie haben sich also entschlossen, aus dem Ruhestand zurückzukehren?«

Diesmal war das Gelächter noch begeisterter. *»So könnte man es nennen.«*

»Warum gerade jetzt?«

»Nur Geduld. Alles zu seiner Zeit, Robert. Ich würde mich ja gerne noch länger mit dir unterhalten, aber du weißt ja, dass das nicht geht. Ich wollte nur sicher sein, dass du Bescheid weißt. Darüber, dass das Spiel wieder beginnt. Aber keine Sorge, ich melde mich bald wieder.«

Noch bevor Hunter etwas erwidern konnte, war die Leitung tot. »Scheiße.«

»Was hat er gesagt?«, fragte Garcia, noch bevor Hunter sein Handy eingesteckt hatte.

»Nicht viel.«

»Es besteht also kein Zweifel mehr. Es ist der Kruzifix-Killer.«

Hunter brachte nur ein Nicken zustande. In seinem Blick lag Niedergeschlagenheit.

»Wir sollten es gleich dem Captain sagen.«

Hunter registrierte einen fast erregten Unterton in Garcias Stimme. »Ich rufe ihn vom Auto aus an. Wir nehmen uns jetzt diese Studios vor. Du fährst.«

Hunters Gespräch mit Captain Bolter war kurz und knapp. Er teilte ihm mit, dass sie ein paar Fitnessstudios überprüfen würden und dass der Killer sich telefonisch gemeldet hatte. Der Captain hatte bereits erwogen, Hunters Handy mit einer Abhörvorrichtung versehen zu lassen, doch das hatten sie schon früher erfolglos versucht. Der Killer hatte dafür gesorgt, dass sein Anruf über zwanzig verschiedene Orte auf dem ganzen Globus geschickt wurde, und so eine

Lokalisierung unmöglich gemacht. Im Augenblick konnten sie nichts weiter tun.

Ihre Recherchen in den Fitnessstudios von Hollywood blieben ohne Ergebnis. Weder das Personal am Empfang noch die Fitnesstrainer erkannten die Frau auf dem Computerausdruck. Die Mitglieder-Datenbanken der Studios durchzugehen hätte eine richterliche Genehmigung und einen enormen Zeitaufwand erfordert, und das ohne eindeutige Aussicht auf Erfolg.

Die Gold's-Gym-Filiale in Venice Beach kann gut und gerne als das berühmteste Fitnessstudio der Welt bezeichnet werden. Schlagartig bekannt wurde es 1977 mit dem Film *Pumping Iron*, der Arnold Schwarzeneggers Bodybuilding-Karriere beleuchtete. Seither gilt Gold's Gym in Venice Beach als *das* Fitnessstudio für professionelle Bodybuilder, Schauspieler und Berühmtheiten, die ihren Körper herzeigen wollen. Doch auch hier hatten Hunter und Garcia kein Glück. Keiner erkannte die Frau auf dem Foto wieder.

»Wir können unmöglich sämtliche Fitnessstudios in L. A. abgrasen«, wandte Garcia ein, als sie wieder in seinem Wagen saßen.

»Ich weiß. Es war nur ein Versuch, aber er war es wert«, gab Hunter zurück und rieb sich die müden Augen. Die vergangene schlaflose Nacht forderte allmählich ihren Tribut.

»Was kommt als Nächstes? Model- und Schauspielagenturen?«

»Noch nicht.« Hunter war tief in Gedanken versunken. »Dr. Winston hat doch was davon gesagt, die Tote müsse wohlhabend gewesen sein und eine Menge Geld in ihr Äußeres investiert haben, erinnerst du dich?«

»Ja. Und?«

»Wenn sie versucht hat, eine Schauspieler- oder Model-Karriere in Gang zu kriegen …«

»… dann schwamm sie garantiert nicht im Geld«, vervollständigte Garcia den Gedanken.

»Du machst dich richtig gut, Garcia. Schon mal überlegt, ob du Detective werden willst?«, spöttelte Hunter.

Garcia hob die rechte Hand und zeigte Hunter den Mittelfinger.

»Ich will vorher noch bei jemand anderem vorbeischauen.«

»Wem?«, fragte Garcia.

»Auch wenn sie eigentlich Model oder Schauspielerin sein wollte, heißt das nicht, dass sie nicht auf andere Weise Geld verdienen konnte. Du hast es selbst schon erwähnt.«

Garcia runzelte die Stirn. Ein paar Augenblicke später schnippte er mit den Fingern und deutete auf Hunter. »Prostituierte«, sagte er triumphierend.

Hunter lächelte anerkennend. »Und da weiß ich zufällig genau, an wen wir uns wenden müssen.«

»Na dann los«, schlug Garcia eifrig vor.

»Nicht jetzt. Den erreichen wir nur nachts. Hast du heute Abend schon was vor?«, fragte Hunter mit einem Augenzwinkern.

»Willst du mich auf ein Date einladen?«

Diesmal war es Hunter, der seinem Partner den Mittelfinger zeigte.

16

George Slater verließ sein Büro in der renommierten Anwaltskanzlei Tale & Josh wie jeden Tag um halb sieben am frühen Abend. Seine Frau Catherine wusste, dass sie heute nicht mit dem Abendessen auf ihn zu warten brauchte: Es war Dienstag, sein »Pokerabend«.

Slaters äußere Erscheinung war unauffällig. Aus einer Menschenmenge hätte er sich nicht weiter abgehoben, doch niemand hätte leugnen können, dass er sympathisch wirkte. Er war eins fünfundsiebzig groß, hatte dunkelbraune Augen und ebensolche Haare, dazu trug er ein stets makelloses Outfit, mit dem er seine eher schmächtige Statur gut zu kaschieren verstand.

Während er im Autoradio die Nachrichten hörte, fuhr George in seinem luxuriösen M-Klasse-Mercedes Offroader zu einer kleinen Mietwohnung in Bell Gardens. Er hatte die Wohnung im Internet gefunden und sie direkt, ohne Umweg über einen Makler, beim Eigentümer angemietet. Als Gegenleistung für dessen Verschwiegenheit hatte George die Miete in bar bezahlt – für das gesamte Jahr im Voraus.

Zwei Ausfertigungen einer handgeschriebenen Vereinbarung und eine Quittung über die entrichtete Mietsumme waren alles, was an Belegen zu der Transaktion existierte. Kein seitenlanger Vertrag, kein

Schriftverkehr, der sich zurückverfolgen ließe. Sogar der Name auf der Vereinbarung war erfunden: Wayne Rogers. George überließ nichts dem Zufall. Niemand konnte die Mietwohnung mit ihm in Verbindung bringen.

Das Apartment lag in einer sehr ruhigen Straße am äußersten Rand von Bell Gardens, was George bestens passte. Es bedeutete, dass sein Kommen und Gehen von wenigen Leuten beobachtet würde. Die Tiefgarage bot ihm zusätzlich Schutz vor neugierigen Blicken.

Die Zweizimmerwohnung war nicht gerade geräumig, doch sie erfüllte ihren Zweck. Auch die Einrichtung war alles andere als üppig. Die Eingangstür führte direkt in das kleine, weißgestrichene Wohnzimmer. Ein schwarzes Ledersofa stand mitten im Raum mit Blick auf eine leere Wand – kein Fernseher, keine Bilder, kein Teppich oder Läufer auf dem Boden. Abgesehen von dem Sofa war das einzige weitere Möbelstück ein Zeitungsständer. Die Küche war klein und pieksauber, der Herd unbenutzt. Im Kühlschrank gab es nie mehr als ein Dutzend Flaschen Bier, ein paar Schokoriegel und einen Karton Orangensaft. Das Apartment war nicht zum Wohnen gedacht.

Am Ende eines kleinen Flurs lag ein Schlafzimmer mit angrenzendem Bad. Ein extravagantes Doppelbett mit pompösem Eisengestell stand an der Wand gegenüber der Tür. Links davon war ein komplett verspiegelter Einbauschrank. Das Licht wurde mit einem Dimmer geregelt – dem »Stimmungsschalter«, wie George ihn nannte. Das Schlafzimmer war der wichtigste Raum in der Wohnung.

George schloss die Tür hinter sich, stellte seinen Aktenkoffer neben dem Sofa auf den Boden und ging in die Küche. Er holte sich ein Bier aus dem Kühlschrank, machte es auf und ging damit wieder ins Wohnzimmer. Das eiskalte Getränk war eine Wohltat an diesem unerträglich heißen Tag. George trank die halbe Flasche leer, bevor er es sich auf dem Sofa gemütlich machte und sein zweites Handy aus dem Aktenkoffer holte. Kaum jemand wusste von diesem zusätzlichen Handy. Schon gar nicht seine Frau. George trank an seinem Bier und las noch einmal die letzte SMS, die er erhalten hatte.

»Komme gegen 21.15. Kann es kaum erwarten.«

Die Nachricht war nicht unterzeichnet, aber das war auch nicht nötig. George, oder besser gesagt Wayne, wusste sehr wohl, von wem sie stammte: von Rafael.

Er hatte den eins fünfundachtzig großen jungen Mann puertoricanischer Abstammung vor einem Jahr über eine Begleitagentur kennengelernt. Zuerst war ihre Beziehung rein geschäftlich gewesen, doch schon bald entwickelte sich daraus eine heimliche Affäre. George wusste, dass Rafael sich in ihn verliebt hatte, doch obwohl auch er Gefühle für Rafael hegte, wäre ihm das Wort Liebe dafür zu stark gewesen – jedenfalls vorerst.

George blickte auf die Uhr: Es war zehn nach acht. Ihm blieb eine Stunde, bis sein Liebhaber eintreffen würde. Er trank sein Bier aus und beschloss zu duschen.

Während das Wasser seinen müden Körper massierte, kämpfte George gegen aufkeimende Gewissensbisse an. Er liebte Catherine und genoss es, mit ihr zu schlafen – die wenigen Male, die sie ihn gewähren ließ. Vielleicht wäre alles anders gekommen, wenn sie in Alabama geblieben wären, doch L. A. hatte ihm etwas Neues geboten. Bisexuell zu sein war heutzutage für viele Menschen nichts allzu Ungewöhnliches mehr – allerdings galt das nicht für Catherine.

CATHERINE SLATER WAR IN THEODORE, Alabama, als Catherine Harris zur Welt gekommen. Ihre Erziehung im Schoß einer extrem religiösen Familie war sehr streng gewesen. Sie war eine eifrige Kirchgängerin, die bis zu fünf- oder sechsmal die Woche zum Gottesdienst ging. Mit dogmatischem Hochmut beharrte sie darauf, dass Sex vor der Ehe verwerflich sei, und auch danach, fand sie, sollte es kein Instrument zur Befriedigung fleischlicher Gelüste sein.

Catherine und George hatten sich während ihres ersten Jura-Semesters an der Alabama State University kennengelernt. Beide waren Einser-Studenten, und so dauerte es nicht lange, bis sich aus der Studenten-Freundschaft der unwahrscheinliche Fall einer Romanze ohne Sex entwickelte. Aus dem Bedürfnis heraus, ständig mit Catherine zusammen zu sein, machte George ihr, einen Monat nachdem sie beide ihr Abschlussexamen bestanden hatten, einen Heiratsantrag.

Bald nach der Heirat erhielt George ein Stellenangebot von einer bekannten Kanzlei in Los Angeles, Tale & Josh. In Catherines Vorstellung war Los Angeles eine verderbte Stadt, in der Gewalt, Sex, Drogen und Gier regierten, doch nach zwei Monaten des Diskutierens und der Versprechungen seitens ihres Mannes sah sie widerwillig ein, dass dieses Jobangebot zu gut war, um es auszuschlagen.

Dass ihre eigene berufliche Zukunft bei diesem Umzug nach Los Angeles nicht berücksichtigt wurde, störte Catherine nicht. Sie hatte sich selbst nie als Karrierefrau gesehen. Ihre Eltern hatten sie dazu erzogen, eine gute Ehefrau zu werden, sich um Heim, Kinder und Mann zu kümmern, und nichts anderes wollte sie. Außerdem nahm sie an, dass George an Los Angeles ohnehin keinen Gefallen finden würde und bestimmt nach einem Jahr oder so den grellen, mondänen Lebensstil dieser Stadt satthätte. Doch sie sollte sich täuschen.

Als George den zweiten Fall für seine Kanzlei gewonnen hatte, lud ihn sein Mandant zur Feier des Sieges zu einer privaten Party ein. »Lassen Sie Ihre Frau lieber zu Hause. Ohne Ehefrau macht es mehr Spaß. Sie wissen schon …«

George war fasziniert von dieser mysteriösen Einladung. Er entschuldigte sich bei Catherine mit dem üblichen »Es wird heute etwas später im Büro, Schatz« und erschien ohne Begleitung in dem luxuriösen Haus in Beverly Hills. Was er dort sah, veränderte sein Leben für immer.

Ein einziges Mal in seinem Leben war George mit Pornos in Kontakt gekommen, und das war in seiner Highschool-Zeit gewesen. An einem Wochenende, als seine Eltern verreist waren, war einer seiner Schulfreunde irgendwie an ein altes Video und ein paar Sexhefte herangekommen. George hatte dieses Erlebnis nie vergessen, doch das hier war kein Film, keine Schauspielerei. An diesem einen Abend bekam George das ganze Programm live serviert: Sadomaso-Praktiken, Partnertausch, Fesselungen, Auspeitschungen, Wasserspiele, Sachen, auf die er nicht einmal im Traum gekommen wäre. Er entdeckte eine Welt, die er allerhöchstens in der Pornoliteratur und in schmierigen Filmen für möglich gehalten hätte, nicht aber in der Wirklichkeit. Freier Sex, freie Drogen – ein Ort, an dem seine geheimsten Phantasien wahr werden konnten, an dem seine dunkelsten sexuellen Triebe ohne Schuldgefühle ausgelebt werden durften. Dort, im Keller dieses luxuriösen Anwesens, hatte George zum ersten Mal Sex mit einem männlichen Partner, und er war hingerissen. Danach konnte er von seiner neuentdeckten dunklen Seite nicht mehr genug bekommen. Er liebte die Partys, die Leute und die Heimlichkeit.

George trocknete sich langsam ab und wickelte sich das Handtuch um die Hüfte. Die Vorfreude auf das Wiedersehen mit Rafael erregte ihn. Er holte sich noch ein Bier aus der Küche und warf einen Blick auf die Uhr an der Wand: Viertel vor neun. Jetzt dauerte es nicht mehr lange. Er überlegte, ob er sich noch einmal anziehen sollte, doch dann reizte ihn der Gedanke, seinen Liebhaber nur mit einem Handtuch bekleidet zu empfangen.

Etwas, das sie beide genossen, waren Rollenspiele, und für heute Abend hatte George bereits ein komplettes Szenario im Kopf. Er ging ins Schlafzimmer und schob eine der verspiegelten Schranktüren auf. Zum Vorschein kam eine erstaunliche Auswahl an Sadomaso-Spielzeug: Peitschen, Ketten, Fesseln, Knebel, Lederriemen, Handschellen – was immer seine Phantasie beflügelte.

Er suchte sich die Accessoires aus, die er für sein Szenario benötigte, und legte sie aufs Bett, wobei sich seine Erregung bereits unter dem Handtuch bemerkbar machte, doch dann wurde er von einem Klopfen an der Wohnungstür unterbrochen. Er blickte auf die Uhr: sieben vor neun. *Er ist früher dran*, dachte George. *Vielleicht ist er ja auch schon ganz heiß.*

Ein genüssliches Lächeln umspielte seine Lippen, als George zur Tür ging und sie öffnete.

Doch dann wich das Lächeln einem beunruhigten Stirnrunzeln. »Wer sind Sie?«

Die Antwort kam in Form eines Boxhiebs in seinen Magen – kraftvoll und präzise. George krümmte sich vor Schmerz zusammen. Seine Augen waren vor Angst aufgerissen. Er rang nach Luft und wich einen Schritt zurück, doch das reichte nicht, um dem zweiten Angriff auszuweichen. Diesmal ein Tritt direkt zwischen die Beine. George kippte nach hinten, als der Fuß des Eindringlings seine Genitalien traf, sein Handtuch fiel zu Boden. Er wollte etwas sagen, sich wehren, doch er war völlig kraftlos.

Der Eindringling schloss seelenruhig die Wohnungstür und kam wieder zu George zurück, der zusammengekrümmt auf dem Boden lag. George verstand überhaupt nichts. Er versuchte röchelnd, Atem zu holen, doch als er die Spritze sah, setzte sein Herzschlag für einen Moment aus. Mit einer schnellen Armbewegung stieß der Angreifer George die Spritze in den Hals. Dann war der Schmerz auf einmal vorbei, der Kampf hörte auf. Alles versank in Dunkelheit.

17

Chris Melrose arbeitete seit drei Jahren beim Rechtsmedizinischen Institut in Los Angeles. Schon früh hatte er einen Hang zum Morbiden entwickelt, ihn faszinierte alles, was mit dem Tod zu tun hatte. Eigentlich hätte er Forensiker werden wollen, doch angesichts seiner mageren Schulnoten war ein Studienplatz an der Universität utopisch gewesen.

So fing er zunächst als Hilfsarbeiter in einem Leichenschauhaus an. Zu seinen Aufgaben gehörten sämtliche anfallenden Arbeiten, von Beerdigungsvorbereitungen bis zum Präparieren von Särgen und Waschen und Ankleiden von Leichen. Doch das war nicht das, was er sich vorgestellt, wovon er immer geträumt hatte. Chris wollte die blutverschmierten Kleider, die Edelstahltische, den stechenden, elektrisierenden Geruch des Todes. Er wollte mit Leichen im Rohzustand arbeiten, bevor sie gesäubert und für die Beerdigung hergerichtet wurden. Nachdem er sich auf fast jeden einfachen Job der rechtsmedizinischen Einrichtungen in Los Angeles beworben hatte, erhielt er endlich eine Anstellung als Laborreinigungskraft. Er hatte die Obduktionsräume zu reinigen und dafür zu sorgen, dass die nötigen Instrumente sauber und gebrauchsfertig waren; und er transportierte die Leichen vom Kühlraum zu den Labors und zurück. Den Ärzten und Sektionsassistenten des Instituts war noch nie jemand begegnet, der diese einfachen Arbeiten mit solchem Stolz verrichtete. So hatte er bei allen einen Stein im Brett. Am meisten freute er sich, wenn er bei einer Autopsie zusehen durfte. Keiner der Mediziner hatte je etwas dagegen.

Chris' Nachtschicht dauerte von halb acht abends bis halb acht morgens. Seine erste Pause machte er immer kurz vor Mitternacht. Dann zündete er sich eine Zigarette an und aß ein Sandwich mit Banane, Erdnussbutter und Honig.

Chris zog ein letztes Mal an seiner Zigarette, schnippte die Kippe in die Luft und folgte mit den Augen dem gelben Bogen, den der Funke in der Nacht beschrieb. Anschließend erhob er sich von seiner Bank, faltete seine leere Sandwichtüte zusammen und machte sich auf den Rückweg über den Hof zum Institutsgebäude. Plötzlich packte ihn eine kalte Hand an der Schulter.

»Hallo, Chris.«

»Himmel!« Chris fuhr erschrocken herum. Das Herz klopfte ihm bis zum Hals. »Bist du verrückt? Du hast mir einen Höllenschrecken eingejagt.«

Mark Culhane schenkte Chris ein eingeübtes, öliges Lächeln.

»Wenn ich eine Knarre hätte, dann könntest du jetzt tot sein. Du kannst dich doch nicht einfach so anschleichen! Irgendwann passiert dir mal was«, sagte Chris. Er hatte sich die Hand auf die Brust gelegt und spürte seinen pochenden Herzschlag.

»Ich bin nun mal Detective. Mich anzuschleichen macht mir Spaß«, sagte Culhane grinsend. »Und außerdem, wieso solltest ausgerechnet du eine Knarre haben? Sind doch sowieso schon alle tot, mit denen du zu tun hast.«

»Heutzutage trägt doch jeder 'ne Waffe. Wir sind hier schließlich in L. A. Aber ... du warst eine Ewigkeit nicht hier. Was zum Teufel willst du?«

Chris war Anfang dreißig. Er hatte glattes braunes Haar, das er ziemlich kurz geschnitten trug, katzenartige braune Augen, eine kräftige Nase, rötliche Haut und ein paar Kilo zu viel.

»Oh, Chris, begrüßt man so einen alten Kumpel?«

Chris sagte nichts darauf, sondern wartete mit hochgezogenen Brauen, dass Culhane ihm sagte, was er wollte.

»Ich muss einen Blick auf die Eingänge der letzten paar Tage werfen«, sagte der Detective schließlich.

»Mit Eingängen meinst du wohl Leichen?«

»Was sollte ich wohl sonst damit meinen, Klugscheißer?«

»Warum reichst du nicht einfach eine Anfrage ein? Bist doch Polizist, oder?«

»Ist für'n Freund von mir, nicht unbedingt was Offizielles.«

»Einen Freund?« Chris' Stimme klang misstrauisch.

»Sag mal, willst du Bulle werden, oder was? Was soll die Fragerei? Zeig mir einfach die Leichen.«

»Und wenn ich dir sage, dass das nicht geht, weil es gegen die Vorschriften verstößt?«

Culhane legte Chris den rechten Arm um den Nacken und zog sein Gesicht zu sich her. »Nun, dann würde ich ehrlich gesagt ziemlich stinkig werden. Und ich glaube nicht, dass du das riskieren willst, oder?«

Stille.

Culhane verschärfte seinen Griff.

»Okay … okay. Ich wollte sowieso gerade reingehen«, sagte Chris und hob beschwichtigend die Hände. Sein Ton hatte etwas Flehendes.

»Braver Junge«, sagte Culhane und entließ ihn aus dem Schwitzkasten.

Sie gingen schweigend zum Institutsgebäude. Chris um diese Zeit aufzusuchen bot Culhane den Vorteil, dass er das Institut nicht durch den Haupteingang betreten musste. Um diese Uhrzeit war hier fast nichts los, er brauchte keine Marke vorzuzeigen, keinen Papierkram auszufüllen – kurzum, er erregte weniger Verdacht.

Sie erreichten die Eingangstür fürs Personal an der Südseite des Gebäudes, und Chris tippte den Zahlencode in die seitlich angebrachte Tastatur. Mit einem Summen öffnete sich die Tür.

»Warte hier, ich bin gleich zurück«, sagte Chris und verschwand ins Innere des Gebäudes, während Culhane mit verdutzter Miene vor der Tür stehen blieb. Nicht einmal eine Minute später kam Chris mit einem weißen Overall zurück, wie ihn Kriminaltechniker und Rechtsmediziner bei der Arbeit tragen. »Zieh dir den über. Müsste passen. War der größte, den ich finden konnte.«

»Soll das jetzt lustig sein?«

Chris wollte um jeden Preis vermeiden, dass jemand herausfand, dass er einen Fremden ins Gebäude gelassen hatte, ohne ihn am Empfang einzutragen, selbst wenn dieser Fremde ein Polizist war. Er führte Culhane durch die leeren Gänge im Erdgeschoss, dann durch eine Schwingtür hindurch und eine Treppe hinauf in den ersten Stock. Culhane war schon so oft hier entlanggegangen, dass er aufgehört hatte mitzuzählen. Doch noch immer beschlich ihn dabei ein flaues Gefühl. Er hätte es nie im Leben zugegeben, doch er war froh, in Begleitung zu sein. Sie erreichten die letzte Tür am Ende des Flurs.

Nach jeder Obduktion wurden die Leichen in den Kühlraum gebracht – *»the big chill«*, wie er im Institut genannt wurde. Entlang der rückwärtigen Wand gab es Kühlzellen für über fünfzig Leichen. Culhane und seine Kollegen von der Drogenfahndung hatten ihren eigenen Namen für diesen Raum: *die Waben des Todes.*

Chris schloss die Tür hinter sich, damit sie nicht gestört würden, und ging zum Computerterminal am anderen Ende des Raums.

»Na gut, dann geben wir mal eine Suche ein … männlich oder weiblich?«, fragte er, ohne weitere Zeit zu verschwenden. Je schneller er Culhane wieder loswurde, umso besser.

»Weiblich.«

»Weiß, schwarz …?«

»Kaukasisch, blond, blaue Augen, schlank und sehr attraktiv.«

Chris grinste verlegen. »Na gut. Ab welchen Datum soll ich suchen?«

»Versuchen wir mal ab letzten Freitag.«

Chris warf einen Blick auf seine Armbanduhr. »Das war der … 1. Juli, oder?«

»Ja, genau.«

»Okay.« Chris tippte die Informationen ein und drückte auf *Enter*. Nicht einmal fünf Sekunden später kam eine Antwort.

»Ja, wir haben sechzehn Treffer. Hast du einen Namen?«

»Jenny Farnborough. Aber der erscheint garantiert nicht auf dieser Liste.«

Chris ging rasch die Liste mit den Namen durch. »Nee, stimmt. Der Name ist nicht dabei.«

»Gibt's irgendwelche nicht identifizierten Frauenleichen?«

Christ schaute erneut nach. »Ja, vier Stück.«

»Dann sehen wir uns die mal an.«

Ein Paar Mausklicks später hatten sie einen Ausdruck in der Hand. »Na gut, sehen wir nach«, sagte Chris und ging auf die Kühlzellen zu. Vor einer Tür mit der Nummer C11, der ersten auf Chris' Liste, blieben sie stehen. Es dauerte vielleicht fünf Minuten, bis sie die vier unidentifizierten Leichen überprüft hatten. Jenny Farnborough war nicht darunter.

»Sind das alle? Oder gibt es noch einen Kühlraum in diesem Gebäude?«, fragte Culhane.

»Ja, es gibt noch einen im Keller, aber zu dem habe ich keinen Zutritt«, antwortete Chris.

»Wieso? Wie kann das sein?«

»Der ist abgeriegelt. Streng geheim.«

»Wie kann es in einem Rechtsmedizinischen Institut einen abgeriegelten Bereich geben?«

Chris freute sich, einem Detective der Polizei von Los Angeles etwas erklären zu können, was dieser nicht wusste. »Es gibt manchmal Fälle, die als zu gefährlich eingestuft werden – verstrahlte Leichen, Giftopfer, hohes Ansteckungsrisiko, solche Sachen. In diesem Fall nimmt der Chef des Instituts die Autopsie persönlich in einem isolierten Bereich vor.«

»Und weißt du, ob da unten im Moment eine Leiche liegt?«

»Dr. Winston hat heute bis spät in die Nacht hinein dort unten gearbeitet. Die Leiche ist nicht raufgeschickt worden, also wird sie vermutlich noch da unten sein.«

»Aber sie muss doch in die Wabe.«

»Wabe?«, fragte Chris stirnrunzelnd.

»Diesen Raum hier … den Kühlraum.« Culhanes Stimme klang eine Spur gereizt.

»Nein, der Obduktionsraum unten im Keller verfügt über eigene Kühlzellen. Die Leiche kann da unten bleiben«, sagte Chris, was die Gereiztheit des Detectives noch erhöhte.

»Und du kannst mich da wirklich gar nicht reinlassen?«

»Unmöglich. Nur Dr. Winston hat einen Schlüssel, und den behält er immer bei sich.«

»Gibt's nicht noch eine andere Möglichkeit?«

»Nicht dass ich wüsste. Die Tür ist mit einem Alarm und Überwachungskamera gesichert. Wenn man nicht eingeladen wird, kommt man da nicht rein.«

»Wie viele Leichen liegen da unten?«

»Soviel ich weiß, im Augenblick nur eine.«

»Gibt es vielleicht ein Foto von der Leiche oder sonst irgendwas im Computer?«

»Nein, sämtliche Informationen zu den Fällen, die dort unten bearbeitet werden, bewahrt Dr. Winston in dem Raum auf. Die Infos gehen nicht mal in die Hauptdatenbank, bis der Doktor sie persönlich freigibt. Aber selbst wenn ich ein Foto von der Leiche hätte, würde das wahrscheinlich nicht viel nützen.«

»Warum?«

»Also, es geht das Gerücht, dass die Leiche unkenntlich gemacht wurde … irgendwie kein Gesicht hat oder so.«

»Tatsächlich?«

»Das habe ich jedenfalls gehört.«

»Eine Enthauptung?«

»Weiß nicht genau. Ich hab nur gehört, dass die Leiche kein Gesicht hat. Könnte durch einen Schuss weggepustet worden sein. So was gibt's ja ab und zu«, sagte Chris und schüttelte den Kopf.

Mark Culhane dachte kurz nach. Seiner Einschätzung nach war die Wahrscheinlichkeit, dass Jenny Farnborough dort unten in dem versiegelten Bereich lag, ziemlich gering. Also würde es kaum was bringen, das noch weiterzuverfolgen.

»Danke, Chris. Tust du mir einen Gefallen? Halt ein wenig die Augen offen nach der Beschreibung, die ich dir gegeben habe, okay? Wenn jemand reinkommt, der darauf passen könnte, ruf mich an, ja? Es ist wichtig.« Culhane gab Chris seine Visitenkarte.

Chris betrachtete sie eine Sekunde lang und sagte dann: »Klar. Für das LAPD gerne.«

»Ich geh dann mal. Wär's okay, wenn ich durch dieselbe Tür rausgehe, durch die wir reingekommen sind?«

»Kein Problem. Allerdings muss ich mit runtergehen und den Code eingeben.«

Sie verließen den Kühlraum und gingen schweigend den Weg zurück, den sie gekommen waren. An der Tür gab Culhane Chris den weißen Overall zurück, während der den Code eintippte und die Tür öffnete. Culhane war froh, wieder draußen zu sein.

In seinem Wagen angekommen, zündete er sich eine Zigarette an. Es gab noch zwei Rechtsmedizinische Institute in Los Angeles, eines in Santa Clarita und eines in West Lancaster, doch er war sich nicht sicher, ob sich die Fahrt dorthin lohnen würde. Er rauchte seine Zigarette zu Ende und gelangte zu dem Schluss, dass er erst einmal genug getan hatte, um diese Jenny Farnborough zu finden. Schließlich war sie bloß irgendeine Nutte. Morgen früh würde er Jerome anrufen und ihm Bescheid geben. Im Augenblick hatte er Wichtigeres zu tun.

18

DER WEST SUNSET BOULEVARD ist eine der berühmtesten Straßen in Los Angeles, wobei der bekannteste Abschnitt die eineinhalb Meilen zwischen Hollywood und Beverly Hills sind, der sogenannte *Sunset*

Strip. Dort wimmelt es geradezu von angesagten Rock Clubs, Restaurants, Boutiquen und diversen Nachtclubs und Bars. Seit den frühen Siebzigern ist dies der Ort zum Sehen und Gesehenwerden. Jeden Abend erwacht der Sunset Strip zu einem pulsierenden, neongrellen Treiben, und der Verkehr kommt fast zum Erliegen, während die Autos wie im Konvoi auf dem von Menschenmassen wimmelnden Boulevard auf und ab paradieren. Berühmtheiten und solche, die es werden wollen, Touristen und genüssliche Flaneure, Halbweltgestalten und Zuhälter – für alle, die in der Stadt der Engel auf Action und Abenteuer aus sind, ist der Sunset Strip das einschlägige Pflaster.

»Wen wollen wir hier um diese Uhrzeit gleich noch mal treffen?«, fragte Garcia, während Hunter seinen Wagen in der Hilldale Avenue abstellte, direkt um die Ecke vom Sunset Strip.

»Einen Drecksack namens JJ«, erwiderte Hunter, stieg aus und griff sich seine Jacke vom Rücksitz.

Juan Jimenez, besser bekannt als JJ, war ein schmieriger Schmalspurzuhälter, der seine Geschäfte gern in der Gegend um den Sunset Strip betrieb. Er hatte fünf Mädchen, die er rücksichtslos ausbeutete. Sein »Trick« dabei war, die Mädchen mit irgendeinem »erstklassigen Stoff« zu versorgen, um sie von ihm abhängig zu machen. JJ war ein brutaler Typ: Immer wieder einmal wurde eines seiner Mädchen mit Blutergüssen und Schürfwunden ins Krankenhaus eingeliefert, manchmal sogar mit Knochenbrüchen. »Ich bin gestürzt«, lautete dann die Standarderklärung der Mädchen.

JJ war bereits mehrmals verhaftet worden, doch nie hatte eines der Mädchen den Mut aufgebracht, ihn anzuzeigen. Angst zu verbreiten war seine stärkste Waffe: *Leg dich mit mir an, und ich schlitz dich auf.*

»Und der soll uns helfen?«, fragte Garcia.

»Er kennt die Straße und die Mädchen, die hier arbeiten, besser als jeder andere. Wenn unser Opfer eine Professionelle war, sollte er uns das eigentlich sagen können. Allerdings müssen wir ihn vielleicht ein wenig ›überreden‹.«

Sie gingen den Boulevard hinauf und bahnten sich einen Weg durch das endlose Getümmel der Leute, die in die schon überfüllten Bars und Kneipen drängten.

»Und wo genau gehen wir hin?«, fragte Garcia. Er blickte um sich wie ein kleiner Junge auf dem Spielplatz.

»Da ist es schon«, sagte Hunter und deutete auf ein buntes Neonschild über der Nummer 9015 West Sunset Boulevard.

Das Rainbow Bar and Grill war schon in den siebziger Jahren ein beliebter Schuppen bei Rockmusikern gewesen, und seither hatte sich daran kaum etwas geändert. An den Wänden hingen goldene Schallplatten, Gitarren und signierte Fotos von allerlei Bands und Solomusikern. Rockmusik dröhnte aus den Boxen, während sich an der Bar und an den dichtbesetzten Tischen drinnen und draußen langhaarige Typen und spärlich bekleidete Blondinen tummelten.

»Dieser JJ steht wohl auf Rock?«, fragte Garcia.

»Kann man so sagen.«

»Ich dachte, er wäre aus Kuba oder so.«

»Puerto Rico.«

»Ist da nicht eher Salsa und Merengue angesagt?«

»Nicht bei JJ.«

Garcia blickte sich in dem Lokal um. Obwohl sie beide sich deutlich von den üblichen Gästen abhoben, schien niemand groß Notiz von ihnen zu nehmen. »Siehst du ihn irgendwo?«

Hunter suchte mit den Augen die Bar und die Tische ab. »Noch nicht, aber das hier ist sein Stammlokal. Er kommt ganz sicher. Holen wir uns was zu trinken und warten.« Hunter bestellte einen Orangensaft und Garcia eine Cola light.

»Die Steaks hier sind übrigens ziemlich gut, falls du mal Hunger hast«, sagte Hunter und hob sein Glas, um Garcia zuzuprosten.

»Du warst wohl schon öfter hier?«, fragte Garcia mit abfälligem Unterton.

»Ein paarmal.«

»Wow, die Hideout Bar in Santa Monica, das Rainbow auf dem Sunset Strip. Du scheinst das Nachtleben ziemlich zu genießen.«

Hunter überging die Bemerkung und beobachtete konzentriert den Eingang. Er hatte JJ seit fast fünf Jahren nicht gesehen, doch der Puerto-Ricaner war eine auffallende Erscheinung: groß, dunkler Teint, glänzende schwarze Augen und dazu seine markanten übergroßen Ohren und krummen Zähne.

Eine großgewachsene Blondine in einer knallengen schwarzen Lederhose und einem bauchfreien Top mit der Aufschrift *Rock Bitch* quer über der Brust stellte sich neben Hunter an die Bar. Sie bestellte einen

»Slow Comfortable Screw up Against the Wall« und lächelte Hunter lasziv an. Hunter lächelte zurück, und einen Sekundenbruchteil lang fiel sein Blick in ihren Ausschnitt.

»Gefallen sie dir?«, fragte die Blondine mit Schmeichelstimme.

»Äh … wer?«, stellte Hunter sich dumm.

Die Blondine sah demonstrativ auf ihre Brüste hinunter, die fast aus dem Top hervorquollen. »Meine Titten, du Dummkopf … hab doch gesehen, wie du einen Blick drauf geworfen hast.«

»Erwischt«, bemerkte Garcia amüsiert.

Kein Grund, peinlich berührt zu sein, dachte Hunter. »Sie sehen … ziemlich gut aus.«

»Sind auch nagelneu«, verkündete die Blondine stolz.

Der Barkeeper brachte ihren Cocktail. Ohne den Blickkontakt mit Hunter zu unterbrechen, nahm sie den Drink entgegen, schob sich den Strohhalm zwischen die knallroten Lippen und saugte genüsslich daran.

»Und, gut?«, fragte Hunter.

»Ein langsamer Screw ist immer gut«, sagte sie, nahm noch einen Schluck und rückte etwas näher. »Vielleicht könnte ich dir das ja irgendwann mal zeigen«, raunte sie ihm ins Ohr und strich ihm dabei mit der Hand über den Bizeps.

Dann ging alles rasend schnell. JJ hatte das Rainbow noch kaum richtig betreten, als sein und Hunters Blick sich kreuzten, und mit einem Tempo, als wäre er der Quarterback, der mit dem nächsten Touchdown den Super Bowl für sein Team holen kann, war JJ auch schon wieder draußen. Hunter blieb keine Zeit, seinen Partner zu informieren, dessen ungeteilte Aufmerksamkeit noch bei den neuen Brüsten der Blondine weilte. Mit einem Satz war Hunter auf den Beinen, schoss zur Tür hinaus auf den Sunset Strip und jagte JJ hinterher.

Hunter war ein ziemlich guter Läufer, trotz seines eher kräftigen, muskulösen Körpers. JJ allerdings besaß lange Beine, einen leichten, sehnigen Körperbau und war flink wie eine Ratte. So beschloss Hunter, es erst einmal auf die freundliche Tour zu versuchen.

»JJ, ich will bloß mit dir reden, verdammt, bleib stehen.«

JJ zeigte keine Reaktion auf Hunters Ruf, sondern schlug stattdessen einen halsbrecherischen Haken auf die Fahrbahn, mitten in den Verkehr hinein, und steuerte auf Frankie and Johnnie's NY Pizza Place auf der gegenüberliegenden Straßenseite zu.

Hunter folgte ihm, doch das Gedränge auf der Straße raubte ihm das Tempo, und zweimal musste er im letzten Augenblick zur Seite springen, um einem Passanten auszuweichen.

Zwei Blocks weiter bog JJ vor dem berühmten, leuchtend roten Gebäude des Whiskey-a-Go-Go links ab. Inzwischen rannte er beinahe noch schneller. Hunter blieb ihm dicht auf den Fersen. Doch dann musste Hunter erneut einer Gruppe von Nachtschwärmern ausweichen und landete mit einem Fuß unsanft auf einem unebenen Stück Asphalt. Er spürte, wie sein Knöchel umknickte und ihm ein stechender Schmerz ins Bein fuhr. Mit ein paar kläglichen Hüpfern kam er zum Stehen.

»Verdammt!«, schrie er und musste zusehen, wie JJ sich entfernte.

Auf einmal nahm er aus dem Augenwinkel wahr, wie jemand mit unglaublicher Geschwindigkeit an ihm vorbeischoss – Garcia. So wie der rannte, hätte er jedem Sprinter bei der Olympiade alle Ehre gemacht. Nach ein paar Schritten hatte er Hunter bereits weit hinter sich gelassen und holte immer mehr zu JJ auf, der eben nach rechts in eine Gasse hinter einem Lagerhaus abbog. Hunter humpelte hinter den beiden her.

Garcia brauchte nicht lange, bis er den langbeinigen Puerto-Ricaner bis auf Armeslänge eingeholt hatte und ihn am Kragen seiner Jacke zu fassen bekam.

»Okay, okay, ich geb auf«, sagte JJ, bremste ab und hob kapitulierend die Arme, doch dazu war es jetzt zu spät. Garcia wirbelte ihn herum, schleuderte ihn gegen die Mauer der Lagerhalle und drehte ihm den Arm auf den Rücken. JJ schrie vor Schmerz auf.

»Warst du schon immer so blöd, vor bewaffneten Polizisten abzuhauen, oder ist das eine neue Macke?«, fragte Garcia, nach Atem ringend.

»Jetzt mach mal halblang, ich hab nichts getan.«

Eine halbe Minute später war Hunter bei ihnen.

»Bist du okay?«, fragte Garcia ihn, ohne JJs Arm loszulassen.

»Geht schon. Hab mir den Knöchel verstaucht.«

»Jetzt lass schon meinen Arm los.«

»Halt's Maul.« Garcia rammte JJ erneut gegen die Mauer.

Hunter wandte sich JJ zu. »Was zum Teufel sollte der Scheiß mit dem Abhauen?«

»Nur 'ne alte Gewohnheit, Mann. Was wollt ihr überhaupt von mir?

Jetzt lass mich schon los, Mann.« Er versuchte, sich aus Garcias Griff zu winden.

Hunter bedeutete Garcia mit einem Nicken, dass er JJs Arm loslassen konnte.

»Das könnt ihr nicht mit mir machen, hey, ich bin jetzt ein legaler Bürger dieses Landes«, sagte JJ, während er sich das schmerzende Handgelenk massierte und einen Schritt von der Mauer wegging.

»Sehen wir vielleicht aus wie von der Einwanderungsbehörde? Mann, du bist anscheinend tatsächlich so behämmert, wie du aussiehst«, gab Garcia zurück.

»Legaler Bürger? Du bist ein Zuhälter, JJ, und als ich das letzte Mal nachgesehen habe, war Prostitution immer noch illegal in Kalifornien. Wir können also deinen Arsch schnurstracks hinter Gitter befördern, kapiert?«, sagte Hunter und stieß JJ wieder an die Mauer zurück.

»Jetzt hört doch mal mit dem Rumgeschubse auf«, protestierte JJ.

»Wenn mein Knöchel anschwillt, dann auch deine Visage«, drohte Hunter.

»Ist doch nicht meine Schuld, Kumpel.«

»Und ob das deine Schuld ist, KUMPEL. Hätte ich nicht hinter so einem Scheißkarnickel herrennen müssen, dann wäre er jetzt nicht verstaucht.«

»Warum verfolgt ihr mich überhaupt? Ich hab nichts getan.«

»Genau. Wir wollen dir auch nur ein paar Fragen stellen.«

»Warum sagst du das denn nicht gleich?«

Hunter warf ihm einen drohenden Blick zu und zog dann das Phantombild aus seiner Jackentasche. »Wir suchen nach dieser Frau. Wir wollen wissen, ob sie als Prostituierte arbeitet.«

JJ starrte das Bild ein paar Sekunden lang an.

»Ja, die hab ich zu Hause auf 'nem Videospiel«, sagte JJ grinsend.

Der Schlag auf den Hinterkopf, der JJs Schädel mit einem dumpfen Laut nach vorn katapultierte, kam von Garcia. »Bist wohl ein ganz Cooler, was? Du fängst an, mir echt auf die Nerven zu gehen.«

»Hey, Mann, das ist Brutalität der Polizei. Ich kann euch anzeigen, wisst ihr das?«

Diesmal kam der Schlag auf den Hinterkopf von Hunter. »Hast du irgendwie den Eindruck, dass das hier gerade ein Spiel ist? Und jetzt sieh dir das verdammte Bild an, und sag mir, ob du sie kennst.« Hunters Ton wurde schärfer.

JJ warf erneut einen Blick auf den Computerausdruck und konzentrierte sich. »Vielleicht … bin nicht sicher«, sagte er nach einer Weile.

»Versuch's mal.«

»Ist sie 'ne Nutte?«

»Wär durchaus möglich, JJ. Wenn sie Anwältin wäre, würden wir wahrscheinlich nicht dich fragen, oder?«

»Sehr witzig.« JJ nahm Hunter das Bild aus der Hand. »Sie sieht zu gut aus, um auf der Straße zu arbeiten. Wobei, nicht dass meine Mädchen nicht auch hübsch wären …«

»Mhm.« Hunter tippte mit dem Finger dreimal auf das Bild, um JJs Aufmerksamkeit wieder darauf zu lenken.

»Wenn sie ein Profi in dem Geschäft ist, dann spielt sie in der obersten Liga. Für einen der großen Jungs.«

»Und wie finden wir das raus?«, fragte Garcia.

»So'n klasse Mädchen würde in der Gegend bloß für einen arbeiten – D-King.«

»Was denn, Elvis ist zurückgekommen, um Zuhälter zu werden?«, fragte Garcia und kniff drohend die Augen zusammen.

»Nicht ›*The King*‹. D-King, Mann.«

»D-King? Was ist denn das für ein Name?«

»Einer von den Namen, mit denen man sich besser nicht anlegt.«

»Ein großes Tier unter den Zuhältern und Drogendealern«, warf Hunter ein. »Es gibt Gerüchte, dass er auch mit Waffen handelt, hat aber eine ziemlich straff geführte Organisation. Alles ganz im Verborgenen, deshalb hast du wahrscheinlich auch noch nicht von ihm gehört. Er kontrolliert das Ganze aus der Ferne – außer den Mädchen, da bevorzugt er einen persönlicheren Stil.«

»Und wo finden wir den?«, fragte Garcia.

»Auf der Straße jedenfalls nicht. Der hat Stil.« JJ kratzte sich an der kleinen Narbe über seinem linken Auge. »Was is'n dabei drin für mich?«

»Du kannst deine hässlichen Zähne behalten und wirst dir nicht deinen billigen Anzug vollbluten. Ich denke, das ist ein guter Deal für dich«, sagte Garcia und rammte JJ erneut gegen die Mauer.

»Wer zum Teufel ist der Typ?«, fragte JJ an Hunter gewandt und wich einen Schritt vor Garcia zurück.

»Ich bin der Typ, mit dem DU dich besser nicht anlegst«, sagte Garcia und rückte ihm sofort wieder auf die Pelle.

»Er ist mein neuer Partner, JJ, und ich hab so ein Gefühl, dass er dich nicht besonders leiden kann. Der letzte Kerl, den er nicht leiden konnte, kann momentan nur Brei essen.«

»Kannst du ihn nicht an die Leine nehmen?«

»Klar kann ich. Die Leine ist im Auto. Ich geh sie mal holen. Ihr beide kommt ja mal zehn Minuten ohne mich klar, oder?«

»He, warte. Ist ja gut, Mann. Du brauchst mich ja nicht gleich mit dem Monsterbullen hier allein zu lassen. Freitag- und Samstagnacht geht D-King immer ins Vanguard in Hollywood. Ihr findet ihn vermutlich in der V.I.P.-Lounge.«

»Wie wär's mit heute Nacht, wo finden wir ihn da?«

»Hey, was weiß denn ich, Kumpel. Mann, ich tu euch hier einen Gefallen. Das Vanguard, Freitag- und Samstagnacht, mehr weiß ich nicht.«

»Versuch ja nicht, uns zu verarschen, JJ.« Garcias Ton klang drohend.

»Warum zum Teufel sollte ich das tun? Wenn ich euch beide nie wiedersehe, dann ist mir das noch früh genug.«

Hunter packte JJ mit einer Hand an der Schulter und drückte zu. JJ zuckte vor Schmerz zusammen. »Ich hoffe für dich, dass du uns nicht umsonst da hinschickst, KUMPEL.«

JJ versuchte vergeblich, sich aus Hunters Griff zu winden. »Ich sag die Wahrheit. Echt.«

Hunter ließ JJ los, der sich daraufhin mit beiden Händen seinen Blazer abstaubte. »Jetzt seht bloß, was ihr mit meinem Anzug angerichtet habt, Mann. Diese Dinger sind nicht billig.«

Garcia kramte etwas Kleingeld aus seiner Hosentasche. »Hier«, sagte er und hielt JJ die offene Hand hin. »Ein Dollar fünfundneunzig. Kauf dir 'nen neuen.«

»Der Typ gehört in Behandlung, Mann. Wut-Management-Training oder so was. Habt ihr nicht so Psychoklempner bei den Bullen?«

»Die werden alle nicht mit ihm fertig«, lachte Hunter.

JJ murmelte etwas auf Spanisch und machte sich davon. Garcia steckte sein Kleingeld wieder ein und wartete, bis JJ außer Hörweite war. »Was denkst du?«

»Ich denke, dass du dich ziemlich gut machst als böser Cop. Was für eine Verwandlung! Ich hab's sogar selbst geglaubt.«

»Der letzte Kerl, den er nicht leiden konnte, kann momentan nur Brei essen?«, zitierte Garcia mit hochgezogenen Brauen.

»Na ja, ich wollte, dass es überzeugend klingt«, sagte Hunter grinsend.

»Und, wie geht's jetzt weiter?«

»Schätze, wir gehen Freitagabend schick aus«, sagte Hunter und griff nach seinen Wagenschlüsseln.

19

Hunter trat viermal das Gaspedal durch und drehte dann den Zündschlüssel um. Der Motor hustete ein-, zweimal, dazu flackerten die Anzeigen am Armaturenbrett kurz auf, dann erstarb alles wieder mit einem röchelnden Geräusch. Hunter drehte den Zündschlüssel wieder zurück, trat erneut pumpend aufs Gaspedal und versuchte es noch einmal. Diesmal hielt er den Zündschlüssel ungefähr zehn Sekunden am Anschlag und trat dabei sanft aufs Gas. Wieder hustete der Motor kurz und erstarb mit einem Röcheln.

»Das ist nicht dein Ernst«, sagte Garcia und beobachtete das Flackern auf dem Armaturenbrett.

»Nur mit der Ruhe, das wird schon. Der Motor ist ein bisschen launisch«, gab Hunter zurück, wobei er Garcias Blick auswich.

»Mit launisch meinst du wohl alt? Allerdings klingt das für mich nicht nach einem kaputten Motor, sondern nach einer leeren Batterie.«

»Glaub mir, ich kenne den Wagen. Der kommt schon.« Hunter versuchte es ein weiteres Mal: Diesmal gab der Motor überhaupt keinen Laut mehr von sich. Die Anzeigen blinkten nur einmal kurz auf.

»Äh – ich denke, du solltest wohl besser deinen Pannendienst rufen.«

»So was habe ich nicht.«

»Wie bitte? Willst du mich verarschen?« Garcia lehnte sich fassungslos gegen die Beifahrertür.

»Nein.«

»Du hast einen Wagen, der … wie alt ist er?«

Hunter verzog das Gesicht und versuchte, sich an das Baujahr zu erinnern. »Ungefähr vierzehn Jahre.«

»Du fährst einen vierzehn Jahre alten Wagen und hast keinen Pannendienst? Also, entweder bist du ein unverbesserlicher Optimist oder aber Mechaniker, und ich sehe keine Schmiere an deinen Fingern.«

»Ich sage doch, ich kenne den Wagen. Er braucht nur ein Weilchen, dann springt er wieder an. Das ist immer so. Also, Kaffee oder Bier?«

»Bitte?«

»Na ja, wir müssen ein bisschen Zeit totschlagen … zwanzig Minuten oder so. Wir können einfach hier drin sitzen bleiben und vor uns hin starren, aber wo wir schon mal am Sunset Strip sind, können wir uns auch gleich einen Drink genehmigen, um uns das Warten zu verkürzen. Also, ist dir mehr nach Kaffee oder Bier?«

Garcia starrte Hunter ungläubig an. »Mir ist zwar nicht klar, wie sich durch Warten eine Batterie wieder aufladen soll, aber wenn du unbedingt meinst, Kaffee bitte.«

»Dann also Bier«, sagte Hunter und stieg aus dem Auto.

»Sollen wir ins Rainbow zurückgehen? Vielleicht kannst du da ja deine anregende Unterhaltung mit der Rock-Bitch-Blondine fortsetzen«, spöttelte Garcia.

»Ist schon geregelt. Ich hab ihre Nummer«, witzelte Hunter zurück.

Sie stießen auf eine kleine, ruhige Bar in der Hammond Street. Es war gerade ein Uhr vorbei, und die meisten Leute machten sich allmählich auf den Heimweg. Hunter bestellte zwei Bier und eine Tüte mit Eiswürfeln für seinen Knöchel und steuerte einen Tisch im hinteren Bereich der Bar an.

»Was macht der Fuß?«, fragte Garcia, als sie sich gesetzt hatten.

»Geht schon. Ist bloß leicht verstaucht«, sagte Hunter, nachdem er rasch einen Blick darauf geworfen hatte. »Ich kühle ihn ein bisschen, damit er nicht anschwillt.« Er legte das Bein auf den leeren Stuhl neben ihm und platzierte den Eisbeutel über dem Knöchel. »Ich werde ein paar Tage nicht rennen können, das ist alles.«

Garcia nickte.

»Ich habe noch nie jemanden so schnell laufen sehen wie dich. Warst du mal in der Leichtathletik-Olympiamannschaft oder so was?«

Garcia lächelte so breit, dass eine Reihe glänzend weißer, makelloser Zähne zum Vorschein kam. »Ich war im Leichtathletik-Team der Uni.«

»Und anscheinend warst du ziemlich gut.«

»Hab ein paar Medaillen gewonnen.« Es klang eher verlegen als stolz. »Und du? Wenn du nicht umgeknickt wärst, hättest du ihn leicht eingeholt. Dabei ist er halb so schwer wie du.«

»So schnell wie du bin ich jedenfalls nicht«, erwiderte Hunter mit schräggelegtem Kopf.

»Vielleicht finden wir es eines Tages heraus«, sagte Garcia mit herausforderndem Grinsen.

Ein polternder Lärm an der Bar ließ sie herumfahren. Jemand war vom Barhocker gefallen und hatte dabei die Bierflasche mit zu Boden gerissen.

»Zeit, nach Hause zu gehen, Joe.« Eine zierliche, braunhaarige Kellnerin half dem Mann aufzustehen.

»Etwas an dem Fall beunruhigt mich«, sagte Garcia, während sein Blick Joe folgte, der mit unsicheren Schritten Richtung Tür wankte.

»Alles an diesem Fall beunruhigt mich. Aber lass hören«, sagte Hunter und nippte an seinem Bier.

»Wie ist es heutzutage möglich, dass ein Killer absolut keine Spuren hinterlässt? Mag ja sein, dass er genügend Zeit hat, sauberzumachen, bevor er den Tatort verlässt, aber wir haben diese ganze technische Ausrüstung, besonderes Licht und chemische Substanzen und verschiedene Mittel, mit denen man noch den kleinsten Fleck auf dem Boden sichtbar machen kann. Wir können DNA-Analysen vornehmen und jemanden anhand seines Speichels überführen. Himmel, wenn der Typ in dem Haus einen Furz lässt, dann kann das Forensik-Team den wahrscheinlich auch noch irgendwie einfangen. Wie ist es da möglich, dass die Tatorte so absolut sauber sind?«

»Ganz einfach. Er tötet sein Opfer nie an der Stelle, wo es gefunden wird.«

Garcia nickte. Hunters Theorie leuchtete ein.

»Unsere Tote zum Beispiel. Sie wurde ja nicht in diesem alten Haus gehäutet. Der Killer hat garantiert einen sicheren Ort, wo er sich seine Opfer vornimmt, einen Ort, wo er ungestört ist, wo er sich Zeit lassen kann. Das heißt, das ganze Zeug, das eine Sauerei hinterlässt, Blut, Fasern, Lärm, ist irgendwo anders. Dann transportiert der Killer das Opfer an den Ort, von dem er will, dass es dort gefunden wird, üblicherweise ein abgelegener Ort, wo das Risiko, zufällig einem Polizisten über den Weg zu laufen, möglichst gering ist. Er braucht sich nur irgendeinen Overall überzuwerfen, und schon hinterlässt er keine Spuren mehr.«

»So eine Art Plastikanzug?«

»Oder Gummi, einen Tauchanzug, irgend so was. Es könnte was sein, was der Killer zu Hause selbst gebastelt hat, was unmöglich zurückzuverfolgen ist.«

»Wie steht's mit dem Transport des Opfers?«

»Vermutlich ein Van oder Kleintransporter, irgendwas ganz Gewöhnliches, das keinerlei Verdacht erregt, aber groß genug ist, um ein oder zwei Leichen zu transportieren.«

»Und ich wette, der Laderaum ist komplett mit Plastik ausgekleidet, oder mit irgendwas, das sich leicht vernichten lässt, damit in dem Wagen keine Spuren zurückbleiben, falls er je gefunden würde.«

Hunter nickte und trank einen Schluck Bier. Sie schwiegen beide eine Weile. Hunter fing an, mit seinem Autoschlüssel herumzuspielen.

»Hast du schon mal daran gedacht, dir einen neuen Wagen zuzulegen?«, fragte Garcia vorsichtig.

»Weißt du, jetzt klingst du genau wie Scott. Ich mag den Wagen. Er hat was Klassisches.«

»Ein klassisches Stück Schrott vielleicht.«

»Es ist ein echt amerikanisches, altmodisches, solides Auto. Nicht dieses japanische oder europäische Plastikzeug.«

»Japanische Autos halten ewig. Die haben phantastische Motoren.«

»Ja, ja, und jetzt klingst du definitiv wie Scott. Der fuhr einen Toyota.«

»Kluger Mann.«

Garcia biss sich auf die Lippe und überlegte, ob er die Frage stellen sollte, die ihm auf der Zunge lag. Er war sich nicht sicher, wie Hunter darauf reagieren würde. Aber dann beschloss er, es doch zu wagen. »Was ist mit Scott passiert? Mir hat nie jemand davon erzählt.« Er versuchte, die Frage ganz beiläufig klingen zu lassen.

Hunter stellte sein Bier auf dem Tisch ab und blickte seinen Partner geradewegs an. Ihm war klar gewesen, dass die Frage früher oder später kommen musste. »Willst du noch ein Bier?«, fragte er.

Garcia betrachtete seine halbvolle Flasche. Offensichtlich wollte Hunter der Frage ausweichen. Garcia beschloss, ihn nicht zu bedrängen. »Nein, danke. Ich stehe eigentlich nicht so auf Bier. Bin eher ein Whisky-Typ.«

Hunter zog überrascht die Brauen hoch. »Tatsächlich?«

»Ja. Single Malts sind meine Schwäche.«

»Garcia, du bist mein Mann.« Hunter nickte Garcia anerkennend zu. »Glaubst du, die haben hier einen brauchbaren Single Malt?«

Garcia sah, dass Hunter bereits Anstalten machte, zur Theke zu gehen. »Wahrscheinlich nicht, aber hey, ich will jetzt eigentlich nicht mit Whisky anfangen, nicht um die Uhrzeit«, sagte er und warf einen raschen Blick auf seine Uhr. »Das Bier reicht mir. Ich wollte sowieso Kaffee, schon vergessen?«

Hunter grinste flüchtig und trank sein restliches Bier in einem Zug aus. »Bootsunfall.«

»Was?«

»Scott und seine Frau sind bei einem Bootsunfall ums Leben gekommen. Unmittelbar, nachdem Farloe verurteilt worden war.« Garcia hatte nicht mehr mit einer Antwort auf seine Frage gerechnet, deshalb war er plötzlich unsicher, wie er reagieren sollte. Er nahm einen Schluck von seinem Bier.

»Man hat uns beide in den Urlaub geschickt«, erzählte Hunter. »Wir hatten schon viel zu lange an dem Fall gearbeitet. Er hatte unser Leben völlig in Beschlag genommen, und wir waren buchstäblich drauf und dran, den Verstand zu verlieren. Alle waren am Ende wegen des permanenten Drucks. Wir konnten nicht mehr logisch denken. Wir zweifelten an unseren Fähigkeiten und rutschten schon sehenden Auges in Richtung Depression. Und nach Farloes Geständnis hat man uns den Urlaub förmlich aufgedrängt. Unserer eigenen geistigen Gesundheit zuliebe.« Hunter spielte mit seiner leeren Bierflasche herum und fing an, das Etikett abzuzupfen.

»Ich glaube, ich nehme jetzt doch diesen Single Malt. Willst du auch einen?« Garcia deutete mit dem Kopf in Richtung Theke.

»Klar, warum nicht. Wenn die einen haben?«

Kurz darauf kehrte Garcia mit zwei Gläsern Whisky zurück. »Das Beste, was sie zu bieten hatten, war ein acht Jahre alter Arran, und die Preise hier sind nicht zu fassen.« Er stellte das Glas vor Hunter ab und setzte sich wieder.

»Danke … zum Wohl«, sagte Hunter und hob sein Glas. Er nahm

einen Schluck von der bräunlichen Flüssigkeit und genoss es, wie sich die würzige Schärfe in seinem Mund ausbreitete. »Deutlich besser als Bier, würde ich sagen.«

Garcia nickte lächelnd.

»Ich lebe allein, schon immer, aber Scott hatte eine Frau … Amanda. Sie waren erst seit dreieinhalb Jahren verheiratet.« Hunter fixierte sein Whiskyglas.

Garcia merkte, dass Hunter das Erzählen nicht leichtfiel.

»Ihre Ehe hatte ziemlich bald unter dem Fall gelitten. Manchmal kam Scott tagelang nicht nach Hause, das war hart für Amanda. Sie fingen an, sich zu streiten. Scott war richtig besessen von dem Fall, genau wie ich«, erzählte Hunter und trank noch einen Schluck Whisky. »Es musste einfach irgendeine Verbindung zwischen den Opfern geben. Wir warteten darauf, dass der Killer endlich einen Fehler machte. Irgendwann tun sie das alle. So perfekt kann niemand sein.«

»Hast du dich mit dem FBI ausgetauscht?«

»Ja, wir hatten Zugang zu deren Datenbank und Archiv. Wir verbrachten Tage … nein, Wochen damit, nach irgendeinem Anhaltspunkt zu suchen.« Hunter schwieg ein paar Sekunden. »Es gibt immer irgendwas. Ganz egal wie böse oder wahnsinnig jemand ist. Es gibt immer einen Grund für einen Mord. Meistens ist es ein unlogischer, aber es ist dennoch ein Grund. Wir waren drauf und dran, verrückt zu werden, wir prüften die absurdesten Theorien.«

»Zum Beispiel?«, fragte Garcia neugierig.

»Ach, wir fahndeten nach Sachen wie, ob sie alle die gleiche Kinderkrankheit hatten oder denselben Urlaubsort oder Allergien – einfach alles, was uns in den Sinn kam. Und dann …«

»Und dann kam der Durchbruch.«

»Und dann kam der Durchbruch – die Verhaftung Mike Farloes. Für Scott war es ein Segen.«

»Kann ich mir vorstellen.«

»Ich wette, wenn der Fall noch ein paar Monate so weitergegangen wäre, hätte Amanda ihn verlassen, und Scott wäre in der Klapse gelandet.«

»Und was passierte nach der Verhaftung?«

»Wie gesagt: Man hat uns in Urlaub geschickt. Wobei es dazu nicht viel Überredung brauchte«, merkte Hunter mit einem trockenen Lacher an.

»Das glaube ich aufs Wort.«

»Scotts große Leidenschaft galt seinem Boot. Er hatte jahrelang gespart, um es sich leisten zu können.« Noch ein Nippen am Whisky. »Er brauchte dringend Zeit mit Amanda, nur sie beide allein, um wieder zueinanderzufinden. Ein Segelurlaub schien da genau richtig.«

»Es war ein Segelboot?« Garcias Interesse wuchs.

»Ja, so ein … Catarina 30.«

Garcia lachte. »Du meinst ›Catalina 30‹.«

Hunters Blick suchte den von Garcia. »Ja, genau. Woher weißt du das?«

»Ich bin praktisch mit Segelbooten aufgewachsen. Mein Vater war total vernarrt in Segelboote.«

»Ha! Das ist ein Ding! Also, jedenfalls war anscheinend irgendwo an Bord Treibstoff ausgelaufen. Irgendwo gab's einen Funken, und ohne Vorwarnung flog alles in die Luft. Die beiden sind im Schlaf gestorben.«

»Treibstoff ausgelaufen?« Garcia klang überrascht.

»Genau«, bestätigte Hunter. Er bemerkte Garcias skeptischen Blick. »Ich weiß, was du denkst.«

Garcia hob die Augenbrauen.

»Auf Segelbooten gibt's nicht viel Treibstoff. Wieso auch? Sie haben ja Segel. Und dass das ganze Boot in die Luft fliegt, dafür musste schon ganz schön viel Benzin ausgelaufen sein.«

Garcia nickte.

»Ja, auch mir kam das nicht ganz geheuer vor, weshalb ich ein paar eigene Nachforschungen angestellt habe. Ich kann mir nicht vorstellen, dass jemand so Gewissenhaftes wie Scott ausgerechnet bei dem Boot, das doch sein ganzer Stolz war, einen Defekt übersehen hätte. So ein Schnitzer wäre ihm nie im Leben unterlaufen.« Hunter nippte erneut an seinem Whisky. »Das Leck war nicht am Motor. Es war an einem der Benzinfässer.«

»Benzinfässer?«

»Aus irgendeinem Grund, der mir wohl ewig verborgen bleiben wird, hatte Scott mehr Benzin an Bord genommen als sonst. Ein paar Fässer.«

»Hatte er eine längere Fahrt geplant?«

»Keine Ahnung, und wie gesagt, wahrscheinlich finde ich das nie heraus.«

Garcia schaute Hunter nachdenklich zu, wie der schweigend seinen restlichen Whisky kippte. »Hat er geraucht?«

»Beide waren Raucher, und darauf lief auch der offizielle Bericht hinaus. Aber ich hab das nie wirklich geschluckt.« Hunter schüttelte den Kopf. »Nie im Leben lasse ich mir einreden, dass wegen einer Zigarette das ganze Boot in die Luft flog. Nicht mit Scott an Bord. Solche Fehler machte er nicht.«

Sie blickten einander wortlos an.

»Ich hab erst zwei Wochen später davon erfahren, als ich wieder im Morddezernat auftauchte.«

Garcia konnte den Schmerz seines Partners regelrecht spüren. »Ich nehme an, sein Fall gilt als abgeschlossen.«

Hunter nickte. »Sie sahen keinen Grund, weitere Nachforschungen anzustellen.«

»Tut mir leid.«

»Wenn ich meinen Partner bei der Arbeit verloren hätte, dann, vielleicht …« Hunter hielt inne und krümmte den Zeigefinger um den Stiel des inzwischen leeren Glases. »Aber so … Es fühlt sich einfach nicht richtig an. Ein verrückter Unfall, und auf einmal sind zwei Menschen aus meinem Leben verschwunden, die mir sehr wichtig waren.«

»Zwei?«

Hunter rieb sich die Augen und ließ sich Zeit mit der Antwort. »Amanda war meine einzige Cousine. Ich hatte die beiden miteinander bekannt gemacht.« Seine Stimme war voller Trauer. Es war offensichtlich, dass Hunter mit seinen Gefühlen rang. Dies war das erste Mal, dass er mit jemandem über die Sache sprach, und irgendwie tat es ihm gut. Er merkte, dass Garcia etwas sagen wollte, etwas Tröstendes vielleicht, aber er wusste, dass Worte in solchen Augenblicken immer hohl und leer klangen.

Garcia biss sich auf die Lippe und schwieg.

Es dauerte ein paar Sekunden, bis Hunter sich wieder gefasst hatte. »Schätze, wir sollten langsam gehen«, sagte er und stand auf.

»Ja, sicher.« Garcia trank seinen Whisky auf einen Zug.

Die Luft draußen war beinahe unangenehm warm.

»Wir könnten einfach den Abschleppdienst der Polizei rufen«, schlug Garcia vor, als sie Hunters Wagen erreichten.

»Nicht nötig.« Hunter drehte den Zündschlüssel um, und der Wagen sprang sofort an.

»Ich glaub's nicht.«

»Ich hab doch gesagt, es ist ein großartiges Auto. Nur ein bisschen launisch.« Mit einem süffisanten Lächeln auf den Lippen fuhr Hunter los.

20

HUNTERS SHIRT WAR KLITSCHNASS, als er um fünf Uhr morgens erneut aus einem grellen Alptraum erwachte.

Er setzte sich im Bett auf und atmete schwer. Schweißperlen standen ihm auf der Stirn, und er zitterte am ganzen Körper. Wann würden diese Träume endlich aufhören? Seit Scotts Tod begleiteten sie ihn praktisch jede Nacht. Er wusste, dass er jetzt sowieso nicht mehr schlafen konnte, also stand er auf, ging ins Bad und spritzte sich eiskaltes Wasser ins Gesicht. Sein Atem ging inzwischen wieder ruhiger, doch seine Hände zitterten noch immer. Sein Gesicht im Spiegel sah beunruhigend aus: Die Ringe unter den Augen schienen noch dunkler, die Haut noch bleicher als sonst.

Er ging in die Küche, blieb eine Weile im Dunkeln sitzen und hing seinen Sorgen nach. Sein Blick fiel auf die Pinnwand, und die Notiz, die er vor ein paar Tagen dort hingehängt hatte – Isabella.

Hunter hatte die Begegnung komplett vergessen. Er nahm den Zettel von der Wand und las ihn. Ohne dass er sich dessen bewusst war, breitete sich ein genüssliches Lächeln auf seinen Lippen aus. Einen flüchtigen Moment lang vergaß er den ganzen Kruzifix-Killer-Fall und dachte nur noch daran, wie sie ihn zum Lächeln gebracht hatte. Er erinnerte sich noch, wie er an jenem Morgen am liebsten sofort wieder zu ihr ins Bett gestiegen wäre.

Hunter holte das Handy aus seiner Jackentasche, speicherte ihre Nummer und programmierte einen Erinnerungsanruf an sich selbst um 12.30 Uhr.

ALS HUNTER UM ACHT IM MORDDEZERNAT EINTRAF, saß Garcia bereits an seinem Schreibtisch. Sie verbrachten den Vormittag damit, das Computerbild des Opfers an Model- und Schauspiel-Agenturen zu faxen und Informationen über D-King zu sammeln. Hunter wusste aus Erfahrung, dass man eine Befragung niemals unvorbereitet durchführen sollte, schon gar nicht, wenn es sich um einen selbsternannten König der Unterwelt handelte.

»O ja, sieht so aus, als ob wir es da mit einem ziemlich gerissenen Mistkerl zu tun haben«, sagte Garcia und hielt ein Fax hoch, das er eben erhalten hatte.

»War mir klar. Und was hast du?«

»Wie du schon sagtest, scheint unser Kerl mit praktisch allem zu dealen, was er in die Finger kriegt – Drogen, Waffen, Prostituierte, Diebesgut ...« Garcia machte eine Geste mit der Hand, aus der hervorging, dass die Liste endlos war. »Und du hattest auch recht damit, dass er einem durch die Finger glitscht wie ein Aal. Er war schon ein paarmal vor Gericht ...«

»Lass mich raten: jedes Mal Freispruch mangels Beweisen?«

»Ganz genau.«

»Wie zu erwarten war. Woher stammen diese Infos?«

»Vom Büro des Bezirksstaatsanwalts.«

»Und mehr haben die uns nicht geschickt?«, fragte Hunter mit gerunzelter Stirn.

»*Nope.*«

»Ruf noch mal an und frag nach der kompletten Akte. Die haben normalerweise ziemlich viel Material über die Leute, hinter denen sie her sind.«

»Bin schon dran.« Garcia suchte auf seinem Schreibtisch nach der Telefonnummer des Staatsanwaltsbüros. Vor einer Minute hatte er sie noch irgendwo gehabt.

Hunter spürte das Vibrieren seines Handys, noch bevor der Ton kam – »12.30 Uhr: Isabella anrufen«.

»Bin gleich zurück, muss nur mal schnell einen privaten Anruf machen.« Er ging auf den leeren Flur hinaus und schloss die Tür hinter sich, während Garcia immer noch nach der Telefonnummer suchte.

Er holte die Nummer von Isabella auf das Display und wählte sie an. Es klingelte dreimal.

»Hallo?«

»Hi … Isabella?«

»Ja, hier ist Isabella.«

»Hallo, hier ist Robert. Robert Hunter.« Er konnte sich nicht erinnern, ob er ihr eigentlich seinen Namen gesagt hatte. »Wir haben uns am Wochenende in der Hideout Bar getroffen.«

»Jetzt, letztes Wochenende?« Sie klang unsicher.

»Ja, genau. Am Ende sind wir bei dir gelandet. Ich musste um drei Uhr nachts ziemlich plötzlich weg, erinnerst du dich?«

Sie lachte. »Ja, allerdings erinnere ich mich – der Typ mit der Teddybärunterwäsche, der mich für eine Nutte hielt, stimmt's?«

Hunter verzog gequält das Gesicht, als hätte er sich eine Ohrfeige eingefangen. »Ja, genau der bin ich.«

»Rufst du an, um dich noch einmal zu entschuldigen?«, fragte sie halb lachend.

»Eigentlich wollte ich dich fragen, ob wir uns vielleicht mal wiedersehen. Zum Lunch oder zum Dinner.« Direkt zum Punkt zu kommen fiel Hunter wesentlich leichter.

»Na, das ist jetzt aber ein großer Schritt. Mich für eine Prostituierte zu halten und mitten in der Nacht abzuhauen und beim nächsten Mal gleich eine Essenseinladung. Was für eine Überraschung.«

»Ich bin ein Mann voller Überraschungen«, witzelte Hunter.

»Ach, tatsächlich?«

»Hör zu, ich habe mich wie ein Idiot benommen, und es tut mir leid. Ich war halb betrunken und noch halb im Schlaf, und so, wie du ausgesehen hast – das erschien mir einfach zu gut, um wahr zu sein.« Hunter biss sich auf die Lippe und hoffte, dass die Schmeichelei zog.

»War das jetzt ein Kompliment, oder soll das heißen, dass die einzig attraktiven Frauen, mit denen du ausgehst, Nutten sind?«

»Himmel, nein! Mensch, dieses Gespräch läuft ja total schief.« Hunter hörte sie lachen. »Wie wär's, wenn wir einfach diese erste Nacht vergessen und noch mal von vorn anfangen?«

Ein paar Sekunden vergingen in Schweigen. »Okay«, sagte sie schließlich. »Sekunde mal.« Hunter hörte, wie irgendwelche Seiten umgeblättert wurden. »Ist einiges los bei mir in nächster Zeit, aber ein kurzer Lunch morgen Mittag ginge, wenn dir das passt.«

»Lunch morgen Mittag klingt prima«, sagte Hunter lässig. »Sagen wir ein Uhr?«

»Ja, perfekt.«

»Da deine Zeit anscheinend knapp bemessen ist, könnten wir uns ja in der Nähe deiner Arbeit treffen.«

»Sicher. Ich arbeite an der Uni. Isst du gern Italienisch?«

»Klar, Italienisch ist lecker.«

»Ich schätze, das kann man so sagen«, erwiderte sie mit belustigtem Unterton. »Es gibt einen tollen kleinen Italiener, das Pancetta, in der Weyburn Avenue, nur ein paar Blocks von der Uni. Treffen wir uns dort um eins?«

»Ich freu mich drauf.« Hunter steckte sein Handy in die Jackentasche. »Italienisch ist lecker?«, wiederholte er laut und schüttelte dazu den Kopf. »Was hab ich mir bloß dabei gedacht?«

21

DIE HABEN EINE AKTE ÜBER D-KING und sind bereit, sie uns zur Verfügung zu stellen, allerdings unter einer Bedingung«, sagte Garcia, als Hunter wieder hereinkam.

»Und die wäre?«

»Dass wir es genauso halten. Wir geben ihnen alles, was wir über D-King herausfinden.«

»Klingt doch akzeptabel.«

»Fand ich auch. Deshalb habe ich eingeschlagen und vereinbart, dass wir heute Nachmittag vorbeikommen und uns die Akte holen.«

»Bestens.«

Hunters Handy vibrierte erneut, und kurz darauf kam der Klingelton.

»Detective Hunter.«

»Hallo, Robert.« Hunter hatte sofort einen Kloß im Hals. Er schnippte zweimal mit den Fingern, um seinen Partner zu alarmieren. Garcia kapierte sofort, was los war.

»Diesmal gebe ich dir noch eine Chance.«

»Ich höre.«

»Ganz bestimmt tust du das. Bist du ein Spieler, Robert?«

»Nicht, wenn es sich vermeiden lässt.« Hunters Stimme war ruhig.

»Nun, du findest bestimmt jemanden, der dir hilft. Vielleicht dein neuer Partner.«

Hunter runzelte die Stirn. »Woher wissen Sie …«

Die metallische Stimme schnitt ihm das Wort ab. *»In ungefähr vier Minuten beginnt im Jefferson County Kennel Club ein Windhundrennen. Ich will, dass du mir den Sieger nennst.«*

»Ein Hunderennen?«

»Genau, Robert. Ich lege das Leben eines Menschen in deine Hände. Wenn du auf den falschen Hund setzt, stirbt er.«

Hunter warf Garcia einen verstörten Blick zu.

»Zwanzig Sekunden, bevor das Rennen beginnt, rufe ich wieder an, um deinen Tipp entgegenzunehmen. Sei bereit.«

»Warten Sie!« Doch die Leitung war bereits tot.

»Was hat er gesagt?«, fragte Garcia gebannt, noch bevor Hunter sein Handy zugeklappt hatte.

»Verstehst du irgendwas von Hunderennen?« Hunter klang verzweifelt.

»Was?«

»Hunderennen … Windhunde. Kennst du dich damit aus? Wettest du?«, rief er angespannt.

»Nein. Noch nie.«

»Shit!« Hunter kratzte sich an der Stirn und überlegte einen Moment. »Wir müssen runter zu den anderen.« Hunter lief bereits zur Tür, um keine weitere Sekunde zu verlieren, Garcia hinter ihm her. Sie rannten in Rekordzeit die sechs Treppenabsätze zur Hauptetage des Morddezernats hinunter. Das Großraumbüro war fast leer, nur die Detectives Lucas und Maurice saßen an ihren Schreibtischen.

»Kennt sich einer von euch beiden mit Windhundrennen aus?«, schrie Hunter, kaum dass er durch die Tür war. Beide Detectives blickten ihn verständnislos an.

Keine Antwort.

»Hunderennen. Wettet jemand von euch?« Die Verzweiflung in Hunters Stimme war nicht zu überhören.

»Hunderennen sind in Kalifornien verboten«, stellte Detective Lucas trocken fest.

»Ist mir scheißegal, ich will wissen, ob sich einer von euch beiden damit auskennt. Wettet einer von euch?«

»Was zum Teufel geht hier vor, Hunter?« Captain Bolter war aus seinem Büro gekommen, um zu sehen, was es mit dem Lärm auf sich hatte.

»Ich hab jetzt keine Zeit, das zu erklären, Captain. Ich muss wissen, ob hier irgendwer wettet.« Hunter fiel auf, dass Detective Lucas unbehaglich zumute zu sein schien. »Lucas, red schon«, drängte ihn Hunter.

»Ich habe hin und wieder schon mal gewettet«, gab Detective Lucas kleinlaut zu.

Aller Augen richteten sich jetzt auf ihn. Hunter warf einen nervösen Blick auf seine Uhr. »In zweieinhalb Minuten beginnt im Jefferson County Kennel Club ein Hunderennen. Du musst mir sagen, wer gewinnt.«

Die Verwirrung auf den Gesichtern der beiden Detectives wich einem Ausdruck der Belustigung. »Wenn das so einfach wäre, würde ich kaum noch hier sitzen, oder?«, bemerkte Detective Lucas mit einem trockenen Lacher.

»Dann tu einfach dein Bestes, Lucas, weil nämlich sonst jemand sterben wird.« Hunters dringlicher Ton jagte allen im Raum einen Schauer über den Rücken.

Captain Bolter erfasste sofort, was es mit Hunters Ungeduld auf sich haben musste. »Wie kommt man an eine Racecard?« Seine Frage war an Detective Lucas gerichtet.

»Übers Internet.«

»Dann machen Sie, na los«, befahl er dem Detective und trat zu ihm an den Schreibtisch.

Lucas drehte sich zu seinem PC herum und startete den Browser. Er wettete gern, vor allem auf Hunde und Pferde, und hatte mehrere Links in seinen Favoriten gespeichert. Hunter, Garcia und Captain Bolter standen bereits neben ihm. Detective Maurice trat als Letzter dazu.

»Jefferson County Kennel Club, sagtest du?«

»Ja.«

»Der ist in Florida.«

Captain Bolter explodierte. »Ist mir scheißegal, wo der ist. Ich will die Racecard. Jetzt machen Sie schon.«

»Okay, gleich haben wir's.« Ein paar Mausklicks, und sie hatten die Racecard für das Rennen vor sich.

»Was bedeutet das alles?«, fragte Garcia, der zum ersten Mal in seinem Leben eine Racecard für ein Hunderennen vor sich hatte.

»Also, hier stehen die Nummern der Startboxen, das hier sind die Namen der Hunde, und hier stehen die Quoten«, erklärte Lucas und deutete dabei jeweils auf einen Bereich der Karte auf dem Bildschirm.

»Was bedeuten die ganzen anderen Zahlen?«, fragte Hunter.

»Vorlaufzeiten und bisherige Siege, aber das wäre jetzt zu kompliziert zu erklären.«

»Na gut. Wie triffst du normalerweise deine Auswahl?«

»Ich analysiere die Form der Hunde, aber dafür fehlt jetzt die Zeit.«

»Welche Option haben wir dann?«

»Ich weiß auch nicht. Ich nehme an, nach dem Markt zu gehen.«

»Und das heißt?«, fragte Captain Bolter gereizt.

»Kurz gesagt, die Quoten für die Hunde abwarten und dann auf den Favoriten setzen. Der Markt ist meistens ein ganz guter Indikator.«

»So einfach kann es nicht sein«, sagte Hunter. Er wusste, dass der Killer ihm niemals eine so leichte Aufgabe stellen würde.

»Nein, natürlich nicht, darum geht es ja. Sieh dir die Quoten an«, sagte Lucas und deutete auf den Schirm. »Es gibt insgesamt vier Favoriten, Box 1, 2, 4 und 5, alle mit nahezu gleichen Wettquoten, drei zu eins, und die anderen Hunde sind gar nicht so weit dahinter. Dieses Rennen ist ziemlich schwer vorherzusagen. Wenn ich die Wahl hätte, würde ich bei so einem Rennen überhaupt keine Wette platzieren.«

»Wir haben aber keine Wahl«, warf Garcia ein.

»Dann ist dein Tipp genauso gut wie meiner.«

»Du bist doch hier der Spieler, verdammt.« Der Schlagabtausch wurde immer lauter und heftiger. Inzwischen hatten alle den Ernst der Situation begriffen, und die Nerven lagen blank.

»Okay, jetzt beruhigt euch alle wieder«, befahl Hunter. »Lucas, tu einfach, was du kannst.«

Lucas schaute wieder auf den Monitor. »Auf den ersten Blick scheinen die Vorlaufresultate des Hundes in Box eins am besten zu sein. Aber das muss noch nichts heißen.«

»Mir gefällt der Name von dem in Nummer sieben am besten«, sagte Detective Maurice.

Captain Bolter warf ihm einen Blick zu, der ihn sofort zum Verstummen brachte.

»Was machen wir jetzt?«, fragte Garcia nervös.

»Vielleicht sollten wir die Nummer fünf nehmen«, sagte Hunter, während er die Zahlen auf der Racecard zu analysieren versuchte.

»Die Vorlaufzeiten von Nummer zwei sind auch nicht schlecht.«

»Ich habe keinen Schimmer, wovon ihr hier redet. Vorlaufzeiten? Wählt einfach irgendeinen gottverdammten Hund aus«, verlangte Bolter.

»Captain, es geht hier um Wettrennen. Wenn es so einfach wäre, dann würden wir alle davon leben.«

»Uns läuft die Zeit davon«, sagte Hunter drängend.

»Such einfach den aus, von dem du denkst, dass er die besten Gewinnchancen hat«, warf Garcia ein.

Das Klingeln von Hunters Handy ließ alle im Raum zusammenzucken. Hunter blickte auf das Display: »Unterdrückte Nummer. Er ist es.«

»Wer, er?«, fragte Lucas.

Garcia legte den Zeigefinger auf die Lippen, um alle zum Schweigen zu bringen.

»Hier ist Detective Hunter.«

»Wie lautet dein Tipp?«

Hunter blickte mit fragender Miene zu Lucas hinüber.

Lucas zögerte noch einen Augenblick und hielt schließlich die rechte Hand mit allen fünf abgespreizten Fingern in die Höhe. Hunter sah, dass in seinem Blick keinerlei Zuversicht lag.

»Noch drei Sekunden, Robert.«

»Fünf. Der Hund mit der Startnummer fünf.« Im nächsten Augenblick war die Leitung tot.

Schweigen legte sich über den Raum. Hunter hatte keine Ahnung von Hunderennen, und er war sich sicher, dass der Killer das wusste.

»Das Ergebnis – wie erfahren wir es? Können wir das Rennen ansehen?« Garcias Stimme durchbrach die Stille.

»Hängt davon ab, ob die Rennbahn eine eigene Website mit Live-Berichterstattung hat.«

»Kann man da nachschauen?«

Lucas suchte nach der Website des Jefferson County Kennel Club. Es dauerte nur Sekunden, bis er sie aufgerufen und auf dem Bildschirm hatte. Er überflog die Links und klickte auf »Programm & Ergebnisse«. »Mist.«

»Was?«, fragte Captain Bolter.

»Keine Live-Übertragung. Wir können das Rennen nicht sehen. Aber das Ergebnis wird ungefähr eine Minute nach Zieleinlauf angezeigt.«

»Wie lang dauert so ein Rennen?«

»Nur dreißig oder vierzig Sekunden.«

»Das wär's also? Wir sitzen hier und warten wie die Idioten?«

»Im Augenblick können wir nichts anderes tun«, sagte Hunter und holte tief Luft.

22

LUCAS AKTUALISIERTE DIE WEBSITE auf seinem Bildschirm. »Da – das Rennen hat angefangen.«

»Woran sieht man das?«, fragte Garcia.

Lucas deutete auf eine Anzeige oben an der Seite: »Rennstatus: offen«.

Keiner im Raum rührte sich, aller Augen waren gebannt auf Lucas' Monitor gerichtet, als könnte man dort die Rennbahn sehen. Alle schienen gleichzeitig den Atem anzuhalten. Garcia trat verkrampft von einem Bein aufs andere. Die Spannung im Raum war mit Händen zu greifen.

Hunter wurde unruhig. Ihm gefiel das alles nicht. Warum fing der Killer auf einmal an, Spiele zu spielen? Wusste er, dass einer der Detectives Rennwetten abschloss?

Die lastende Stille wurde von Detective Maurices Stimme durchbrochen. »Aktualisier doch mal«, forderte er Lucas aufgeregt auf.

»Das Rennen läuft gerade mal zehn Sekunden.«

»Trotzdem.«

»Okay, okay.« Lucas klickte auf den entsprechenden Button seines Browsers. Binnen einer Sekunde wurde die Website neu geladen. »Rennstatus: offen«. »Da, siehst du? Nichts Neues.«

Die Spannung war quälend. Alle wurden unruhig, doch die Blicke hingen gebannt am Bildschirm. Die Sekunden vergingen wie Stunden. Garcia fing an, sich die Stirn und die Schläfen zu massieren. Maurice hatte seinen einen Daumennagel abgebissen und ging zum nächsten über. Hunter hatte kein Wort mehr gesagt, seit das Rennen gestartet war.

»Können wir nicht die Rennbahn anrufen und denen sagen, dass jemand sterben wird, wenn die Startnummer fünf nicht gewinnt?«, schlug Detective Maurice vor.

Garcia lachte. »Ja, klar, die werden auch bestimmt nicht vermuten, dass es nur irgendein verrückter Spieler ist, der seine gesamten Ersparnisse auf dieses Rennen verwettet hat. Denk doch mal nach.«

Maurice sah ein, dass die Idee ziemlich idiotisch war.

Lucas aktualisierte erneut die Website. Noch immer kein Ergebnis.

»Das dauert ziemlich lange, oder? Das sind jetzt an die zwei Minuten seit dem Startschuss«, stellte Garcia mit besorgtem Blick fest.

»Ich weiß, mir gefällt das auch nicht«, antwortete Lucas.

»Warum nicht? Warum denn nicht?«, fragte Maurice, unfähig, seine Unruhe zu verbergen.

»Wenn so lange kein Ergebnis angezeigt wird, bedeutet das normalerweise, dass zwei Hunde oder mehr zusammen über die Ziellinie sind und nur das Zielfoto Aufschluss geben kann. Vielleicht lässt es sich auch damit nicht eindeutig sagen, und das Ergebnis lautet auf totes Rennen.«

»Was zum Teufel ist ein totes Rennen?«

»Du hast wohl gar keinen Schimmer von Wettrennen, Garcia, was? Ein totes Rennen ist ein Unentschieden. Zwei oder mehr Hunde werden zum Sieger erklärt.«

»Was passiert dann?« Garcias Frage war an Hunter gerichtet, doch der hatte keine Antwort darauf.

Erneut herrschte Schweigen, während alle wieder auf den Computerbildschirm starrten. Maurice hatte aufgehört, an seinen Nägeln zu kauen, und beide Hände in die Hosentaschen gesteckt, um sein Zittern zu verbergen.

»Ich versuch's noch mal«, sagte Lucas und klickte erneut auf den Aktualisierungs-Button. Die Seite lud sich neu, und diesmal erschien ein Resultat.

23

Dunkelheit umgab George Slater, als er wieder zu Bewusstsein kam. In seiner Lendengegend brannte ein unerträglicher Schmerz. Sein Schädel pochte. Ihm war schwindlig, und alles wirkte verschwommen. Seine Beine. Sein Körper. Seine Erinnerung. Er versuchte sich daran zu erinnern, was geschehen war, doch sein Verstand kooperierte nicht.

Wo zum Teufel bin ich?

Wie lange war ich bewusstlos?

Wie bin ich hierhergekommen?

Sehr langsam formten sich einzelne Erinnerungen. Das Klopfen an der Tür. Seine freudige Erregung, gleich Rafael wiederzusehen. Der seltsame Fremde vor der Tür der Mietwohnung. Der einseitige Kampf, seine Verwirrung, der Schmerz und dann – die Spritze.

Er fühlte sich schwach, alles drehte sich, er war hungrig, durstig und hatte Angst. Seine Hände ruhten über seiner Brust, waren aber nicht gefesselt. Als er sie bewegen wollte, merkte er, dass es nicht genügend Platz gab. Was sie berührten, fühlte sich an wie unpoliertes Holz, faserig und rau. Er versuchte zu schreien, doch der Knebel in seinem Mund hinderte ihn daran, auch nur einen Laut hervorzubringen.

Bei dem Versuch, seine Beine zu bewegen, stieß er auch dabei nach ein, zwei Zentimetern an eine Wand.

Eine Kiste. Ich bin in einer Holzkiste, durchfuhr es ihn, und im selben Moment erfasste ihn eine Welle von Panik.

Ich muss hier raus.

Er versuchte, sich mit seiner ganzen Körperkraft von einer Seite zur anderen zu werfen, kratzte mit den Fingern an den Holzplanken, bis seine Nägel abbrachen, doch es half nichts. Er bekam Platzangst und wurde immer verzweifelter.

Ihm war klar, dass Panik alles nur noch schlimmer machte. Er musste jetzt logisch vorgehen, mit dem wenigen arbeiten, was er wusste. Also zwang er sich zur Ruhe, konzentrierte sich auf seinen Herzschlag und atmete tief ein und aus. Nach einer Weile wurde er tatsächlich etwas ruhiger. George zwang seinen Verstand zum Nachdenken. Versuchte, alles zusammenzutragen, was er an Informationen hatte: Er war überfallen, betäubt und in eine Art Holzkiste gesperrt worden. Er spürte, dass das Blut normal in seinem Körper zirkulierte, daraus schloss er, dass die Kiste offensichtlich nicht lag, sondern aufrecht stand. Der Gedanke erleichterte ihn ein wenig. Läge die Kiste, wäre er womöglich unter der Erde – lebendig begraben in einer Art Sarg. Allein die Vorstellung lähmte ihn vor Entsetzen. Schon als Kind hatte George unter Platzangst gelitten. Mit zehn hatte ihn seine Mutter einmal grün und blau geschlagen und dann zwölf Stunden lang ohne Essen und Trinken in einen Schrank gesperrt. Als Strafe dafür, dass er vom Fahrrad gefallen war und sich seine nagelneue Hose zerrissen hatte.

Er trat erneut mit den Füßen gegen das Holz. Es rührte sich keinen Millimeter, als wäre die Kiste von allen Seiten zugenagelt.

»Hör gefälligst auf, solchen Lärm zu machen.«

George erschrak. Da war noch jemand im Raum. Georges Herz fing an zu rasen. Er versuchte erneut, zu schreien, doch der Knebel in seinem Mund saß zu fest, und so brachte er nur einen erstickten Laut hervor.

»Es dauert nicht mehr lange.«

George spürte, wie die Panik zurückkam. *Was dauerte nicht mehr lange? Bis er befreit wurde oder bis er starb?* Er musste diesen Knebel loswerden. Wenn er reden könnte, würde er diese Person überzeugen können, wer immer es auch war. Das konnte er doch so gut – mit Leuten reden. Als Anwalt hatte er millionenschwere Deals ausgehandelt. Er hatte Geschworene und Richter davon überzeugt, dass seine Sicht der Dinge die richtige war. Wenn er nur die Chance zu sprechen bekäme, dann könnte er seinen Peiniger überzeugen. Wenn er doch nur reden könnte.

Erneut warf er sich mit aller Macht zur Seite, machte noch mehr Lärm. Allmählich breitete sich Hysterie in ihm aus.

»Das wird dir auch nicht helfen.«

Auf einmal erstarrte George. Er kannte diese Stimme. Ganz sicher, er hatte sie schon einmal gehört, aber wo? Er machte noch mehr Lärm.

»Nur zu, dann mach eben Lärm, wenn es dir Spaß macht.«

George hatte jetzt keinen Zweifel mehr. Er kannte diese Person. Er schloss die Augen, um sich ganz fest zu konzentrieren. *Wo waren sie sich begegnet? In der Kanzlei? Im Gericht? Wo?* George flehte sein Gedächtnis an, ihm zu helfen.

Heiliger Himmel! Zitternd schlug er die Augen auf. Es war auf einer

Party gewesen, einer Sadomaso-Party. Mit einem Mal kam seine Erinnerung zurück: Er sah die Person ganz deutlich vor seinem inneren Auge.

Ich kenne dich. Ich weiß, wer du bist.

24

Lucas starrte auf das Resultat. Garcia versuchte, über die Schultern der anderen hinweg einen Blick auf die Anzeige zu erhaschen. Hunter hatte die Augen geschlossen, weil er nicht hinsehen mochte.

»Wir haben verloren«, stieß Lucas heiser hervor. »Nummer zwei hat gewonnen, Nummer fünf ist Zweiter.« Er musste sich zwingen, Hunter anzusehen.

»Nein.« Garcias Stimme war kaum hörbar. Er musste gegen eine plötzlich aufwallende Übelkeit ankämpfen und spürte, wie ihm das Frühstück hochkam.

Captain Bolter schob Lucas zur Seite, um den Bildschirm besser sehen zu können.

»Verdammt. Ich hätte die zwei nehmen sollen. Ich war hin- und hergerissen, zwei oder fünf – hätte ich doch bloß die zwei genommen«, stammelte Lucas und sank in seinem Stuhl zusammen.

Captain Bolters Augen waren immer noch auf den Monitor gerichtet. Das Ergebnis lautete: 1. Platz: zwei, 2. Platz: fünf, 3. Platz: acht. »Sie können nichts dafür«, sagte er schließlich und legte Lucas wohlmeinend die Hand auf die Schulter.

Hunter schwieg noch immer. Er stand mit geschlossenen Augen da, die Hände in den Hosentaschen vergraben. Schließlich schlug er die Augen auf, blickte Garcia an und formte lautlos die Worte: »Ich glaub das nicht.«

Keiner wagte, sich zu rühren. Keiner wusste etwas zu sagen. Hunter hätte am liebsten laut geschrien und auf Lucas' Computerbildschirm eingedroschen, doch er zwang sich, seine Emotionen unter Kontrolle zu halten.

Hunters Handy klingelte wieder und ließ erneut alle zusammenzucken. Er zog es hastig aus der Tasche und blickte auf das Display. Ein kurzes Nicken zu Captain Bolter hin signalisierte, dass es der erwartete Anrufer war.

»Ja«, sagte Hunter tonlos.

»Pech gehabt.«

»Warten Sie …«, begann Hunter, doch die Leitung war bereits wieder tot.

»Gehen Sie da raus«, wies Captain Bolter Lucas mit einem Nicken zum Bildschirm hin an. »Für heute reicht's mir mit Hunderennen.«

Lucas schloss den Browser und blickte zu Hunter auf. »Tut mir leid, Mann. Wenn ich etwas mehr Zeit gehabt hätte …«

Hunter wusste, dass Lucas sein Bestes getan hatte. Wie er selbst gesagt hatte: Wäre es so einfach, würden sie alle ihr Geld mit Wetten verdienen.

»Hunter, Garcia, wir müssen reden.« Captain Bolters Ton war streng. Diese Sache lief nicht nach Plan, jedenfalls nicht nach seinem Plan. Seine schweren Schritte hallten durch den Raum, als Bolter sein Büro ansteuerte. Hunter und Garcia folgten ihm schweigend.

»Was zum Teufel geht hier vor sich?«, fragte Bolter, noch bevor Garcia die Tür hinter sich geschlossen hatte.

»Na was wohl, Captain? Der Killer ist wieder aktiv, nur dass er diesmal mich hat wählen lassen. Wenn ich auf den richtigen Hund tippe, bleibt das Opfer am Leben.«

»Bei diesem letzten Anruf eben – hat er Ihnen da gesagt, wo das nächste Opfer liegt?«

»Nein, noch nicht.«

»Spielt der jetzt Spielchen?«

»Sieht verdammt danach aus.«

Captain Bolter wandte sich ab und schaute zum Fenster. Fünfzehn Sekunden verstrichen in lastender Stille, bevor er weiterredete. »Warum? Das hat er vorher nie getan. Er hat Ihnen nie die Chance gegeben, ein Opfer zu retten. Warum also jetzt? Und warum Hunderennen?«

»Ich kann Ihnen nicht sagen, warum jetzt oder warum ausgerechnet Hunderennen, aber der logische Schluss aus diesen Spielchen ist, dass er sich die Schuld mit jemandem teilen will.«

»Was? Ist das Ihr Ernst?«, fragte der Captain ungläubig.

»Es ist ein psychologisches Spiel, Captain. Er will die Schuld mit jemandem teilen, in dem Fall mit mir. Er will mir das Gefühl geben, ich hätte beim Tod des Opfers die Hand im Spiel gehabt, indem ich ihm nicht den Sieger nennen konnte – und dadurch bin ich genauso schuldig wie er.«

Captain Bolter wandte sich wieder zu den beiden Detectives um. »Soll das heißen, dass diesen Kerl aus heiterem Himmel Schuldgefühle plagen? Verspürt er jetzt auf einmal Reue?« Captain Bolters Gereiztheit war nicht zu überhören.

»Ich bin mir nicht sicher.«

»Na, Sie sind doch der mit dem Superhirn.«

»Es wäre eine Möglichkeit, wer weiß?«, sagte Hunter nach einer kurzen Pause. »Bei allen vorhergehenden Morden war es immer nur der Killer gegen das Opfer. Kein Dritter, der irgendwie hätte eingreifen können. Der Killer traf die Entscheidung zu töten – er ganz allein. Indem er mich jetzt auf einen Hund wetten lässt, holt er mich mit ins Boot. Damit liegt die Entscheidung zu töten – jedenfalls nach der Logik des Killers – nicht mehr bei ihm. Sondern bei mir.«

»So, als hättest du ihm befohlen, es zu tun?«, fragte Garcia nach.

»Ja«, sagte Hunter mit einem Nicken. »Und weil die Entscheidung zu töten nicht mehr allein seine ist …«

»Fühlt er sich weniger schuldig«, vervollständigte Captain Bolter den Gedanken.

»Vielleicht hofft er auch, dadurch die Frustration bei uns zu steigern und die Ermittlungen zu verlangsamen«, fuhr Hunter fort.

»Meinen Frust hat er jedenfalls maßlos gesteigert«, gab Bolter zurück.

»Aber vielleicht spielt er dieses Spiel auch einfach nur aus Jux.«

Captain Bolter schüttelte den Kopf. »Auf jeden Fall macht er mit uns, was er will.«

»Sieht so aus, als ob er das schon eine ganze Weile tut, Captain«, sagte Garcia – und bereute es augenblicklich.

Der Captain sah ihn drohend an wie ein hungriger Rottweiler. »Haben Sie das erste Opfer schon identifiziert?«, fragte er.

»Noch nicht, Captain. Aber wir nehmen uns am Freitag jemanden vor, der uns vielleicht dabei helfen kann.«

»Allzu schnell geht das ja nicht voran, oder?«

»Es geht so schnell, wie es eben geht«, gab Hunter zurück. Diesmal war er es, dem man die Gereiztheit anhörte.

»Hoffen wir, dass diese Spur zu etwas Konkretem führt. Das Ganze entwickelt sich allmählich zu einem gottverdammten Zirkus. Und ich hasse Zirkus.«

Hunter konnte Bolters Wut gut nachvollziehen. Es war dieselbe wie die, die er selbst nur mühsam unter Verschluss hielt. Sie wussten, dass der Killer ein weiteres Opfer in seiner Gewalt hatte und töten würde, aber sie wussten nicht, wann, sie wussten nicht, wo, und sie wussten nicht, wen. Sie spielten ein Spiel, das sie nur verlieren konnten. Das Einzige, was ihnen zu tun blieb, war, auf den nächsten Anruf zu warten.

25

Hunter erreichte die Weyburn Street um Punkt ein Uhr. Auf der Straße wimmelte es von Studenten auf der Suche nach dem besten Angebot für ein günstiges Mittagessen. Hamburger-Restaurants und Pizza-Buden schienen die bevorzugten Ziele zu sein. Es dauerte nicht lange, bis er auf das Pancetta stieß, ein kleines Lokal zwischen einem Pizza-Hut und einem Schreibwarenladen.

Der Eingang war ansprechend mit Grünpflanzen und bunten Blumen in Rot-Grün-Weiß geschmückt. Der Innenraum war nicht sehr groß und eingerichtet wie eine Trattoria. Die quadratischen Holztische waren mit rot-weiß karierten Tischtüchern bedeckt. Die Gäste empfing ein würziger, aber angenehmer Duft nach Käse, geräuchertem Schinken und Salami.

Hunter wartete einen Augenblick am Eingang und beobachtete die Kellner, die sich flink zwischen den Tischen hin und her bewegten. Er suchte mit den Augen den Raum ab, doch Isabella war noch nicht da. Ein Ober führte ihn an einen Ecktisch vor einem offenen Fenster. Während er das Restaurant durchquerte, folgten ihm die Blicke zweier Frauen, beide kaum älter als fünfundzwanzig. Hunter konnte es sich nicht verkneifen, das Kompliment mit einem selbstsicheren Lächeln zu erwidern, was wiederum ein verschämtes Kichern und ein kokettes Augenzwinkern der Dunkelhaarigen hervorrief.

Er hängte seine Jacke über die Stuhllehne und setzte sich so, dass er die Eingangstür im Blick hatte. Aus Gewohnheit sah er auf das

Display seines Handys, doch es gab keine Anrufe oder Nachrichten in Abwesenheit. Er bestellte sich eine Cola light und schaute kurz auf die Speisekarte, während ihm flüchtig der Gedanke durch den Kopf ging, ob er Isabella wohl wiedererkennen würde. Seine Erinnerung an das Wochenende war ziemlich verschwommen.

Die Ereignisse des vergangenen Tages gingen ihm immer noch durch den Kopf. *Warum ein Hunderennen? Wenn der Killer spielen wollte, warum dann nicht Pferderennen oder Roulette oder etwas ähnlich Geläufiges? Lag hinter alldem eine versteckte Bedeutung? Und, wie der Captain schon gefragt hatte, warum fing der Killer jetzt auf einmal an zu spielen? Schuld? Reue?* Hunter überzeugte das nicht. Seine Überlegungen wurden unterbrochen, als der Kellner mit seinem Getränk an den Tisch trat und es in ein eisgekühltes Glas goss. Während Hunter einen ersten Schluck nahm, fiel sein Blick auf die Tür.

Isabella war noch hübscher, als er sie in Erinnerung hatte. Sie war lässig gekleidet: eine dünne weiße Baumwollbluse, die in eine eng sitzende, ausgewaschene Jeans gesteckt war, dazu schwarze Cowboystiefel und ein passender Ledergürtel. Ihre langen schwarzen Haare trug sie offen, und in ihren olivgrünen Augen lag ein faszinierendes Glitzern.

Hunter hob die Hand, um sie auf sich aufmerksam zu machen, doch sie hatte ihn bereits entdeckt. Mit einem heiteren Lächeln kam sie auf ihn zu. Hunter stand auf und wollte ihr die Hand zum Gruß reichen, doch sie kam ihm zuvor, indem sie sich vorbeugte und ihn mit einem Kuss auf jede Wange begrüßte. Ihr Parfüm roch zitronig, aber dezent. Er rückte ihr einen Stuhl zurecht, eine galante Geste, die alles andere als typisch für ihn war. Erst als sie sich gesetzt hatte, nahm auch er wieder Platz.

»Und, hast du es gleich gefunden?«, fragte sie in munterem Ton.

»Ja, kein Problem. Scheint ein recht nettes Restaurant zu sein«, sagte er mit einem Blick in den Raum.

»O ja.« Sie lächelte erneut. »Und das Essen ist wirklich *lecker*.«

Touché, dachte er. »Sorry, der Satz gestern klang etwas albern. Manchmal bin ich mit dem Hirn schneller als mit dem Mund. Dann sage ich etwas, was ganz anders herüberkommt, als ich es meine.«

»Ist schon okay. Ich musste darüber lachen.«

»Du arbeitest also an der Uni?«, fragte Hunter, um das Thema zu wechseln.

»Ja.«

»Medizin oder Biologie?«

Isabella wirkte einen Augenblick lang verblüfft. »Biomedizinische Forschung. Aber woher weißt du das? O Gott! Sag jetzt bitte nicht, dass ich nach Formaldehyd rieche.« Sie hielt sich dezent das rechte Handgelenk an die Nase.

Hunter lachte. »Keine Sorge. Du riechst toll, um ehrlich zu sein.«

»Danke, nett von dir. Aber jetzt sag, wie hast du das erraten?«

»Oh, nur ein wenig Beobachtungsgabe.« Hunter bemühte sich, die Sache herunterzuspielen.

»Beobachtungsgabe? Und was heißt das jetzt genau?«

»Na ja, mir fallen eben so kleine Dinge auf, die andere gewöhnlich übersehen.«

»Zum Beispiel?«

»Etwas oberhalb deiner Handgelenke verläuft jeweils eine kleine Rille um deinen Arm«, erklärte er und deutete mit seitlich geneigtem Kopf auf ihre Hände. »So als hättest du Gummiringe um die Handgelenke getragen. Die weißen Puderrückstände an den Nagelhäuten sehen nach Stärkepuder aus, das bekanntermaßen in OP-Handschuhen verwendet wird. Meine Vermutung ist, dass du den ganzen Vormittag OP-Handschuhe getragen hast.«

»Wow. Nicht schlecht.« Sie blickte ein paar Sekunden auf ihre Hände hinunter. »Aber das weiße Puder an meinen Fingern könnte auch Kreide sein. Ich könnte also auch Professorin an der Uni sein und als solche jedes x-beliebige Fach unterrichten, nicht nur Biologie«, wandte sie ein.

»Kreiderückstände sehen anders aus«, erwiderte Hunter ohne Zögern. »Stärkepuder ist viel feiner und lässt sich viel schwerer abwaschen, deshalb auch die Rückstände an den Nagelhäuten, nicht aber an den Fingern. Außerdem ist das weiße Puder an beiden Händen. Wenn du also nicht gerade eine beidhändig schreibende Dozentin bist, bleibe ich bei meiner OP-Handschuh-Theorie.«

Sie schaute ihn schweigend an. Ein nervöses Lächeln umspielte ihre Lippen.

»Der andere Hinweis ist, dass die UCLA Medical School gleich hier um die Ecke liegt«, fügte er hinzu und blickte sie mit zur Seite geneigtem Kopf verschmitzt an.

Isabella zögerte einen Augenblick. »Also, du bist wirklich gut. Ich habe tatsächlich den ganzen Vormittag OP-Handschuhe getragen.«

»Wie gesagt, ist alles nur Beobachtungsgabe.« Hunter lächelte, freute sich jedoch insgeheim, dass es ihm gelungen war, sie zu beeindrucken.

»Du hast gesagt, du unterrichtest? Du siehst nicht gerade wie eine typische Professorin aus.«

»Ich habe gesagt, ich *könnte* eine Professorin sein. Aber jetzt bin ich neugierig. Wie sieht denn eine typische Professorin aus?«, fragte sie schmunzelnd.

»Na ja, du weißt schon …« Er wählte seine Worte mit Bedacht. »Älter, kahler, dicke Brille …«

Isabella lachte laut, fuhr sich mit den Fingern durch die Haare und zog sie auf eine Seite. Dabei fiel ihr der Pony über ein Auge. »Hier an der Uni ist noch nicht einmal der Surfer-Typ-Professor eine Seltenheit. Lange Haare, Tattoos, Piercings. Manche gehen sogar mit Shorts und Flipflops in den Seminarraum.«

Hunter lachte.

Der Kellner kam und fragte nach ihren Bestellungen.

»Signorina Isabella, come sta?«

»Va bene, grazie, Luigi.«

»Womit kann ich Ihnen heute dienen?«, fragte er mit starkem italienischem Akzent weiter.

Isabella brauchte die Karte nicht, sie wusste, was sie wollte.

Hunter dagegen kämpfte noch mit seiner Entscheidung. »Kannst du etwas empfehlen?«, fragte er Isabella.

»Magst du Oliven, Peperoni und Pinienkerne?«

»Ja, sehr.«

»Gut, dann nimm *penne pazze*, das schmeckt grandios«, schlug sie vor und zeigte es ihm auf der Karte.

Hunter nahm die Empfehlung an und bestellte einen kleinen Ruccolasalat mit Parmesan dazu. Flüchtig überlegte er, ob er noch ein Knoblauchbrot mitbestellen sollte, ließ es dann aber – nicht unbedingt die klügste Bestellung, wenn man gerade ein Rendezvous hatte. Auf Wein verzichteten sie, da sie nachher beide wieder zur Arbeit mussten.

»Und wie läuft es bei dir? Was macht die Arbeit?«, fragte sie.

»Alles wie immer, nur ein anderer Tag«, sagte er und spielte dabei mit seinem Brotmesser.

»Ist bestimmt kein leichter Job, in einer Stadt wie L. A. als Detective zu arbeiten.«

Hunter blickte auf und starrte Isabella verblüfft an. »Woher weißt du, dass ich Detective bin?«

Isabella sah ebenso verblüfft zurück. »Was?« Sie schwieg einen Moment und fuhr sich mit den Fingern durch den Pony. »Nimmst du mich auf den Arm?«

Seine Miene verriet ihr, dass dem nicht so war.

»Letztes Wochenende? In meiner Wohnung?«

Noch immer keine Reaktion von ihm.

»Kannst du dich eigentlich noch an irgendetwas aus dieser Nacht erinnern? Wir sind von der Bar aus zu mir gegangen. Dort hast du dann deine Jacke ausgezogen, und das Erste, was ich sah, war eine Pistole. Ich bin fast ausgerastet, deshalb hast du mir schnell deine Marke gezeigt und versichert, dass alles in Ordnung ist, dass du beim LAPD als Detective arbeitest.«

Hunter blickte verlegen auf das Tischtuch hinunter. »Sorry … das ist mir echt peinlich, aber ich erinnere mich tatsächlich an so gut wie nichts mehr aus dieser Nacht … ein paar Erinnerungsfetzen, mehr nicht. Wie viel habe ich getrunken?«

»Einiges«, antwortete sie mit einem Kichern.

»Was denn, Scotch?«

»Ja.« Sie nickte. »Du kannst dich also an fast nichts erinnern?«

»Mhm.«

»Weißt du wenigstens noch, dass wir miteinander geschlafen haben?«

Jetzt war seine Blamage komplett. Ein zaghaftes Kopfschütteln war alles, was er zustande brachte.

»O Gott! Unvergesslich war es also wohl nicht mit mir?«

»O nein … ich meine … so meine ich das nicht. Ich bin sicher, du warst ganz unglaublich …« Hunter fiel plötzlich auf, dass ihm der Satz lauter als beabsichtigt herausgerutscht war. Prompt erntete er neugierige Blicke von den benachbarten Tischen. »O Mann, ich rede mich um Kopf und Kragen«, sagte er deutlich leiser.

Isabella lächelte. »Ist dein Hirn mal wieder schneller als dein Mund?«, fragte sie spöttisch.

Luigi kam mit einer Flasche stillem Mineralwasser und goss etwas davon in ihr Weinglas. Hunter lehnte mit einem angedeuteten Kopfschütteln ab und signalisierte, dass er mit seiner Cola zufrieden war.

»Grazie, Luigi«, sagte sie leise.

»Si figuri, Signorina«, erwiderte er mit einem charmanten Lächeln.

Isabella wartete, bis Luigi wieder gegangen war. »Ich muss zugeben, dass mich dein Anruf gestern überrascht hat.«

»Leute zu überraschen gehört zu meinen größten Talenten«, erwiderte Hunter und lehnte sich zurück.

»Ich wusste nicht recht, was ich davon halten sollte. Ich wusste nicht, ob du mich nun tatsächlich wiedersehen oder mir nur noch mal an die Wäsche wolltest.«

Hunter grinste. Ihre Unverblümtheit imponierte ihm. »Deshalb hast du dich für die Lunch-Variante entschieden. Das eskaliert nicht so leicht wie ein Abendessen.«

»Richtig. Lunch-Dates sind ungefährlicher«, stimmte Isabella zu.

»Und auf die Art kannst du dir noch einmal einen Eindruck von mir verschaffen.«

»Was meinst du damit?« Sie stellte sich dumm.

»Wir hatten neulich Nacht beide ein paar Drinks mehr als geplant. Das kann die Wahrnehmung … nun ja, ein wenig trüben. Du warst dir wahrscheinlich nicht mehr so ganz sicher, wie ich eigentlich aussehe und ob es sich überhaupt lohnt, sich auf ein Date einzulassen. Bei so einem harmlosen Mittagessen lässt sich das alles rasch klären.«

Isabella biss sich auf die Lippe.

Hunter wusste, dass er richtig getippt hatte.

»Trotzdem erinnere ich mich offenbar noch an deutlich mehr als du«, sagte sie und spielte erneut mit ihren Haaren.

»Stimmt«, gab Hunter zu. »Aber diese Nacht war untypisch für mich. Ich trinke eigentlich nie so viel, dass ich einen völligen Filmriss habe.« Er nahm einen Schluck Cola. »Und, bestehe ich nun den Lunch-Date-Test?«

Isabella nickte. »Mit Leichtigkeit. Und ich?«

Hunter wies die Frage mit einem empörten Stirnrunzeln von sich.

»Ach, komm schon. Du bist doch mit genau derselben Absicht hergekommen. Auch du wolltest dir garantiert noch mal einen Eindruck verschaffen. Du hast doch selbst gesagt, dass du dich kaum noch an was erinnerst.«

Hunter genoss ihre Gesellschaft. Isabella war anders als die meisten Frauen, die er bisher kennengelernt hatte. Ihr Humor, ihre messerscharfen Entgegnungen und ihre respektlose Art gefielen ihm. Eine

Weile blickten sie sich wortlos an, und Hunter merkte, dass er sich in ihrer Gegenwart selbst dann wohl fühlte, wenn sie beide schwiegen.

Luigi brachte die Pasta, und Hunter sah zu, wie sich Isabella die Serviette in den Blusenkragen drapierte wie eine echte Italienerin. Er tat es ihr gleich.

»Wow, das schmeckt absolut himmlisch«, sagte er nach seiner ersten Gabel voll.

»Ich hab dir ja gesagt, das ist echt italienisches Essen. Deswegen ist hier auch immer was los.«

»Ich wette, du isst hier andauernd. Würde ich jedenfalls tun.«

»Nicht so oft, wie ich wollen würde. Ich muss ein wenig auf meine Figur aufpassen.« Sie warf einen skeptischen Blick auf ihre Hüfte hinunter.

»Nun, was du auch machst, du scheinst gut damit zu fahren«, sagte er mit einem Lächeln.

Bevor sie ihm für das Kompliment danken konnte, klingelte sein Handy. Er wusste, dass es unhöflich war, das Handy im Restaurant anzulassen, doch ihm blieb keine andere Wahl.

»Tut mir leid«, sagte er, halb entschuldigend, halb verlegen, und hob das Telefon ans Ohr. Isabella schien es nicht zu stören.

»Detective Hunter hier.« Er hörte ein leises Klicken in der Leitung.

»Folge der Camp Road im Griffith Park. Kurz vor dem Ende macht sie eine scharfe Kurve nach rechts. Nimm nicht die Kurve, sondern folge dem schmalen Schotterweg in südlicher Richtung bis zu den hohen Bäumen. Dort steht ein M-Klasse-Mercedes. Darin findest du das Resultat unseres gestrigen Spiels.« Noch bevor Hunter etwas sagen konnte, legte die roboterhafte Stimme auf.

Hunter blickte auf und begegnete Isabellas gebanntem Blick. Es bedurfte keiner hellseherischen Fähigkeiten, um zu merken, dass etwas mit ihm nicht stimmte. »Was ist los?«, fragte sie beunruhigt.

Hunter holte tief Luft. »Ich muss los … Sorry!«

Isabella sah ihm zu, wie er aufstand und sich seine Jacke von der Stuhllehne griff.

»Es tut mir wirklich leid, dass ich schon wieder mitten in einem Date wegrennen muss.«

»Ist schon gut, ehrlich.« Sie stand auch auf, ging einen Schritt auf ihn zu und küsste ihn zum Abschied auf die Wangen.

Hunter zog zwei Zwanzig-Dollar-Scheine aus seiner Brieftasche und legte sie auf den Tisch. »Darf ich dich wieder anrufen?«

»Natürlich.« Mit einem unsicheren Lächeln sah Isabella ihm nach, als er aus dem Restaurant eilte.

26

Auf dem Weg zum Griffith Park rief Hunter Garcia an und bat ihn, die Spurensicherung und die Special Tactics Unit des LAPD zu verständigen. Er war sich zwar sicher, dass der Killer nicht mehr vor Ort sein würde, doch er musste sich ans Protokoll halten, und dies sah vor, dass zuerst eine Spezialeinheit die Gegend sicherte.

Der Griffith Park ist mit über 1600 Hektar der größte Stadtpark in den USA. Seinen Bewuchs bilden kalifornische Eichen, wilder Salbei und Manzanita-Bäume. Außerdem beherbergt der Park den berühmten, weithin sichtbaren »Hollywood«-Schriftzug am Mount Lee.

Das STU-Team brauchte nicht lange, bis es den abgestellten Mercedes gefunden hatte. Er befand sich in einem Abschnitt des Parks, in den kaum je Besucher oder Spaziergänger vordrangen. Der Wagen stand inmitten hoher, buschig-weißer Eichenbäume, zwischen denen das frühnachmittägliche Sonnenlicht nur teilweise hindurchdrang. Die Luft war so schwülwarm, dass nach kürzester Zeit allen Anwesenden am ganzen Körper der Schweiß rann. *Es könnte schlimmer sein*, sagte sich Hunter. *Es könnte regnen.* Garcia war bereits dabei, die Daten zu dem Mercedes durchzugeben.

Der Wagen schien unbeschädigt. In der Hitze glänzte das Dach wie Wasser, doch die dunkelgrün getönten Scheiben verhinderten einen genaueren Blick ins Innere. Eilig war eine Sicherheitszone um den Wagen herum abgesperrt worden. Nach kurzer Beratung über das Vorgehen näherten sich vier STU-Beamte mit MP5-Maschinenpistolen im Anschlag paarweise dem Wagen. Am unteren Teil ihrer Läufe waren starke Scheinwerfer befestigt, die Lichtkegel auf das abgestellte Auto warfen. Bei jedem Schritt der Polizisten knirschte trockenes Laub und Geäst unter ihren Stiefeln.

Die vier Beamten suchten sorgsam die unmittelbare Umgebung des Wagens ab. Ganz langsam arbeiteten sie sich zum Wagen vor, achteten bei jedem Schritt auf eventuelle Drähte oder versteckte Bombenauslöser am Boden.

»Ich erkenne eine Person auf dem Fahrersitz«, verkündete der vorderste Beamte klar und deutlich.

Schlagartig richteten sich alle Scheinwerfer auf die zusammengesunkene Gestalt auf dem Vordersitz des Wagens. Ihr Kopf ruhte mit geschlossenen Augen an der Kopflehne. Der Mund stand halb offen, die Lippen wirkten dunkelrot. Spuren von Blutstropfen zogen sich von den Augen über die Wangen herab wie blutige Tränen. Der Oberkörper des Mannes war entblößt und voller Blutergüsse.

»Was ist mit dem Rücksitz?«, schallte die Frage von Tim Thornton, dem Leiter des Teams, über das Gelände.

Einer der Polizisten löste sich vom Team und näherte sich dem Rücksitzfenster auf der rechten Seite. Sein Scheinwerfer beleuchtete das Wageninnere. Die Rückbank war leer, ebenso der Boden. »Rücksitz negativ. Nichts Verdächtiges zu sehen.«

»Zeigen Sie mir Ihre Hände«, rief Thornton, während sein Maschinengewehr direkt auf den Kopf der Person auf dem Fahrersitz gerichtet war.

Keine Reaktion.

Thornton wiederholte seinen Befehl, diesmal noch langsamer und deutlicher.

»Können Sie mich verstehen? Zeigen Sie mir Ihre Hände.«

Keine Reaktion.

»Er sieht tot aus, Tim«, schaltete sich ein anderer Polizist aus dem Team ein.

Thornton näherte sich der Tür des Fahrersitzes, während die anderen drei ihre Gewehre weiterhin auf den Fahrer gerichtet hielten. Thornton ließ sich vorsichtig auf die Knie fallen und schaute unter dem Wagen nach – keine sichtbaren Sprengladungen, keine Drähte. Alles sah okay aus. Er richtete sich wieder auf und streckte die Hand nach dem Türgriff aus.

Noch immer keinerlei Reaktion vom Fahrer.

Thornton spürte, wie ihm der Schweiß über die Stirn rann. Er atmete tief durch, bemüht, die Hände ruhig zu halten. Er wusste, was er zu tun hatte. Mit einer fließenden Bewegung riss er die Tür auf. Einen Sekundenbruchteil war seine MP5 auf den Hinterkopf des Fahrers gerichtet.

»Heilige Scheiße!« Er wandte das Gesicht vom Wagen ab, wich einen Schritt zurück und hielt sich instinktiv die linke Hand vor die Nase.

»Sag schon, Tim, was ist los?«, fragte der zweite Polizist in der Befehlskette, während er sich ebenfalls der Fahrertür näherte.

»Dieser Gestank. Wie verfaultes Fleisch.« Thornton kämpfte einen Moment lang gegen die Übelkeit an und hustete röchelnd. Ein Schwall warmer, übelriechender Luft drang aus dem Wagen und verbreitete sich rasch in der Umgebung. Thornton brauchte eine Weile, um sich wieder unter Kontrolle zu bringen. Er musste das Opfer auf Lebenszeichen prüfen.

Hunter, Garcia, Captain Bolter und Dr. Winston beobachteten das Geschehen unter Hochspannung von der Absperrung aus. Per Kopfhörer konnten sie das Gespräch der STU-Beamten mithören. Hinter ihnen standen ein Notarzt und ein Krankenwagen bereit.

Thornton wandte sich erneut dem Mann auf dem Fahrersitz zu. Er war mit den Händen ans Lenkrad gefesselt und nur mit einer gestreiften Boxershorts bekleidet, die blutgetränkt war. Den ganzen Körper überzogen große, dunkle Blasen wie von einer Verbrennung und ein sonnenbrandähnlicher Ausschlag. Einige der Blasen waren aufgeplatzt und sonderten eine dicke, gelbliche Flüssigkeit ab.

»Ist das Eiter?«, fragte der zweite Polizist, der inzwischen ebenfalls bei der Autotür stand. Dr. Winstons Gesicht nahm einen besorgten Ausdruck an, als er die Frage hörte.

»Woher zum Teufel soll ich das wissen? Ich bin kein Arzt«, gab Thornton angespannt zurück, während er die Hand an den Hals des Opfers führte, um die Herzschlagader zu ertasten.

»Ich spüre keinen Puls«, rief er nach ein paar Sekunden.

Plötzlich und ohne Vorwarnung hustete der Mann auf, gleichzeitig wurde sein Kopf nach vorn katapultiert, und aus seinem Mund ergoss sich ein Schwall Blut über Lenkrad, Armaturen und Windschutzscheibe. Thornton taumelte entsetzt zurück, stolperte und fiel rückwärts zu Boden.

»Himmel! Der lebt noch!« In seiner Stimme schwang pures Entsetzen.

Der zweite Beamte, der den plötzlich zum Leben Erwachten beinahe vor Schreck erschossen hätte, eilte zu der offenen Wagentür. »Notarzt!«

Alle standen wie unter Schock herum. Im nächsten Augenblick stürzten Hunter und Garcia zu dem Wagen, dicht gefolgt von Captain Bolter und Dr. Winston.

»Wir brauchen hier Notarzt und Krankenwagen, sofort.« Thornton hatte sich wieder aufgerafft und stand, immer noch schwer atmend, neben seinem Kollegen an der Fahrertür.

»Wir müssen ihn losschneiden«, sagte er und zog sein MOD-Messer aus dem Gürtel.

»Sir, können Sie mich verstehen?«, fragte er, doch der Mann auf dem Fahrersitz hatte bereits wieder das Bewusstsein verloren.

»Bewegen Sie sich nicht. Ich werde jetzt Ihre Hände vom Lenkrad losschneiden, dann bringen wir Sie in ein Krankenhaus. Es wird alles gut. Halten Sie durch.«

Thornton durchtrennte vorsichtig die blutige Fessel, mit der die linke Hand des Mannes am Lenkrad befestigt war. Die Hand fiel leblos in seinen Schoß. Thornton wiederholte die Prozedur an der anderen Hand, und der Mann war frei.

Währenddessen hielt sein Kollege nach dem Notarzt und den Sanitätern Ausschau, die noch immer nicht am Wagen angelangt waren. Im nächsten Moment wurde der Mann auf dem Fahrersitz erneut von Husten geschüttelt. Diesmal spuckte er Blut auf Thorntons STU-Uniform.

»Wo zum Teufel bleibt der verdammte Notarzt?«, schrie Thornton wütend.

»Wir sind schon da.« Der Notarzt drängte sich an Thornton vorbei zur Fahrertür. Wenige Augenblicke später waren auch die Sanitäter mit einer Trage da.

Hunter, Garcia, Captain Bolter und Dr. Winston sahen schweigend zu, wie der Notarzt und die Sanitäter den Mann vom Fahrersitz hievten, auf die Trage legten und zum Krankenwagen transportierten. Der bestialische Gestank löste bei allen Umstehenden einen Würgereiz aus.

»Wohin wird er gebracht?«, fragte Hunter einen der Sanitäter.

»Ins Good Samaritan Hospital. Das ist das nächstgelegene mit einer Notaufnahme.«

»Das Opfer lebt noch …?«, fragte Captain Bolter in skeptischem Ton.

»Zuerst spielt er Spielchen mit uns, und dann überlässt er uns sein Opfer lebend? Was zum Teufel hat der Kerl vor? Wird er jetzt auf einmal nachlässig?«

Hunter schüttelte den Kopf. »Keine Ahnung, aber mit Nachlässigkeit hat das hier garantiert nichts zu tun. Vielleicht gehört es zu seinem Spiel.«

»Kann es sein, dass der Killer gestört wurde? Von einem vorbeikommenden Spaziergänger oder so?«, fragte der Captain und blickte sich dabei um, als halte er nach jemandem Ausschau.

»Nein«, widersprach Hunter fest. »Dann hätte er uns nicht zu diesem Zeitpunkt angerufen. Das, was wir hier vorfinden, ist genau das, was er beabsichtigt hat.«

»Sagen Sie jetzt bloß nicht, dass er womöglich Gewissensbisse kriegt und nach dem ganzen Drama von gestern sein Opfer am Leben lassen wollte.«

»Keine Ahnung, Captain«, erwiderte Hunter gereizt. »Aber wir werden es ja bald herausfinden.« Er wandte sich an Garcia. »Was haben wir zu dem Wagen?«

»Er gehört einem … George Slater, dreiunddreißig, Anwalt in der Kanzlei Tale & Josh in Central Los Angeles«, las Garcia von einem Fax ab, das soeben eingetroffen war. »Er wurde von seiner Frau Catherine Slater als vermisst gemeldet. Anscheinend ist er Dienstagabend von seinem allwöchentlichen Pokerabend nicht nach Hause gekommen.«

»Gibt es ein Foto?«

»Ja, seine Frau hatte eins dabei.« Garcia zog einen Schwarzweiß-Ausdruck des Fotos hinter dem Fax hervor.

»Zeig mal.«

Der Mann auf dem Foto trug einen teuer wirkenden Anzug und hatte glatt nach hinten gegeltes Haar. Die Ähnlichkeit zwischen dem Mann auf dem Ausdruck und demjenigen, der eben halbtot aus dem Wagen gehievt und zum Krankenwagen transportiert worden war, war unverkennbar. »Das ist er«, sagte Hunter, nachdem er das Foto einen Augenblick lang betrachtet hatte. »Die Gesichtszüge sind eindeutig.«

»Ja, finde ich auch«, stimmte Garcia zu.

»Ich fahr dem Krankenwagen hinterher. Falls der Typ irgendeine Überlebenschance hat, will ich da sein.«

»Ich komme mit«, sagte Garcia.

Dr. Winston schaltete sich ein. »Ich bleibe mit dem Team von der Spurensicherung hier und überwache die Arbeiten am Tatort. Obwohl der in den letzten paar Minuten wahrscheinlich hoffnungslos niedergetrampelt wurde«, sagte er mit sorgenvoller Miene. »Und mit der ganzen Botanik hier um den Wagen herum wird es sowieso eine Ewigkeit dauern.« Er deutete auf das dichte Gestrüpp und hohe Gras.

»Sagen Sie ihnen einfach, sie sollen tun, was sie können«, gab Hunter zurück, während sein Blick über die Umgebung schweifte.

»Tun sie das nicht immer?«

Sie gingen zusammen davon, während die Forensiker den Tatort betraten.

27

DAS GOOD SAMARITAN HOSPITAL ist in einem imposanten Gebäude am Wilshire Boulevard in Downtown Los Angeles beherbergt. Den Haupteingang erreicht man über eine kreisförmige Zufahrt an der Ostseite der Witmer Street. Normalerweise hätte Hunter für die Fahrt vom Griffith Park dorthin eine knappe Stunde gebraucht. Diesmal schaffte er es in weniger als einer halben. Garcia erlitt auf dem Beifahrersitz fast einen Herzinfarkt.

Sie eilten durch die blitzsauberen Eingangstüren in die Halle und direkt zum Empfang. Zwei Schwestern mittleren Alters arbeiteten sich durch Stöße von Papier, nahmen Anrufe entgegen und kümmerten sich um die anspruchsvolle Schar wartender Patienten und ihrer Angehörigen. Hunter ignorierte die Schlange und ging direkt an den Schalter.

»Wo ist die Notaufnahme?«, fragte er mit seiner Polizeimarke in der Hand.

Eine der beiden Schwestern blickte von ihrem Computerbildschirm auf und musterte die beiden Männer durch die Gläser ihrer dickrandigen Brille hindurch, die sie auf die Nasenspitze geschoben hatte. »Sind Sie blind? Da steht eine Schlange von Leuten vor Ihnen.« Ihr Ton war so gelassen, als hätte sie alle Zeit der Welt.

»Ja, genau, wir warten hier alle. Stellen Sie sich gefälligst hinten an«, beschwerte sich ein älterer Mann mit eingegipstem Arm. Andere stimmten empört mit ein.

»Wir sind dienstlich hier, Sir«, erklärte Hunter rasch, aber bestimmt und fragte erneut: »Die Notaufnahme, wo ist die?« Sein dringlicher Ton ließ die Schwester erneut aufblicken. Diesmal nahm sie die beiden Polizeimarken zur Kenntnis.

»Hier durch und am Ende des Gangs links«, sagte sie widerwillig und deutete auf den Flur zu ihrer Rechten.

»Scheiß Cops. Nicht mal ein Danke kriegt man«, murmelte sie, als Hunter und Garcia bereits davongestürmt waren.

In der Notaufnahme wimmelte es von Ärzten, Schwestern, Sanitätern und Patienten, die umhereilten, als wäre der Jüngste Tag angebrochen. Der Raum war eigentlich ziemlich groß, wirkte wegen des Durcheinanders von Leuten und Tragen aber trotzdem überfüllt.

»Wie kann man nur in so einem Chaos arbeiten? Der Karneval in Rio ist ein Dreck dagegen«, stellte Garcia mit besorgter Miene fest.

Hunter hielt in dem ganzen Gewirr nach einer Person Ausschau, die ihnen vielleicht Auskunft geben könnte. An einer Wand des Raums befand sich eine halbkreisförmige Empfangstheke. Dahinter stand eine Schwester mit vor Hektik gerötetem Gesicht. Hunter und Garcia steuerten ohne Zögern auf sie zu.

»Vor fünf oder zehn Minuten kam hier ein Notfallpatient an. Wo wurde der hingebracht?«, fragte Hunter die Frau. Seine Stimme klang allmählich genervt.

»Das ist hier eine Notaufnahme, Süßer. Alle Patienten, die hier durchkommen, sind Notfallpatienten«, sagte sie mit sanfter Stimme und starkem Südstaatenakzent.

»Opfer eines Verbrechens, Griffith Park, männlich, Anfang dreißig, der ganze Körper voller Blasen«, gab Hunter ungeduldig zurück.

Sie zog ein frisches Taschentuch aus einer riesigen Box auf der Theke, tupfte sich die Stirn ab und richtete ihre glänzenden schwarzen Augen auf die beiden Detectives. Hunters dringlicher Tonfall kam endlich bei ihr an, und sie warf einen Blick in ihre Unterlagen.

»Ja, ich erinnere mich, dass der vor kurzem hergebracht wurde …« Sie hielt einen Moment inne und holte tief Luft. »Wenn ich mich recht erinnere, war er DOA.«

»Was?«

»*Dead on Arrival.* Tot bei Einlieferung«, erklärte sie.

»Wir wissen, was DOA heißt. Aber sind Sie sicher?«, fragte Garcia.

»Nicht hundertprozentig. Dr. Phillips hat den Patienten angenommen. Er kann Ihnen sicher Näheres dazu sagen.«

»Und wo finden wir den?«

Sie stand auf und ließ den Blick suchend durch die Notaufnahme schweifen. »Da drüben … Dr. Phillips«, rief sie und winkte ihm.

Ein kleiner, kahlköpfiger Mann drehte sich in ihre Richtung um. Sein Stethoskop baumelte ihm um den Hals, der weiße Overall wirkte verknittert, und den dunklen Ringen unter seinen Augen nach zu urteilen, hatte der Mann in den letzten sechsunddreißig Stunden nicht geschlafen. Er redete gerade mit einem anderen Mann, in dem Hunter den Notarzt vom Griffith Park wiedererkannte.

Die beiden Detectives eilten zu den zwei Männern und stellten sich kurz vor.

»Der Mann aus dem Park – wo ist der? Was ist passiert?«, fragte Hunter.

Der Notarzt wich Hunters Blick aus und schaute zu Boden. Der Arzt blickte ein paarmal zwischen Hunter und Garcia hin und her. »Er hat es nicht geschafft. Sie mussten die Sirene fünf Minuten vom Krankenhaus entfernt abschalten. Er war DOA, also tot bei Einlieferung.«

»Wir kennen die Abkürzung, danke«, knurrte Hunter, inzwischen mit unverhohlenem Ärger.

Nach kurzer Stille seufzte Garcia frustriert auf: »Verdammt! Das wäre einfach zu gut gewesen.«

»Tut mir leid«, sagte der Notarzt mit gequälter Miene. »Wir haben getan, was wir konnten. Er bekam keine Luft mehr und drohte an seinem eigenen Blut zu ersticken. Wir wollten schon einen Luftröhrenschnitt durchführen, doch ehe wir dazu kamen …« Er vollendete den Satz nicht. Dr. Phillips fuhr fort.

»Als der Krankenwagen hier eintraf, konnten wir nichts mehr für ihn tun. Er wurde um 15.18 Uhr für tot erklärt.«

»Was war die Todesursache?«

Dr. Phillips stieß einen nervösen Lacher aus. »Die Leiche kam zwar gerade erst rein, aber suchen Sie sich's aus: Erstickung, Herzstillstand, multiples Organversagen, innere Blutungen – was davon den letzten

Ausschlag gab, könnte ich im Moment auch nur raten. Um Genaueres zu erfahren, müssen Sie schon die Autopsie abwarten.«

Eine Lautsprecherdurchsage unterbrach Dr. Phillips. Er wartete, bis sie vorbei war, und fuhr dann fort: »Im Moment ist die Leiche unter Quarantäne.«

»Wieso unter Quarantäne?«, fragte Garcia beunruhigt.

»Haben Sie den Mann gesehen? Er ist voller Blasen und offener Stellen.«

»Ja. Wir dachten, es wären Verbrennungen oder so was.«

Dr. Phillips schüttelte den Kopf. »Ohne Obduktion kann ich Ihnen nicht genau sagen, was die Ursache ist, aber Verbrennungen sind das nicht.«

»Ganz sicher nicht«, stimmte auch der Notarzt zu.

»Ein Virus?«, fragte Hunter.

Dr. Phillips sah ihn interessiert an. »Auf den ersten Blick, ja. Irgendeine Krankheit.«

»Eine Krankheit?« Die verwunderte Frage kam von Garcia. »Da liegt doch wohl ein Irrtum vor, Doktor. Der Mann ist ein Mordopfer.«

»Mord?« Diesmal lag die Verwunderung bei Dr. Phillips. »Diese Blasen kann ihm nicht jemand zugefügt haben. Die hat sein eigener Körper als Reaktion auf irgendetwas hervorgebracht, auf einen Krankheitserreger oder eine Allergie. Glauben Sie mir, dieser Mann ist einer scheußlichen Krankheit zum Opfer gefallen.«

Hunter war klar, was der Killer getan hatte. Er hatte sein Opfer mit irgendeinem tödlichen Virus infiziert. Aber seit dem Hunderennen war gerade mal ein Tag vergangen – wie konnte die Reaktion derart schnell eingetreten sein? Welche Krankheit konnte einen Mann binnen eines Tages umbringen? Auch für eine Antwort auf diese Frage würden sie Dr. Winstons Autopsie abwarten müssen.

»Wenn es denn tatsächlich ein Krankheitserreger ist, müssen wir zunächst einmal feststellen, was für einer und ob er ansteckend ist.« Dr. Phillips wechselte einen Blick mit dem Notarzt. »Darüber haben wir eben gesprochen. Über direkten Hautkontakt mit dem Opfer. Hatten Sie beide …?«

»Nein«, kam die Antwort im Chor von Hunter und Garcia.

»Wissen Sie, ob jemand anderes direkten Kontakt mit dem Opfer hatte?«

»Zwei Beamte der Spezialeinheit«, gab Hunter sofort zurück.

»Dann müssen die unbedingt für ein paar Untersuchungen herkommen, je nachdem, wie die Ergebnisse der Biopsie ausfallen.«

»Und wann rechnen Sie mit den Ergebnissen?«

»Wie gesagt, die Leiche kam ja eben erst an. Ich schicke so schnell wie möglich eine Gewebeprobe ins Labor und hänge einen Dringlichkeitsvermerk dran. Mit etwas Glück liegt uns noch im Lauf des Tages ein Resultat vor.«

»Was ist mit der Leiche – wegen der Autopsie?«

»Wir schicken sie heute noch zum Rechtsmedizinischen Institut. Allerdings wird durch ihren Zustand und die Tatsache, dass sie unter Quarantäne bleiben muss, alles ein wenig komplizierter, so dass ich Ihnen keine genaue Uhrzeit sagen kann. Noch etwas: Ich will Sie nicht anlügen, Detective. Was immer diesen Mann getötet hat, hat es verdammt schnell und sehr qualvoll getan. Falls das irgendeine ansteckende Krankheit sein sollte, dann haben wir es dem Zustand nach zu urteilen, in dem er hier eingeliefert wurde, womöglich mit einer grauenhaften Seuche zu tun. Die ganze Stadt könnte in Gefahr sein.«

28

Der restliche Tag verging mit zähem Warten: darauf, dass die Spurensicherung die Untersuchung des Tatorts abschloss, auf die Biopsieergebnisse, darauf, dass die Leiche an Dr. Winston überstellt wurde, und auf die Resultate der Obduktion.

Kurz bevor die Dunkelheit einsetzte, fuhren Hunter und Garcia in den Griffith Park zurück. Wenn die Spurensicherung irgendetwas gefunden hatte, wie winzig auch immer, dann wollten sie es gleich wissen. Doch die Suche war mühselig und ging sehr langsam voran. Das hohe Gras, die Hitze und die hohe Luftfeuchtigkeit erschwerten alles noch zusätzlich. Um ein Uhr nachts hatte das Team noch immer nichts entdeckt.

Die Einsamkeit in Hunters Wohnung war bleischwer. Als Hunter die Tür öffnete, fragte er sich, wie es wohl sein musste, zu jemandem nach Hause zu kommen, der einen liebte, der einem die Hoffnung geben konnte, dass die Welt nicht komplett zum Teufel ging.

Hunter versuchte, gegen die schleichenden Schuldgefühle anzukämpfen, die seit dem Hunderennen an ihm nagten, doch nicht einmal mit all seiner Erfahrung und seinem Wissen konnte er sich ganz dagegen wehren. *Hätte ich bloß die Nummer zwei genommen.* Nun gewann der Killer also auch noch den psychologischen Kampf.

Hunter goss sich eine doppelte Portion von seinem zwölf Jahre alten Laphroig ein, warf seinen üblichen Eiswürfel ins Glas, dimmte das Licht in der Wohnung herunter und ließ sich erschöpft auf sein altes, steifes Ledersofa fallen. Er fühlte sich psychisch und physisch ausgelaugt und wusste gleichzeitig, dass er wieder nicht würde schlafen können. Sein Gehirn spielte immer wieder die Ereignisse der vergangenen Stunden durch und verschlimmerte dadurch noch die pochenden Kopfschmerzen.

»Warum habe ich mir nicht irgendeinen harmlosen Beruf ausgesucht, Koch oder Schreiner?«, sagte er laut vor sich hin. Doch der Grund war ganz einfach. So klischeehaft es klang, Hunter wollte etwas bewirken in der Welt, und jedes Mal, wenn er durch seine Untersuchungen und harte Arbeit einen Killer fassen konnte, hatte er dieses Ziel erreicht. Es war ein unvergleichliches Hochgefühl – die Genugtuung, die Euphorie angesichts des Wissens, dass Menschenleben gerettet worden waren, weil er ruhig und methodisch die Spuren verfolgt und ein Geschehen, das bereits in der Vergangenheit verlorenzugehen drohte, Stück für Stück wieder zusammengesetzt hatte. Hunter war gut in dem, was er tat, und das wusste er.

Er trank einen Schluck von seinem Single Malt und behielt ihn eine Weile im Mund, bevor er ihn hinunterschluckte und das vertraute brennende Gefühl in der Kehle genoss. Er schloss die Augen und ließ den Kopf nach hinten auf die Lehne sinken, versuchte, so gut es irgend ging, die Ereignisse des Tages hinter sich zu lassen. Doch die Bilder stürmten weiterhin schonungslos auf ihn ein.

Er erschrak, als sein Handyton ihm den Eingang einer SMS meldete. Er tastete nach dem Telefon, doch es war nicht in seiner Tasche.

»Mist.«

Das Handy lag auf der Glastheke seiner kleinen Bar. Dort hatte er es nebst der Brieftasche und den Schlüsseln abgelegt.

Er stellte das Whiskyglas auf den Boden, erhob sich und warf einen Blick auf die Uhr.

»Wer zum Teufel schickt mir um diese Zeit noch eine Nachricht?« Er schaute auf das Display.

»Hoffe, es geht dir gut. War schön, dich heute Mittag zu sehen, wenn auch nur für ein paar Minuten. Isabella.«

Hunter hatte ihren kurzen gemeinsamen Lunch komplett vergessen. Er schmunzelte und bekam zugleich ein schlechtes Gewissen, weil er erneut so plötzlich hatte verschwinden müssen. Eilig tippte er eine Antwort ein.

»Kann ich dich noch anrufen?« Er drückte auf Senden und ging zum Sofa zurück.

Eine Minute später vibrierte das Handy, und gleich darauf ertönte der Klingelton in der Stille des Zimmers.

»Ja.«

Hunter nahm noch einen Schluck Whisky und wählte ihre Nummer.

»Hallo … ich dachte, du würdest längst schlafen um die Zeit«, sagte sie zärtlich.

»Dasselbe dachte ich von dir. Ist es für eine Forscherin nicht schon ein wenig spät? Musst du nicht morgen ganz früh wieder im Labor stehen?«, fragte Hunter schmunzelnd.

»Ich brauche nicht viel Schlaf. Meistens reichen mir fünf bis sechs Stunden pro Nacht. Mein Hirn ist ständig in Aktion. Forscherkrankheit.«

»Fünf bis sechs Stunden Schlaf. Das ist wirklich nicht viel.«

»Ach, das sagst ausgerechnet du? Warum schläfst du denn noch nicht?«

»Schlaflosigkeit gehört sozusagen zum Berufsbild.«

»Du musst lernen, wie man sich entspannt.«

»Ich weiß. Ich arbeite daran«, log er.

»Apropos Beruf – ist alles in Ordnung? Dieser Anruf heute schien dir ziemlich zuzusetzen.«

Hunter schwieg einen Augenblick und rieb sich die Augen. Er dachte daran, wie unschuldig die meisten Menschen vor sich hin lebten, ahnungslos angesichts des Übels, das gleich um die nächste Ecke lauerte. Es gehörte zu seinem Job, dafür zu sorgen, dass das so blieb.

»Alles in Ordnung. Das ist nur die Arbeit. Ein gewisser Druck gehört eben dazu.«

»Bestimmt mehr, als ich mir vorstellen kann. Jedenfalls freue ich mich, dass du angerufen hast.«

»Tut mir leid, dass ich schon wieder so überstürzt aufbrechen musste. Vielleicht kann ich es ja wiedergutmachen.« Er hätte schwören können, dass er sie lächeln hörte.

»Das wäre schön … tatsächlich hatte ich auch schon daran gedacht. Hättest du Lust, Samstagabend zum Essen zu mir zu kommen?«

»Ein Dinner-Date?«, fragte Hunter mit spöttischem Unterton.

»Nun, da wir den Lunch-Date-Test erfolgreich hinter uns gebracht haben, könnten wir es ja wagen. Musst du Samstag arbeiten?«

»Nein, nein, da habe ich frei. Samstag ist prima. Um wie viel Uhr?«

»Wie wär's um sechs?«

»Klingt gut. Ich bringe eine Flasche mit.«

»Bestens. Weißt du die Adresse noch?«

»Sag sie mir lieber noch mal. Ich war ziemlich zu in der Nacht.«

»Ach nein …« Sie mussten beide lachen.

29

Am nächsten Morgen fuhren Hunter und Garcia sofort zum Rechtsmedizinischen Institut. Dr. Winston hatte sie gegen zehn Uhr, nachdem er die Obduktion an dem neuen Opfer beendet hatte, angerufen. Die beiden Detectives sollten die Ergebnisse als Erste hören.

George Slaters sterbliche Überreste lagen auf dem Edelstahltisch an der gegenüberliegenden Wand. Von der Hüfte abwärts war der Leichnam mit einem weißen Tuch bedeckt. Die meisten Organe waren herausgenommen und gewogen worden. Dr. Winston hatte den Türöffner gedrückt, um die beiden Detectives hereinzulassen, ließ sie jedoch noch einen Augenblick neben der Tür warten, während er die Analyse einer Gewebeprobe abschloss.

»Eines ist jedenfalls sicher: Unser Mörder ist ziemlich erfinderisch«, sagte der Doktor und blickte von seinem Mikroskop auf. Erst jetzt fiel Hunter auf, wie müde der Mediziner aussah. Sein dünnes Haar war zerzaust, die Haut fahl, und die Augen wirkten erschöpft.

»Er wurde also doch umgebracht?«, fragte Hunter und deutete auf die gespenstische Gestalt unter dem weißen Tuch.

»Ganz ohne Zweifel.«

»Von unserem Killer?«

»O ja, es sei denn, irgendwer weiß davon«, antwortete der Doktor und ging zum Obduktionstisch. Die Detectives traten zu ihm. Dr. Winston hob den Kopf des Opfers leicht an. Hunter und Garcia beugten sich gleichzeitig nach vorn und wären beinahe mit den Köpfen zusammengestoßen. Ihr Blick fiel auf das untrügliche Symbol.

»Also wieder derselbe Killer«, sagte Garcia, während er sich wieder aufrichtete. »Was sollte dann der ganze Unfug, von wegen, er wäre an einer Krankheit gestorben?«

»Das war kein Unfug. Er ist tatsächlich an einer Krankheit gestorben.« Auf Garcias Gesicht spiegelten sich Verwirrung und Ungeduld. »Schon mal von *streptococcus pyogenes* gehört?«

»Wie bitte?«

»Vermutlich nicht. Und von *staphylococcus aureus*?«

»Ja, Doc, Latein gehört zu meinem Alltagsvokabular«, erwiderte Garcia ironisch, was Hunter mit einem flüchtigen Grinsen kommentierte. »Was zum Teufel ist das alles?«

»Hört sich nach Bakterien an«, sagte Hunter.

»Ganz genau, Robert. Kommen Sie mit, ich zeige es Ihnen.« Dr. Winston suchte eine präparierte Glasplatte aus einem tragbaren Archiv heraus, legte sie auf den Objekttisch des Mikroskops und forderte die Detectives auf, sich die Probe anzusehen.

Hunter trat zum Mikroskop und beugte sich über das Objektiv. Er drehte an der Schärfeneinstellung und betrachtete die Probe einen Moment lang.

»Und was sehe ich hier, Doc? Es sieht aus wie … eine Horde wurmartiger Dinger, die wie kopflose Hühner herumwuseln.«

»Lass mich auch mal«, sagte Garcia im Ton eines eifrigen Studenten und schob Hunter beiseite. »Stimmt, ich sehe dasselbe«, verkündete er nach einem Blick ins Mikroskop.

»Diese wurmartigen Dinger sind Exemplare von Streptococcus pyogenes, meine verehrten Herren Studenten«, erklärte Dr. Winston im Professorenton. »Und nun sehen Sie sich die hier an.« Er holte einen anderen Objektträger aus dem Archiv und legte ihn anstelle des vorherigen ein.

Diesmal sah Hunter grüne, runde Dinger, die sich wesentlich langsamer bewegten als die vorherigen. Garcia warf ebenfalls einen Blick darauf.

»Ja und? Diesmal grüne runde Dinger.«

»Was Sie da sehen, ist Staphylococcus aureus.«

»Sehen wir vielleicht aus wie Biologiestudenten, Doc? Jetzt erklären Sie uns das bitte auf Englisch.« Garcia war nicht in Stimmung für Spielereien.

Dr. Winston rieb sich mit dem Handrücken die Augen. Er zog sich einen Stuhl heran, setzte sich und stützte den rechten Ellbogen auf dem Mikroskoptisch auf.

»Auf dem ersten Objektträger war Streptococcus pyogenes, ein wurmartiges Bakterium, das, wenn es in den menschlichen Körper gelangt, mehrere zerstörerische Toxine abgibt. Eines davon löst Scharlach aus.«

»Unser Mann ist ja wohl nicht an Scharlach gestorben. Das sind doch ganz andere Symptome«, wandte Hunter sofort ein.

»Geduld, Robert.«

Hunter hob kapitulierend die Hände.

»Ein anderes Toxin, das dieses Bakterium freisetzt, verursacht nekrotisierende Fasziitis.«

»Und das ist …?«, fragte Garcia.

»… die Krankheit aus der Hölle«, half Hunter mit sorgenvoll gerunzelter Stirn aus. »Heißt auch *Flesh-eating Disease*.«

»So wird sie im Volksmund genannt«, bestätigte Dr. Winston.

»Also, jetzt Moment mal«, sagte Garcia und machte mit den Händen das Auszeit-Zeichen. »Hab ich das eben richtig verstanden? Haben Sie gerade Flesh-eating Disease gesagt?«

Der Doktor nickte, doch bevor er etwas darauf sagen konnte, legte bereits Hunter los.

»Der Begriff ist eigentlich inkorrekt, da die Bakterien nicht wirklich das Fleisch fressen. Es ist eine seltene Infektion der Haut und der unteren Hautschichten. Dabei wird das Haut- und Muskelgewebe von freigesetzten Giften zerstört, wobei es allerdings so aussieht, als ob der Betroffene von innen heraus aufgefressen würde.«

Garcia schauderte und wich einen Schritt vom Mikroskop zurück. »Woher weißt du das?«, fragte er Hunter.

»Ich lese viel«, antwortete Hunter schulterzuckend.

»Sehr gut, Robert«, sagte Dr. Winston lächelnd und setzte die Lehrstunde da fort, wo Hunter aufgehört hatte. »Der Infizierte leidet zunächst unter grippeähnlichen Symptomen, zu denen sich rasch starke Kopfschmerzen, abfallender Blutdruck und beschleunigter Herzschlag gesellen. Dann fängt die Haut an, äußerst schmerzhafte, große, mit Flüssigkeit gefüllte Blasen und sonnenbrand-ähnliche Ausschläge zu bilden. Die betroffene Person erleidet einen toxischen Schock und verliert immer wieder phasenweise das Bewusstsein. Der gesamte Gesundheitszustand verschlechtert sich rapide, bis schließlich … der Tod eintritt.«

Garcia und Hunter schauten beide zu der Leiche hinüber. Die Blasen waren alle aufgeplatzt und hatten schorfige, wunde Stellen hinterlassen.

»2004 trat erstmals eine seltene, aber noch ernstere Variante der Krankheit in Erscheinung, die meisten Fälle hier in Kalifornien«, fuhr der Rechtsmediziner fort. »Als Erreger entdeckte man einen mit dem Staphylococcus aureus verwandten Bakterienstamm, und zwar einen weitaus potenteren.«

»Das war der zweite Objektträger, der mit den grünen runden Dingern?«

Dr. Winston nickte.

»Ich erinnere mich an diese Sache«, sagte Hunter. »Es war allerdings nicht groß in den Medien. Es gab nur vereinzelte Berichte darüber.«

Dr. Winston erhob sich und ging zum Obduktionstisch zurück. Garcia und Hunter folgten ihm mit dem Blick.

»Das Ganze verläuft folgendermaßen: Die Bakterien dringen in den Körper ein und vermehren sich. Je mehr Bakterien, umso mehr Toxine werden freigesetzt. Je mehr Toxine, umso schmerzhafter der Tod. Unser Opfer hatte leider das Pech, dass sich diese Dinger wie verrückt fortpflanzen. Sie können ihre Anzahl binnen weniger Stunden verdoppeln.«

»Kann man das nicht behandeln?«, fragte Garcia.

»Doch, wenn es früh genug entdeckt wird. Allerdings passiert das meist nicht, da sich die Bakterien so schnell ausbreiten.«

»Und wie infiziert man sich damit? Wie gelangen die fleischfressenden Killerbakterien in den Körper?«

»Ulkigerweise besiedeln sie oft als Keime die Haut oder das Naseninnere von gesunden Personen.«

Garcia griff sich unwillkürlich mit beiden Händen an die Nase, als wollte er sich schnäuzen. Hunter konnte sich ein Lachen nicht verkneifen.

»Da sind sie aber in einem inaktiven Stadium«, fuhr Dr. Winston lächelnd fort. »Sie können jedoch leicht über eine offene Wunde in den Körper gelangen. Man kann sich zum Beispiel in Krankenhäusern an unsauberem OP-Besteck infizieren.«

»Na, danke, das ist ja beruhigend zu wissen«, bemerkte Garcia sarkastisch.

»Nekrotisierende Fasziitis ist eine der sich am schnellsten ausbreitenden Infektionen, die wir kennen. Von den ersten Symptomen bis zum Todeskampf dauert es im Normalfall nur drei bis fünf Tage. Im Fall unseres Opfers – bestimmt haben Sie sich das inzwischen schon zusammengereimt – hat der Killer ihm das Staphylococcus-Aureus-Bakterium injiziert.«

Eine makabre Stille trat ein. Was hatte dieser Killer noch alles in petto?

»Aber das Hunderennen war doch erst vor zwei Tagen. Wie kann die Krankheit einen so schnellen Verlauf nehmen?«, fragte Garcia mit einem Kopfschütteln.

»Das Hunderennen?«, fragte Dr. Winston mit einem Stirnrunzeln.

Garcia winkte ab. »Ist im Augenblick zu kompliziert zu erklären.«

»Jedenfalls, wie schon gesagt, die Bakterien vermehren sich rasend schnell, und je mehr davon im Körper sind, umso größer der Schaden, den sie anrichten. Unserem Opfer hat jemand eine enorme Dosis davon direkt in die Blutbahn injiziert. Es dürfte nur zehn bis zwölf Stunden gedauert haben, bis er im Todeskampf lag.«

Dr. Winston ging zu dem Gefäß mit den Organen. »Seine Leber und Nieren waren zu fünfunddreißig Prozent zerstört. Auch das Herz war bereits schwer geschädigt, die Därme und die Speiseröhre ebenfalls, Letzteres erklärt das ausgehustete Blut. Er hatte bereits sehr starke innere Blutungen, als er im Park gefunden wurde. Sein Husten war vermutlich das letzte Aufbäumen vor dem Exitus.«

Garcia verzog beim Gedanken an die Bilder im Park das Gesicht.

»Da wäre noch etwas«, fuhr Dr. Winston fort.

»Ja?«

»Die Fingernägel des Opfers sind allesamt abgebrochen, als ob er an etwas gekratzt hat, um sich zu befreien. Eine Holzkiste vermutlich.«

»Holzsplitter unter den Nägeln«, stellte Hunter fest.

»Genau. Dem, was von den Nägeln noch übrig ist, und an den Fingerspitzen.«

»Hat die Holzanalyse was ergeben?«, fragte Garcia gespannt.

»Ganz gewöhnliche Kiefer. Sehr verbreitet. Der Killer könnte ihn in einen gewöhnlichen Wandschrank eingesperrt und den dann zugenagelt haben.«

»Warum sollte er das tun, wenn er ihm sowieso schon die Bakterien injiziert hat und das Opfer garantiert dem Tod geweiht ist?«, fragte Garcia verwundert.

»Um den Verlauf noch zu beschleunigen«, antwortete Hunter wie aus der Pistole geschossen.

Garcia schaute ihn fragend an.

»Unter Panik beschleunigt sich der Herzschlag, das Blut fließt schneller, also verbreiten sich auch die Bakterien noch schneller im ganzen Körper.«

»Das ist richtig«, bestätigte Dr. Winston mit einem Nicken.

»Und eine todsichere Methode, um jemanden in Panik zu versetzen, ist, ihn in einen Holzsarg einzunageln.«

»Mir ist noch kein Mörder untergekommen, der sich auf sein Geschäft so gut versteht wie dieser Killer«, sagte Dr. Winston, während sein Blick auf der Leiche ruhte.

»Und wenn wir früher im Park gewesen wären?«, fragte Garcia.

»Das hätte keinen Unterschied gemacht. Das Schicksal des Opfers war besiegelt, sobald der Killer ihm die Bakterien injizierte«, sagte Hunter. »Das gehörte alles zum Plan. Der überlässt nichts dem Zufall.«

»Wie kommt man an dieses Bakterium heran? Wo könnte unser Psychopath es herhaben?«

Dr. Winston und Hunter verstanden, worauf Garcia hinauswollte. Der Mörder musste Zugang zu einem Labor oder Krankenhaus gehabt haben, wo er sich das Bakterium verschaffen konnte. Vielleicht war das eine Spur.

»Das Problem ist, dass vermutlich jedes Krankenhaus und jedes Labor in Kalifornien eine Probe dieses Bakteriums besitzt«, erklärte der Doktor. »Wie gesagt vermehrt es sich sehr schnell, so dass dem Killer ein paar Tropfen infiziertes Blut genügten. Das Fehlen einer so kleinen Menge würde niemandem auffallen, niemand würde so etwas melden. Die Bakterien dann zu kultivieren und auf die tödliche Dosis anzureichern, die dem Opfer injiziert wurde, ist auch nicht schwer. Das Ganze ist sehr clever gemacht. Relativ leicht zu bewerkstelligen, wenn man weiß, wie's geht, aber nahezu unmöglich zurückzuverfolgen.«

»Danach zu fahnden wäre also, als suchte man nach der sprichwörtlichen Nadel im Heuhaufen?«

Dr. Winston nickte.

»Vielleicht versuchen wir es trotzdem«, schlug Hunter vor. »Zum gegenwärtigen Zeitpunkt schließe ich gar nichts aus.«

»Warum hat der Killer mit seinem Anruf diesmal nicht gewartet, bis das Opfer tot war? Wie bei den vorhergehenden?«, fragte Garcia.

»Der Schock-Effekt«, erwiderte Hunter seelenruhig. »Ein Mensch, der an nekrotisierender Fasziitis stirbt, ist nicht gerade ein schöner Anblick. So ein Bild vergisst man nicht so schnell. Aufbrechende Blasen, aus denen gelbe Flüssigkeit läuft; ein Mensch, der aus Augen, Nase, Ohren, dem Zahnfleisch blutet; der bestialische Gestank; der unausweichliche Tod. Auf die Art bekommt der Killer seine Show. Er zeigt, was er draufhat. Und das alles trägt zusätzlich zu meinen Schuldgefühlen bei. Ich habe auf den falschen Hund gesetzt, nun kann ich mit ansehen, was ich damit angerichtet habe.«

»Was ist das ständig mit diesem Hund?«, fragte der Doktor verwirrt nach.

Hunter erklärte ihm kurz, was es damit auf sich hatte und wie nahe sie diesmal der Chance gekommen waren, ein Opfer zu retten.

»Glauben Sie wirklich, der Killer hätte ihn am Leben gelassen, wenn Sie auf den richtigen Hund gesetzt hätten?«

»Ich bin mir nicht sicher«, erwiderte Hunter mit einem Kopfschütteln. Eine unbehagliche Stille trat ein.

»Was hat er sich genommen?«, fragte Garcia und rieb sich das Kinn.

»Was meinen Sie?«, fragte Dr. Winston unsicher.

»Sie sagten doch, der Killer nimmt sich immer irgendein Körperteil des Opfers, eine Art Trophäe.«

»Ach so, ja.« Der Doktor hob das weiße Tuch an, das über den Unterleib der Leiche gebreitet war.

»O Gott!« Garcia schlug beide Hände vors Gesicht. Ihm war klar, dass der Killer das getan hatte, während das Opfer noch lebte.

Eine halbe Minute verstrich, bis Hunter sich wieder zu Wort meldete. »Lassen Sie mich raten: Die Spurensicherung hat absolut nichts im Wagen gefunden, oder?«

»Ahhh!«, erwiderte Dr. Winston mit strahlender Miene und hob den rechten Zeigefinger. »Sie haben ein Haar gefunden. Und es stammt nicht vom Opfer.«

30

ALS SIE AM FREITAGABEND auf den Eingang des Vanguard Club zugingen, staunte Garcia nicht schlecht über die enorme Schlange, die sich dort gebildet hatte.

»Ich kann mir nicht vorstellen, dass der Club voll ist, so riesig, wie er zu sein scheint.«

»Ist er auch nicht«, erwiderte Hunter.

»Woher weißt du das?«

»Das ist nur ein Trick«, erklärte Hunter. »Wenn sich eine Schlange am Eingang bildet und man warten muss, bis man reinkommt, steigert das die Erwartung. Man wird richtig heiß darauf. Ein Club, in dem so viel los ist, muss ja wohl ein guter Club sein, denkt man automatisch.«

»Da ist was dran.«

»Allerdings darf man die Leute auch nicht zu lange warten lassen, sonst kippt die Stimmung. Wer zu lange wartet, hat irgendwann keine Lust mehr.«

»Da ist auch was dran.«

Sie gingen an der Schlange vorbei und direkt zu den zwei muskelbepackten Türstehern am Eingang.

»Tut mir leid, Gentlemen, aber Sie müssen sich schon anstellen wie alle anderen auch«, sagte einer der beiden Türsteher und legte Garcia die Hand auf die Schulter.

»Ah, nein, sehen Sie, wir haben besondere V.I.P.-Pässe«, gab Hunter ironisch zurück und zückte seine Marke.

Der Türsteher warf einen prüfenden Blick auf die Polizeimarke und ließ Garcia los. »Gibt's ein Problem, Detective?«

»Nein, wir suchen nur jemanden.«

Die beiden Türsteher wechselten besorgte Blicke. »Wir wollen hier nämlich keinen Ärger.«

»Wir auch nicht. Wenn wir also jetzt freundlicherweise vorbeidürften, wäre das schon mal ein guter Anfang«, sagte Hunter und fixierte den Türsteher mit festem Blick. Ohne den Blickkontakt zu unterbrechen, trat der Mann einen Schritt zur Seite und zog die Tür auf.

»Schönen Abend noch, Gentlemen.«

Die beiden Detectives betraten eine geräumige Vorhalle. Der pochende Beat der Musik war wie eine körperliche Attacke, die Lautstärke ohrenbetäubend. Eine Handvoll Leute stand herum, ein paar tanzten, die anderen unterhielten sich. Hunter und Garcia bahnten sich einen Weg durch die Menge und betraten den Hauptsaal mit der Tanzfläche in der Mitte.

Hier drin war die Musik doppelt so laut wie in dem Vorraum. Instinktiv steckte sich Hunter die Finger in die Ohren.

»Was ist los, alter Mann? Probleme mit der Musik der jungen Leute?«, fragte Garcia grinsend.

»Musik? Das ist bloß ... lauter, monotoner Krach. Dann schon lieber Heavy Metal.«

»Der Laden ist ja gigantisch!«, rief Garcia aus, als sich die riesige Tanzfläche des an die 2000 Quadratmeter großen Clubs majestätisch vor ihnen auftat. Hunter nahm staunend die gewaltigen Dimensionen dieses Ausgehtempels zur Kenntnis. Auf der Tanzfläche tummelte sich eine pulsierende, schillernde Menschenmenge zum Beat der neuesten Drum'n-Bass- und Dirty-Funk-Sounds. Die Scheinwerfer und Laser warfen wechselnde Lichtfiguren auf die tanzende Menge. Die Atmosphäre war mitreißend. Hierher kamen Leute, um Spaß zu haben, und das merkte man sofort. Hunter und Garcia waren jedoch nicht ins Vanguard gekommen, um die Stimmung zu würdigen oder sich zu amüsieren. Sie suchten nach D-King.

Links von der Tanzfläche entdeckten sie einen separaten, etwas höher gelegenen Sitzbereich, zu dem ein paar mit einer Kordel abgesperrte Stufen hinaufführten.

»Da drüben«, sagte Hunter und deutete zu den Stufen. »Das muss der V.I.P.-Bereich sein.«

Garcia nickte und betrachtete stirnrunzelnd die beiden beinahe identisch aussehenden Wrestling-Figuren, die am Aufgang zu dem Bereich Wache standen. Hunter suchte mit den Augen den Sitzbereich nach D-King ab. Die Akte, die sie bei der Staatsanwaltschaft abgeholt hatten, hatte ihnen alles geliefert, was sie über den berühmten Dealer wissen mussten, einschließlich mehrerer Fotos. Es dauerte nicht lange, bis Hunter ihn entdeckt hatte: Er saß entspannt an einem Tisch, in Gesellschaft von vier Frauen.

»Ich sehe ihn. Der hinterste Tisch rechts«, sagte Hunter und deutete in die Richtung.

Sie bahnten sich einen Weg durch die tanzende Menge, nicht ohne mehrmals angerempelt zu werden. Eine attraktive Brünette legte Hunter beide Arme um den Hals, als er sich an ihr vorbeischlängeln wollte.

»Mmh, ich steh auf Männer mit Muskeln«, rief sie und zog ihn näher zu sich her. »Und du hast so schöne blaue Augen. Tanz doch 'ne Runde mit mir, Hübscher.« Sie drückte ihm die Lippen auf den Mund und küsste ihn leidenschaftlich, während sie ihn in einem Halbkreis um sich herumschwang.

Hunter brauchte ein paar Sekunden, um sich von ihr zu befreien. Selbst in dem rhythmisch flackernden Licht konnte er ihre geweiteten Pupillen erkennen.

»Ich tanz gleich mit dir, Süße, nur eine Sekunde. Muss erst noch schnell zur Toilette«, nahm er die erstbeste Ausrede, die ihm einfiel.

»Toilette? Brauchst du vielleicht Gesellschaft?« Ihr Blick wanderte an seinem Körper nach unten.

Hunter servierte sie mit einem selbstsicheren Lächeln ab. »Diesmal nicht, Babe.«

»Schwuchtel«, zischte sie und wandte sich von ihm ab, um sich eine andere Beute zu suchen.

»Nicht übel, die Kleine«, bemerkte Garcia. »Hat Klasse. Vielleicht solltest du sie auf einen ›Slow Comfortable Screw up Against the Wall‹ einladen.«

Hunter ignorierte die spöttische Bemerkung und ging auf die von den beiden Gorillas bewachte Treppe zum exklusiven Sitzbereich zu.

»Sorry, Gentlemen, reserviert für V.I.P.s. Sie dürfen hier nicht rein«, sagte der eine von ihnen und blickte auf die beiden Detectives herab.

»Schon gut, wir sind V.I.P.s.«, gab Garcia zurück, zog seine Polizeimarke heraus und wartete darauf, dass Hunter dasselbe tat.

»Gentlemen, Sie können nicht einfach mit Ihrer Marke herumwedeln und erwarten, dass sie damit automatisch überall reinkommen«, sagte der größere der beiden und fixierte Garcia.

»Sehen wir vielleicht so aus, als ob wir zu unserem Vergnügen hier wären?«, schaltete sich Hunter ein. Der Blick der beiden richtete sich auf ihn. »Wir wollen mit jemandem sprechen«, setzte er hinzu.

»Und das wäre?«

»Und das wäre ein Mister-geht-euch'n-Scheißdreck-an. Und jetzt macht gefälligst den Weg frei, oder ihr seid wegen Behinderung der Staatsgewalt dran.« Hunters Geduld war am Ende und sein Ton entsprechend. Ohne abzuwarten, bis die beiden zur Seite traten, ging Hunter einen Schritt vor und schob sie mit den Ellbogen zur Seite. Garcia folgte ihm.

Jerome hatte das Geschehen von dem Tisch gleich am oberen Ende des Aufgangs beobachtet. Als die beiden Detectives die V.I.P.-Lounge betraten, stand er auf und stellte sich ihnen in den Weg.

»Kann ich Ihnen helfen?«

»Ja, was zum Teufel …? Der Typ hat ja mehr Security um sich herum als der Präsident der Vereinigten Staaten«, sagte Hunter, indem er sich zu Garcia umdrehte. Dann erst erwiderte er Jeromes Blick. »Nein, du kannst mir nicht helfen, Gigantore. Ich muss mit deinem Boss reden«, sagte Hunter und deutete auf D-Kings Tisch.

Jerome musterte die beiden Männer vor ihm, ohne sich von der Stelle zu rühren.

»Also, wir können uns hier ganz gemütlich in der V.I.P.-Lounge ein wenig unterhalten, oder wir verlegen den ganzen Zirkus aufs Revier und machen da richtig Party. Such's dir aus, Muskelmann.«

Jerome fixierte die beiden Männer noch ein paar Augenblicke, schließlich wandte er sich zu D-King um, der inzwischen Interesse an dem Ganzen zu zeigen begann. Er nickte Jerome kurz zu.

»Sorry, Girls, aber ich muss mich mal eben um was Geschäftliches kümmern. Warum geht ihr nicht hübsch eine Runde tanzen?«, sagte D-King zu den vier atemberaubenden Mädchen an seinem Tisch. Sie standen auf und gingen, eine nach der anderen, mit einem aufreizenden Augenzwinkern und einem verführerischen Lächeln an Hunter und Garcia vorbei. Garcia schien jedes Mal zu strahlen, und sein Blick folgte den Mädchen, als sie davongingen.

»Wenn Sie an einer Interesse haben, kann ich gerne ein gutes Wort für Sie einlegen«, sagte D-King grinsend und entblößte dabei eine Reihe strahlend weißer Zähne. Hunter fiel ein winziger Diamant auf, der an seinem linken oberen Schneidezahn funkelte.

»Wie bitte? Oh, nein, nein. So war das nicht gemeint«, erwiderte Garcia unbehaglich.

»Selbstverständlich. Bitte, nehmen Sie Platz. Champagner?«, fragte D-King und deutete mit der Hand auf eine Flasche, die im Eiskübel auf dem Tisch stand.

»Nein, danke.«

»Na gut. Womit kann ich Ihnen helfen?«

D-King war ein sehr attraktiver Schwarzer. Gerade mal einunddreißig Jahre alt, eins fünfundsiebzig groß, mit sorgfältig rasiertem Schädel. Seine haselnussbraunen Augen waren auffallend, seine Gesichtszüge markant, aber wohlgeformt. Er trug einen dunklen Anzug aus Viskose, darunter ein weißes Seidenhemd, an dem die obersten zwei Knöpfe geöffnet waren. Darunter lugte eine Goldkette hervor.

»Ich bin Detective Hunter, das hier ist Detective Garcia«, stellte Hunter sich und seinen Kollegen vor, die Dienstmarke in der Hand.

D-King stand weder auf, noch bot er ihnen die Hand zum Gruß. Jerome hatte sich inzwischen neben ihn gestellt.

Hunter und Garcia setzten sich D-King gegenüber, mit dem Rücken zur Tanzfläche. Hunter kam ohne Umschweife zur Sache. Er zog das Computerbild des Mädchens aus seiner Jackentasche und legte es vor D-King auf den Tisch.

»Kennen Sie diese Frau?«

D-King richtete den Blick auf das Foto und betrachtete es einen Augenblick, ohne es in die Hand zu nehmen. »Sie sind kein Mann, der sich mit lästigem Smalltalk aufhält, was, Detective Hunter? Gefällt mir.«

Hunter verzog keine Miene.

»Das ist ein Computerausdruck«, stellte D-King ein wenig überrascht fest.

»Stimmt.«

»Und wieso das?«

»Tut mir leid, aber diese Information ist vertraulich.«

»Tut mir leid, aber ich kann Ihnen nicht helfen.« Die Antwort kam postwendend.

Die beiden Detectives wechselten einen Blick. »Sehen Sie, Mr Preston, die Angelegenheit ist sehr wichtig …«

»Schwester Joan in der Grundschule hat mich immer ›Mr Preston‹ genannt«, unterbrach D-King ihn und hob dazu die rechte Hand. »Sie dürfen mich D-King nennen.«

Hunter mochte es nicht, wenn er unterbrochen wurde. »Wie gesagt, die Angelegenheit ist sehr wichtig.«

»Daran habe ich keinen Zweifel, aber so funktioniert das nicht. Wenn Sie wollen, dass ich Ihnen helfe, dann müssen Sie mir schon auch irgendwas geben. Ich bin Geschäftsmann, für irgendwelchen Bullshit habe ich keine Zeit, und gratis gibt's bei mir auch nichts.«

Hunter verhandelte nicht gerne, schon gar nicht mit Leuten wie D-King, doch im Moment hatte er keine große Wahl. Er hatte D-Kings und Jeromes Reaktionen auf das Bild scharf beobachtet, und er wusste, dass sie die Frau erkannt hatten. Wenn er wollte, dass sie ihm halfen, musste er mitspielen.

»Sie ist tot. Sie wurde auf grausamste Weise umgebracht, und ihr Gesicht war …« Hunter suchte nach einem passenden Wort. »Unkenntlich. Deshalb mussten wir es mit einer besonderen Software rekonstruieren.«

D-King blickte Hunter einige Sekunden lang unverwandt an, dann griff er nach dem Bild und betrachtete es noch einmal eingehend. Hunter hegte keinen Zweifel daran, dass D-King die Frau erkannt hatte, aber da war noch etwas. Eine verborgene Emotion.

»Wie kommen Sie darauf, dass ich die Kleine kenne?«

Hunter wusste, was D-King hier versuchte. »Hören Sie, P-Diddy …«

»D-King.«

»Mir egal. Ich habe kein Interesse an Ihnen oder an dem, was Sie so tun. Was immer Sie an illegalen Geschäften betreiben, ich bin mir sicher, das Gesetz wird Ihnen schon bald auf die Schliche kommen, aber heute ist nicht dieser Tag. Es mag Sie erstaunen, aber Sie sind bei dieser Untersuchung kein Verdächtiger. Derjenige, der diese Frau ermordet hat, hat gestern erneut einen Menschen getötet, und er wird damit fortfahren, bis wir ihn stoppen. Die Identität dieser Frau könnte uns einen Hinweis darauf geben, wer dieses Monster ist. Wenn sie eins von Ihren Mädchen war …«

»Eins von meinen Mädchen?«, unterbrach D-King ihn erneut. Er hatte nicht vor, zuzugeben, dass er mit Sex handelte.

»Sie wollen sich dumm stellen, na gut, von mir aus, wobei es mir zum gegenwärtigen Zeitpunkt absolut scheißegal wäre, selbst wenn Sie der größte Zuhälter auf Erden wären. Ich bin nicht hinter Ihnen her. Wir sind vom Morddezernat, nicht von der Sitte.«

D-King legte das Bild auf den Tisch zurück. »Hübsche Ansprache, Detective.«

Hunter holte scharf Luft. Sein Blick war nach wie vor fest auf sein Gegenüber gerichtet.

D-King erkannte rasch, dass sich hier womöglich eine günstige Gelegenheit auftat. »Wenn Sie meine Hilfe brauchen, vielleicht können wir dann ein beiderseitiges Arrangement finden.«

»Arrangement?« Hunter wusste genau, was jetzt kommen würde.

»Ich brauche hin und wieder einen Gefallen von den Jungs in Schwarzweiß. Ich helfe Ihnen, Sie helfen mir, alle sind zufrieden. Das kann eine sehr profitable Partnerschaft für beide Seiten sein.«

Jetzt kapierte auch Garcia, worauf D-King hinauswollte. Im Gegensatz zu Hunter konnte er seine Empörung jedoch nicht verbergen.

»Zur Hölle mit Ihnen! Jemand hat eins Ihrer Mädchen gefoltert und getötet, und Ihnen ist das scheißegal? Ich dachte, es wäre Ihr Job, sie zu beschützen. Ist das nicht das, wofür Zuhälter sich rühmen?« Garcias Gesicht war rot vor Zorn, seine Stimme wütend und laut. Die Gäste an den benachbarten Tischen schauten auf und warfen neugierige Blicke herüber. »Und Sie benutzen ihren Tod, um uns auf Ihre Gehaltsliste zu kriegen? Ein toller King sind Sie. Vielleicht überlegen Sie sich mal, ob Sie nicht lieber D-Loser heißen sollten.« Garcia stand auf und wartete darauf, dass Hunter dasselbe tat. Was allerdings nicht geschah.

Garcias Entrüstung amüsierte D-King. »Ah, jetzt machen Sie mal halblang. Sie werden mir doch wohl nicht mit dieser Guter-Cop-Böser-Cop-Nummer kommen? Halten Sie mich für so dämlich? So 'ne

Scheiße funktioniert nur im Kino, und da sind wir doch wohl nicht, oder?«

»Wir spielen keine Spielchen«, antwortete Hunter ruhig. »Der Killer allerdings schon. Detective Garcia hat recht. Der Killer hat sich eins von Ihren Mädchen geholt und Ihnen ein groß geschriebenes FUCK YOU als Gruß hinterlassen.« Hunter beugte sich vor und stützte beide Ellbogen auf den Tisch. »Wir halten Sie nicht für dämlich, aber der Killer offensichtlich schon. Der lacht sich nämlich gerade einen ab, und das wundert mich auch nicht. Der spaziert einfach in Ihr Revier hinein, schnappt sich eins von Ihren Mädels, und Sie merken es noch nicht mal. Dachten Sie, sie wäre in Urlaub gefahren? Was, wenn dieser Psychopath sich noch eins von Ihren Mädchen holen will? Vielleicht eine von denen, die vor ein paar Minuten noch hier am Tisch saßen?«

D-King erwiderte Hunters Blick ohne jegliche Regung.

»Na gut«, fuhr Hunter fort. »Sie wollen also weiter breitbeinig hier hocken und auf cool machen? So tun, als hätten Sie hier immer noch das Sagen, als wären Sie immer noch der King? Mir egal. Wir wollen bloß den Namen des Mädchens, und sei es nur, um ihre Angehörigen wissen zu lassen, was ihr zugestoßen ist.«

Hunter wartete auf eine Reaktion, die jedoch ausblieb. Er wusste aber, dass D-King die Frau auf dem Bild erkannt hatte, und das war ein wichtiger Schritt vorwärts. Da er jetzt wusste, wo er suchen musste, würde es nicht mehr schwierig sein, ihre Identität herauszufinden. D-Kings Mitarbeit war nicht mehr entscheidend. Hunter stand auf und wandte sich mit Garcia zum Gehen.

»Detective.« D-Kings Ruf erreichte ihn, als sie beide gerade die Stufen zur Tanzfläche hinuntergehen wollten. Hunter drehte sich um. D-King gab Jerome mit der Hand ein Zeichen, woraufhin der ein Foto aus seiner Jackentasche zog und es neben den Computerausdruck legte. Die beiden Detectives kehrten an den Tisch zurück und setzten sich wieder, um die Bilder zu vergleichen. Die Ähnlichkeit war verblüffend.

»Sie heißt Jenny Farnborough. Ich suche seit letztem Freitag nach ihr.«

Hunter spürte, wie ihm heiß wurde. »Da haben Sie sie das letzte Mal gesehen?«

»Genau. Letzten Freitag, hier drin.«

»Hier?«, fragte Garcia aufgeregt.

»Ja. Wir saßen genau an diesem Tisch hier. Sie hat sich entschuldigt, um zur Toilette zu gehen und ihr Make-up aufzufrischen oder so was. Aber sie ist nicht mehr zurückgekommen.«

»Um wie viel Uhr war das?«

D-King sah Jerome an.

»Spät. So gegen zwei, Viertel nach zwei«, sagte Jerome.

»Sie glauben also, dass sie hier aus dem Club verschleppt wurde?«, fragte Hunter ruhig.

»Sieht so aus.«

»Vielleicht kannte sie den Täter von irgendwoher – jemand, mit dem sie schon mal eine Verabredung hatte?«

D-King schüttelte den Kopf. »Selbst wenn sie jemanden getroffen hätte, den sie kannte, wäre sie nicht einfach weggegangen, ohne was zu sagen. Sie hätte zuerst mit mir geredet. Jenny war ein gutes Mädchen.«

Hunter schwieg einen Augenblick, während er überlegte, wie viel er über das Opfer preisgeben wollte. »Sie hatte Drogen im Blut. GHB. Schon mal davon gehört?«

D-King widmete Hunter ein Autohändlerlächeln. So naiv konnte Hunter nicht sein, das wusste er. »Ja, hab ich. Damit hat er es gemacht?«

»Ja.«

»Sie sagten, sie ist gefoltert worden?«, fragte Jerome.

»Ja.«

»Was genau soll das heißen?«

Hunter schlug den Blick auf die zwei Fotos auf dem Tisch nieder. Der Anblick des nackten, verstümmelten, zwischen den zwei Pfosten aufgehängten Körpers zuckte ihm durch den Kopf.

»Wer auch immer sie getötet hat, wollte, dass sie so viel wie möglich leidet. Es gab keinen Gnadenakt, keinen erlösenden Kopfschuss oder Messerstich ins Herz. Der Killer wollte, dass sie langsam und qualvoll stirbt.« Hunter sah keinen Grund, die Wahrheit zu verschweigen. »Sie wurde bei lebendigem Leib gehäutet.«

»Sie … was?« Jeromes Stimme stieg um eine halbe Oktave.

Keiner der beiden Detectives antwortete.

D-King versuchte, seinen Zorn zu verbergen, doch der loderte aus seinen Augen. In seiner Vorstellung entstand unwillkürlich ein groteskes Abbild von Jenny, allein, unter Qualen, um Gnade flehend, um

Hilfe rufend. Er versuchte vergeblich, das Bild zu verdrängen. Als er sprach, bebte seine Stimme vor Zorn. »Sind Sie ein religiöser Mensch, Detective?«

Die Frage überraschte Hunter ebenso wie Garcia. »Warum?«

»Weil Sie in diesem Fall beten sollten, dass Sie Jennys Mörder vor mir finden.«

Hunter konnte D-Kings Drohung nachvollziehen. Während er selbst sich an die Regeln halten und nach Protokoll vorgehen musste, war D-King nicht daran gebunden. Die Vorstellung, dass er den Killer vor ihnen fand, hatte etwas Verlockendes.

»Wir brauchen eine Liste all ihrer ... Kunden, aller Personen, mit denen sie in den letzten sechs Monaten Kontakt hatte. Der Killer könnte jemand gewesen sein, den sie kannte.«

D-King servierte Hunter noch ein öliges Lächeln. »Sie gefallen mir, Detective Hunter. Sie sind wirklich amüsant.« Er schwieg einen Augenblick. »Ich habe keine Ahnung, wovon Sie reden. Kunden ...?«

Es war aussichtslos, D-King zur Herausgabe einer solchen Liste überreden zu wollen, Hunter wusste das.

»Sie sagten, Sie brauchen ihren Namen. Den haben Sie jetzt. Ich fürchte, mehr kann ich nicht für Sie tun«, sagte D-King und machte eine auffordernde Geste zur Treppe hin. Beide Detectives erhoben sich ohne ein weiteres Wort. Hunter nahm die zwei Fotos vom Tisch auf.
»Eines noch«, sagte Hunter und zog ein Blatt Papier aus seiner Jackentasche.

D-King blickte mit einem ungeduldigen Ausdruck auf.

»Haben Sie dieses Symbol schon mal irgendwo gesehen?«

D-King und Jerome betrachteten das seltsame Zeichen. Jerome schüttelte den Kopf.

»Nein, nie gesehen«, bestätigte auch D-King. »Was hat das mit Jennys Tod zu tun?«

»Es wurde in der Nähe ihrer Leiche gefunden«, log Hunter.

»Nur noch eine Sache«, sagte diesmal Garcia. »Wissen Sie, woher Jenny stammte? Wir müssen ihre Angehörigen verständigen.«

D-King warf Jerome einen fragenden Blick zu. »Ich mache keine Background-Checks, aber ich glaube, sie hat was von Idaho oder Utah gesagt.«

Garcia nickte und folgte Hunter. Als sie den Zugang zur Tanzfläche erreichten, wandte Hunter sich noch einmal um und schaute D-King direkt an. »Wenn Sie ihn vor uns finden …«

D-King erwiderte Hunters Blick.

»Lassen Sie ihn leiden.«

D-King sagte nichts darauf, sondern sah den beiden Polizisten nach, wie sie die V.I.P.-Lounge verließen und in der tanzenden Menge verschwanden.

31

»Was hat dir dieser Idiot Culhane am Telefon über Jenny gesagt?«, fragte D-King Jerome, sobald die beiden Detectives verschwunden waren.

»Er meinte, er hätte das Leichenschauhaus, die Krankenhäuser und die Vermisstenstelle überprüft, aber nichts gefunden.«

»So ein nutzloses Stück Scheiße. Und dafür haben wir ihn auch noch bezahlt?«

Jerome bestätigte es mit einem Nicken.

»Sag den Mädchen, dass wir bald aufbrechen, aber vorher hol mir noch den Barkeeper her, den mit den langen Haaren, mit dem Jenny öfter gequatscht hat.«

»Wird gemacht.« Jerome beobachtete, wie D-King die halbe Flasche Champagner in einem Zug leerte. »Alles in Ordnung, Boss?«

Er schleuderte die leere Flasche auf den Tisch. Mehrere Gläser fielen klirrend um, was sogleich neugierige Blicke auslöste. »Was glotzt ihr so?«, fuhr D-King die Leute am Nebentisch an. Die vier drehten hastig wieder die Köpfe weg.

»Nein, nichts ist in Ordnung«, sagte D-King zu Jerome. »Ehrlich gesagt, es ist überhaupt gar nichts in Ordung, Jerome. Irgendein Kerl schnappt sich eins meiner Mädchen, direkt vor meinen Augen. Und wenn das stimmt, was diese Bullen sagen, dann wurde sie zu Tode gefoltert«, fuhr er mit angeekeltem Ausdruck fort. »Bei lebendigem Leib gehäutet, Jerome. Und jetzt sag mir bitte, Jerome, was für ein gottverdammter Motherfucker wäre verrückt genug, so was ausgerechnet einem meiner Mädchen anzutun?«

Jerome hatte darauf keine Antwort und zuckte nur mit den Schultern.

»Ich sag dir, was für einer … einer, der so gut wie tot ist. Ich will diesen Kerl haben, verstanden? Und zwar lebend, damit ich ihm zeigen kann, was Folter heißt.« Er legte einen Arm um Jeromes Nacken und zog das Gesicht seines Bodyguards ganz dicht zu sich her. »Ich will den Kerl um jeden Preis, Nigga, verstanden? Um jeden Preis.«

32

DIE ERKENNTNIS, dass der Kruzifix-Killer erst vor ein paar Tagen hier im Vanguard Club gewesen war, ließ Garcia keine Ruhe. Er fand, dass sie noch eine Weile bleiben sollten. Der Killer war hier gewesen, er hatte Gegenstände hier berührt, andere Leute hatten ihn gesehen, womöglich gar mit ihm gesprochen. Irgendwie hatte er es geschafft, Jenny Farnborough zwischen der V.I.P.-Lounge und den Toiletten unter Drogen zu setzen und sie unbemerkt aus dem Club zu verschleppen – oder hatte vielleicht doch jemand was gesehen?

Hunter berührte Garcia am Arm und deutete hinauf zu der niedrigen Decke. »Siehst du, was ich sehe?«

Garcias Blick folgte Hunters ausgestrecktem Zeigefinger. »Überwachungskameras!«

»Bingo.«

Garcia wandte sich an den Rausschmeißer neben dem Notausgang: »Entschuldigen Sie«, sagte er und zeigte dem Gorilla seine Polizeimarke, »wo ist der Kontrollraum für die Überwachungskameras?«

»Einen Stock höher, neben dem Büro des Managers.«

»Können Sie uns hinführen?«

Die zwei Detectives folgten dem Mann zurück über die Tanzfläche zur Westseite des Gebäudes. Eine schmale Treppe führte ins obere Stockwerk hinauf und in einen kleinen Gang. Auf der zweiten Tür zu ihrer Rechten stand »KONTROLLRAUM«. Sie gingen hinein. Ein Angestellter saß vor einer Reihe kleiner Fernsehmonitore. Er hatte eine zusammengefaltete Zeitung vor sich und löste gerade das Kreuzworträtsel. Garcia bemerkte, dass ihm nur noch ein Wort fehlte.

»Hallo, Stu«, sagte der Türsteher von unten.

Ohne aufzublicken, fragte der Angestellte auf dem Stuhl vor ihnen: »Emotionaler Schock mit sechs Buchstaben, der erste ein T. Irgend 'ne Idee dazu?« Das obere Ende des Kugelschreibers, den er in der rechten Hand hielt, war komplett zerkaut.

»Trauma«, sagte Garcia wie aus der Pistole geschossen.

Der Mann blickte erschrocken von seiner Zeitung auf, legte sie rasch zur Seite, als er sah, dass sein Kollege in Begleitung war, und setzte sich gerade auf. Garcia stellte sich und Hunter mit dem üblichen Ritual vor und erklärte, worum es ging.

»Das muss ich erst mit dem Manager abklären«, sagte Stu und griff zum Telefon. Garcia hatte nichts dagegen und hörte zu, wie der Angestellte kurz seinem Chef übers Telefon die Situation erklärte.

»In Ordnung, Sir. Wir warten«, sagte er und legte den Hörer auf.

»Und?«, fragte Garcia.

»Er kommt rüber.«

Garcia betrachtete die Monitore vor Stus Tisch. »Wie viele Kameras insgesamt?«, fragte er.

»Eine über jeder Bar, eine über dem Eingang zur Tanzfläche, eine über dem Notausgang, je eine in den beiden Fluren, die zu den Toiletten führen, drei über der Tanzfläche und zwei über dem V.I.P.-Bereich«, erklärte Stu und deutete dabei jeweils auf einen anderen Monitor.

Die Tür ging auf, und ein Mann in einem makellos gebügelten Nadelstreifenanzug trat ein. Er war nicht sehr groß, vielleicht eins fünfundsechzig, und sein blasses Gesicht war vernarbt, sicher von einer heftigen Akne in jüngeren Jahren. Mit den buschigen schwarzen Augenbrauen dazu sah er aus wie eine Comicfigur. Er stellte sich als Tevez Garcia, Sicherheitsmanager des Clubs, vor.

»Wir möchten sämtliche Aufzeichnungen Ihrer Überwachungskameras vom letzten Freitag sehen.« Diesmal war es Garcia, der sich nicht mit langen Erklärungen aufhielt.

»Wonach suchen Sie genau?«

»Letzten Freitag wurde eine junge Frau verschleppt, wir vermuten, aus diesem Club hier. Vielleicht können uns die Bänder einen Anhaltspunkt liefern.«

Tevez und Stu wechselten einen besorgten Blick, dann meldete sich

Tevez wieder zu Wort: »Ich fürchte, da haben wir ein Problem, Detective.«

»Warum?«

»Wir bewahren die Aufnahmen nur zwei, drei Tage auf. Der letzte Freitag ist bereits gelöscht.«

»Was? Wie kann das sein?«, fragte Garcia frustriert.

»Wir haben keinen Grund, sie länger aufzuheben«, erklärte Tevez leichthin. »Wenn es in der betreffenden Nacht keine Vorkommnisse gab, keine Raufereien, kein Geld, das aus den Kassen verschwunden ist, keine Drogensachen, dann sind die Aufnahmen für uns überflüssig. Sehen Sie, Detective, das läuft heutzutage alles digital. Wir haben ungefähr dreizehn Kameras, die jede Nacht zwölf bis fünfzehn Stunden lang aufzeichnen, und das verbraucht höllisch viel Platz auf der Festplatte. Wenn eine Nacht ohne Probleme ablief, wird sie spätestens zwei Tage später mit neuem Material überspielt.«

Die beiden Detectives waren von dieser Aussage wie vor den Kopf gestoßen. Das vermutlich einzige je existierende Bildmaterial von dem Killer – gelöscht, um Platz auf der Festplatte zu schaffen. Garcia war klar, dass so eine Gelegenheit nie wiederkäme. Er wandte sich frustriert zu den Monitoren um.

»Und es gibt keine Sicherungsdateien?«, fragte er nach.

»Nein. Wie schon gesagt, dafür besteht keine Notwendigkeit.«

»Warten Sie mal, können Sie mir das Bild auf diesem Monitor herzoomen?«, fragte Garcia und deutete auf den Bildschirm oben links.

»Sicher.« Stu bediente einen Schalter auf seinem Tisch, und das Bild erschien in etwa dreimal so groß.

»Wer ist das?«, fragte Garcia und zeigte auf einen langhaarigen Mann, der in der V.I.P.-Lounge saß. Ihm gegenüber saßen D-King und Jerome.

»Das ist Pietro, einer unserer Barkeeper. Wobei er in der V.I.P.-Lounge eigentlich nichts zu suchen hat«, antwortete Tevez.

»Wir müssen mit ihm sprechen.«

»Sicher. Soll ich ihn jetzt gleich heraufkommen lassen?«

Garcia blickte sich in dem engen Raum um. Es war kaum der richtige Ort für eine Befragung. »Gibt es noch einen anderen Raum, den wir benutzen könnten?«

»Sie können mein Büro haben, gleich am Ende des Flurs.«

»Warten Sie ab, bis er sein Gespräch da unten mit wem auch immer beendet hat, und bitten Sie ihn dann nach oben. Wir warten in Ihrem Büro.« Garcia wollte Tevez nicht wissen lassen, dass sie bereits D-Kings Bekanntschaft gemacht hatten.

Tevez' Büro war klein, aber gut eingerichtet. Ein breiter Mahagonischreibtisch stand im hinteren Teil des Zimmers. Rechts davon sorgte ein neonbeleuchtetes Aquarium für eine angenehm persönliche Note. Eine Zimmerwand war komplett mit Regalen vollgestellt, in denen Bücher und Fotos standen. Die laute Musik von der Tanzfläche war noch zu hören, jedoch gedämpft, und der Boden unter ihren Füßen schien ständig leicht zu vibrieren. Sie warteten vielleicht fünf Minuten, bis Pietro erschien.

»Mr Tevez sagte, Sie wollen mit mir sprechen«, hob er an, nachdem sich alle vorgestellt hatten.

»Stimmt. Ihre Unterhaltung mit Bobby Preston, worum ging es da?« Garcia kam gleich zur Sache.

An Pietros verwirrter Miene war abzulesen, dass ihm der Name nichts sagte.

»D-King. Ihre Unterhaltung mit D-King«, spezifizierte Garcia.

»Ging es darin um diese Frau?« Garcia zeigte ihm das Bild von Jenny.

Pietro war sichtlich nervös. Aus heiterem Himmel stellten ihm zuerst D-King und dann die Polizei Fragen zu Jenny. »Ja. Er wollte wissen, ob ich mich letzten Freitag mit ihr unterhalten habe.«

»Und? Haben Sie?«

»Ja, ganz kurz.«

»Wissen Sie noch, um welche Zeit?«

»So gegen zwei Uhr morgens.«

»Worüber haben Sie mit ihr gesprochen?«

Pietro kam sich vor wie in einem Déjà-vu. D-King hatte ihm eben genau dieselben Fragen gestellt.

»Nichts Besonderes. Sie sah müde aus, also hab ich sie gefragt, ob sie was zu trinken will. Wir haben nur eine Minute oder so geredet. Ich hatte ja Kundschaft an der Bar.«

»Hat sie einen Drink bestellt?«

»Nicht bei mir. Sie hatte schon ein Glas Champagner.«

»Ist sie weggegangen, nachdem Sie beide sich unterhalten haben?«

»Nicht gleich. Sie hing ein wenig an der Bar ab. Sagte, sie bräuchte mal eine Pause. Wie ich schon sagte, sie machte einen müden Eindruck.«

»Ist Ihnen zufällig aufgefallen, ob sie mit jemand anderem gesprochen hat?«

Wieder dieselbe Frage wie von D-King. »Jenny ist ein sehr hübsches Mädchen. Wenn jemand wie sie an einem Freitagabend an der Bar steht, dann zieht sie Männer an wie ein Magnet. Sie wird immer von irgendjemandem angesprochen. Aber da war so ein Typ ...«

»Was war mit dem?«

»Er sah irgendwie anders aus. Zuerst mal trug er einen ziemlich teuren Anzug. Hier drin trägt eigentlich niemand Anzug, außer die Chefs und ein paar der Gäste in der V.I.P.-Lounge, schon gar nicht am Freitag- oder Samstagabend. Es sah aus, als wollte er sie anbaggern. Aber da war nichts für ihn drin.«

»Wie meinen Sie das?«

»Er war nicht Jennys Typ. Sie redet und flirtet mit allen, egal ob Mann oder Frau, aber sie ist nicht der Typ Mädchen, das sich in einem Nachtclub abschleppen lässt. Er hat sich ein paar Minuten mit ihr unterhalten und ist dann abgezogen.«

»Wie sah er aus?«

»Dazu kann ich Ihnen eigentlich nicht viel sagen. Ich weiß nur noch, dass er relativ groß und gut gekleidet war, aber sonst ...« Pietro schüttelte den Kopf. »Gesichter kann ich mir nicht besonders merken.«

»Haben Sie sie noch mit jemand anderem sprechen sehen?«

»Nicht dass ich wüsste. Aber wie gesagt, es war Freitagabend, da war ich pausenlos beschäftigt.«

»Haben Sie den großen, gutgekleideten Mann noch ein anderes Mal hier gesehen – vorher oder nachher?«

»Tut mir leid.« Noch ein Kopfschütteln. »Wenn er hier war, ist er mir nicht aufgefallen. Ich erinnere mich ja auch nur an ihn, weil er mit Jenny geredet hat.«

»Wissen Sie, ob die beiden zusammen weggegangen sind?«

»Nein. Aber wie gesagt, das ist eigentlich nicht Jennys Stil.«

»Wirkte sie irgendwie high oder betrunken?«

»Nein, nur müde.«

Hunter zog eine Visitenkarte aus seiner verbeulten ledernen Brieftasche. »Falls Sie den großen, gutgekleideten Mann hier drin noch einmal sehen, lassen Sie alles stehen und liegen und rufen uns an, okay?«

»Ja, in Ordnung.« D-King hatte ihn um genau dasselbe gebeten.

»Meine Handynummer steht auf der Rückseite.«

Pietro betrachtete Hunters Karte von beiden Seiten und steckte sie in seine Hosentasche. »Ihr ist was zugestoßen, oder?«, fragte er mit fast zärtlichem Unterton.

Hunter zögerte einen Moment, doch die Wahrheit würde Pietros Bereitwilligkeit, ihnen zu helfen, vermutlich fördern. »Sie ist tot.«

Pietro schloss eine Sekunde lang die Augen. Es war hart, sich vorzustellen, dass er nie wieder Jennys Lächeln sehen oder dem warmherzigen Blick aus ihren Augen begegnen würde. Nie wieder ihre sanfte Stimme hören. »Und Sie glauben, dass es der große, gutgekleidete Typ war?«

»Wir wissen es nicht sicher, aber anscheinend war er der Letzte, der mit ihr gesprochen hat.«

Pietro nickte, als habe er verstanden, was er zu tun hatte.

33

AM NÄCHSTEN VORMITTAG fuhren Hunter und Garcia zu George Slaters Privatadresse in Brentwood.

»Nicht übel«, sagte Garcia bewundernd, als sie das imposante Wohnhaus erreichten. Selbst nach den abgehobenen Standards von Hollywood war dieses Haus eindrucksvoll. Es lag am Ende einer schmalen, von Eichenbäumen gesäumten Straße und stach mit seinen stuckumrahmten Fenstern und der makellos weißen Fassade selbst in dieser gediegenen Wohnstraße heraus. An der Ostseite gab es eine separate Doppelgarage, dahinter öffnete sich ein prachtvoller Garten.

»Anwalt zu sein hat wohl seine Vorteile«, merkte Hunter an, während er den Wagen in der Einfahrt abstellte. Sie folgten dem gepflasterten Weg zum Haus, stiegen die paar Stufen bis zur Eingangstür hinauf und drückten auf den Klingelknopf der Gegensprechanlage. Eine an der Wand angebrachte Videokamera überwachte den Eingang.

»Ja?«, meldete sich kurz darauf eine Stimme durch die Sprechanlage.

Die beiden Detectives hielten ihre Dienstmarken in die Kamera und stellten sich vor.

»Könnten Sie sich einen kleinen Augenblick gedulden? Nur eine Minute?« Die Stimme klang zart und feminin, doch Hunter hörte ein leichtes Zittern heraus, ein untrüglicher Hinweis auf stundenlanges Weinen.

»Selbstverständlich, Ma'am.«

Sie warteten geduldig fast eine Minute lang, dann hörten sie Schritte näher kommen. Die Tür ging auf, und eine sehr attraktive Frau mit goldblonden Haaren, die zu einem Knoten glatt nach hinten gezogen waren, stand vor ihnen. Sie trug hellroten Lippenstift und ein dezentes Make-up, das jedoch nicht stark genug war, um die dunklen Ringe unter ihren traurigen, haselnussbraunen Augen zu verbergen. Hunter schätzte sie auf Anfang dreißig. Sie trug ein leichtes schwarzes Chiffonkleid, das ihr glänzend stand. Ihre Trauer war ihr deutlich anzusehen: Sie wirkte erschöpft und mitgenommen.

»Guten Tag.« Sie besaß eine eindrucksvolle Präsenz, gepaart mit einem Hauch Reserviertheit. Ihre Haltung war perfekt.

»Danke, dass Sie uns empfangen, Mrs Slater. Ich hoffe, wir kommen nicht ungelegen.«

Catherine Slater brachte ein scheues Lächeln zustande und trat zur Seite. »Bitte, treten Sie ein.«

Eine Ahnung von Duftkerzen, Jasmin vielleicht, hing in der Luft, ansonsten wirkte die Atmosphäre im Haus eher kalt und unpersönlich. Die Wände waren weiß, wobei an manchen Stellen viereckige helle Flächen zu sehen waren, an denen offensichtlich irgendwann Bilder gehangen hatten.

Mrs Slater führte die beiden Detectives in einen Raum, der einmal ein Büro gewesen zu sein schien. Die Bücherregale waren leergeräumt, Couch und Sessel zum Schutz gegen Staub mit großen weißen Tüchern abgedeckt. Der Raum war hell erleuchtet, der Vorhang, der bis vor kurzem das Sonnenlicht abgeschirmt hatte, war abgenommen worden. Herumstehende Umzugskartons vervollständigten das Bild.

»Entschuldigen Sie bitte das Chaos hier«, sagte sie, während sie die weißen Laken von Sofa und Sessel zog und hinter dem großen Holzschreibtisch ablegte, der dicht beim Fenster stand. »Bitte nehmen Sie Platz.«

Hunter und Garcia setzten sich auf die Couch, während Mrs. Slater sich auf dem Sessel ihnen gegenüber niederließ. Sie bemerkte Hunters erstaunten Blick und beantwortete seine Frage, noch bevor sie gestellt wurde.

»Ich ziehe zurück nach Alabama. Ich werde eine Weile bei meinen Eltern wohnen, bis ich mir überlegt habe, wie es weitergehen soll. Hier hält mich nichts mehr. Ich bin nur deshalb nach Los Angeles gekommen, damit George diese Stelle bei Tale & Josh antreten konnte«, sagte sie mit trauriger, brüchiger Stimme. »Kann ich Ihnen irgendetwas anbieten? Kaffee oder Tee?«

»Danke, nein.«

Mrs Slater versuchte erneut ein Lächeln, doch ihre Lippen machten nicht richtig mit. »George trank nachmittags immer so gern eine Tasse Tee«, sagte sie flüsternd.

»Seit wann wohnen Sie in Los Angeles, Mrs Slater?«

»Wir sind vor zweieinhalb Jahren hierhergezogen. Und, bitte, nennen Sie mich doch Catherine.«

»Und Ihr Mann hatte von Anfang an eine Stelle bei Tale & Josh?«

»Ja«, bestätigte sie mit einem Nicken.

»Hatte er feste Gewohnheiten? Ich meine, außerhalb der Arbeit – ging er zum Beispiel regelmäßig zum Sport oder in Bars oder Nachtclubs?«

»George hatte nie viel Zeit übrig, er hat ja ständig gearbeitet. Mindestens dreimal die Woche blieb er bis spät in die Nacht im Büro. Einen Sportverein oder ein Fitnessstudio hatte er nicht. Er war nie besonders sportlich.« Mrs Slaters Blick wanderte zum Fenster und starrte eine Weile ins Leere. »Der einzige gesellschaftliche Termin, den er regelmäßig wahrnahm, war seine Pokerrunde am Dienstagabend.« Ihre Augen füllten sich mit Tränen, und sie griff nach der Taschentücherbox auf dem Schreibtisch.

Hunter und Garcia wechselten einen raschen, angespannten Blick. »Wissen Sie, mit wem er Poker spielte? Waren das Kollegen von der Arbeit oder …?«

»Ja, Anwaltskollegen aus der Kanzlei. Vielleicht waren auch noch andere dabei, das weiß ich nicht.«

»Haben Sie jemals jemanden aus dieser Runde kennengelernt?«

»Ich kannte einige seiner Anwaltskollegen von Tale & Josh, ja.«

»Ich meinte eigentlich die Pokerfreunde Ihres Mannes – haben Sie die einmal getroffen?«

»Ich war nie bei einem Pokerabend dabei, falls Sie das meinen.«

Hunter hörte einen hochmütigen Unterton aus ihrer Antwort heraus. »Wissen Sie, wo die Pokerrunden gewöhnlich stattfanden? In einem Club oder in einem Privathaus?«

»George hat mir gesagt, sie würden jedes Mal bei jemand anderem zu Hause spielen. Sie wechselten sich als Gastgeber ab.«

»Tatsächlich? Sie haben also auch hier gepokert?«

»Nein. Ich habe das nicht erlaubt.«

»Weshalb?«, fragte Garcia überrascht.

Mrs Slater kämpfte nach wie vor mit den Tränen. Sie wirkte benommen und immer noch wie unter Schock. »Ich bin christlich erzogen worden, Detective, und ich lehne Glücksspiel grundsätzlich ab. George hatte mir zwar hoch und heilig versichert, dass dabei nicht um Geld gespielt würde, aber ich wollte so etwas einfach nicht in meinem Haus dulden.«

»Sie haben nicht um Geld gespielt?«

»Nein. Er meinte, es ginge nur um die Geselligkeit.« Sie zog ein frisches Taschentuch aus der Box und tupfte sich damit vorsichtig die Augen ab. »Er hat seit vielen Jahren nicht mehr um Geld gespielt.«

Garcia zog interessiert die Brauen hoch. »Heißt das, er hat das früher einmal getan?«

»Das ist Jahre her. Er hat damit aufgehört, als wir uns kennenlernten. Ich hatte ihn darum gebeten.«

»Spielkasinos?«

Sie zögerte einen Moment, als sei es ihr peinlich, das zu sagen. »Nein, Hunderennen … Windhunde.«

Hunter schluckte. »Windhunde? Sind Sie sicher?« Die Überraschung war seiner Stimme anzuhören.

»Ja, natürlich.«

Garcia verspürte ein Schaudern.

»Und sind Sie sicher, dass er damit aufgehört hatte? Ich meine, sind Sie sicher, dass er in letzter Zeit nicht bei einem Windhundrennen war?«

Mrs Slater schien die Frage vor den Kopf zu stoßen. »Ja, da bin ich mir sicher. Er hatte es mir versprochen. Warum sollte er dieses Versprechen nicht halten?« Ihre Worte kamen im Brustton der Überzeugung.

»Vielleicht ging er ja gar nicht zu den Pokerrunden, sondern wettete übers Internet«, spekulierte Garcia und biss sich im nächsten Moment auf die Lippe, als ihm aufging, was er da für eine Anschuldigung vorgebracht hatte.

»Wie bitte? Weshalb sollte er das tun?« Mrs Slater klang zutiefst verletzt.

»Catherine …« Hunters Stimme wurde sehr ernst. »Wir haben gestern fast den ganzen Tag bei Tale & Josh verbracht, haben mit allen gesprochen, die George kannten. Von den Kanzleipartnern persönlich bis zum Laufburschen. Niemand dort weiß etwas über eine Pokerrunde am Dienstagabend.«

»Was? Aber selbstverständlich wissen sie davon, sie müssen doch …« Das Beben in ihrer Stimme verriet, wie schockiert sie über diese Mitteilung war.

»Fällt Ihnen irgendein Name ein? Ein Freund Ihres Mannes, der bei diesem Pokerabend mitgemacht haben könnte?«

»Ich weiß nicht«, erwiderte sie zitternd.

»Alle, mit denen wir gestern sprachen, haben uns versichert, noch nie mit Ihrem Mann Poker gespielt zu haben. Sie wussten nicht einmal, dass er Dienstagabend immer zum Poker ging.«

»Dann lügen sie!« Sie vergrub das Gesicht in den Händen und brach in Tränen aus. Als sie wieder aufblickte, war ihre Wimperntusche verschmiert, wodurch ihr Gesicht noch mitgenommener wirkte. »Weshalb sollte er mich denn anlügen?«

»Wie mein Kollege Garcia schon sagte, vielleicht ging er ja doch wieder zu Wettrennen, und es war ihm peinlich, das vor Ihnen zuzugeben.«

»Nein, das hätte er niemals getan. Er war kein Spieler mehr. Das hatte er alles längst hinter sich gelassen.« Mrs Slater blieb eisern bei ihrer Überzeugung.

Hunter kratzte sich am Kopf, da ihm angesichts seiner nächsten Frage unbehaglich zumute war. »Wie war Ihre Beziehung zu Ihrem Mann? Könnte es sein, dass er jemanden kennengelernt hatte?«

Einen Moment lang war Catherine fassungslos angesichts dessen, worauf Hunter anspielte. »Was wollen Sie damit sagen? Dass George eine Affäre hatte? Dass er mich angelogen hat, um die Dienstagabende mit einer anderen Frau zu verbringen?«

»Es tut mir leid, aber wir müssen alle Möglichkeiten in Betracht ziehen, Catherine. Und solche Sachen sind in L. A. an der Tagesordnung.«

»Aber George war nicht aus L. A. Er war ein guter Mensch und Ehemann. Er hat mich respektiert. Wir haben eine gute Ehe geführt.« Sie musste innehalten und nach einem neuen Taschentuch greifen, da ihr die Tränen inzwischen ungehemmt übers Gesicht liefen. »Warum tun Sie das? Sie sollten da draußen sein und dieses Monster jagen, das meinem Mann so etwas angetan hat, anstatt ihm zu unterstellen, er wäre mir untreu gewesen.«

»Ich … Es tut mir sehr leid«, sagte Hunter. Er fühlte sich furchtbar wegen dem, was er gerade gesagt hatte. »Ich versichere Ihnen, wir tun alles, was in unserer Macht steht.«

»Absolut …«, stimmte auch Garcia ein. Beide saßen eine Weile schweigend da. Catherines Verzweiflung war so ansteckend, dass das Zimmer klein und düster wirkte.

»Man hat mir gesagt, dass er umgebracht wurde und was man ihm angetan hat. Aber wie kann das sein?«, fragte sie in fast hysterischem Tonfall. »George wurde nicht erschossen und nicht erstochen, sondern mit einem tödlichen Virus infiziert. Wer bringt einen Menschen auf eine solche Weise um? Und weshalb?« Sie sackte völlig in sich zusammen, barg das Gesicht in den Händen und weinte so heftig, dass ihr ganzer Körper bebte.

Hunter wünschte sich, ihr wenigstens etwas Trost spenden zu können. Wie hätte er ihr erzählen können, dass er seit über zwei Jahren hinter diesem Killer her war und noch nichts in der Hand hatte, um ihn zu fassen?

»Es tut mir wirklich leid«, sagte Hunter, da ihm nichts Besseres einfiel.

»Catherine«, übernahm Garcia das Wort. »Wir behaupten nicht, dass wir alle Antworten kennen, aber ich gebe Ihnen mein Wort, dass wir nicht ruhen werden, bis wir den Kerl gefunden haben.«

»Entschuldigen Sie bitte, aber das war alles etwas zu viel für mich. Ich habe ihn sehr geliebt«, brachte Catherine zwischen Schluchzern hervor.

»Selbstverständlich. Wir werden Sie jetzt auch nicht länger belästigen. Nur eine letzte Frage noch«, sagte Hunter und trat zu ihr. »Haben Sie dieses Symbol schon einmal irgendwo gesehen?« Er zeigte ihr eine Zeichnung des Doppelkreuzes.

Sie starrte es ein paar Sekunden lang an.

»Nein … noch nie … was ist das?«

»Wahrscheinlich nichts Wichtiges. Wir haben es im Park unweit vom Wagen Ihres Mannes gefunden und uns gefragt, ob es für Sie oder ihn wohl eine Bedeutung besitzt. Wenn Sie irgendetwas brauchen, Catherine, oder einfach nur reden wollen, dann können Sie mich jederzeit anrufen, okay?« Er reichte ihr seine Karte.

»Danke«, sagte sie flüsternd.

»Wir finden den Weg hinaus.«

34

Hunter goss sich noch eine Tasse Kaffee aus der Maschine in ihrem Büro ein. Garcia kochte ihn mit einer besonderen brasilianischen Mischung, die er direkt aus Minas Gerais importierte. Die Pflanzen waren sorgfältiger gesetzt und die Bohnen bei niedrigerer Temperatur geröstet, was ein Überrösten verhinderte und für einen kräftigen und doch milden Geschmack sorgte. Hunter war sofort zum Fan geworden.

Er nahm einen Schluck und stellte sich neben Garcia, der die Pinnwand mit den Fotos betrachtete. Das Foto von George Slater war das letzte in der Reihe.

»Was hatte er zu verbergen?«, überlegte Garcia laut, während er geistesabwesend seine Unterlippe mit Daumen und Zeigefinger massierte.

»Eines steht jedenfalls fest: Eine Pokerrunde am Dienstagabend gab es nicht«, bemerkte Hunter.

»Mhm, aber was hat er stattdessen getrieben? Mein erster Impuls war, er betrügt seine Frau, aber …«

»Aber jetzt, wo sie die Hunderennen erwähnt hat …«

»Genau. Das kann kein Zufall sein. Der Killer wusste davon.«

»Stimmt. Also stellt sich die Frage, ob Slater immer noch Wetten abschloss oder ob der Killer auf seine Vergangenheit reagiert hat.«

»Ja. Das müssen wir herausfinden.«

»Lucas meinte doch, Hunderennen sind in Kalifornien verboten.«

»Ja. Warum?«

»Welches ist der nächstgelegene Bundesstaat, in dem sie erlaubt sind?«

»Das lässt sich leicht herausfinden. Gib mir eine Minute.« Garcia ging zurück an seinen Schreibtisch und setzte sich vor den Computer. Nach ein paar Mausklicks und wenigen Tastenanschlägen rief er: »Arizona.«

Hunter kaute nachdenklich auf seiner Unterlippe. »Das ist zu weit weg. Wenn Slater zu einer Hunderennbahn gefahren wäre, hätte er an einem Abend mit dem Auto hin- und wieder zurückkommen müssen. Arizona ist zu weit.«

»Das heißt also, falls er doch wieder gespielt hat, dann übers Internet oder übers Telefon.«

»Und das wiederum heißt, dass der Killer ihn nicht auf einer Hunderennbahn ausgewählt haben kann.«

»Wir müssen herausfinden, wo er in der Nacht war, als er verschleppt wurde. Wir wissen, dass Jenny Farnborough in einem Nachtclub war«, sagte Garcia und stand wieder auf.

»Wir sollten uns noch mal den großen hageren Kerl mit dem schütteren Haar aus der Kanzlei vorknöpfen, wie hieß der noch mal?«

»Peterson, Vorname weiß ich nicht mehr«, sagte Garcia. »Warum gerade den?«

»Weil der mehr weiß, als er uns gesagt hat.«

»Wie kommst du darauf?«

Hunter lächelte Garcia selbstsicher an. »Er war nervös. Die ganzen typischen Anzeichen waren da: Vermeiden von Blickkontakt, feuchte Hände, ein gewisses Unbehagen bei sämtlichen Antworten und dieses verärgerte Herumkauen auf der Unterlippe, jedes Mal, wenn wir eine klare Antwort von ihm wollten. Glaub mir, der weiß mehr, als er zugibt.«

»Ein Überraschungsbesuch bei ihm zu Hause also?«

Hunter nickte mit einem listigen Lächeln. »Am besten morgen, am Sonntag. Da erwischt man die Leute immer unvorbereitet.«

Garcias Augen ruhten wieder auf den Fotos. Da war noch ein Gedanke, der ihm im Kopf herumging. »Glaubst du, sie kannten sich?«

Die Frage kam für Hunter überraschend, und er dachte eine Weile nach. »Vielleicht. Sie war eine Edelprostituierte. Wenn er seine Frau betrog, und diese Möglichkeit besteht nach wie vor, dann käme sie durchaus in Frage. Jedenfalls hatte er genug Geld, um sie sich zu leisten.«

»Genau das dachte ich auch.«

»Dann sollten wir dem nachgehen. Und ich habe auch schon eine Idee, an wen wir uns da wenden.«

»Und zwar? D-King rückt keine Liste mit Jennys Kunden heraus, und bestimmt denkst du jetzt nicht an seinen Gorilla.«

»Nein, wir fragen eins von D-Kings Mädchen.«

Auf die Idee war Garcia noch gar nicht gekommen.

»Apropos – was haben wir eigentlich inzwischen über unser erstes Opfer? Gibt's da schon eine Akte?«, fragte Hunter.

»So würde ich das nicht nennen.« Garcia ging wieder zum Schreibtisch. Noch nie hatte Hunter so einen ordentlichen Schreibtisch gesehen. Links neben Garcias Monitor lagen drei ordentliche Papierstapel. Sämtliche Stifte steckten, nach Farben sortiert, in Bechern der entsprechenden Farbe. Telefon und Faxgerät waren wie mit dem Lineal ausgerichtet, und nirgends war auch nur ein Staubkorn zu sehen. Nichts lag wahllos herum. Alles an Hunters Partner schien auf Strukturiertheit und Effizienz ausgerichtet.

»Farnborough ist zwar nicht gerade ein sehr häufiger Name, aber doch häufig genug, um die Suche schwierig zu gestalten«, berichtete Garcia. »D-King konnte uns ja nicht mit Sicherheit sagen, woher sie kam. Er hat Idaho und Utah erwähnt, also habe ich damit angefangen. Eine erste Suche hat in beiden Staaten insgesamt sechsunddreißig Farnboroughs ergeben. Zurzeit kontaktiere ich nach und nach die Sheriffs der entsprechenden Städte und Ortschaften, bisher ohne Ergebnis.«

»Und wenn D-King mit Idaho und Utah falschlag?«, fragte Hunter.

»Nun, dann wird die Suche noch viel langwieriger. Wahrscheinlich ist sie aus irgendeinem Nest abgehauen, um der nächste Hollywoodstar zu werden.«

»Tun sie das nicht alle?«, fragte Hunter trocken.

»Als das nicht funktionierte, landete sie bei unserem Ekelpaket D-King und wurde Prostituierte.«

»Willkommen in Hollywood.«

Garcia nickte.

»Über die DNA ist also keine Identifizierung möglich?«

»Nicht, solange wir nicht ihre Familie ausfindig gemacht haben.«

»Und mit dem Gebiss können wir auch nicht viel anfangen.«

»Dafür hat der Killer gesorgt.«

Sie schwiegen eine Weile und starrten erneut die Fotos an. Hunter trank seinen Kaffee aus und warf einen Blick auf seine Uhr: Viertel nach fünf. Er griff nach seiner Jacke, die über dem Stuhlrücken hing, und überprüfte wie immer die Taschen.

»Du gehst?«, fragte Garcia beinahe überrascht.

»Ich habe eine Einladung zum Abendessen und bin sowieso schon zu spät dran. Außerdem sollten wir hin und wieder zumindest versuchen, Abstand zu dem Fall zu kriegen, und sei es auch nur für ein paar Stunden. Geh nach Hause zu deiner Frau, kocht euch was Schönes, führ sie aus, geh mit ihr ins Bett ... die arme Frau.«

Garcia musste lachen. »Werde ich, ich will nur noch ein paar Sachen durchsehen. Abendessen, ja? Ist sie hübsch?«

»Ziemlich. Sehr sexy«, sagte Hunter und zuckte lässig mit den Achseln.

»Na dann, viel Spaß. Wir sehen uns also morgen.« Garcia machte sich noch einmal über ein paar Akten her. An der Tür blieb Hunter stehen und betrachtete seinen neuen Partner. Es war, als blicke er in der Zeit zurück, nur mit dem Unterschied, dass in seiner Erinnerung er selbst auf Garcias Platz saß und Scott auf dem bei der Tür. Er spürte in Garcia denselben Biss, denselben Hunger nach der Wahrheit, der auch in ihm nach wie vor brannte, denselben Drang, zum Ziel zu gelangen, der ihn fast bis an den Wahnsinn getrieben hatte, doch im Gegensatz zu Garcia hatte er inzwischen gelernt, ihn zu kontrollieren.

»Geh nach Hause, Grünschnabel. Das ist es nicht wert. Wir machen morgen weiter.«

»Zehn Minuten noch, nicht mehr.« Garcia zwinkerte Hunter freundlich zu und widmete sich dann wieder seinen Akten.

35

HUNTER HASSTE ES, ZU SPÄT ZU KOMMEN, doch schon beim Verlassen des Büros war ihm klar, dass er es nicht mehr pünktlich schaffen würde. Sich über sein Outfit groß Gedanken zu machen war noch nie seine Art gewesen, aber heute probierte er sämtliche sieben Ausgehhemden, die er besaß, gleich zweimal an, und seine Unentschlossenheit kostete ihn mindestens eine Stunde. Am Ende entschied er sich für sein dunkelblaues Baumwollhemd, die schwarze Levis-Jeans und seinen neuen Lederblazer. Das Hauptproblem waren jedoch die Schuhe. Er besaß genau drei Paar, und alle waren gut und gern zehn Jahre alt. Er konnte es nicht fassen, dass er so viel Zeit mit der Klamottenauswahl vergeudete. Nachdem er sich eine Handvoll Rasierwasser ins Gesicht und den Nacken gespritzt hatte, war er endlich bereit.

Unterwegs hielt er bei einem *Liquor-Store* an, um eine Flasche Wein mitzunehmen. Da sich seine Kenntnisse in Sachen Alkohol auf Single-Malt-Whiskys beschränkten, verließ er sich auf die Empfehlung des Verkäufers und nahm eine Flasche Mas de Daumas Gassac, Jahrgang 1992, in der Hoffnung, dass sie passen würde, egal was Isabella kochte. Für den Preis sollte sie das auch.

Die Eingangshalle von Isabellas Wohnhaus in Glendale war einladend gestaltet. Echte Ölgemälde hingen an den Wänden, und auf einem quadratischen Glastischchen mitten im Flur stand ein schön arrangierter Blumenstrauß. Hunter erhaschte einen Blick auf sich in dem Spiegel rechts neben der Eingangstür und prüfte noch einmal seine Frisur. Er zog den Kragen seines Leder-Blazers zurecht und stieg dann die Treppen in den zweiten Stock hinauf. Vor der Nummer 214 blieb er stehen und hielt einen Moment inne. Von drinnen war Musik zu hören. Ein getragener Beat mit kräftigem Bass und rauchigen Saxophonklängen – zeitgenössischer Jazz. Sie hatte Geschmack. Das gefiel ihm. Er drückte auf die Klingel.

Isabella hatte sich die Haare locker nach hinten gesteckt. Einzelne Strähnen fielen ihr lose auf die Schultern und umrahmten ihr Gesicht. Ihr hellroter Lippenstift und die dezent geschminkten Augen bildeten einen perfekten Kontrast zu dem olivfarbenen Ton ihrer gebräunten Haut und unterstrichen ihre europäischen Gesichtszüge. Sie trug ein enges, rotes Charmeuse-Top, schwarze Jeans und weder Schuhe noch Socken. Es bedurfte keines Röntgenblicks, um zu bemerken, dass sie auch auf einen BH verzichtet hatte.

»Hallo. Verspätet, wie es sich gehört«, sagte sie, beugte sich vor und gab ihm ein Küsschen auf die Lippen.

»Tut mir leid. Hab mit meiner Frisur gekämpft.«

»Ach, du auch?« Sie lachte und zeigte dabei auf ihre Haare. »Komm rein«, sagte sie, fasste ihn an der Hand und zog ihn ins Wohnzimmer. Ein angenehmer, exotischer Duft zog durch die Wohnung. Eine Stehlampe, die neben einem bequem wirkenden Ledersessel in einer Ecke stand, sorgte für sanfte Beleuchtung.

»Ich hoffe, das passt zum Essen. Leider bin ich kein Weinexperte, deshalb musste ich mich auf die Empfehlung des Verkäufers verlassen«, sagte er und reichte ihr die Flasche.

Isabella nahm sie in beide Hände und hielt sie ins Licht, um das Etikett lesen zu können. »Oh, du meine Güte! Mas de Daumas Gassac ... und ein 92er noch dazu. Ich bin beeindruckt. Das passt garantiert zu allem. Wie wär's mit einem Glas davon als Aperitif?«

»Klingt gut.«

»Na dann. Gläser stehen schon auf dem Tisch, und der Korkenzieher liegt da drüben.« Sie deutete auf eine kleine Vitrine mit alkoholischen Getränken neben dem Fenster. »Das Essen ist gleich fertig. Mach es dir gemütlich«, sagte sie und verschwand in die Küche.

Hunter zog sein Lederjackett aus und legte seine Waffe ab. Dann holte er den Korkenzieher aus der Vitrine, machte die Weinflasche auf und goss die dunkelrote Flüssigkeit in die beiden Gläser. Neben der Vitrine war ein stilvolles Glasregal montiert, in dem eine beachtliche Anzahl von CDs stand. Hunter konnte es sich nicht verkneifen, die Sammlung durchzusehen. Ihr Jazz-Repertoire war eindrucksvoll, hauptsächlich zeitgenössische Sachen, dazu der eine oder andere Klassiker älteren Datums. Alles vorbildlich alphabetisch sortiert. Ein paar signierte Rockalben fielen aus der Jazz-Sammlung heraus. Hunter warf einen kurzen Blick darauf. *Sieh an, sie mag also auch Rock*, ging es ihm durch den Sinn, und er musste schmunzeln. *Die Frau gefällt mir.*

»Ich weiß nicht, was du da kochst, aber es riecht grandios«, sagte er, während er mit den Gläsern in der Hand die Küche betrat. Er reichte Isabella eins davon. Sie schwenkte den Wein ein wenig im Glas herum und hielt es sich unter die Nase, bevor sie den ersten Schluck nahm.

»Wow ... herrlich. Wie ich erwartet habe.«

Hunter wusste zwar nicht, was es für einen Unterschied machte, aber er imitierte Isabellas Gesten – Schwenken, Riechen und Schmecken.

»Ja. Nicht übel.« Sie lachten beide.

Isabella prostete Hunter zu. »Auf einen ... schönen gemeinsamen Abend. Hoffentlich ohne Anrufe.«

Hunter nickte und stieß mit ihr an.

Der Abend ließ sich noch schöner an, als Hunter gehofft hatte. Isabella hatte hauchdünne Kalbsschnitzel mit Schinken und Parmesan zubereitet, dazu mediterranes geschmortes Gemüse. Hunter war überrascht. Er hatte eher irgendein traditionelles Pasta-Gericht erwartet. Die Unterhaltung beim Essen drehte sich hauptsächlich um Isabellas Leben, während Hunter nur wenig von seinem erzählte.

Isabella war in New York aufgewachsen. Ihre Eltern waren in den frühen siebziger Jahren aus Italien eingewandert. Sie betrieben ein Restaurant in Little Italy, in dem Isabella zusammen mit ihrem Bruder den Großteil ihrer Kindheit und Jugend verbracht hatte. Erst vor fünf Jahren war sie nach L. A. gezogen, weil man ihr eine Forschungsstelle an der University of California angeboten hatte. Seither flog sie dreimal im Jahr nach New York, um ihre Familie zu besuchen.

»Hast du noch Kontakt zu deinem Bruder?«, fragte Hunter.

Isabella starrte eine Weile stumm auf ihr Weinglas hinunter. »Er ist gestorben«, sagte sie schließlich, als sie wieder aufblickte. Ihre Augen waren voller Trauer.

»Oh! Das tut mir sehr leid.«

»Schon gut.« Sie schüttelte leicht den Kopf. »Ist schon eine Weile her.«

»Wart ihr noch Kinder?«

Ihr Blick ruhte erneut auf dem Weinglas. Hunter merkte, dass sie nach den richtigen Worten suchte. »Er war US-Marine und wurde in einen Krieg geschickt, in dem wir nichts zu suchen hatten. In ein Land, dessen Namen die meisten Amerikaner nicht einmal richtig schreiben können.«

Hunter war sich nicht sicher, ob er noch weiterfragen sollte, doch Isabella nahm ihm die Entscheidung ab. »Weißt du, das ist nicht fair«, sagte sie, während sie aufstand und anfing, den Tisch abzuräumen.

»Was ist nicht fair?«, fragte Hunter und folgte ihr mit den beiden Weingläsern in die Küche.

»*Du* bist nicht fair. Ich habe dir praktisch mein ganzes Leben erzählt, aber jedes Mal, wenn ich dich nach etwas frage, weichst du aus. Ist das so üblich bei Polizisten?« Sie stellte die Teller ins Spülbecken und drehte den Wasserhahn auf.

»Wir sind gut im Fragenstellen, aber nicht so versessen darauf, selber welche zu beantworten.« Hunter nahm einen Schluck Wein und sah Isabella zu, wie sie den ersten Teller abspülte und ins Abtropfgitter stellte. »Warte, lass mich das machen.« Er legte ihr die Hand auf die

Schulter und schob sie sanft von der Spüle weg. Sie lächelte und griff nach ihrem Weinglas.

»Soll das heißen, du willst mir gar nichts von dir erzählen?«, hob sie erneut an.

Hunter spülte die restlichen Teller ab und drehte sich wieder zu ihr um. »Ich bin Detective beim Morddezernat I von Los Angeles, einer Abteilung, die auf besonders schwere Gewaltverbrechen spezialisiert ist. Wir haben es praktisch nur mit Serienkillern und hochkarätigen, sehr zeitintensiven Fällen zu tun. Anders ausgedrückt: Mir werden vor allem extrem brutale, kranke Mordfälle zugeteilt. Die Leute, mit denen ich mich tagein, tagaus beschäftige, sind entweder total gestört oder mausetot. Von den Dingen, die ich tagtäglich sehe, würde den meisten Menschen übel werden. Von meinem Leben zu erzählen wäre ganz ohne Zweifel der größte Konversationskiller, den man sich einfallen lassen kann.« Er hielt inne und trank noch einen Schluck Wein. »Glaub mir, du willst nicht wirklich Einzelheiten über meinen Alltag oder meinen Job erfahren.«

»Na gut. Dann erzähl mir nicht von deinem Job, sondern von deiner Familie, deiner Kindheit.«

»Da gibt's nicht viel zu erzählen«, sagte er knapp.

Sie verstand und drängte ihn nicht weiter. »Okay. Ich mag Geheimnisse.« Sein jungenhafter Charme reizte sie. Sie trat einen Schritt näher, nahm ihm das Glas aus der Hand und stellte es auf der Anrichte ab. Langsam näherte sich ihr Gesicht seinem, bis ihre Lippen nur noch einen Zentimeter von Hunters linkem Ohr entfernt waren.

»Und was machst du so zur Entspannung?« Ihre Stimme war jetzt nur noch ein zärtliches Flüstern. Ihr warmer Atem auf seinem Hals erregte ihn. Hunter legte den Kopf gerade so weit in den Nacken, dass er ihr in die Augen blicken konnte.

»Ich hätte einen Vorschlag.« In diesem Augenblick berührten sich ihre Lippen. Hunter spürte ihre Zunge an seiner, und ihr Verlangen explodierte in einem leidenschaftlichen Kuss. Während er sie an sich zog, spürte er ihre harten Brustwarzen an seinem Oberkörper. Er schob sie gegen die Küchenanrichte und hob sie hoch. Im nächsten Augenblick war ihre Bluse weg, und Hunters Lippen erkundeten jeden Zentimeter ihrer Brüste. Isabella warf den Kopf in den Nacken und stöhnte vor Wonne. Noch bevor Hunter dazu kam, sein Hemd aufzuknöpfen, packte sie es mit beiden Händen und riss es ihm vom Körper. Die

Knöpfe kullerten über die Anrichte und den Boden. Erneut umschlangen und küssten sie sich heftig, während Isabellas rote Fingernägel sich zugleich fest und zärtlich in Hunters Rücken bohrten.

Sie liebten sich zuerst auf der Küchentheke und dann auf dem Fußboden, bis sie schließlich ins Schlafzimmer umzogen. Als ihre Lust endlich befriedigt war, schimmerten bereits die ersten Sonnenstrahlen am Morgenhimmel.

»Gott, bin ich erschöpft«, murmelte sie, schmiegte sich an Hunter und legte eine Hand auf seine Brust. »Du warst auch beim ersten Mal nicht schlecht, aber, Junge, was für ein Fortschritt.« Ein Lächeln spielte um ihre Mundwinkel.

»Das will ich doch hoffen.« Hunter drehte sich zu ihr und strich ihr zärtlich eine Haarsträhne aus dem Gesicht.

Sie küsste ihn erneut. »Ich bin am Verhungern. Wie wär's mit Frühstück? Ist sowieso fast Zeit dafür.«

»Prima Idee.« Sie stiegen beide aus dem Bett. Isabella kramte in einer Kommode nach frischen Kleidern, während Hunter in die Küche ging, wo seine Sachen immer noch auf dem Fußboden verstreut lagen.

»Was ist aus der Teddybär-Unterwäsche geworden?«, fragte Isabella. Sie kam eben in die Küche, mit nichts weiter bekleidet als einem weißen Spitzenhöschen.

»Du ziehst dir besser noch was über, sonst müssen wir nämlich alles, was wir letzte Nacht getan haben, gleich noch einmal machen.« Seine Augen hingen an ihrem Körper.

»Ist das ein Versprechen?«, fragte sie, hob Hunters Hemd vom Boden auf und zog es sich an. Da es keine Knöpfe mehr hatte, verknotete sie es einfach auf dem Bauch. »So besser?«, fragte sie mit einem Augenzwinkern.

Hunter musste schlucken. »Ehrlich gesagt, turnt mich das noch mehr an.«

»Sehr gut. Aber lass uns zuerst was frühstücken.« Sie machte die Kühlschranktür auf und holte Eier, Milch, eine Flasche Orangensaft und aus dem Gefrierfach eine Packung Bratkartoffeln heraus.

»Brauchst du Hilfe?«, fragte Hunter.

»Nein, alles unter Kontrolle. Außerdem, du weißt ja, was das letzte Mal passiert ist, als du mir in der Küche geholfen hast.« Sie goss zwei Gläser Orangensaft ein und reichte ihm eines.

»Hm, da ist was dran. Dann warte ich wohl besser im Wohnzimmer«, sagte er und gab ihr einen schnellen Kuss.

»Wie magst du die Eier?«

»Ähm … gerührt wär mir glaub ich am liebsten.«

»Dann kriegst du Rühreier.«

Hunter ging ins Wohnzimmer und setzte sich an den Tisch. Zum ersten Mal, seit die neue Mordserie begonnen hatte, war es ihm gelungen, vollständig abzuschalten.

»Die hast du in der Küche vergessen«, sagte Isabella und brachte ihm seine Schuhe – die ziemlich alt aussahen. »Wie lange hast du die schon?«

»Zu lange.«

»Ja, das sieht man.«

»Ich hatte schon vor, mir neue zu kaufen«, log er.

»Solltest du auch. In Italien sagt man, dass man einen Menschen nach seinen Schuhen beurteilen kann.«

»Verdammt, dann bin ich also alt und … schmutzig?«

Sie lachte ein ansteckendes Lachen. »Wie auch immer, das Frühstück ist gleich fertig.«

Hunter hatte gerade seinen Orangensaft ausgetrunken, als Isabella mit dem Frühstückstablett wieder ins Wohnzimmer kam. Rühreier, Bratkartoffeln, gerösteter Toast und frisch gebrühter Kaffee.

»Kaffee? Ich dachte, du hättest nur Tee.«

»Stimmt, letzte Woche hatte ich auch nur Tee. Aber ich hatte so eine Ahnung, dass du heute Nacht bleiben würdest, also habe ich Kaffee gekauft. Ich hoffe, er schmeckt. Ich bin eigentlich keine Kaffeetrinkerin und weiß nicht, ob es eine gute Sorte ist.«

»Er ist bestimmt perfekt … riecht jedenfalls toll«, beruhigte er sie.

»Was ist das?«, fragte sie und deutete auf ein Stück Papier, das vor ihm lag.

Hunter hatte unbewusst angefangen, auf einem Stück Papier herumzukritzeln, während er auf das Frühstück wartete. Inmitten der willkürlichen Linien und Kringel, die er gezeichnet hatte, war eine Skizze des Doppelkreuz-Symbols zu sehen.

»Oh, nichts, gar nichts.«

»Komisch.«

»Was ist komisch?«

»Das Ding, das du da gezeichnet hast. Das hab ich schon mal gesehen. Ich dachte, es müsste irgendwas bedeuten.«

36

Los Angeles ist eine richtige Party-Stadt. Rockstars, Filmstars, Prominente, Politiker, Millionäre, egal wer – sie alle haben eines gemeinsam: ihre Vorliebe für Partys, ihr Bedürfnis, gesehen zu werden.

Martin Young war ein sechsunddreißigjähriger Unternehmer, der seine Millionen im Immobiliengeschäft gemacht hatte. Seine Firma, Young Estates, hatte sich auf Immobilien für Superreiche spezialisiert: vorwiegend in Beverly Hills, Bel Air, Malibu und Venice Beach. Martin war schon mit allerlei berühmten Leuten zusammengetroffen. Madonna hatte eines ihrer Anwesen in L. A. über Martins Firma verkauft, bevor sie nach London zog. Es dauerte gerade mal ein halbes Jahr, bis Young Estates seinem Besitzer die erste Million Gewinn einbrachte. Zwei Jahre später hätte sich Martin eigentlich zur Ruhe setzen können, doch inzwischen hatte ihn die Geldgier gepackt – je mehr Geld er besaß, umso mehr wollte er. Er entwickelte sich zu einem rücksichtslosen Geschäftsmann, dessen Leben sich fast ausschließlich um seine Firma drehte – bis auf die Wochenenden. Für Martin galt, dass Wochenenden zum Feiern da waren, und dabei mochte er es gern heftig. Einmal im Monat mietete er irgendein extravagantes Haus im näheren Umkreis der Stadt, lud ein paar gute Freunde ein, mietete einige Prostituierte und füllte die Bude bis oben hin mit allen erdenklichen Drogen. So auch gestern Nacht.

Als Martin die Augen aufschlug, dauerte es eine Weile, bis ihm dämmerte, wo er war. Er fühlte sich benommen. Was auch immer er gestern Abend eingeworfen hatte, wirkte noch nach. Martin sah sich in dem Raum um und nahm verwundert das eigenartige mittelalterliche Dekor zur Kenntnis. Er blinzelte ein paarmal, um klarer zu sehen, und allmählich kam er wieder zu sich. An einer Wand, über einem edlen marmornen Kaminsims, hing ein Ritter-Schild über zwei gekreuzten Schwertern. Rechts neben dem Kamin stand eine komplette Rüstung. Der Boden war mit Perserteppichen ausgelegt und die Wände dicht bestückt mit Wandteppichen und Gemälden von englischen Lords, Herzögen, Königen und Königinnen.

Mit großer Mühe setzte er sich auf. Sein Schädel brummte, und er hatte einen bitteren Geschmack im Mund. Erst jetzt fiel ihm auf, dass er in einem Himmelbett auf seidenen Laken und Kissen geschlafen hatte. *Verdammt, ich bin auf dem Set von ›King Arthur‹ eingeschlafen*, dachte er und musste grinsen. Auf dem Nachttisch lagen mehrere Pillen und ein Tütchen mit weißem Pulver.

Genau das brauche ich jetzt, bevor der Come Down einsetzt, sagte er sich. Ohne sich darum zu scheren, was für Pillen es waren, warf er sich ein paar davon in den Mund. Er sah sich nach etwas zum Hinunterspülen um. Eine halbvolle Champagnerflasche stand neben dem Bett auf dem Boden. Er nahm einen kräftigen Schluck davon und legte den Kopf in den Nacken, damit das abgestandene Getränk seine Kehle hinunterrinnen konnte. Er wartete ein paar Minuten, bis die Pillen zu wirken begannen, dann stand er auf, um die Lage im Haus zu erkunden.

Vom oberen Treppenabsatz aus hatte Martin einen ungehinderten Blick über das gesamte Wohnzimmer unten. Neun oder zehn Leute lagen verstreut auf dem antiken Mobiliar und den Teppichen herum. Einer war über dem Flügel eingeschlafen. Zwei unbekleidete Nutten schliefen auf dem Boden daneben. Offenbar waren alle noch komplett weggetreten. Martin ging schwankend zur Treppe, vorbei an einem leeren Zimmer zu seiner rechten. *Muss wohl das Fernsehzimmer sein*, ging es ihm durch den Kopf, als er einen Blick hineinwarf. Er hielt sich am Treppengeländer fest und ging langsam, Schritt für Schritt, nach unten. Dort angekommen, fiel ihm auf, wie hungrig er war.

»Wo zum Teufel ist in diesem Schuppen die Küche?«, sagte er laut, während sein Blick durch das eigenwillig eingerichtete Wohnzimmer schweifte. Aus einem Raum am Ende eines kleinen Flurs links neben der Treppe hörte er Geräusche. »Scheint ja doch schon jemand auf zu sein.«

Wie betrunken stolperte Martin zu der Tür. Er versuchte sie aufzuschieben, doch sie bewegte sich kaum. Er war sich nicht sicher, ob sie klemmte oder ob er nur nicht kräftig genug gedrückt hatte. Er trat einen Schritt zurück und versuchte es erneut, diesmal indem er sich mit der rechten Schulter gegen die Tür warf und dabei jedes bisschen Energie, das er besaß, mobilisierte. Die Tür schwang auf, und Martin stürzte in hohem Bogen zu Boden.

»Hey, Mann, bist du okay?« Duane, Martins bester Freund, saß mit einer Zwei-Liter-Flasche Wasser vor sich in der Küche.

Langsam sammelte Martin seine Gliedmaßen wieder ein und kämpfte sich vom Boden auf. Die großzügige Küche war im Gegensatz zum Rest des Hauses in einem freundlichen, modernen Stil eingerichtet. Der schwarze italienische Marmor der Anrichte bildete einen reizvollen Kontrast zu den glänzenden Chromtüren des doppeltbreiten Kühlschranks. Eine bombastische Sammlung von Töpfen und Pfannen hing über dem Tisch, an dem Duane saß.

»Bist du der Einzige, der schon auf den Beinen ist?«, fragte Duane. Er klang ziemlich überdreht.

»Hab noch niemand gesehen außer dir. Ich bin allerdings auch erst vor zehn Minuten aufgetaucht.«

»Hast du dich hier mal umgesehen? Das ist echt irre. Mehr wie ein Museum als ein Haus, von der Küche mal abgesehen. Der Besitzer scheint 'nen Mittelaltertick zu haben. Überall dieses Zeug, die reinste Seuche.« Duanes Worte kamen in einem schnellen Stakkatorhythmus, wie aus einem Maschinengewehr.

»Und das findest du irre?« Martins Ton machte klar, dass er nicht dieser Meinung war.

»Na ja, es ist zumindest mal was anderes.«

Martin interessierte Duanes Einschätzung des Hauses herzlich wenig. Sein Blick wanderte suchend in der Küche umher. »Gibt's hier irgendwas zu essen?«, fragte er.

»Ja, Mann, ganze Berge. Schau mal in den Kühlschrank.«

Als Martin die Kühlschranktür aufmachte, empfing ihn eine Riesenauswahl an Fastfood. Von Donuts über Marshmallows bis zu Hotdogs und Brathähnchen – ein Paradies für einen hungrigen Magen. Er schnappte sich ein Glas Erdnussbutter und eins mit Marmelade, dazu zwei Dosen Limonade und eine Tüte Marshmallows. »Wie steht's mit Brot?«, fragte er seinen Kumpel.

»Da drüben.« Duane deutete auf einen Brotkasten auf der Anrichte.

Martin griff sich gierig mehrere Scheiben. In der Spüle fand er ein Messer und bestrich sich die Brotscheiben dick mit Erdnussbutter und Marmelade.

»Mann, übertreib's nicht mit der Marmelade«, kommentierte Duane kichernd. »Auf was bist du, Hasch?«

»Keine Ahnung. Hab ein paar Pillen eingeworfen, die oben auf dem Nachttisch lagen«, sagte Martin zwischen gierigen Bissen. Ein Klecks Marmelade lief ihm im Mundwinkel herunter.

»Auf'm Trip?«

»Höllisch, ja. Und du?«

»Nee, Mann. Bin auf Dust. Hab kein Auge zugetan, seit wir hier sind. Bin immer noch voll aufgedreht.«

»Wann sind wir denn hergekommen?«, fragte Martin.

»Scheiße, Mann, du bist echt auf'm Trip. Freitagabend«, antwortete Duane lachend.

»Und was für'n Tag ist heute?«

Duane lachte noch lauter. »Sonntag früh. Ziemlich früh.«

»Wow, dann bist du seit zwei Nächten und einem Tag wach.«

»Ohne Scheiß, Mann.« Duane sah richtig stolz aus.

Martin schüttelte missbilligend den Kopf, nahm sich eine Handvoll Marshmallows und ging zurück zum Brotkasten. »Magst du ein Sandwich mit Erdnussbutter und Marmelade?«, bot er an.

»Nee, Mann, hab keinen Hunger. Aber hau ruhig rein.«

Martin schmierte sich noch ein Sandwich, diesmal mit noch mehr Marmelade.

»Hey, Martin, ich hab dir doch gesagt, ich hab 'ne Überraschung für dich, weißt du noch?«

Martin schaute seinen Freund neugierig an. »Nee, weiß ich ehrlich gesagt nicht mehr.«

»Also, hab ich aber gesagt. Hast du Lust, dir was anzusehen?« Duane klang ziemlich aufgeregt, und Martin wusste nicht, ob das nun an den Drogen lag oder ob sein Kumpel sich tatsächlich so freute, ihm eine Überraschung zu präsentieren.

»Klar. Was ist es?«, fragte er in beiläufigem Ton.

»Eine DVD. Ich hol sie mal, während du hier die ganze Marmelade leer frisst«, sagte Duane und zeigte auf das fast leere Glas.

»Eine DVD?« Martin klang wenig interessiert.

»Glaub mir, Junge, die ist heiß.« Er stürzte davon und überließ Martin seinem Sandwich. Ein paar Augenblicke später kam Duane mit einer DVD in einer dünnen Hülle wieder in die Küche gestürmt. »Da ist sie.«

Martin warf einen Blick darauf. Die Hülle hatte kein Etikett, und auch die DVD war nicht beschriftet.

»Wo können wir uns die anschauen?«, fragte Duane aufgeregt.

»Ich erinnere mich nebulös, dass da oben ein Raum mit 'nem großen Flachbildschirm und Surround-Sound-System war.« Er trank seine zweite Limonadendose mit gierigen Schlucken aus. »Aber was soll das ganze Gedöns mit der DVD? Was ist da drauf?«

»Hey, das ist echt cool, Mann. Du stehst doch auf Fesseln und so Sachen, stimmt's?« Er klang wie einer der Protagonisten in *Wayne's World*.

Für seine engsten Freunde war es kein Geheimnis, dass Martin eine Vorliebe für Fesselung und harten Sex hatte.

»Ist das'n BDSM-Porno?«, fragte er mit erwachendem Interesse.

»Das hier, Junge, haut dich garantiert um. Soll ein extremer Hardcore-Porno sein.«

Martin starrte den völlig aufgedrehten Duane an. »Ich bin dabei. Je härter, umso besser.« Er schob sich die letzten Marshmallows in den Mund.

»Also, wo ist dieser Raum mit dem Flachbildfernseher?«

»Irgendwo oben. Keine Sorge, den finden wir schon. Ich will erst noch'n Donut.«

Martin ging zum Kühlschrank zurück und holte sich eine Schachtel mit drei Schokoladen-Donuts und noch eine Dose Limo. Dann gingen sie beide nach oben.

Es dauerte nicht lange, bis sie den Fernsehraum ausfindig gemacht hatten. Mehrere ausladende, bequeme Ledersessel standen vor dem größten Flachbildschirm, den sie je gesehen hatten. Das Surround-Sound-System und der DVD-Player waren vom Feinsten.

»Hey, das ist cool«, rief Duane und sprang auf einen der Ledersessel wie ein kleiner Junge beim Trampolinspielen. »Und das da ist ja echt geil«, sagte er mit Blick auf den imposanten Fernseher.

»Jetzt gib mir die DVD, und hör auf, dich wie ein Kleinkind zu benehmen«, wies ihn Martin zurecht. Duane reichte ihm die DVD und machte es sich bequem, während Martin sie einlegte.

Das Erste, was Martin auffiel, war die amateurhafte Qualität der Aufnahmen. Dies war garantiert kein professionell gemachter Film. Die erste Einstellung zeigte eine junge Frau, nicht älter als fünfundzwanzig, die an einen Metallstuhl gefesselt war. Ihre langen blonden Haare waren zerzaust, als wäre sie eben erst aufgewacht. Ihre weiße Bluse war schmutzig und schweißgetränkt. Ihr Jeansrock war zerrissen, so dass man ihre wohlgeformten, gebräunten Beine sah. Man hatte ihr die Augen verbunden und sie geknebelt. Die schwarzen Wimperntuschespuren auf ihren Wangen waren ein deutlicher Hinweis, dass sie geheult hatte. Ihr Lippenstift war verschmiert, und sie wirkte verängstigt und erschöpft. Der Raum, in dem sie sich befand, war vielleicht sieben mal neun Meter groß, die Wände sahen aus, als hätte jemand mit einem Vorschlaghammer Löcher hineingeschlagen. Außer dem Stuhl, an den sie gefesselt war, war ein kleiner Metalltisch das einzige weitere Möbelstück.

Zwei Männer waren mit im Raum, doch die Kamera war kein einziges Mal auf ihre Gesichter gerichtet. Man sah sie praktisch nur vom Oberkörper abwärts. Martin war sofort elektrisiert, seine Müdigkeit verschwand.

»Das ist nicht das Übliche«, merkte er an. »Die machen da nicht erst lange mit einer Handlung herum, sondern kommen gleich zur Sache, oder?«

»Ich wusste, dass du auf so was stehst.«

Einer der beiden Männer trat zu der verängstigten Frau. Seine schwarze Hose wölbte sich über seiner Erektion. Er versuchte, ihr mit den Fingern durchs Haar zu fahren, doch als sie seine Berührung spürte, riss sie erschrocken den Kopf zurück. Ihr Aufschrei wurde von dem Knebel gedämpft. Die Reaktion der Frau verärgerte den Mann. Er schlug ihr mit der Hand so heftig auf die linke Wange, dass es sie von dem Stuhl hob.

»Hör auf, dich zu wehren, Schlampe.«

Er wandte sich zu dem anderen Mann um, der ihm ein Springmesser reichte. Ganz langsam fuhr er der Frau damit über die rechte Wange. Als sie das kalte Metall spürte, stieß sie einen entsetzten Schrei aus. Tränen rannen ihr unter der Augenbinde hervor. Der Mann richtete das Messer auf ihre Bluse. Mit einer raschen Handbewegung riss er sie ihr vom Leib. Zwischen ihren Brüsten bildete sich ein roter Blutstropfen, wo das Messer ihr die Haut aufgeritzt hatte. Ein angstvolles Wimmern drang aus ihrer Kehle, das sofort mit einem erneuten Schlag ins Gesicht beantwortet wurde.

»Halt's Maul, Hure.«

Der zweite Mann trat nun ebenfalls zu ihr, spreizte ihr mit Gewalt die Beine und schlitzte ihr den Minirock auf, unter dem ein durchsichtiger roter Slip zum Vorschein kam. Er schien feucht zu sein, was Martin erregte und dazu veranlasste, sich eine bequemere Sitzposition zu suchen.

Die beiden Männer in dem Film fuhren fort, die Frau zu berühren und ihre Erektionen an ihrem Körper zu reiben. Ihre Aktionen wurden immer brutaler, zeitweise schien die Gewalt zu eskalieren. Trotzdem genoss Martin jede Sekunde des Films. Bis die letzte Szene kam.

Einer der beiden Männer stand jetzt hinter der Frau, die, inzwischen nackt und nicht mehr am Stuhl gefesselt, von den beiden Männern mehrmals vergewaltigt worden war. Auf einmal wurde ihr die Augenbinde abgerissen. Sie blinzelte panisch und versuchte, in dem grellen Licht etwas zu erkennen. Schließlich fokussierte sich ihr Blick, und sie sah den Mann an, der direkt vor ihr stand. Ein Ausdruck des Wiedererkennens stellte sich ein, unmittelbar gefolgt von aufflackernder Angst. Ihr panischer Gesichtsausdruck spiegelte sich plötzlich auch auf Martins Gesicht wieder.

»Heiliger Himmel!«, rief er und sprang auf. Er zitterte auf einmal selbst vor Angst.

Ohne Vorwarnung wurde ihr der Kopf nach hinten gerissen, so dass ihre Kehle frei lag. Plötzlich war das blitzende Messer da. Ihre Augen verdüsterten sich, als sie verstand, was gleich geschehen würde. Es war zwecklos, sich noch zu wehren.

»Mann, was is'n das für eine Scheiße?« Martins Augen waren vor Schreck weit aufgerissen. Seine Erregung hatte sich schlagartig in Entsetzen verwandelt.

Ein rascher, glatter Schnitt, und ihr Hals riss von links nach rechts auf. Dunkles, warmes Blut spritzte zunächst heraus und lief dann in Strömen an ihr hinunter. Martin und Duane hatten noch nie so viel Blut gesehen. Der Mann hinter ihr zog immer noch ihren Kopf nach hinten, während die Kamera den sterbenden Blick in ihren Augen heranzoomte. Lachen war die einzige Geräuschkulisse.

»Heilige Scheiße … Was zum Teufel …?«, schrie Martin hysterisch.

Duane war inzwischen ebenfalls aufgesprungen. Sein geschockter Blick hing wie gebannt am Bildschirm.

»Das ist ein Snuff-Movie! Du servierst mir ein Scheiß-Snuff-Movie?!« Martin hatte sich zu Duane umgedreht.

»Mann, das wusste ich nicht«, erwiderte Duane und wich einen Schritt zurück. »Die haben mir bloß gesagt, es wär ein Hardcore-Porno«, erwiderte er schwach. Seine Stimme klang unsicher.

»Hardcore?«, schrie Martin. »Sie ist tot, Duane. Ermordet vor unseren Augen. Das kann man wohl sagen, dass das Scheißhardcore ist.« Martin rieb sich mit zitternden Händen das Gesicht, als wollte er das, was er eben gesehen hatte, wegwischen. »Wer sind *die*?«

»Was?« Duane schaute verwirrt drein.

»Du hast gerade gesagt, *die* hätten dir gesagt, es wäre ein Hardcore-Porno. Wer zum Teufel sind *die*? Von wem hast du das?«

»Nur so Kontakte. Die Art Leute, von denen man Drogen und Mädchen kriegt.«

»Meine Art Leute ist das jedenfalls nicht«, schrie Martin nervös, ging zum DVD-Player und holte die Disc heraus. Seine Hände zitterten noch immer.

»Was regst du dich überhaupt so auf, Mann, das hat doch nichts mit uns zu tun. Sehen wir zu, dass wir die DVD loswerden, und vergessen das Ganze.«

»Das kann ich nicht, Duane.«

»Und warum nicht?«

»Weil ich sie kannte.«

37

»Was? Was meinst du damit, du hast das schon mal gesehen? Wo? Wann?« Hunters Stimme stieg schlagartig um einige Dezibel an.

»Ich weiß nicht mehr genau. Vor vielleicht drei, vier Monaten«, sagte Isabella in beiläufigem Ton. »Willst du nicht frühstücken?«

Hunter war der Appetit vergangen. »Vergiss das Frühstück. Ich muss wissen, wo du dieses Zeichen schon mal gesehen hast, und wann. Und zwar sofort.« Er hielt sie an beiden Armen fest.

Isabella starrte ihn mit einem Ausdruck von Furcht in den Augen an. »Robert, du machst mir Angst. Was in aller Welt ist los?« Sie versuchte, sich aus seinem Griff zu winden.

Hunter ließ sie los, als ihm bewusst wurde, wie befremdlich sein Verhalten wirken musste. »Entschuldige«, sagte er und hob die Hände.

Sie wich vor ihm zurück, als hätte sie plötzlich einen Fremden vor sich. »Was soll denn das alles? Was zum Teufel ist plötzlich in dich gefahren?«, fragte sie verängstigt.

Hunter schwieg einen Moment und fuhr sich mit den Fingern durch die Haare, um sich wieder zu beruhigen. Isabella stand immer doch da und wartete auf eine Erklärung.

»Bitte, setz dich, und ich erkläre es dir.«

»Danke, ich stehe lieber.«

Hunter holte tief Luft. »Es war gelogen, als ich gesagt habe, das Symbol würde nichts weiter bedeuten.«

»Ja, das habe ich gemerkt.«

Hunter begann, Isabella von dem Doppelkreuz zu erzählen, allerdings nur so viel, wie er für unbedingt nötig hielt. Er erzählte ihr von den letzten beiden Morden, verschwieg aber die vorherigen. Und er verlagerte das in Wahrheit ins Fleisch der Opfer geritzte Symbol auf ein Stück Papier, das man angeblich an beiden Tatorten gefunden habe.

Isabella stand eine Minute reglos da und sagte kein Wort. Ihr Blick war gebannt auf Hunter gerichtet. Als sie schließlich sprach, zitterte ihre Stimme.

»Du redest hier von einem Serienmörder? Ich könnte also einem Serienmörder begegnet sein?«

»Das muss nicht sein«, versuchte er sie zu beschwichtigen. »Genaugenommen spricht man von einem Serienmörder erst, wenn er drei oder mehr Menschen jeweils getrennt voneinander getötet hat. Wir haben ja erst zwei Morde«, log er erneut.

»Deswegen ist er trotzdem ein Psychopath.«

Hunter gab ihr im Stillen recht, sagte aber nichts. »Isabella, du musst mir alles erzählen, was du über dieses Zeichen weißt. Wo hast du es gesehen?« Er nahm sanft ihre zitternden Hände.

»Ich weiß nicht mehr genau. Jetzt bin ich zu aufgeregt, um mich daran zu erinnern.«

»Bitte versuch es.«

Sie ließ seine Hände los und massierte sich kurz die geschlossenen Lider. »Vor zwei oder drei Monaten«, sagte sie schließlich. »Ich war mit einer Freundin in irgendeiner Bar.« Sie schlug die Augen wieder auf.

»Weißt du noch, in welcher?«, fragte Hunter.

Ein Kopfschütteln.

»Okay, macht nichts. Darauf kommen wir später zurück. Was ist da passiert?«

»Wir saßen an der Bar, und meine Freundin ging zur Toilette.«

»Du warst also allein?«

»Eine Minute oder zwei, ja.«

»Erzähl weiter.«

»Da kam ein Typ zu mir und fragte, ob er mich auf einen Drink einladen darf.«

»Wie sah er aus? Kannst du dich erinnern?«

Sie blickte ein paar Sekunden lang zu Boden. »Er war ziemlich groß, so um die eins neunzig, würde ich sagen. Rasierter Schädel. Wirkte ziemlich durchtrainiert. Und seine Augen …« Sie zögerte.

»Was war mit seinen Augen?«

»Sie waren irgendwie komisch.«

»Inwiefern?«

»Kalt … emotionslos … eben furchteinflößend. Als ob er mich vom ersten Augenblick an hasste.«

»Was für eine Farbe?«

»Grün. Daran kann ich mich genau erinnern.«

»Vielleicht Kontaktlinsen?«

»Nein, ich glaube nicht. Die Augen wirkten natürlich.«

»Okay. Was hast du gesagt, nachdem er dich gefragt hat, ob er dich auf einen Drink einladen kann?«

»Ich hab nein danke gesagt. Ich hatte schon was zu trinken.«

»Und das Symbol?«

»Er hat sich ein wenig vorgebeugt, die Arme auf die Theke gestützt und gefragt, ob ich mir sicher bin. Er meinte irgendwas von ›bloß ein harmloser Drink‹ oder so. Jedenfalls rutschten ihm dabei die Ärmel hoch, und da habe ich es gesehen, an beiden Handgelenken.«

»An beiden Handgelenken?«

»Ja.«

»Bist du dir sicher, dass es genau das Symbol hier war?« Hunter zeigte ihr noch einmal seine Zeichnung.

»Ja, genau so. Ich habe ihn sogar noch danach gefragt.«

»Was hast du ihn gefragt?«

»Ob die Tätowierungen was mit der Army zu tun haben. Na ja, Marines oder Leute aus der Armee tätowieren sich doch manchmal ein bestimmtes Symbol auf den Körper, zum Zeichen, dass ihnen etwas oder jemand sehr wichtig ist.«

»Was hat er gesagt?«

»Er hat irgendwie ausweichend reagiert. Hat sich sofort die Ärmel heruntergezogen und gesagt, es wäre nur was Persönliches.«

»Kannst du dich sonst noch an irgendwas erinnern?«

»Die Tätowierungen sahen nicht aus, als ob sie von einem Profi gemacht worden wären. Sie wirkten ziemlich grob, als ob jemand sich selbst mit Nadel und Tinte versucht hätte.«

»Bist du sicher?«

»Für mich sah's so aus.«

»Hat er sonst noch was gesagt? Hat er dir vielleicht einen Namen genannt?« Hunter war klar, dass er ihr bestimmt nicht seinen richtigen Namen genannt hätte, aber auch ein falscher wäre ein Anfang.

»Nein. Nachdem ich ihn nach den Tattoos gefragt hatte, wirkte er verärgert. Er hat irgendeine Entschuldigung gemurmelt und ist gegangen.«

»Heißt das, er hat das Lokal verlassen, oder ging er von der Bar weg?«

»Ich bin mir nicht sicher. Ich glaube, er ist ganz verschwunden, aber so genau kann ich mich nicht erinnern.«

»Macht nichts. Du machst das prima. Diese Tattoos, wo genau waren die?«

Isabella zeigte auf die Innenseiten ihrer Handgelenke, direkt unterhalb des Ballens. »Ungefähr hier.«

»Und wie groß?«

»Nicht sehr groß. Drei, vier Zentimeter vielleicht. Und schwarz.«

»Hast du den Mann seither noch mal gesehen?«

»Nein.«

»Was war mit seiner Stimme? War daran irgendwas auffällig?«

»Nicht, dass ich wüsste.«

»Dann versuchen wir es jetzt noch mal mit der Bar. Versuch dich an den Namen zu erinnern, Isabella.«

Sie schloss die Augen und atmete tief durch.

»Gab es da irgendwas Besonderes, vielleicht eine Leuchtreklame, irgendetwas an der Wand, oder vielleicht die Gegend, in der sie lag?«

»Es ist schon eine Weile her. Gib mir einen Augenblick Zeit, es fällt mir schon wieder ein.«

Hunter wartete ein paar Sekunden schweigend.

»Ich bin mir ziemlich sicher, dass es irgendwo am Strand war«, sagte sie mit zusammengekniffenen Augen.

»Na gut, versuchen wir es anders. Anstatt dich auf die Bar zu konzentrieren, denk an die Freundin, mit der du an dem Abend aus warst. Auf die Art kommt dir der ganze Abend wieder deutlicher ins Gedächtnis, als wenn du nur an die Bar denkst, und dann führt eins zum anderen«, erklärte Hunter.

»Ich war mit Pat aus. Wir hatten uns schon ziemlich lange nicht mehr gesehen«, sagte sie, den Blick auf den Boden gerichtet. Einen Moment später blickte sie auf und lächelte Hunter erleichtert an. »Du hattest recht. Als ich an Pat dachte, fiel es mir wieder ein. Wir waren im Venice Whaler Bar and Grill in Venice Beach.«

»Das kenne ich. Ich war schon mehrfach da«, sagte Hunter aufgeregt. »Kann ich dich noch eine Sache fragen?«

»Sicher«, sagte sie mit einem gleichgültigen Nicken.

»Glaubst du, du könntest einem Porträtzeichner vom LAPD eine Beschreibung von dem Mann geben, für ein Phantombild? Das wäre eine enorme Hilfe für uns.«

»Ja, ich kann's versuchen«, sagte sie mit einem schüchternen Schulterzucken.

Hunter ging zu ihr und küsste sie auf die Lippen. »Tut mir leid, dass ich vorhin so ausgetickt bin. Es kam nur so überraschend, als du sagtest, du hättest das Symbol schon mal gesehen. Das ist der erste echte Fortschritt, den wir in dem Fall machen.«

»Schon gut«, sagte sie und erwiderte seinen Kuss. Hunter zog den Knoten auf, mit dem sie sich sein Hemd umgebunden hatte, und es fiel zu Boden. Das Frühstück stand noch immer unangerührt da.

38

Es war wieder ein heisser Tag in Los Angeles, mit Temperaturen über dreißig Grad. Die Straßen waren voller Menschen, die ihre Hunde Gassi führten, spazieren gingen, joggten oder einfach nur in der Sonne saßen.

Hunter brach ungefähr um die Mittagszeit von Isabella auf, nachdem sie endlich doch noch gefrühstückt hatten. Sie war zwar noch ein bisschen mitgenommen, hatte ihm aber versichert, dass sie schon zurechtkäme.

»Himmel, wenn das unser Kerl ist, dann hätte sie eins seiner Opfer werden können«, stellte Garcia fest, nachdem Hunter ihm die Neuigkeit erzählt hatte.

»Ich weiß. Ich werde noch heute Nachmittag einen Zeichner zu ihr in die Wohnung schicken, sobald wir mit diesem Peterson von Tale & Josh fertig sind. Hast du seine Adresse rausgesucht?«

»Ja, Via Linda Street in Malibu«, erwiderte Garcia mit Blick auf eine Notiz, die er sich an den Computerbildschirm geklebt hatte.

»Malibu, sieh einer an«, sagte Hunter mit hochgezogenen Augenbrauen.

Garcia nickte. »Tja, manche Anwälte scheinen einen glamourösen Lebenswandel zu haben.«

»Sieht so aus. Wie steht's mit den Mädchen von D-King? Irgendwas rausgefunden?«

Seit dem Gespräch mit D-King am Freitag hatte Hunter bei Captain Bolter durchgesetzt, dass D-King rund um die Uhr überwacht wurde.

»Ja, jemand vom Überwachungsteam ist einer von ihnen gestern Abend vom Club nach Hause gefolgt«, sagte Garcia und zog ein Blatt Papier aus der Tasche.

»Gut, dann können wir uns die gleich nach Peterson vornehmen. Also los, du fährst.«

Malibu ist ein siebenundzwanzig Meilen langer, spektakulärer Küstenabschnitt nordwestlich von Los Angeles. Hier haben Leute wie Barbra Streisand, Tom Hanks, Dustin Hoffman, Robert Redford und Unmengen anderer reicher und berühmter Hollywoodstars ein Anwesen.

Den Großteil der Fahrt zu Petersons Haus hinaus schwiegen sie beide. Hunters Gedanken waren hin- und hergerissen zwischen der umwerfenden Nacht mit Isabella und dem erstaunlichen Durchbruch, den sie ihnen womöglich bescherte. Hatte sie tatsächlich dem Killer gegenübergestanden? Und falls ja, hatte er keine Verkleidung getragen? Hatte sie ihn womöglich mit ihrer Frage nach seinen Tätowierungen in die Flucht geschlagen? Hunter wusste, dass dieser Killer nie etwas dem Zufall überließ, doch immerhin bestand die winzige Chance, dass seine Begegnung mit Isabella ein solcher Zufall war. Hunter hatte das Gefühl, dass sich das Blatt gerade wendete.

»Hier ist die Straße«, sagte Garcia, als er in die Via Linda Street einbog.

»Nummer vier, gleich dort, das ist sein Haus«, sagte Hunter und deutete auf ein Haus mit hellblauer Fassade. Drei Autos standen in der Einfahrt, eines davon ein offenbar nagelneuer Chevy Explorer Van.

In Malibu fiel Petersons Haus nicht besonders auf, aber über Hunters und Garcias Standards ging es weit hinaus. Es war ein modernes zweistöckiges Gebäude mit einem makellos gepflegten Rasen davor. Ein geschwungener Weg aus Pflastersteinen führte von der Straße zu dem pompösen Hauseingang, der Aufgang war mit farblich komponierten Blumenarrangements geschmückt. Wer auch immer sich um das Anwesen kümmerte, war jedenfalls Perfektionist.

Hunter liebte es, mit dem Überraschungsmoment zu arbeiten. Wenn Leute vorgewarnt waren, blieb ihnen Zeit, sich ihre Lügen zurechtzulegen und einen klaren Kopf zu bekommen. Wann immer er es sich erlauben konnte, zog er es vor, Leute unangemeldet zu befragen, indem er einfach auftauchte. Ein Polizist von der Mordkommission mit einem Sack voller Fragen machte so ziemlich jeden Normalsterblichen nervös.

An der Haustür hing ein Türklopfer aus Messing in Form eines Löwenkopfs mit einem Ring im Maul.

»Was für ein Pomp«, bemerkte Garcia und klopfte dreimal. »Ich wette, die haben einen Swimmingpool hinterm Haus.«

»Junge, wir sind hier in Malibu, alle Häuser hier haben einen Swimmingpool hinterm Haus, ob man will oder nicht.«

Wenige Augenblicke später wurde die Tür von einem blonden, braunäugigen kleinen Mädchen geöffnet, das nicht älter als zehn sein konnte. Nicht unbedingt das, was sie erwartet hatten.

»Hallo. Ist dein Daddy zu Hause?«, fragte Garcia mit einem breiten Lächeln. Dabei beugte er sich hinunter, um mit dem Mädchen auf Augenhöhe zu sein.

Sie trat einen Schritt zurück und musterte die beiden Männer einen Moment lang. »Darf ich fragen, wen ich melden soll?«

Garcia war verblüfft über die gewählte Ausdrucksweise. »Selbstverständlich darfst du das fragen«, erwiderte er in dem Versuch, ihren pompösen Ton zu imitieren. »Ich bin Detective Garcia, und das hier ist Detective Hunter«, sagte er und deutete auf seinen Partner.

»Dürfte ich vielleicht einen Ausweis sehen?«, fragte sie mit skeptischer Miene.

Garcia konnte sich ein Lachen nicht verkneifen. »Sicher.« Beide Detectives zogen ihre Dienstmarken und sahen amüsiert zu, wie das Mädchen sie prüfend in Augenschein nahm.

»Gibt es irgendein Problem, Detectives?«

»Nein. Aber wir würden gerne mit deinem Daddy sprechen, wenn das möglich ist.«

»Ich nenne meinen Vater nicht Daddy. So was sagen nur kleine Kinder. Bitte warten Sie hier«, entgegnete sie trocken und machte ihnen die Tür vor der Nase zu.

»Was war das jetzt?« Garcia wandte sich verdutzt zu Hunter um, der nur mit den Achseln zuckte. »Die kann nicht älter sein als … was, zehn? Stell dir mal vor, wie die mit fünfzig ist!«

»Sie kann nichts dafür«, bemerkte Hunter mit geneigtem Kopf. »Ihre Eltern behandeln sie wahrscheinlich, als wäre sie viel älter, verbieten ihr, draußen zu spielen oder überhaupt gleichaltrige Freunde zu haben, und drillen sie zur Musterschülerin. Und ohne sich dessen bewusst zu sein, richten sie damit mehr Schaden an, als sie ihr Gutes tun.«

Sie hörten hinter der Tür schwerere Schritte näher kommen. Ein Erwachsener. Die Tür ging auf, und diesmal stand der große, hagere Mann vor ihnen, mit dem sie bei Tale & Josh bereits gesprochen hatten.

»Mr Peterson, wir hatten uns am Freitag schon einmal unterhalten. Detectives Garcia und Hunter«, sagte Garcia.

»Ja, ich erinnere mich. Was gibt es denn noch, Gentlemen? Ich habe Ihnen alles gesagt, was ich weiß.«

»Nur noch ein paar abschließende Fragen«, sagte Hunter. »Um ein paar noch offene Kleinigkeiten zu klären.«

»Und dafür kommen Sie zu mir nach Hause?«, fragte Peterson in gereiztem Ton.

»Wenn Sie uns nur zehn Minuten Ihrer Zeit schenken …«

»Meine Herren, es ist Sonntag«, unterbrach er. »Ich verbringe den Sonntag mit meiner Familie, und zwar gerne ungestört. Wenn Sie noch etwas zu klären haben, dann wird Ihnen meine Sekretärin gerne behilflich sein, einen Termin auszumachen. Wenn Sie mich jetzt bitte entschuldigen würden.« Er wollte schon die Tür zumachen, als Hunter einen Fuß dazwischenstellte.

»Mr Peterson«, sagte er, bevor der Mann seiner Empörung erneut Luft machen konnte. »Ihr Kollege wurde von einem Psychopathen ermordet, der vor absolut nichts Respekt hat. Es handelt sich hier nicht um einen Rachemord, und ganz bestimmt auch nicht um einen zufälligen. Wir wissen nicht, wer das nächste Opfer sein wird, aber so viel ist sicher: Wenn wir ihn nicht aufhalten, wird es ein nächstes Opfer geben.« Hunter hielt inne und sah Peterson durchdringend an. »Auch ich hätte gerne sonntags frei, um Zeit mit meiner Familie zu verbringen, und für Detective Garcia gilt dies ebenso.«

Garcia warf Hunter einen erstaunten Blick zu.

»Aber wir versuchen hier, Leben zu retten. Zehn Minuten, das ist alles, worum wir Sie bitten.«

Peterson presste die Lippen zusammen. Er wirkte immer noch ärgerlich, lenkte jedoch ein. »Na gut. Auf der Straße bitte, nicht hier drin«, sagte er mit einer Kopfbewegung nach draußen, in die Richtung, wo Garcias Wagen stand. »Schatz, ich bin in zehn Minuten wieder da«, rief er ins Haus hinein und zog dann die Tür hinter sich zu.

Während sie zu Garcias Wagen gingen, spähte Hunter zum Haus zurück. Das kleine Mädchen blickte mit traurigen Augen von einem Fenster im ersten Stock herunter.

»Eine tolle Kleine haben Sie da«, bemerkte Hunter.

»Ja, sie ist reizend«, antwortete Peterson ohne Interesse.

»Es ist so ein schöner Tag. Spielt sie nicht gern am Pool?«

»Sie hat Hausaufgaben zu machen«, sagte er trocken.

Hunter wechselte das Thema. »Ist das ein neuer Chevy-Van?«, fragte er und deutete dabei auf den Wagen.

»Ich habe ihn seit ein paar Monaten.«

»Was schluckt der so an Benzin?«

»Detective, Sie sind sicher nicht hergekommen, um sich mit mir über meine Tochter oder meinen neuen Wagen zu unterhalten. Also wie wäre es, wenn Sie zur Sache kommen?«

Hunter nickte. »Wir suchen noch nach Anhaltspunkten bezüglich George Slaters Dienstagabendroutine. Wir wissen, dass er nicht Poker spielte. Wenn Sie uns noch irgendetwas dazu sagen könnten, wäre das eine große Hilfe.«

Peterson zog eine Zigarette aus einer Schachtel in seiner Jackentasche und steckte sie sich zwischen die Lippen. »Stört es Sie, wenn ich rauche?«, fragte er mit gezücktem Feuerzeug.

Hunter und Garcia zuckten gleichgültig mit den Schultern.

»George war ein stiller Typ, er blieb immer für sich«, sagte Peterson und nahm einen tiefen Zug.

»Gab es irgendetwas Auffälliges an ihm?«

»Nun ...« Peterson zögerte.

»Ja?«, hakte Hunter nach.

»Vielleicht hatte er ja eine Affäre.«

Hunter beobachtete Peterson einen Moment lang schweigend. »Mit jemandem aus der Kanzlei?«

»Nein, nein. Ganz bestimmt nicht.«

»Warum sind Sie sich da so sicher?«

»Wir haben keine Kolleginnen in der Kanzlei. Und die Sekretärinnen und Assistentinnen sind alles ältere Damen.«

»Na und? Viele Männer stehen auf ältere Damen«, wandte Garcia ein.

»Trotzdem, das wäre viel zu riskant gewesen. Es hätte ihn seinen Job kosten können. George war nicht dumm«, gab Peterson mit einem Kopfschütteln zurück.

»Wie kommen Sie dann darauf, dass er eine Affäre gehabt haben könnte?«, fragte Hunter nach.

»Ich habe ihn ein paarmal rein zufällig am Telefon reden hören«, sagte Peterson und betonte dabei die Worte »rein zufällig«.

»Und was haben Sie da gehört?«

»Liebesgeplänkel – ›du fehlst mir, ich freu mich auf heute Abend‹ – so Zeug.«

»Vielleicht hat er mit seiner Frau gesprochen«, gab Garcia zu bedenken.

»Das bezweifle ich«, erwiderte Peterson entschieden, zog den linken Mundwinkel nach unten und blies eine Rauchwolke aus.

»Und weshalb bezweifeln Sie das?«, fragte Hunter.

»Ich habe mehrfach gehört, wie er mit seiner Frau redet, und das war ein ganz anderer Ton. Nicht so wie Frischverheiratete und Verliebte reden. Das war jemand anderes am Telefon, ganz sicher.« Er hielt inne und zog erneut an seiner Zigarette. »Die meisten dieser heimlichen Anrufe kamen übrigens dienstags.«

»Sind Sie sicher?«

»Ja, bin ich. Und als Sie beide dann in der Kanzlei nach Georges Pokerrunde am Dienstagabend gefragt haben, da dachte ich mir gleich, dass er seiner Frau eine Lüge aufgetischt hatte. Ich wollte nicht derjenige sein, der ihn verpetzt, also habe ich den Mund gehalten. Seine Frau macht auch so schon genug durch … die Arme.«

»Haben Sie sie je kennengelernt?«

»Ja, einmal. Eine sehr nette Frau … angenehm. Für mich hat die Familie einen hohen Stellenwert, Detective, und ich glaube an Gott, daher habe ich für Fremdgehen nichts übrig. Aber George hat sicher nicht verdient, was ihm passiert ist. Selbst wenn er seine Frau betrogen hat.«

»Was ist mit Wetten? Wussten Sie, dass er früher spielte?«

»Nein!«, erwiderte Peterson völlig baff.

»Haben Sie je gehört, wie er etwas über Hunderennen gesagt hat, Windhundrennen?«

Noch ein Kopfschütteln.

»Internet-Wetten?«

»Falls er bei so was mitgemacht hat, hat er es ganz sicher vor allen in der Kanzlei geheimgehalten. Die Chefs hätten das nicht gebilligt.«

»Wissen Sie etwas über Freunde außerhalb der Kanzlei? Er muss doch noch andere Leute gekannt haben. Haben Sie jemals Bekannte von ihm kennengelernt, vielleicht bei einer Feier oder einer Party oder dergleichen?«

»Nein, nicht dass ich wüsste. Seine Frau war die einzige Person, die er je zu gesellschaftlichen Anlässen der Kanzlei mitbrachte.«

»Und seine Kunden?«

»Soviel ich sagen kann, pflegte er nur rein geschäftliche Kontakte mit ihnen. Er hielt das strikt getrennt.«

Hunter kam sich vor, als versuche er einen Stein auszupressen.

»Gibt es sonst noch irgendetwas, was Sie uns über ihn sagen können? Irgendeine Besonderheit, die Ihnen vielleicht auffiel?«

»Außer dem Liebesgeflüster am Telefon … nein. Wie gesagt, er war ein stiller Typ und blieb meist für sich.«

»Gab es jemanden in der Kanzlei, der ihm vielleicht näherstand, eine Art Freund oder so?«

»Nicht dass ich wüsste. George hing nicht unnötig im Büro herum. Er kam auch nie mit, wenn wir mal nach Feierabend etwas trinken gingen. Er hat seine Arbeit erledigt, und das war's.«

»Blieb er manchmal bis spätabends im Büro?«

»Das tun wir alle, wenn ein Fall es erfordert, aber nicht zum Vergnügen.«

»Das heißt, der einzige Grund, weshalb Sie vermuten, dass er eine Affäre hatte, ist der, dass Sie *rein zufällig* gehört haben, wie er in verliebtem Ton telefonierte?«

Peterson nickte und blies erneut eine dünne Rauchwolke aus dem Mundwinkel.

Hunter kratzte sich am Kinn und überlegte, ob es Sinn hatte, weiterzufragen. »Danke für Ihre Hilfe. Falls Ihnen noch etwas einfällt, lassen Sie es uns wissen.« Er reichte ihm seine Karte.

Peterson zog ein letztes Mal an seiner Zigarette, ließ den Stummel auf den Boden fallen und trat ihn aus. Er nickte den beiden Detectives zu und ging dann in Richtung Haus.

»Mr Peterson«, rief Hunter ihm nach.

»Ja?«, erwiderte er gereizt.

»Es ist so ein herrlicher Tag. Warum gehen Sie nicht eine Weile mit Ihrer Tochter in den Garten? Spielen irgendwas? Laden sie auf Eiscreme und Donuts ein? Einfach um den Tag zu genießen.«

Das kleine Mädchen starrte noch immer vom Fenster aus auf sie herunter.

»Ich sagte doch, sie hat noch Schulaufgaben zu machen.«

»Aber es ist Sonntag. Hat sie nicht auch mal eine Pause verdient?«

»Wollen Sie mir Vorschriften machen, wie ich meine Tochter zu erziehen habe, Detective?«

»Überhaupt nicht. Es war nur ein Vorschlag, damit Sie sie nicht verlieren. Damit sie nicht, wenn sie groß ist, ihre Eltern hasst.« Hunter winkte dem kleinen Mädchen zum Abschied zu, und sie lächelte scheu. »Wie Sie schon sagten, sie ist reizend«, sagte er noch einmal an Peterson gewandt. »Das wird sie nicht ewig bleiben.«

39

Die Adresse, nach der sie suchten, lautete 353 Ocean Boulevard in Santa Monica. Garcia beschloss, die malerische Route über den Pacific Coast Highway zu nehmen.

Auf dem PCH werden die meisten amerikanischen Autowerbungen gefilmt. Er folgt der Küstenlinie von den Sandstränden Südkaliforniens bis zur zerklüfteten Küste des Pazifiks im Nordwesten und passiert dabei allerlei malerische Küstenorte und eine Reihe von Nationalparks und Naturschutzgebieten.

Wegen des blauen Himmels und der Temperaturen von über dreißig Grad war Santa Monica Beach vollgestopft mit Leuten. Hätten sie es sich aussuchen können, hätten sich die beiden Polizisten nur zu gerne in eine der Bars mit Strandblick gesetzt, ein kühles Bier getrunken und einfach den Tag genossen – doch sie konnten es sich nicht aussuchen.

Die Frau hieß Rachel Blate, doch für ihre Kunden war sie nur Crystal. Hunter wusste, dass der berüchtigte Drogendealer alles aufbieten würde, um Jennys Mörder zu finden. D-King kannte die Straßen besser als Hunter, er hatte Kontakte und Informanten unter jedem Stein und in jedem schmutzigen Winkel. Und wenn D-King etwas fand, dann wollte Hunter es wissen.

Während Garcia einparkte, ging Hunter rasch die Informationen durch, die ihnen über Rachel Blate vorlagen.

»Das ist alles? Mehr haben wir nicht über sie?«, fragte er nach dem Überfliegen der einen Seite, die Hunter ihm gegeben hatte.

»Ja, sie ist sauber, keine Vorstrafen, keine Verhaftungen. Ihre Fingerabdrücke sind nicht mal registriert. Eine unbescholtene Bürgerin.«

Hunter schnitt eine enttäuschte Grimasse. Das hieß, er hatte kein Druckmittel, um gegebenenfalls ihre Kooperationsbereitschaft zu fördern.

Hunter und Garcia waren beeindruckt von dem Gebäude mit der Nummer 535: ein verglastes zwölfstöckiges Apartmenthaus in imposanter Lage am Ocean Boulevard. Jede Wohnung hatte einen eigenen Balkon, jeder Balkon war mindestens drei mal vier Meter groß. Die Eingangshalle wartete mit Marmorboden, Ledersofas und einem Kronleuchter auf, der eher in den Buckingham Palace als nach Santa Monica gepasst hätte.

Rachels Apartment hatte die Nummer 44C, doch als die beiden gerade den Portier ansteuerten, berührte Garcia Hunter leicht am Arm und deutete mit dem Kopf unauffällig zum Lift. Eine auffallend attraktive Afroamerikanerin war soeben herausgekommen. Sie trug ihr glattes schwarzes Haar offen und ohne Schnickschnack. Ein hellgelbes T-Shirt steckte in einer engen, kurz abgeschnittenen eisblauen Jeans und betonte ihre schmale Taille. Mit ihrer Figur wäre sie durchaus eine Anwärterin für das Poster im Playboy gewesen. Eine Gucci-Sonnenbrille schützte ihre Augen gegen das grelle Tageslicht. Hunter erkannte in ihr sofort eine der Frauen wieder, die am Freitagabend an D-Kings Tisch gesessen hatten.

Die beiden warteten, bis die Frau, ohne sie zu bemerken, an ihnen vorbeigegangen und auf die Straße hinausgetreten war. Mit ein paar Schritten hatten sie sie eingeholt.

»Miss Blate?«, rief Hunter, als er sie erreicht hatte.

Sie blieb stehen und wandte sich zu ihm um. »Hallo, kenne ich Sie?«, fragte sie munter.

Hunter zeigte ihr seine Marke, und Garcia tat es ihm nach. »Hätten Sie ein paar Minuten Zeit für uns?«

»Habe ich irgendwelchen Ärger?«, fragte sie unbeeindruckt.

»Nein, nein. Wir wollen uns eigentlich nur über eine Freundin von Ihnen unterhalten.«

»Und wer sollte das sein?«

»Jenny Farnborough.«

Sie warf ihnen einen abschätzigen Blick zu, musterte jeden der beiden Detectives ein paar Sekunden und sagte dann in leicht amüsiertem Ton: »Ich weiß nicht, von wem Sie sprechen, tut mir leid.«

»O doch, das wissen Sie.« Hunter war nicht in Stimmung für Spielchen. »Sie hat für D-King gearbeitet, genau wie Sie.« Sein Blick war kühl und eisern.

»D-King?«, wiederholte sie mit gerunzelter Stirn und schüttelte leicht den Kopf, als hätte sie nicht den geringsten Schimmer, wer das sein sollte.

»Hören Sie, wir hatten alle eine anstrengende Woche, und genau wie Sie würden auch wir lieber das schöne Wetter genießen, als uns hiermit herumzuschlagen. Je schneller wir also das Herumgerede lassen und zur Sache kommen können, umso schneller kann jeder wieder das tun, wonach ihm der Sinn steht. Wir waren Freitagabend im Vanguard Club, Sie haben bei ihm am Tisch gesessen, also stellen Sie sich nicht dumm. Und wie schon gesagt, es geht nicht um Sie, wir brauchen nur Ihre Hilfe.«

Jetzt erinnerte sie sich wieder. Außerdem fiel ihr ein, dass sie den blauäugigen, muskulösen Detective recht attraktiv gefunden hatte.

Sie nahm ihre Sonnenbrille ab und schob sie sich ins Haar. Jetzt noch ihre Bekanntschaft mit D-King und Jenny zu leugnen war sinnlos. Außerdem: Wenn die beiden sie hätten verhaften wollen, hätten sie es längst getan.

»Na gut, aber ich habe Jenny nicht mehr gesehen, seit sie ausgestiegen ist. Ich weiß nicht, ob ich Ihnen helfen kann.«

»Ausgestiegen?« Garcias verdutzte Miene verriet seine Überraschung.

»Ja, ich dachte, sie hätte beschlossen, nach Hause zurückzugehen.«

»Wie kommen Sie darauf?«

»Das wurde uns gesagt.«

»Von D-King?

Rachel holte tief Luft, hielt sie ein, zwei Sekunden an und sagte dann: »Ja.«

Hunter verstand, weshalb D-King die Mädchen angelogen hatte. Wenn sie wüssten, dass man Jenny gekidnappt und gefoltert hatte, wären sie in Panik ausgebrochen. Er sollte schließlich nicht nur ihr Boss, sondern auch ihr Beschützer sein. Hunter überlegte, wie viel er Rachel verraten sollte. Wenn er ihr erzählte, was wirklich geschehen war, würde er D-Kings ganzes Lager in Panik versetzen. Er beschloss, für den Augenblick niemanden aufzuscheuchen.

»Haben Sie diesen Mann schon einmal gesehen?« Hunter zeigte ihr ein Foto von George Slater.

Rachel betrachtete es eingehend. »Hmm … ich bin mir nicht sicher.«

»Sehen Sie es sich genau an«, forderte Hunter sie auf. Er war sich sicher, dass sie ihn erkannt hatte, auch wenn ihr Instinkt sie erst einmal davor warnte, mit der Wahrheit rauszurücken.

»Vielleicht … in einem Club oder bei einer Party.«

»Einer privaten Party?«

»Ja, ich glaube, bei einer von den extremen Partys, wenn ich mich nicht täusche.« Sie biss sich auf die Lippe, als versuchte sie, sich an etwas zu erinnern. »Ja, ich bin mir jetzt ziemlich sicher. Er stand auf Extrem-Partys. Seinen Namen kenne ich aber nicht, falls das Ihre nächste Frage ist.«

»Ist es nicht«, erwiderte Hunter mit einem raschen Kopfschütteln. »Extrem-Partys? Was heißt das?«, fragte er interessiert nach.

»So nennen wir die. Manche Leute machen gern Party, und manche Leute machen gern extrem Party. Alle haben irgendeine sexuelle Phantasie, die sie anturnt. Extrem-Partys sind so was wie Fetisch-Partys.«

»Zum Beispiel was?« Auch Garcia wirkte auf einmal sehr interessiert.

Rachel sah ihn geradewegs an und trat einen Schritt auf ihn zu. »Zum Beispiel alles, was dich erregt, Schätzchen.« Sie strich ihm zärtlich mit einem Finger über die Wange. »Latex, Fesseln, Sadomaso … oder vielleicht einfach nur ein harter Fick.« Sie zwinkerte ihm lasziv zu. Garcia errötete und wich einen Schritt zurück.

»Tut mir leid, wenn ich den intimen Augenblick unterbrechen muss, aber was genau geht bei solchen Partys vor sich?«

Rachel lehnte sich an einen parkenden Wagen. »Alles Mögliche. Was man eben will. Warum? Sind Sie interessiert?«

Hunter ignorierte ihre Frage. »Und Sie waren auf solchen Partys?«

»Ein paarmal«, antwortete sie beiläufig.

»Und Jenny?

»Ja, sie war auch auf einigen.«

»Wie viele Mädchen sind da im Schnitt?«, fragte Garcia.

»Hängt davon ab, wie viele Gäste kommen, aber meistens so zwischen zehn und fünfzehn von uns und noch ein paar andere.«

»Andere?«

»Wenn es eine große Party ist, mit zwanzig oder dreißig Gästen, dann brauchen sie mindestens fünfzehn bis zwanzig Mädchen und ein paar Jungs.«

»Jungs?«

Garcias Naivität brachte Rachel zum Lachen. »Ja, Schätzchen, männliche Models. Wie ich schon sagte, die Leute haben allerlei Phantasien, auch bisexuelle und homosexuelle. Wenn die so was wollen, dann sollen sie es kriegen. Stehst du auf so was, Schätzchen?«

Garcias erschrockener Ausdruck amüsierte Hunter. »Nein, natürlich nicht«, erwiderte der entschieden.

»Da bin ich aber froh«, sagte sie mit noch einem aufreizenden Augenzwinkern.

»Können Sie sich erinnern, Jenny und diesen Mann schon einmal zusammen bei einer solchen Party gesehen zu haben?«, fragte Hunter.

»Vermutlich schon, aber das ist schwer zu sagen. Bei diesen Partys spielt jeder mit jedem, verstehen Sie? Allerdings kann ich mich noch erinnern, dass der hier mit anderen Jungs gespielt hat.«

Sowohl Hunter als auch Garcia rissen überrascht die Augen auf.

»Das habt ihr wohl nicht erwartet, dass er auf Männer steht?«

Garcia schüttelte den Kopf.

»Sind Sie sicher?«, fragte Hunter.

»O ja. Er zog nämlich eine ganz schöne Show ab.«

»Wie können wir an so einer Party teilnehmen?«

»Gar nicht. Es sei denn, Sie werden eingeladen. Für so was bezahlt man nicht. Der Gastgeber, meist irgendein stinkreicher Sack, mietet die Mädchen und Models und lädt ein, wen er will. Wenn Sie nicht mit ihm befreundet sind, kriegen Sie auch keine Einladung«, erklärte sie.

Hunter hatte so etwas befürchtet. »Gibt es so eine Party an Dienstagabenden?«

»Es gibt dafür keinen festen Tag. Es findet statt, wenn der reiche Sack eben gerade Lust drauf hat.«

»Wissen Sie, ob es letzten Dienstag eine gab?«

Rachel überlegte eine kleine Weile. »Wenn, dann war ich jedenfalls nicht dabei.«

»Ist Ihnen irgendwann mal jemand Eigenartiges bei so einer Party aufgefallen?«, fragte Hunter.

Rachel lachte. »Sie meinen, außer den Leuten, die Spaß daran haben, wenn man auf sie pinkelt, ihnen die Stöckelschuhe in den Rücken bohrt, ihnen den Hintern versohlt, sie fesselt, mit heißem Wachs verbrüht oder ihnen Gegenstände in den Arsch schiebt?«

»Ja, außer denen«, sagte Hunter ungerührt.

»Nein, jemand noch Eigenartigeres nicht.«

»Nehmen an solchen Partys, abgesehen von den Models, auch Frauen teil?«

»Manchmal. Ich habe schon Gäste gesehen, die ihre Ehefrauen oder Freundinnen mitbrachten. Anscheinend führen manche Paare eine ziemlich liberale Beziehung«, sagte sie kichernd.

»Ihnen ist also nie jemand besonders aufgefallen?«

»Ich achte nicht allzu sehr auf diese Leute. Ich bin da nur, um meinen Job zu machen. Wie Leute aussehen, spielt für mich keine Rolle. Wenn es das täte, könnte ich den Job nicht machen.«

Das konnte Hunter leicht nachvollziehen.

»Hat Jenny auch in Ihrem Apartmenthaus gewohnt?«, fragte Garcia.

»Nein. Ich weiß nicht, wo sie gewohnt hat. Das weiß ich von keinem der anderen Mädchen. D-King will es so. Aber ihre alte Wohnung ist inzwischen sowieso ausgeräumt.«

»Weshalb denken Sie das?«

»Alle Wohnungen gehören ihm. Wenn ein Mädchen geht, kommt das nächste. Er sorgt gut für uns.«

»Das sehe ich«, sagte Garcia und blickte mit schräggelegtem Kopf an der Glasfassade des Gebäudes hinauf. »Was passiert mit ihren Sachen? Ich meine, falls sie was dagelassen hat.«

»Das meiste davon gehört sowieso D-King. Er richtet die Wohnungen ein, versorgt uns mit Klamotten, Parfüm, Make-up, was immer. Er weiß schon, wie man Frauen verwöhnen muss.«

Ein paar Augenblicke lang sagte niemand etwas.

»Kann ich jetzt gehen?«, fragte Rachel ungeduldig.

»Ja, klar. Danke für Ihre Hilfe. Oh, eins noch«, rief Hunter ihr nach, als sie schon losgegangen war. Sie blieb stehen und wandte sich mit einem theatralischen Seufzer zu den beiden Detectives um. Erneut schob sie sich die Brille auf die Stirn.

»Haben Sie schon mal jemanden mit so einer Tätowierung gesehen?«, fragte er und zeigte ihr eine Skizze des Doppelkreuzes.

Sie schaute auf die Zeichnung, runzelte die Stirn und schüttelte dann den Kopf. »Nein, noch nie.«

»Sicher?«

»Ganz sicher.«

»Okay, danke nochmals.« Hunter faltete das Papier wieder zusammen, steckte es in seine Jackentasche und reichte ihr eine seiner Karten. »Falls Sie jemals jemanden sehen, der so eine Tätowierung trägt, oder falls Sie das Zeichen sonst irgendwo entdecken, rufen Sie uns bitte an.«

Sie nahm Hunters Visitenkarte entgegen und betrachtete sie lächelnd. »Vielleicht rufe ich Sie ja einfach so mal an.«

»Ich glaube, die steht auf dich«, sagte Hunter zu Garcia, als Rachel außer Hörweite war, und klopfte ihm auf den Rücken.

»Auf mich? *Dich* will sie doch anrufen. Vielleicht wird ja noch ein Rendezvous draus, und sie nimmt dich auf eine dieser Extrem-Partys mit«, spöttelte Garcia.

40

HUNTER LAG IM DUNKELN und starrte an die Decke. Zu viele Gedanken gingen ihm durch den Kopf, als dass er hätte einschlafen können.

Suchte der Killer sich so seine Opfer aus – in Bars, Clubs und auf Partys?

Dieser Killer war nicht der Typ, der sich an eine bestimmte Routine hielt, und Hunter wurde das Gefühl nicht los, irgendetwas übersehen zu haben, doch er konnte einfach den Finger nicht darauflegen. Er fühlte sich erschöpft und ausgepumpt. Egal wie oft er es versuchte, er schaffte es nicht, länger als ein paar Sekunden an etwas anderes zu denken. Ihm war bewusst, dass er wieder auf denselben Abgrund zusteuerte wie schon einmal, und seinem Partner erging es nicht besser. Das durfte er nicht zulassen.

Im Zimmer war es still, nur die sanften Atemzüge der dunkelhaarigen Frau neben ihm waren zu hören. Ihr weiches glänzendes Haar, ihre wunderbar zarte Haut – ihre Gegenwart beruhigte ihn.

Nach dem Gespräch mit Rachel Blate waren Garcia und Hunter ins Büro zurückgekehrt. Hier hatte sich Hunter mit Patricia Phelps, der LAPD-Zeichnerin, getroffen, und zusammen waren sie zu Isabella gefahren. Garcia hatte beschlossen, noch im Büro zu bleiben, um ein paar Sachen zu überprüfen. Isabella hatte sich alle Mühe gegeben, sich so genau wie möglich an den Mann mit den Tätowierungen zu erinnern, dem sie vor ein paar Monaten begegnet war. Es hatte fünfundfünfzig Minuten und drei Tassen Tee gebraucht, doch dann hatte die Zeichnerin ein Phantombild erstellt, das nach Isabellas Aussage dem Mann, den sie gesehen hatte, ziemlich ähnlich sah.

Nachdem Patricia mit ihrer Arbeit fertig war, bat Isabella Hunter, die Nacht über zu bleiben. Die Erkenntnis, dass sie womöglich einem Serienkiller begegnet war, ängstigte sie nun doch ziemlich. Sie fühlte sich allein und verletzlich, und Hunter war der einzige Mensch, den sie jetzt bei sich haben wollte. Hunter brannte darauf, mit dem Fall voranzukommen und die neuen Informationen des heutigen Tages zu verarbeiten, aber er konnte Isabella nicht gut alleine lassen. Nicht heute Nacht.

»Kannst du nicht schlafen?« Hunter hatte gar nicht bemerkt, dass Isabella aufgewacht war. Er drehte sich zu ihr.

»Nein. Aber ich schlafe eigentlich nie viel. Das habe ich dir ja schon erzählt.«

»Bist du denn nicht müde?«

»Mein Körper ist müde. Mein Hirn ist hellwach. Und am Ende gewinnt immer mein Hirn.«

Sie rückte näher und küsste ihn sanft auf die Lippen. »Ich bin froh, dass du heute hiergeblieben bist.«

Hunter beobachtete lächelnd, wie sie mühsam versuchte, die Augen offen zu halten, während ihr Kopf auf seiner Brust lag. Es war ziemlich lange her, seit Hunter das letzte Mal zwei Nächte in Folge mit derselben Frau verbracht hatte. Er hatte keine Zeit für eine feste Beziehung und auch kein Interesse daran, sein Leben mit jemandem zu teilen. So wie jetzt war es ihm am liebsten.

Vorsichtig bettete er ihren Kopf wieder auf das Kissen und schlüpfte aus dem Bett, ohne sie erneut aufzuwecken. In der Küche fiel sein Blick auf das Glas Instantkaffee, das sie extra für ihn gekauft hatte, und ein Lächeln tanzte auf seinen Lippen. Hunter goss sich eine kräftige Tasse davon auf, ging damit ins Wohnzimmer und machte es sich auf dem Sofa bequem. In Gedanken ging er noch einmal die beiden Befragungen des vergangenen Tages durch. Wieder sah es so aus, als hätten sie eine Verbindung zwischen zwei Opfern hergestellt. Jenny und George kannten sich, da war er sich sicher. *Sexpartys*, überlegte er. Hatten die Morde vielleicht eine sexuelle Bedeutung? Hatte der Killer es auf Leute abgesehen, die häufig ihre Sexualpartner wechselten? Nach wie vor mehr Fragen als Antworten. Doch Hunter spürte, dass sie dem Killer näher kamen. Zum ersten Mal überhaupt verspürte er so etwas wie Aufregung bei diesem Fall. Zum ersten Mal hatten sie überhaupt etwas in der Hand, womit sie arbeiten konnten – ein Gesicht. Vielleicht.

Er trank noch einen Schluck Kaffee und dachte flüchtig daran, wie viele Tassen er wohl heute brauchen würde, um durch den Tag zu kommen. Er schaute auf seine Armbanduhr: sechs Uhr morgens. Zeit zum Aufbruch.

Langsam öffnete er die Tür zu Isabellas Schlafzimmer, um nach ihr zu sehen. Sie schlief ganz friedlich. Er weckte sie nicht, bevor er ging.

41

Eigentlich erschien Hunter selten vor acht Uhr im Dezernat, doch die neuen Entwicklungen der letzten Tage hatten ihn und die Untersuchung auf Trab gebracht. Er verspürte wieder den Biss aus seinen Anfangstagen als Detective.

»Gehst du eigentlich auch mal nach Hause, oder bist du schon hier eingezogen?«, fragte er, als er zu seiner Überraschung Garcia bereits am Schreibtisch vorfand.

»Der Captain will dich sofort sehen«, sagte Garcia, ohne auf die Bemerkung seines Partners einzugehen.

Hunter schaute auf die Uhr. »Machst du Witze, Grünschnabel? Es ist halb acht morgens!«

»Ich weiß. Er hat so gegen sieben hier oben angerufen. Ich war gerade reingekommen.«

»Du bist um sieben gekommen? Schläfst du eigentlich auch irgendwann mal?«, fragte Hunter und zog seine Jacke aus. »Hat er gesagt, worum es geht?«

»Mir nicht.«

»Haben wir gestern keinen Bericht vorgelegt?«

»Doch, hab ich. Zwar erst kurz nach zehn Uhr, aber er hat ihn bekommen.«

Hunter roch frisch gekochten brasilianischen Kaffee. Das war genau das, was er brauchte, bevor er Captain Bolter gegenübertrat.

Das Großraumbüro des Morddezernats war beinahe ausgestorben, mit Ausnahme von Detective Maurice, der am Fenster stand. Auf seinem Schreibtisch und am Boden lag Papier verstreut. Er sah aus, als wäre er seit Tagen nicht zu Hause gewesen. Hunter grüßte ihn mit einem schlichten Kopfnicken, doch Maurice schien ihn nicht einmal wahrzunehmen. Hunter erreichte das Büro des Captains und klopfte zweimal an.

»Herein«, rief der Captain von drinnen.

Obwohl es noch früh am Tag war, fühlte sich der Raum bereits heiß an. Es gab keine Klimaanlage, keines der Fenster war geöffnet, und die zwei Ventilatoren waren ausgeschaltet. Der Captain saß hinter seinem Schreibtisch und las die Morgenzeitung.

»Sie sind früh da«, stellte Hunter trocken fest.

»Ich bin immer früh da«, erwiderte der Captain und blickte auf, um Hunter zu begrüßen.

»Sie wollten mich sprechen?«

»Genau.« Der Captain zog die oberste Schublade seines Schreibtischs auf und holte das Phantombild heraus, das Patricia am vorherigen Nachmittag gezeichnet hatte. »Sehen Sie sich die mal an«, sagte er zu Hunter und deutete auf seinen Computerbildschirm. Hunter ging um die zwei großen Sessel herum und stellte sich neben den Captain. Auf dem Monitor waren mehrere Variationen des Phantombilds zu sehen – mit längeren Haaren, kurzgeschoren, Vollbart, Oberlippenbart, Brille –, insgesamt zwanzig verschiedene Zeichnungen.

»Wir haben alle Veränderungsmöglichkeiten durchgespielt, die uns eingefallen sind, und die Bilder an sämtliche Polizeidienststellen in Los Angeles geschickt. Wenn der Kerl noch in der Gegend ist, dann stoßen wir früher oder später auf ihn.«

»Oh, der ist garantiert noch in der Gegend«, sagte Hunter mit felsenfester Überzeugung. »Wir werden uns auch die Bars und Nachtclubs vornehmen. Wir fangen heute Abend in Santa Monica an. Mit etwas Glück hat ihn ja vielleicht jemand vor kurzem gesehen.«

»Gut …«

Hunter merkte, dass der Captain irgendwie herumdruckste. »Irgendwas liegt Ihnen noch auf der Seele, oder?«

Der Captain ging zu seiner Kaffeemaschine. »Kaffee?«

Hunter schüttelte den Kopf. Den Fehler, einen Kaffee vom Captain anzunehmen, hatte er nur einmal gemacht. Er sah zu, wie sich der Captain eine Tasse eingoss und vier Stück Zucker hineinfallen ließ.

»Die Frau, die Ihnen diese Beschreibung gegeben hat … Haben Sie etwas mit ihr? Haben Sie eine Beziehung mit einer potentiellen Zeugin?«

»Moment mal, Captain. Die Nummer ist hier völlig fehl am Platz«, erwiderte Hunter alarmiert. Er schaltete sofort auf Verteidigung. »Wir waren ein paarmal zusammen, aber ich habe sie kennengelernt, bevor sich herausstellte, dass sie einem potentiellen Verdächtigen begegnet ist. Ich habe sie einfach nur in einer Bar getroffen ... und sie ist auch keine potentielle Zeugin. Sie hat ja gar nichts gesehen, was es zu bezeugen gäbe.«

»Ach, Sie wissen genau, was ich meine. Eine persönliche Beziehung mit jemandem, der auf irgendeine Art und Weise in eine laufende Ermittlung involviert sein könnte, ist, um es mal milde auszudrücken, riskant. Um es deutlicher zu sagen, es verstößt gegen die Regeln und ist dumm.«

»Ich habe mit ihr geschlafen. Das heißt noch lange nicht, dass ich eine Beziehung mit ihr habe. Schon gar nicht in L. A. Und sie ist auch nicht in diese Untersuchung involviert. Sie ist weder eine Zeugin noch eine Verdächtige. Sie ist ein glücklicher Zufall für uns, und ehrlich gesagt, einer, den wir verdammt dringend gebraucht haben.«

»Haben Sie auf einmal den Verstand verloren?« Der Ton des Captains war knochentrocken. »Sie wissen doch, wie Serienkiller arbeiten. Oder, um es präziser zu sagen, Sie wissen genau, wie dieser hier arbeitet. Er erstellt Profile von Leuten, genau so, wie wir versuchen, eins von ihm zu erstellen. Er studiert seine potentiellen Opfer, manchmal monatelang, weil er weiß, wenn er sich das falsche aussucht, ist sein Spiel aus. Wenn das unser Kerl ist, dann glauben Sie doch wohl nicht ernsthaft, dass er Ihrer Freundin in dieser Bar nur zufällig begegnet ist?«

Genau dieser Gedanke geisterte Hunter im Hinterkopf herum, seit Isabella ihm von dem Mann im Venice Whaler erzählt hatte. Hunter wusste, wie methodisch der Killer vorging. Keine Fehler, keine Unachtsamkeiten. Er beschattete seine Opfer, studierte ihre Gewohnheiten, ihre Tagesabläufe und wartete auf den passenden Augenblick, um zuzugreifen.

»Ich weiß, Captain. Es wäre möglich, dass der Killer sich auf diese Art seine Opfer aussucht. Dass er sie in einer Bar oder einem Nachtclub mit einer belanglosen Bemerkung anspricht, um einen Eindruck von ihnen zu gewinnen.«

»Und das beunruhigt Sie nicht?«

»Alles an diesem Fall beunruhigt mich, Captain. Aber dieser spezielle Vorfall gibt eher Anlass zur Hoffnung.«

»Zur Hoffnung? Sind Sie von allen guten Geistern verlassen?«, fragte der Captain mit großen Augen.

»Die Begegnung ist über zwei Monate her. Das heißt, sie fand statt, bevor er wieder mit dem Morden anfing. Der erste Mord ist ja gerade erst eine gute Woche her. Vielleicht hatte er sich Isabella als potentielles Opfer ausgesucht, und etwas an ihr hat ihn gestört. Vielleicht passte sie nicht in sein Opferprofil, also ließ er sie in Ruhe und hielt nach jemand anderem Ausschau.«

»Der gesichtslosen Frau?«

Hunter nickte.

Captain Bolter trank einen Schluck Kaffee und verzog angeekelt das Gesicht. »Aber warum? Warum sollte er sie nicht als Opfer wollen? Sie lebt allein, nicht wahr?«

»Ja.«

»Damit wäre sie doch ein leichtes Ziel. Weshalb hat er sie aussortiert?« Bolter ging zur Kaffeemaschine zurück und warf zwei weitere Stück Zucker in seine Tasse.

»Das weiß ich auch noch nicht, aber es ist einer der Gründe, weshalb ich in ihrer Nähe bleiben muss. Ich muss herausfinden, weshalb sie nicht in sein Profil gepasst hat. Vielleicht ist sie zu eigenwillig. Isabella ist keine Frau, der man etwas vormachen kann. Vielleicht hat ihn die Tatsache, dass sie seine Tätowierungen bemerkte, aufgeschreckt. Vielleicht hat er den Eindruck gewonnen, dass sie doch kein so leichtes Ziel ist.« Hunter schwieg einen Moment lang unbehaglich. »Oder aber sie ist nach wie vor ein potentielles Ziel und steht nur einfach weiter unten auf der Liste des Killers.«

Diese Möglichkeit hatte Captain Bolter noch nicht bedacht. »Glauben Sie das?«

»Bei diesem Killer ist alles möglich, Captain. Das wissen Sie genauso gut wie ich. Jeder könnte sein nächstes Opfer sein«, bemerkte Hunter skeptisch. Die Hitze im Büro wurde allmählich unerträglich. »Darf ich ein Fenster aufmachen?«, fragte er.

»Und den Stadt-Smog in mein Büro lassen? Zum Henker, nein.«

»Ist Ihnen nicht heiß?«

»Nein, überhaupt nicht.«

»Kann ich dann wenigstens einen der Ventilatoren anschalten?«

Der Captain lehnte sich zurück und verschränkte die Hände hinterm Kopf. »Wenn es sein muss.«

»Danke.« Hunter schaltete einen der Ventilatoren auf die höchste Stufe.

»Was glauben Sie? Könnte der Kerl unser Täter sein?«, fragte der Captain.

»Schwer zu sagen. Aber er ist auf jeden Fall von Interesse.«

»Das heißt, wenn er unser Täter ist, hat er seinen ersten Fehler seit drei Jahren gemacht?«

»Aus seiner Sicht hat er keinen Fehler gemacht.«

Captain Bolter sah Hunter verdutzt an.

»Sehen Sie, Captain, er hat ja nur jemanden in einer Bar angesprochen, und wie gesagt könnte das seine Methode sein, sich seine Opfer auszusuchen.«

»Aber er hat nicht damit gerechnet, dass die Frau, die er ansprach, ausgerechnet Ihre Freundin werden würde.« Ein fast boshaftes Lächeln spielte um Captain Bolters Lippen.

»Sie ist nicht meine Freundin«, erwiderte Hunter fest. »Aber ja, er konnte nicht damit rechnen, dass wir beide uns kennen. Und wir hätten auch nie erfahren, dass es zu dieser Begegnung kam, wenn ich nicht geistesabwesend das Doppelkreuz auf ein Blatt Papier gekritzelt hätte, während ich im Wohnzimmer saß und wartete. Deshalb meinte ich eben, dass es ein glücklicher Zufall für uns ist.«

»Wir werden die ganze Sache nicht mehr lange vor der Öffentlichkeit geheim halten können. Wenn er noch einmal mordet, wird die Presse Nachforschungen anstellen, und dann dauert es garantiert nicht mehr lange, bis irgend so ein neunmalkluger Reporter die neuen Morde mit den Kruzifix-Morden in Verbindung bringt. Und wenn das passiert, dann sind wir erledigt.«

»Ich spüre, dass wir dicht dran sind, Captain. Diesmal müssen Sie mir vertrauen.«

Captain Bolter fuhr sich mit der Hand über den Schnauzbart und musterte Hunter mit Laserblick. »Ich habe Ihre Ansicht schon einmal ignoriert und teuer dafür bezahlt. Die ganze Abteilung hat teuer dafür bezahlt, und ich weiß, dass Sie selbst es sich niemals verziehen haben. Dieser millionenschwere Plattenproduzent. John Spencer hieß er, nicht wahr?«

Hunter nickte schweigend.

»Sie haben auf mich und Wilson eingeredet, dass wir den Falschen hätten. Dass er seine Frau nicht umgebracht haben kann. Dass er einfach nicht das Zeug zum Mörder hätte. Aber wir wollten es nicht hören. Sie wollten mit der Untersuchung fortfahren, selbst nachdem der Fall offiziell abgeschlossen war, und ich habe es Ihnen untersagt, das weiß ich sehr wohl noch. Himmel noch mal, ich hätte Sie beinahe vom Dienst suspendiert.« Captain Bolter beugte sich vor, stützte beide Ellbogen auf den Tisch und legte das Kinn auf den geballten Fäusten ab. »Diesen Fehler mache ich nicht noch einmal. Tun Sie, was immer Sie für notwendig halten, Robert. Aber fangen Sie mir diesen gottverdammten Killer.«

42

»Es gibt Neuigkeiten von Dr. Winston«, verkündete Garcia, als Hunter wieder ins Büro zurückkam.

»Schieß los«, sagte Hunter und füllte seine Kaffeetasse auf.

»Wie erwartet hat Catherine Slater die Leiche des zweiten Opfers als die ihres Mannes George identifiziert.« Weil Hunter keine Reaktion zeigte, fuhr Garcia fort. »Bis wir das Resultat der DNA-Analyse zu dem im Wagen gefundenen Haar haben, dauert's noch etwa fünf Tage, aber sie konnten jetzt schon bestätigen, dass es nicht von George Slater stammt.«

»Das bringt nicht viel«, erwiderte Hunter. »Wir haben keinen Verdächtigen für einen DNA-Abgleich.«

»Leider wahr.«

Hunter fiel auf, wie müde Garcia aussah. Sogar sein Schreibtisch wirkte nicht so aufgeräumt wie sonst. »Alles in Ordnung, Grünschnabel? Du siehst ziemlich gerädert aus.«

Es vergingen ein paar Sekunden, bis Garcia Hunters Frage überhaupt registrierte. »O ja, danke, mir geht's gut. Hab nicht viel geschlafen in den letzten Tagen, das ist alles.« Er hielt inne und rieb sich die Augen. »Ich hab die Akten zu allen vorherigen Opfern studiert und nach irgendeiner Verbindung zwischen ihnen oder den beiden neuen Opfern gesucht.«

»Und, was gefunden?«

»Bisher nicht«, erwiderte Garcia resigniert. »Vielleicht steht es gar nicht in den Akten. Vielleicht ist es irgendetwas, was bei der ersten Untersuchung durchgerutscht ist.«

»Durchgerutscht? Was sollte durchgerutscht sein?«

»Irgendeine Verbindung ... eine Gemeinsamkeit zwischen allen Opfern. Es muss einfach was geben. Es gibt immer irgendwas. Der Killer kann sie sich doch nicht völlig beliebig aussuchen.« Garcia klang beinahe ärgerlich.

»Warum? Weil es so in den Lehrbüchern steht?« Hunter zeigte auf die kriminalpsychologischen Bücher auf seinem Schreibtisch. »Ich erkläre dir jetzt mal was zu dieser Verbindungstheorie, an die du dich so verbissen klammerst. Ich habe genau wie du nach dieser Verbindung zwischen den Opfern gesucht, wie ein Adler auf Beutefang habe ich endlose Kreise gedreht, und es hat mich völlig fertiggemacht, genau wie es dich jetzt fertigmacht. Du musst kapieren, dass diese Verbindung womöglich nur in den Augen des Killers existiert. Sie muss für uns oder irgendjemand anderen gar keinen Sinn ergeben. Für uns wäre sie vielleicht eine völlige Belanglosigkeit ... von mir aus, dass alle Namen der Opfer drei von fünf Vokalen enthalten oder sie an einem bestimmten Wochentag auf derselben Parkbank saßen. Es ist völlig egal, was es ist, aber bei dem Killer löst es etwas aus. Etwas, was ihn dazu bringt, töten zu wollen. Diese Verbindung zu finden ist nur ein winziges Puzzleteil bei unserer Arbeit. Okay, zugegeben, es könnte sehr hilfreich sein, aber ich will nicht, dass du dich daran abarbeitest ... so wie ich es getan habe.«

Garcia hörte einen väterlichen Ton in Hunters Stimme durch.

»Wir können nicht mehr tun, als möglich ist, Grünschnabel, und wir tun schon alles. Vergiss nicht, wir haben es hier mit einem Psychopathen zu tun, dem es einen immensen Lustgewinn bereitet, Menschen zu kidnappen, zu foltern und zu töten. Die Wertvorstellungen, die für uns selbstverständlich sind, sind im Gehirn dieses Killers völlig verzerrt.«

Garcia rieb sich die Nasenwurzel, als versuchte er, heraufziehende Kopfschmerzen zu verscheuchen. »Jeden Abend, wenn ich ins Bett gehe und die Augen zumache, sehe ich sie. Jenny Farnborough, die mich mit diesen unmenschlichen Augen ansieht. Sie will etwas sagen, aber sie hat keine Stimme. Ich sehe George Slater, wie er an das Lenkrad gefesselt ist, seine Haut aufplatzt wie Luftpolsterfolie, und wie er

Blut auf mich spuckt. Sein letzter Atemzug, sein letzter Hilfeschrei, und ich kann nichts tun«, sagte Garcia und wandte dabei den Blick ab. »Ich kann den Todesgeruch in diesem alten Holzhaus riechen und den fauligen Gestank aus Georges Auto.«

Hunter wusste, was Garcia durchmachte.

»Anna bekommt allmählich Angst vor mir. Die ganze Nacht wälze ich mich im Bett herum. Anscheinend rede ich inzwischen schon im Schlaf … das heißt, die wenigen Male, wo ich es überhaupt schaffe einzuschlafen.«

»Hast du ihr von dem Fall erzählt?«

»Nein, so dumm bin ich nicht. Aber sie kriegt es trotzdem mit. Sie ist sehr clever, und sie kennt mich genau. Ihr kann ich nichts vormachen.« Er blickte Hunter mit einem blassen Lächeln an. »Du musst sie mal kennenlernen. Du würdest sie mögen.«

»Ganz bestimmt würde ich das.«

»Wir haben uns in der Highschool kennengelernt. Sie hat mir die Nase gebrochen.«

»Sie hat was? Du nimmst mich auf den Arm.«

Garcia sah Hunter schmunzelnd an und schüttelte den Kopf. »Ich war in so einer Gang … wir waren alle Idioten, ganz klar. Haben große Sprüche gekloppt und gemeine Kommentare über sämtliche hübschen Mädchen abgelassen. Einmal brachte ich sogar ihre beste Freundin zum Weinen. Eines Tages saß ich in der Schulbibliothek und lernte für die Abschlussprüfungen. Anna saß an dem Tisch direkt mir gegenüber. Wir warfen uns wiederholt Blicke zu, lächelten uns an, und schließlich stand sie auf und kam zu mir. Ohne ein Wort zu sagen, holte sie mit dem dicken Wälzer aus, den sie in der Hand hatte. 500 Seiten schwer war das Ding. Sie traf mich damit mitten ins Gesicht. Überall war Blut. Danach war ich ihr richtig verfallen. Ich ließ nicht mehr locker, bis sie bereit war, mit mir zu gehen.«

»Sie gefällt mir jetzt schon«, sagte Hunter lachend.

»Du musst mal zu uns zum Essen kommen.«

Hunter spürte die unterschwellige Angst seines Partners. »Als ich an den Tatort des allerersten Kruzifix-Mordes kam, hat es nicht mal eine halbe Minute gedauert, bis ich mich übergeben musste«, erzählte Hunter leise. »Nach jahrelanger Erfahrung als Detective dachte ich, ich könnte alles verkraften, was mir diese Stadt auftischt … aber ich hatte mich geirrt. Praktisch sofort fingen die Alpträume an, und sie haben seither nicht mehr aufgehört.«

»Nicht einmal, als du glaubtest, sie hätten den Killer?«

Hunter schüttelte den Kopf. »Einen Mörder zu fangen lindert den Schmerz, aber es löscht nicht aus, was man gesehen hat.«

Eine unbehagliche Stille trat ein.

»Bei diesem ersten Kruzifix-Mord war ein junger Officer als Erster am Tatort, ganz frisch im Polizeidienst, knapp zwei Monate oder so«, erinnerte sich Hunter. »Er konnte damit nicht umgehen. Nach ein paar Monaten beim Psychologen quittierte er den Dienst.«

»Wie gehst du damit um?«, fragte Garcia.

»Von Tag zu Tag, von Alptraum zu Alptraum. Ich denke nie über den nächsten Tag hinaus«, erwiderte er mit traurigem Blick.

43

ZUGEGEBEN, SIE WAR NERVÖS. Womöglich doch mehr, als sie gedacht hatte. Fast den ganzen Tag hatte sie ständig mit einem Auge auf die Uhr geschielt. Becky war sich nicht sicher, ob es mehr Bangigkeit oder Vorfreude war, jedenfalls gaben die Schmetterlinge in ihrem Bauch seit heute Morgen, als sie aus dem Bett gestiegen war, keine Ruhe. Sie hatte sich kaum auf ihre Arbeit konzentrieren können, hatte mehr Pausen eingelegt als gewöhnlich, aber heute war ja auch kein gewöhnlicher Tag. Jedenfalls nicht für Becky.

Sie hatte ihr Büro in der Hauptfiliale der Union Bank of California in der South Figueroa Street ungefähr um halb sechs verlassen, was nicht ihre übliche Zeit war. Als Finanzberaterin verlangte ihr Job ihr einiges ab. Es war nicht ungewöhnlich, dass sie bis sieben oder acht Uhr abends im Büro blieb. Heute hatte ihr sogar ihr Chef wohlmeinende Ratschläge erteilt, und er sah es mit Genugtuung, dass sie diesmal ein wenig früher als sonst Feierabend machte.

Obwohl der Verkehr ziemlich heftig war, blieb Becky genug Zeit, um kurz in ihre Wohnung zu fahren und schnell zu duschen. Außerdem wollte sie das kleine Schwarze ausprobieren, das sie sich heute in ihrer Mittagspause extra für den Abend gekauft hatte. Als sie an das neue Kleid dachte und sich überlegte, wie sie ihre Haare tragen sollte, befiel sie auf einmal wieder die Anspannung. Sie stellte das Radio an in der Hoffnung, dass die Musik sie beruhigen würde.

So schwer konnte das doch nicht sein, oder? So viel konnte sich seit ihrem letzten Date doch nicht verändert haben. Allerdings war das fast fünf Jahre her. Sie erinnerte sich noch genau daran. Wie sollte sie es auch je vergessen? Der Mann, mit dem sie an jenem Abend verabredet gewesen war, war ihr Ehemann geworden.

BECKY HATTE IAN TASKER über ihre Arbeit bei der Bank kennengelernt. Ein charmanter, großgewachsener Playboy mit blonden Locken, der gerade eben durch den Tod seines Vaters, eines Immobilienmillionärs, ein beträchtliches Vermögen geerbt hatte. Da er ein Einzelkind war und seine Mutter bereits im Alter von fünf Jahren verloren hatte, war er der alleinige Erbe.

Ian hatte noch nie gut mit Geld umgehen können, und wäre es nach ihm gegangen, hätte er vermutlich sein ganzes Vermögen an den Blackjack- und Roulette-Tischen in Las Vegas und Atlantic City verspielt, doch aus irgendeinem Grund hatte er auf den Rat seines besten Freundes gehört und beschlossen, einen Teil des Geldes anzulegen.

Ian war völlig ahnungslos in diesen Dingen. Er hatte noch nie einen Cent gespart, geschweige denn investiert, doch sein bester Freund kam ihm auch hierbei zu Hilfe. Er schlug ihm vor, sich die Angebote der Union Bank of California zur »Vermögensplanung« anzusehen.

Angesichts der Summe, die Ian anlegen wollte, stellte ihm die Bank mit Freuden Rebecca Morris als seine persönliche Anlageberaterin zur Seite.

Ihre Beziehung war zunächst strikt beruflicher Natur gewesen. Allerdings war Becky sehr schnell angetan von Ians Naivität in Finanzdingen und seinen charmanten blauen Augen. Ihre anfänglich noch schüchterne Zuneigung füreinander war beiderseitig. Ian war fasziniert von der süßen, eins fünfundsechzig großen Brünetten. Sie war attraktiv und intelligent und besaß einen laserscharfen Humor. Nach nur einer Woche war Ians Interesse von Beckys Finanzwissen auf Becky selbst übergesprungen. Täglich rief er sie an, fragte nach Tipps für den Finanzmarkt, Anlageempfehlungen, egal was, Hauptsache er kam in den Genuss ihrer Stimme. Und das wusste sie.

Obwohl Ian Tasker unleugbar ein Playboy und selbsternannter Frauenheld war, verschwanden seine Arroganz und sein überzogenes Selbstbewusstsein in Beckys Gegenwart. Becky war anders als all die blutsaugenden Frauen, die er sonst so kennengelernt hatte. Ihr Interesse an seinem Geld schien rein professionell zu sein. Nach knapp zwei Wochen nahm er endlich all seinen Mut zusammen und fragte sie, ob sie Lust hätte, mit ihm auszugehen.

Es war beileibe nicht das erste Mal, dass Becky von Bankkunden auf eine private Verabredung eingeladen wurde. Meistens von verheirateten Männern. Sie hatte immer höflich abgelehnt. Auch Ians Playboyallüren waren nicht gerade das, was sie sich unter einem potentiellen Beziehungskandidaten vorstellte. Und doch beschloss sie, diesmal ihre eigene Regel – »keine privaten Kontakte mit Kunden« – zu brechen.

Der Abend war so vollkommen, wie sie es sich nur hätte erträumen können. Ian hatte ein kleines Restaurant am Meer in Venice Beach ausgesucht, und zunächst wusste Becky nicht recht, was sie davon halten sollte, dass er für den Abend das gesamte Restaurant nur für sie beide gemietet hatte. War das nun ein Trick, um sie zu beeindrucken, oder hatte er wirklich eine romantische Ader? Doch im Verlauf des Abends fühlte sich Becky mehr und mehr zu ihm hingezogen, zunächst von seinem jungenhaften Charme und lebenslustigen Naturell, schließlich jedoch von seiner überraschend anregenden Gesellschaft. Ian war ohne Zweifel sehr von sich eingenommen, aber er war auch clever, witzig, nett und unterhaltsam.

So zog ihr erster gemeinsamer romantischer Abend eine Kette von weiteren nach sich, und mit jedem neuen Rendezvous blühte ihre Bekanntschaft auf. Mit seiner ungenierten Art eroberte er ihr Herz im Sturm, und als er schließlich die entscheidende Frage in der Pause zwischen einem Lakers-Spiel live im landesweiten Fernsehen an sie richtete, war Becky die glücklichste Frau in Los Angeles.

Gegen seinen Willen bestand sie auf einem Ehevertrag: Sie liebe ihn und nicht sein Geld, sagte sie.

Ihre Ehe setzte dort ein, wo ihre Verabredungen aufgehört hatten. Alles schien perfekt. Ian war ein aufmerksamer und rücksichtsvoller

Ehemann, und Becky kam sich vor wie in einem Märchen. Zwei Jahre lang lebte Becky ihren Traum. Den Traum vom vollkommenen Glück, den Traum, mit jemandem zusammen zu sein, dem man wichtig ist und von dem man geliebt wird. Doch dann nahm das Schicksal eine drastische Wendung.

Vor ziemlich genau zweieinhalb Jahren war Ian aus purem Pech an dem sprichwörtlichen falschen Ort zur falschen Zeit gewesen. Auf dem Heimweg von seiner Freitagnachmittags-Golfpartie hatte Becky ihn angerufen und gebeten, bei einem Liquor-Store vorbeizufahren und eine Flasche Rotwein mitzubringen.

Während er das wenig eindrucksvolle Wein-Sortiment durchsah, bemerkte er nicht, dass zwei neue Kunden mit Eishockey-Masken den Laden betreten hatten. Dieser spezielle Laden war bereits mehrfach ausgeraubt worden, allein im letzten Monat zweimal. Der Besitzer hatte inzwischen genug von der, wie er es nannte, »Unfähigkeit der Polizei«. Wenn die Polizei seinen Laden nicht beschützen konnte, dann musste er es eben selbst tun, hatte er beschlossen.

Ian hatte sich endlich für eine Flasche australischen Shiraz entschieden, als er auf einmal lautes Geschrei aus dem vorderen Bereich des Ladens hörte. Erst dachte er, es wäre nur ein Kunde, der sich lautstark über etwas beschwerte, doch dann erhitzte sich die Situation schneller als normal. Er spähte vorsichtig um die Regalecke, hinter der er stand. Die Szene, die sich ihm bot, hatte fast etwas Tragikomisches. Die beiden maskierten Männer standen mit gezogenen Pistolen vor dem Ladenbesitzer und zielten auf ihn, während der Besitzer mit seiner Doppelflinte im Anschlag abwechselnd auf den einen, dann wieder auf den anderen zielte.

Instinktiv wich Ian einen Schritt zurück, um sich hinter einem Ständer mit Brandy und Whisky zu verstecken. Doch aus Nervosität stolperte er beim Zurückgehen und stieß an den Whiskyständer, wodurch zwei Flaschen zu Boden fielen und zerbarsten. Der unerwartete Lärm ließ alle herumfahren, und die beiden maskierten Männer eröffneten im Schreck das Feuer in Ians Richtung.

Da die beiden Maskierten einen Sekundenbruchteil lang abgelenkt waren, erkannte der Ladenbesitzer seine Chance und schoss auf den einen der beiden, der näher bei der Tür stand. Die Wucht des Geschosses schleuderte den Mann durch die Luft und blies ihm den Kopf weg.

Glassplitter von der Eingangstür flogen wie ein Hagelsturm durch den Raum. Der zweite Maskierte geriet beim Anblick seines geköpften Komplizen in Panik. Bevor der Ladenbesitzer dazu kam, sein Gewehr auf den zweiten Mann zu richten, hatte dieser zweimal seine Waffe abgefeuert und sein Ziel beide Male in den Bauch getroffen.

Der Ladenbesitzer taumelte nach hinten, fand jedoch noch die Kraft und Zeit, den Abzug seiner Flinte zu drücken.

Die ersten Kugeln hatten Ian allesamt verfehlt und nur einige Brandy- und Whiskyflaschen hinter ihm zerschossen. In seiner Panik stolperte er erneut und griff im Fallen nach dem ersten möglichen Halt. Das Einzige, was er zu fassen bekam, war der Flaschenständer selbst. Wie eine Ladung Ziegel stürzte er auf Ian nieder und krachte ihm auf die Beine. Rund um ihn gingen Flaschen zu Bruch. Für Ian hätte all das immer noch ein glückliches Ende nehmen können, wäre der Flaschenständer nicht ausgerechnet gegen eine Insektenlampe an der Wand gekracht, die sofort zu Bruch ging und Funken schlug. Der Alkoholcocktail, in dem Ian lag, entzündete sich wie Benzin.

Die Ampel sprang auf Grün, und Becky fuhr an, während sie verzweifelt gegen die Tränen ankämpfte.

Fast zweieinhalb Jahre lang hatte Becky keine Verabredung angenommen, und selbst jetzt war sie sich noch unsicher, ob sie wirklich wollte. Der Schmerz über Ians Verlust war immer noch lebendig.

Schließlich hatte Becky im Supermarkt um die Ecke Jeff kennengelernt. Dort ging sie zweimal die Woche auf dem Heimweg vom Büro einkaufen. Es war eine zufällige Begegnung gewesen. Becky hatte nach einer reifen Melone für ein neues Salatrezept gesucht und sich dabei von einer Frucht zur nächsten durchgearbeitet: eine jede in beide Hände genommen, sie einmal prüfend gedrückt und sich dann ans Ohr gehalten und sie geschüttelt.

»Suchen Sie nach der mit dem Überraschungsgeschenk drin?«, waren die ersten Worte, die Jeff an sie gerichtet hatte.

Sie musste lächeln. »Ich bin Schlagzeugerin. Melonen eigenen sich prima als Maracas.«

Jeff runzelte die Stirn. »Wirklich?«

Becky lachte. »Tut mir leid. Das war nur ein Scherz. Ist mein Humor – trocken wie die Wüste. Nein, ich versuche nur, eine gute Melone zu finden … eine reife.«

»Nun, dann kommen Sie mit Schütteln nicht weiter.« Sein Ton war kein bisschen besserwisserisch. »Das Geheimnis dabei ist der Geruch. Wenn Sie daran riechen, werden Sie feststellen, dass manche einen süßeren, reiferen Geruch besitzen. Das sind die reifen Früchte«, sagte er, hielt sich zur Demonstration eine Melone an die Nase und sog ihren Duft ein. »Zu süß sollten sie allerdings auch nicht riechen. Dann sind sie nämlich schon überreif.« Er streckte den Arm aus und reichte ihr die Melone, an der er gerade gerochen hatte. Sie probierte es aus. Ein einladender, süßer Duft ging von der Melone aus. Jeff zwinkerte ihr kurz zu und setzte dann seinen Einkauf fort.

In den folgenden Wochen trafen sie mehrmals zufällig im Supermarkt aufeinander. Becky war immer sehr gesprächig und lustig, während Jeff ihr amüsiert zuhörte und über ihre Witze lachte. Ihr Humor kam in jeder ihrer Unterhaltungen durch.

Nach zwei, drei Monaten mit Supermarktbegegnungen fand Jeff schließlich den Mut, Becky zum Dinner einzuladen. Zuerst zögerte sie, doch dann sagte sie zu.

Sie verabredeten sich für den folgenden Montag um zwanzig Uhr dreißig im Belvedere Restaurant in Santa Monica.

44

Der Washington Square liegt am Ende des Washington Boulevard, praktisch direkt am Strand von Venice Beach. Dort sind eine Reihe von bekannten Bars und Restaurants angesiedelt, darunter auch der Venice Whaler. Montagabend ist dort nicht der geschäftigste Abend der Woche, dennoch herrschte ein quirliges Treiben rund um die große Bartheke. Eine bunte Schar junger Leute in Shorts und Strandhemden amüsierte sich in entspannter, angenehmer Atmosphäre. Es war leicht vorstellbar, dass Isabella hier einen Drink oder zwei genossen hatte.

Hunter und Garcia trafen um halb sechs im Venice Whaler ein. Um halb sieben hatten sie mit dem kompletten Personal einschließlich der zwei Köche und der Küchenhilfe gesprochen, doch je mehr Leute sie befragten, umso frustrierter wurden sie. Lange oder kurze Haare, Bart oder kein Bart, es spielte keine Rolle. Niemand erinnerte sich, jemanden gesehen zu haben, der der Person auf dem Phantombild ähnelte.

Schließlich beschlossen Hunter und Garcia, auch noch unter der Kundschaft herumzufragen, hatten jedoch auch hierbei kein Glück, was Hunter nicht überraschte. Dieser Killer war zu vorsichtig, immer vorbereitet, immer auf der Hut, und Hunter hatte den Verdacht, dass es vielleicht doch nicht sein Stil wäre, sich seine Opfer mitten aus gut besuchten Bars herauszupicken. Es war zu gefährlich – zu viele potentielle Zeugen, zu viele Faktoren, die sich nicht kontrollieren ließen.

Nachdem sie einen Ausdruck des Phantombilds beim Manager des Lokals hinterlassen hatten, zogen sie zur nächsten Bar auf ihrer Liste weiter, Big Dean's Café. Das Ergebnis war haargenau das gleiche wie im Venice Whaler. Niemand erkannte den Mann auf dem Phantombild wieder.

»Das entwickelt sich schon wieder zu einer sinnlosen Zeitverschwendung«, merkte Garcia sichtlich gereizt an.

»Willkommen bei der Psychopathenjagd«, entgegnete Hunter mit einem gequälten Lächeln. »So läuft das eben. Frustration gehört zum Spiel. Daran musst du dich gewöhnen.«

Um acht betraten sie die dritte und letzte Bar, die sie sich für diesen Abend vorgenommen hatten, Rusty's Surf Ranch, ganz rustikal in Buchenholzambiente. Hinter der kleinen Theke stand ein einzelner Barkeeper und bediente eine lärmende Schar von Gästen.

Hunter und Garcia gingen zu ihm und stellten sich vor. Eine halbe Stunde später war wieder das gesamte Personal befragt, alle hatten die Phantombilder vorgelegt bekommen – und wieder nichts. Garcia konnte seine Enttäuschung kaum verbergen.

»Ich hatte wirklich gehofft, wir würden heute Abend einen Durchbruch schaffen …« Er überdachte noch einmal, was er gerade gesagt hatte. »Okay, vielleicht nicht gerade einen Durchbruch, aber ich dachte, wir kommen zumindest einen Schritt vorwärts«, verbesserte er sich und rieb sich die müden Augen.

Hunter suchte das Restaurant nach einem leeren Tisch ab. Zum Glück stand gerade eine Gruppe von vier Leuten auf.

»Hast du Hunger? Ich könnte was zu Essen vertragen. Komm, setzen wir uns«, sagte er und deutete auf den freigewordenen Tisch.

Sie ließen sich nieder und lasen schweigend die Karte. Hunter kämpfte mit seiner Entscheidung. »Ich bin ehrlich gesagt am Verhungern. Ich könnte die halbe Speisekarte verdrücken.«

»Das traue ich dir glatt zu. Ich hab fast keinen Hunger. Ich nehme nur einen Ceasar's Salad«, sagte Garcia gleichgültig.

»Salat!« Hunters Ton war beinahe empört. »Das ist was für Mädchen. Jetzt bestell doch was Ordentliches, in Gottes Namen«, sagte er trocken.

Widerwillig schlug Garcia die Karte noch einmal auf. »Na gut, dann nehme ich den Caesar's Salad mit Hühnchen. Ist das besser, Mom?«

»Und ein paar gegrillte Spareribs dazu.«

»Willst du, dass ich dick werde, oder was? Das ist viel zu viel.«

»Dass du *dick* wirst? Mann, du *bist* ein Mädchen«, sagte Hunter lachend.

Die Bedienung kam, um ihre Bestellung aufzunehmen. Hunter bestellte Garcias Salat und die Spareribs und für sich selbst einen California-Burger und frittierte Calamares sowie für jeden ein Bier. Danach saßen sie eine Weile schweigend, während Hunters forschender Blick von Tisch zu Tisch wanderte und auf jedem Gast ein paar Sekunden ruhte. Garcia beobachtete seinen Partner eine Weile, stützte dann beide Ellbogen auf den Tisch, beugte sich vor und fragte leise: »Stimmt irgendwas nicht?«

Hunter richtete den Blick wieder auf Garcia. »Nein, nein, alles in bester Ordnung«, sagte er ruhig.

»Du blickst dich um, als hättest du irgendwas oder irgendwen gesehen.«

»Ach … das«, erwiderte Hunter. »Das tue ich ständig, wenn ich irgendwo bin. Eine Art Training, noch aus meinen Zeiten als Kriminalpsychologe.«

»Ehrlich? Inwiefern?«

»Wir haben immer so ein Spiel gespielt. Wir gingen zusammen in ein Restaurant, eine Bar, einen Club, so was wie hier, und dann pickte sich einer von uns jemanden aus der Menge heraus, beobachtete die Person ein paar Minuten und versuchte, ein Profil von ihr zu erstellen.«

»Was denn, nur von einer Minute Beobachten?«

»Ja, genau.«
»Zeig es mir.«
»Was? Warum?«
»Ich will nur sehen, wie das gehen soll.«
Hunter zögerte kurz. »Na gut, such dir jemanden aus.«
Garcia blickte sich in dem gut besuchten Restaurant um, doch sein Blick blieb bald an der Bar hängen. Zwei attraktive Frauen, eine blond, eine braunhaarig, saßen dort bei einem Drink zusammen. Die Blonde war die weitaus gesprächigere der beiden. Garcia hatte seine Wahl getroffen. »Da drüben an der Bar. Siehst du die beiden Frauen? Die Blondine.«
Hunter richtete den Blick auf sein neues Zielobjekt. Er beobachtete die Frau eine Weile, ihre Augenbewegungen und Körpersprache, ihre Ticks, die Art und Weise, wie sie sprach und wie sie lachte. Nach ungefähr einer Minute begann er mit seiner Auswertung.
»Okay, sie weiß, dass sie attraktiv ist. Sie ist von sich eingenommen und genießt die Aufmerksamkeit, die ihr zuteil wird. Und sie tut etwas dafür.«
Garcia hob die rechte Hand. »Moment mal, woher willst du das wissen?«
»Im Gegensatz zu ihrer Freundin ist sie ziemlich knapp bekleidet. Seit ich sie beobachte, ist sie sich viermal mit der Hand durch die Haare gefahren, was die häufigste ›Nimm-mich-wahr‹-Geste überhaupt ist. Und in wiederkehrenden Abständen wirft sie einen Blick in den Spiegel hinter dem Flaschenregal an der Bar.«
Garcia beobachtete die Blondine eine Weile. »Du hast recht. Gerade eben hat sie es wieder getan.«
Hunter lächelte und fuhr fort. »Ihre Eltern sind wohlhabend, und darauf ist sie stolz. Sie gibt sich keine Mühe, das vor irgendwem zu verbergen. Und sie weiß, wie man Geld ausgibt.«
»Wie kommst du darauf?«
»Sie trinkt Champagner in einer Bar, in der fünfundneunzig Prozent der Leute Bier trinken.«
»Vielleicht feiert sie ja irgendwas.«
»Nein, tut sie nicht.«
»Woher willst du das wissen?«
»Weil sonst die Freundin auch Champagner trinken würde, aber die

trinkt ein Bier. Wenn sie etwas feiern würden, dann würden sie sich eine Flasche teilen. Und angestoßen haben sie auch nicht. Das macht man immer, wenn man was feiert.«

Garcia lächelte, während Hunter fortfuhr. »Sie hat eine Designer-Handtasche, und auch wenn ich die Markenlogos ihrer Klamotten nicht sehen kann, bin ich mir sicher, dass es Designer-Mode ist, sieht jedenfalls schwer danach aus. Ihre Autoschlüssel hat sie nicht in ihre Handtasche gesteckt, sondern lässt sie die ganze Zeit offen auf dem Tresen liegen, wo sie gut zu sehen sind. Der Grund ist vermutlich, dass der Schlüsselanhänger irgendein prestigeträchtiges Firmenlogo hat, vielleicht BMW oder irgendwas in der Art. Sie trägt keinen Ehering, ist auch eigentlich noch zu jung, um verheiratet zu sein, aber auch zu jung, um schon einen hochdotierten Posten zu haben, also muss das Geld wohl von woanders herkommen.«

»Nur zu, weiter«, sagte Garcia. Das Spiel fing an, ihm Spaß zu machen.

»Sie hat ein diamantbesetztes ›W‹ als Anhänger an ihrer Halskette. Ich würde auf Wendy oder Whitney als ihren Vornamen tippen. Das sind die beiden bei reichen Eltern in Los Angeles beliebtesten Namen mit W. Sie flirtet gern, das baut ihr Ego noch mehr auf, aber sie steht eher auf reifere Männer.«

»Okay, jetzt treibst du es aber ein bisschen weit.«

»Nein, überhaupt nicht. Sie erwidert Blickkontakt nur, wenn er von etwas reiferen Männern kommt, die Flirtversuche der jüngeren Kerle ignoriert sie.«

»Das stimmt nicht. Sie späht ständig zu dem Typ neben ihr rüber, und der sieht mir ziemlich jung aus.«

»Sie späht nicht zu ihm rüber, sondern auf die Zigarettenpackung in seiner Hemdtasche. Wahrscheinlich hat sie vor kurzem mit dem Rauchen aufgehört.«

Garcia stand mit einem eigentümlichen Lächeln auf den Lippen auf.

»Wo gehst du hin?«

»Rausfinden, wie gut du wirklich bist.« Hunter sah ihm nach, wie er zur Bar ging.

»Entschuldigung, Sie hätten nicht zufällig eine Zigarette übrig, oder?«, fragte er, als er die beiden Frauen erreicht hatte, wobei er sich mit seiner Frage an die Blondine wandte.

Sie schenkte ihm ein charmantes Lächeln. »Tut mir leid, aber ich habe vor zwei Wochen mit dem Rauchen aufgehört.«

»Wirklich? Ich versuche es selbst. Ist aber nicht leicht«, gab Garcia mit einem ebenso liebenswerten Lächeln zurück. Sein Blick suchte die Theke und den dort liegenden Autoschlüssel. »Sie fahren einen Mercedes?«

»Ja, hab ihn erst vor ein paar Wochen bekommen.« Ihre Begeisterung war beinahe ansteckend.

»Nicht übel. C-Klasse?«

»Ein SLK-Cabrio«, erwiderte sie stolz.

»Gute Wahl.«

»Ich weiß. Ich liebe meinen Wagen.«

»Übrigens, ich heiße Carlos«, sagte er und hielt ihr die Hand hin.

»Ich bin Wendy, und das ist Barbara.« Sie deutete auf ihre brünette Freundin.

»War wirklich nett, Sie beide kennenzulernen. Einen schönen Abend dann noch«, sagte er mit einem Lächeln und kehrte zu Hunter an den Tisch zurück.

»Okay, jetzt bin ich noch schwerer beeindruckt als vorher«, sagte er, während er sich setzte. »So viel steht jedenfalls fest: Mit dir werde ich mich nie auf eine Partie Poker einlassen«, sagte er lachend.

Während Garcia Hunters Fähigkeiten als Profiler überprüft hatte, war ihr Essen gekommen. »Wow, ich hatte mehr Hunger, als ich dachte«, stellte Garcia fest, nachdem er seine Spareribs samt dem Salat aufgegessen hatte. Hunter kaute immer noch an seinem Burger. Garcia wartete, bis er fertig war. »Wie kam es, dass du beschlossen hast, Polizist zu werden? Du hättest doch als Profiler arbeiten können, fürs FBI oder so.«

Hunter trank von seinem Bier und wischte sich mit der Serviette den Mund ab. »Und du meinst, fürs FBI zu arbeiten wäre besser, als Detective beim Morddezernat zu sein?«

»Das habe ich nicht gesagt«, widersprach Garcia. »Ich meine nur: Du hattest die Wahl und hast dich für den Job als Detective beim Morddezernat entschieden. Ich kenne Kollegen, die morden würden, um beim FBI arbeiten zu können.«

»Ach ja?«

Garcia erwiderte Hunters bohrenden Blick, ohne mit der Wimper zu zucken. »Nicht ich. Ich habe fürs FBI nicht viel übrig.«

»Und weshalb?«

»In meinen Augen sind das ein Haufen glorifizierter Cops, die sich für was Besseres halten, bloß weil sie billige schwarze Anzüge, Sonnenbrillen und ein Mikro im Ohr tragen dürfen.«

»Als ich dich das erste Mal sah, dachte ich, du wolltest ein FBI-Agent sein. Du trugst auch einen billigen Anzug.« Hunter grinste.

»Hey, der Anzug war überhaupt nicht billig. Ich mag diesen Anzug. Es ist mein einziger.«

»Ja, darauf hätte ich eigentlich kommen müssen.« Sein Grinsen nahm eine sarkastische Note an. »Eigentlich dachte ich zuerst auch, ich würde Profiler bei der Verbrechensbekämpfung. Das wäre der logische nächste Schritt gewesen nach meiner Doktorarbeit.«

»Ja, ich hab gehört, du warst so was wie ein Wunderkind. Ein richtiges Genie auf deinem Gebiet.«

»Ich habe die Schule ein wenig schneller hinter mich gebracht als üblich«, sagte Hunter abwiegelnd.

»Und stimmt es, dass du ein Buch geschrieben hast, das beim FBI als Lehrbuch verwendet wird?«

»Das war kein Buch, das war meine Doktorarbeit. Aber, ja, sie haben es als Buch verlegt und nach allem, was ich weiß, wird es immer noch beim FBI verwendet.«

»Das nenne ich beeindruckend«, sagte Garcia und schob seinen leeren Teller weg. »Warum bist du dann doch kein Profiler beim FBI geworden?«

»Meine ganze Kindheit über hatte ich die Nase immer nur in Büchern. Ich hab praktisch nichts anderes getan, als zu lesen. Ich schätze, irgendwann hat mich dann das Akademikerdasein gelangweilt. Ich wollte wohl irgendwas Aufregenderes«, sagte Hunter, auch wenn das nur die halbe Wahrheit war.

»Und das FBI war dir nicht aufregend genug?«, fragte Garcia ironisch.

»FBI-Profiler machen keine Einsätze. Sie sitzen die meiste Zeit hinter einem Schreibtisch oder in einem Büro. Das war jedenfalls nicht die Art von Aufregung, die ich mir vorgestellt hatte. Außerdem hatte ich keine Lust, mein bisschen geistige Gesundheit aufs Spiel zu setzen.«

»Was soll das heißen?«

»Ich glaube nicht, dass ein normaler Mensch es verkraften kann, in unserer heutigen Gesellschaft als Kriminalpsychologe und Profiler zu arbeiten, ohne psychischen Schaden zu nehmen. Wer sich entschließt, sich einer solchen Belastung auszusetzen, der zahlt unweigerlich den Preis dafür, und dieser Preis ist mir zu hoch.«

Garcia schaute noch immer fragend.

»Sieh mal, es gibt zwei Schulen, zwei grundsätzliche Theorien zur Psychologie des Bösen. Einige Psychologen glauben, das Böse sei in bestimmten Individuen angelegt, etwas, womit man geboren wird, wie eine Fehlfunktion des Gehirns, die dazu führt, dass diese Individuen bestialische Grausamkeiten begehen.«

»Also so, als wäre es eine Krankheit?«, fragte Garcia nach.

»Genau«, bestätigte Hunter und fuhr fort. »Andere wiederum glauben, dass die Erfahrungen und Umstände der Lebensgeschichte eines Menschen diesen dazu bringen, sich von einem zivilisierten Individuum mit normalem Sozialverhalten zu einem Psychopathen zu entwickeln. Anders ausgedrückt: Wenn man als Kind oder junger Mensch Gewalt ausgesetzt war, missbraucht oder misshandelt wurde, dann ist es gut möglich, dass man als Erwachsener selbst zu einer gewalttätigen Person wird. Kannst du mir folgen?«

Garcia nickte und lehnte sich zurück.

»Okay, also verkürzt gesagt, besteht der Job eines Profilers darin, nachzuvollziehen, warum ein Krimineller so handelt, wie er handelt, was ihn antreibt, wie er tickt. Profiler versuchen praktisch, so zu denken und zu handeln, wie es der Kriminelle tun würde.«

»Also, so viel war mir bisher auch klar.«

»Okay. Wenn also der Profiler in der Lage ist, wie ein Krimineller zu denken, dann hat er vielleicht eine Chance, den nächsten Schritt des Kriminellen vorherzusehen. Allerdings schafft er das nur, wenn er sich tief in die vermuteten Lebensumstände des Kriminellen hineinversenkt.« Er trank von seinem Bier. »Lassen wir mal die erste Theorie beiseite, denn wenn das Böse so was wie eine angeborene Krankheit ist, dann können wir sowieso nichts tun. Wir können auch nicht in der Zeit zurückreisen und die von Gewalt oder Missbrauch geprägte Kindheit eines Täters reproduzieren. Also bleibt einem nur das gegenwärtige Leben des Täters, und hier setzt der erste Schritt auf dem Weg zu einem Täterprofil an. Wir versuchen zu erraten, wie sein Leben momentan aussehen könnte. Wo er wohnen würde, was für Orte ihn anziehen, was er so alles machen könnte.«

»Erraten?«, fragte Garcia ungläubig.

»Darum geht's beim Profiling – mehr steckt nicht dahinter. Eine möglichst plausible Mutmaßung auf der Basis der am Tatort vorgefundenen Beweise und Indizien. Das Problem ist nun: Wenn man sich lange genug in die Fußstapfen geistesgestörter Krimineller begibt, versucht, wie sie zu denken und zu handeln, sich derart tief in die finsteren Abgründe ihres Denkens begibt, dann hinterlässt das unweigerlich Spuren ... mentale Narben. Und manchmal verliert man als Profiler selbst die Linie aus den Augen.«

»Welche Linie?«

»Die Trennlinie, die uns davor bewahrt, so zu werden wie die.« Hunter wandte für einen Moment den Blick ab. Als er weitersprach, klang seine Stimme traurig. »Es gab Fälle ... in denen Profiler sadistische sexuelle Gewalttaten untersucht haben und dabei selbst ganz besessen wurden von sadistischem Sex, oder sie gingen genau in die entgegengesetzte Richtung und waren auf einmal sexuell blockiert – schon bei dem bloßen Gedanken an Sex wurde ihnen übel. Andere haben an brutalen Mordfällen gearbeitet und wurden selbst gewalttätig. Vereinzelt ging es sogar so weit, dass die Profiler selbst brutale Verbrechen begingen. Das menschliche Gehirn ist uns immer noch in großen Teilen ein Rätsel, und wenn wir es nur lange genug misshandeln ...« Hunter brauchte den Satz nicht zu beenden. »Also habe ich mich entschlossen, mein Gehirn lieber auf andere Weise zu misshandeln, nämlich indem ich Detective bei der Mordkommission wurde.« Er grinste und trank seinen letzten Schluck Bier aus.

»Ja, und da kannst du dich über Misshandlung auch nicht beklagen.« Sie lachten beide.

Eine Meile von Rusty's Surf Ranch entfernt warf ein gut gekleideter Mann im Eingang des Belvedere Restaurants einen prüfenden Blick auf sein Spiegelbild. Er trug einen maßgeschneiderten italienischen Anzug, frisch polierte Schuhe und eine blonde Perücke, die ihm perfekt stand. Seine Kontaktlinsen verliehen seinen Augen einen ungewöhnlichen grünen Schimmer.

Von dort, wo er stand, konnte er sie sehen: Sie saß mit einem Glas

Rotwein vor sich an der Bar. Sie sah wunderschön aus in ihrem kleinen Schwarzen.

Ob sie nervös war oder aufgeregt? Er konnte es von weitem nicht sagen.

All die Male im Supermarkt, die ganzen letzten Monate lang, hatte er sie zielstrebig bearbeitet, sie mit einer Lüge nach der anderen gefüttert, sich ihr Vertrauen erarbeitet. Heute Abend würden sich seine Lügen auszahlen. Das taten sie immer.

»Guten Abend, Sir. Sind Sie mit jemandem verabredet, oder möchten Sie heute Abend alleine bei uns speisen?«

Wortlos starrte er den Empfangschef des Restaurants an.

»Sir?«

Er blickte erneut zu ihr hin. Sie würde perfekt sein.

»Sir?«

»Ja, ich bin verabredet. Die Dame dort an der Bar«, antwortete er endlich mit einem freundlichen Lächeln.

»Sehr wohl, Sir. Wenn Sie mir bitte folgen wollen?«

45

FREITAGABENDS WAR IM VANGUARD CLUB IMMER VIEL LOS, doch an diesem Abend ging es noch turbulenter zu als sonst. An diesem Abend gastierte im Vanguard der berühmte holländische DJ Tiësto mit seinem einzigen Auftritt in Los Angeles.

Der Club war bis zum letzten Platz gefüllt. Die Hauptshow sollte um Mitternacht beginnen, doch schon jetzt war die Stimmung bombastisch.

Dieser Abend war perfekt für das, was er vorhatte. Je mehr Leute um ihn herum waren, umso weniger würde jemand Notiz von ihm nehmen.

Seit sechs Tagen hatte er sich einen Bart wachsen lassen, gerade genug, um verändert auszusehen. Vervollständigt wurde seine Verkleidung durch eine trendige Baseballkappe, eine professionelle, schwarze Perücke und ein farbiges Designerhemd. Dieses eher jugendliche Styling war weit entfernt von seinem üblichen Business-Outfit aus italienischem

Designeranzug und ledernem Aktenkoffer. Doch heute Abend war er nicht als Geschäftsmann hier.

Heute Abend hatte er nur eines im Sinn, nämlich etwas abzuliefern. Er besaß es seit sechs Tagen, und genauso lange überlegte er schon, was er damit anfangen sollte. Geschäftsleute stehen nicht unbedingt in dem Ruf, es mit der Ehrlichkeit allzu genau zu nehmen, und er selbst war weiß Gott noch nie der ehrlichste Geschäftsmann gewesen, aber manche Dinge waren einfach inakzeptabel, selbst für ihn. Er musste irgendetwas tun.

Er stand in der Ecke des Clubs, die genau entgegengesetzt zur V.I.P.-Lounge lag, und beobachtete die pulsierende Menge. Seine Augen surften über die Tanzfläche, hielten Ausschau nach Leuten, die ihn eventuell erkennen könnten – doch bis jetzt war ihm niemand aufgefallen. Er schob die Hand in die Hosentasche und berührte den Gegenstand darin. Ein eisiges Frösteln lief ihm sofort vom unteren Ansatz der Wirbelsäule bis in den Nacken hinauf. Rasch zog er die Hand wieder aus der Tasche.

»Hey, Mann, brauchst du irgendwas?«

Ein junger, dunkelhaariger Typ, kaum älter als dreiundzwanzig, stand plötzlich vor ihm. Er kniff die Augen zusammen, als könnte er so besser sehen. »Bitte?«

»Du weißt schon, Mann … das is'n Rave … Brauchst du'n Trip?«

»O nein, ich hab alles«, erwiderte er, als er endlich kapierte, was der Typ von ihm wollte.

»Du musst dir jetzt was besorgen, bevor die Show losgeht«, sagte der Junge und nickte mit dem Kopf in Richtung Bühne, wobei seine Haare herumflogen wie in einer Shampoowerbung.

»Falls du's dir noch anders überlegst, ich bin hier irgendwo.« Der junge Mann beschrieb mit dem Finger einen kleinen Kreis in der Luft und ging weiter.

Er trank einen Schluck von seinem Jack Daniels mit Cola und kratzte sich den juckenden Bart.

Die Musik hörte auf, und die Licht- und Lasershow über der Tanzfläche schaltete auf Overdrive. Weißer Rauch kam von der Decke und hüllte den Saal in farbige Nebelschwaden. Tosender Beifall, Geschrei und Gekreische setzten ein. Man war bereit für den Höhepunkt des Abends.

Das war der Augenblick, auf den er gewartet hatte. Jetzt waren aller Augen auf die Bühne gerichtet, niemand würde bemerken, wenn jemand ein kleines Päckchen über die Bartheke fallen ließ. Er ließ seinen Drink stehen und drängte sich durch die durstigen Kunden hindurch bis ans hinterste rechte Ende der nächstgelegenen Bar, ganz an die Wand. Selbst die Barkeeper hatten für ein paar Sekunden mit dem Bedienen aufgehört.

»Ladies and Gentlemen, es ist so weit. Schnüren Sie Ihre Tanzschuhe und machen Sie sich bereit zum Abtanzen. Der Vanguard Club präsentiert, exklusiv bei seinem einzigen Auftritt in Los Angeles, einen der weltweit größten Namen der House-Musik … Tiësto.« Die Menge tobte. Die farbigen Laser richteten sich auf die Bühne.

Rasch zog er das kleine, viereckige Päckchen aus der Tasche, beugte sich über die Theke und ließ es auf der anderen Seite herunterfallen. Im nächsten Augenblick drängte er sich bereits wieder durch die Menge davon, erleichtert, seine Last losgeworden zu sein. Er war sich sicher, dass ihn niemand beobachtet hatte.

Eine Viertelstunde später fiel dem zweiten Barkeeper das am Boden liegende Päckchen auf. Er war ans Ende der Bar geeilt, um einen besonders lautstarken Kunden zu bedienen, als er mit dem Fuß auf etwas trat. Nach unten blickend entdeckte er das Päckchen, bückte sich und hob es auf.

»Yo, Pietro!«, rief er seinem Kollegen zu.

Pietro bediente die zwei hübschen jungen Frauen zu Ende, die vor ihm an der Bar standen, und kam dann zu seinem Kollegen.

»Gehört das dir?«

Pietro nahm das kleine Päckchen entgegen und schaute es neugierig an. »Woher hast du das?«

»Ich hab's gerade eben auf dem Boden gefunden, genau hier.« Er deutete auf die Stelle am Boden.

»Hast du gesehen, wer es da hingeworfen hat?«

»Nein, Mann. Es kann auch schon eine Weile da gelegen haben. Ich hab's nur bemerkt, weil ich versehentlich draufgetreten bin.«

Pietro betrachtete das sorgfältig umwickelte Päckchen genauer. Er konnte zwar nicht sagen, was es war, doch die Aufschrift ließ keinen Zweifel darüber, für wen es bestimmt war: »An D-King«.

46

Während er die paar Stufen zur V.I.P.-Lounge hinaufstieg, fragte er sich, wieso eigentlich er den Überbringer spielen musste. In der Lounge wimmelte es von zweitrangigen Prominenten. Pietro bahnte sich einen Weg zwischen den lärmenden Grüppchen hindurch zum hintersten Tisch: dem von D-King. Jerome, der ein paar Schritte vor seinem Boss stand, hatte den langhaarigen Barkeeper bereits kommen sehen.

»Gibt's ein Problem?«

»Jemand hat das an der Bar gelassen«, sagte Pietro und reichte dem Ex-Boxer das Päckchen. Jerome betrachtete es mit fragender Miene.

»Warte einen Moment.«

Pietro sah zu, wie der Leibwächter an den Tisch hinter ihm trat, sich zu seinem Boss hinunterbeugte, ihm etwas ins Ohr flüsterte und ihm das Päckchen gab. Ein paar Sekunden später wurde er mit einer Handbewegung aufgefordert, näher zu treten. Er hatte zwar keinerlei Grund, nervös zu sein, verspürte aber trotzdem eine unwillkürliche Anspannung in der Brust.

»Woher hast du das?«, fragte D-King, ohne aufzustehen.

»Jemand hat es an der Bar gelassen.«

»Wie, einfach dort gelassen? Oder hat er es dir in die Hand gegeben?«

»Weder noch. Es lag auf dem Boden. Jemand muss es über die Theke geworfen haben. Todd, mein Kollege, hat es gefunden.«

»Und er hat nicht gesehen, wer es da hingeworfen hat?«

»Er sagt, nein.«

»Wann war das? Wann hat er es gefunden?«

»Vor fünf Minuten oder so. Er hat's mir gegeben, und ich habe es sofort rübergebracht. Aber es könnte schon eine Weile da gelegen haben. Es ist höllisch viel los an der Bar, und Todd sagte, er hat es sowieso nur bemerkt, weil er versehentlich drauftrat.«

D-King musterte den Barkeeper vor ihm ein paar Sekunden lang und entließ ihn dann mit einer Handbewegung.

»Hey, darf ich es aufmachen, Babe? Ich liebe es, Geschenke aufzumachen!«, fragte eins von den drei Mädchen am Tisch.

»Klar. Bitte sehr.«

Sie riss hastig das Papier auf, doch ihr aufgeregtes Lächeln wich bald einem enttäuschten Blick. »Eine CD?«, sagte sie.

»Was denn?« D-King nahm ihr die Schachtel aus den Händen, drehte sie einmal herum und begutachtete sie ein paar Sekunden. »Es ist eine DVD«, sagte er unbeeindruckt.

»Schade. Ich hatte auf Diamanten gehofft«, warf ein anderes von den Mädchen ein.

»Da ist noch was in der Verpackung«, sagte Jerome. Er hatte einen kleinen weißen Zettel bemerkt, der in dem weggeworfenen Packpapier steckte. D-King griff danach und las ihn schweigend.

Es tut mir leid.

»Was steht drauf, Babe?«

»Geht ihr drei mal 'ne Runde tanzen, okay?«, forderte D-King sie auf. »Kommt in zwanzig Minuten oder so wieder.«

Sie wussten, dass das keine Bitte war. Schweigend standen die drei atemberaubenden Mädchen auf, verließen die Lounge und mischten sich unter die Tanzenden.

»Wir haben doch einen DVD-Player in der Limo, oder?«, fragte D-King. Er klang jetzt doch neugierig.

»Mhm«, antwortete Jerome mit einem Kopfnicken.

»Dann sehen wir uns das mal schnell an.«

»Geht klar, Boss.« Jerome zog sein Handy aus einer Tasche seines dunklen Tallia-Anzugs. »Warren, fahr mal den Wagen am Hinterausgang vor ... Nein, wir gehen noch nicht, wir müssen nur mal was checken.«

Für Autos hatte D-King eine Schwäche, daraus machte er kein Geheimnis. Seine umfangreiche Sammlung umfasste einen Ford GT, einen Ferrari F430 Spider, einen Aston Martin Vanquish S sowie – seine neueste Errungenschaft – eine Hummer-Limousine für zwölf Personen.

Fünf Minuten später fuhr auf der Rückseite des Vanguard Clubs die Limousine vor.

»Ist irgendwas los, Boss?«, fragte Warren, der seinem Chef die hintere Tür zu dem über zehn Meter langen Fahrzeug aufhielt.

»Nein, alles cool. Wir wollen uns nur mal was ansehen.« D-King und Jerome stiegen ein und warteten, bis Warren die Tür hinter ihnen zugeschlagen hatte.

Neben dem Hauptsitzplatz befand sich eine kleine Konsole mit einer Reihe von Knöpfen und Reglern, mit denen man die vollständige Kontrolle über das Wageninnere hatte: verschiedene Beleuchtungen und Farben, Sound- und Boxenkonfiguration, Zugang zu der hochkarätigen DVD-Anlage sowie zu einer Geheimkammer mit einem kleinen Waffenarsenal.

D-King machte es sich auf dem Hauptsitz bequem und drückte auf einen Knopf. Eine Holzverkleidung rechts von ihm glitt zur Seite, dahinter kam ein Slimline-DVD-Player zum Vorschein. Er legte die DVD ein. Die Glas-Trennscheibe zwischen dem Fahrer und dem Wageninneren schloss sich automatisch, und ein überdimensionaler, die gesamte Breite des Wagens einnehmender Bildschirm rollte von der Decke herunter. Der ganze Vorgang dauerte keine zehn Sekunden.

Bilder flackerten über den Schirm. Die Qualität der Aufnahmen war so schlecht, dass Jerome eine Weile brauchte, bis er sich überhaupt einen Reim auf das machen konnte, was dort vor sich ging.

In einem schmutzigen und halb verfallen wirkenden quadratischen Raum saß eine Frau mit verbundenen Augen und einem Knebel im Mund auf einem Metallstuhl, an den sie gefesselt war. Ihr Körper war halb entblößt unter den zerrissenen Kleidern.

»Was zum Teufel ist das?«, fragte Jerome immer noch verwirrt.

»Still, Nigga«, sagte D-King und drückte auf den Schnellvorlauf. Die Bilder liefen einige Sekunden lang in irrwitzigem Tempo über den Bildschirm, bis D-King die Taste losließ und den normalen Abspielvorgang fortsetzte. Beide sahen schweigend eine Weile zu, wie die junge Frau körperlich, verbal und sexuell missbraucht wurde.

»Das ist ja total krank, Boss. Da spielt dir jemand einen ziemlich miesen Streich«, sagte Jerome schließlich und machte Anstalten, aus dem Wagen auszusteigen.

»Warte eine Sekunde.« D-King hielt seinen Leibwächter zurück. Etwas stimmte da nicht, D-King spürte es. Er spulte erneut vor, diesmal gleich mehrere Minuten auf einmal. Als der Film wieder einsetzte, wurden die Bilder noch gewalttätiger und brutaler.

»Ah, so ein Scheißdreck. Schalt das ab, Boss. Mir wird übel von dem Zeug«, bat Jerome.

Mit einem ungeduldigen Heben seiner Hand befahl D-King Jerome, den Mund zu halten. Er spulte noch ein Stück vor und landete unmittelbar vor der letzten Szene.

Als sich die beiden mysteriösen Männer in dem Film für den Höhepunkt in Stellung brachten, ahnte D-King, was gleich passieren würde. Jerome schien noch immer nicht zu merken, was er hier sah, doch sein Blick war auf den Bildschirm gerichtet. Die beiden beobachteten, wie der Frau die Augenbinde abgerissen wurde.

»Scheiße, nein …!«, schrie Jerome auf und machte fast einen Satz rückwärts. »Das ist Jenny.« Es klang halb wie eine Feststellung, halb wie eine Frage.

D-King hatte bereits eine volle Minute früher erkannt, wer die Frau war. Ein maßloser Zorn brodelte unter seiner Haut. In konsterniertem Schweigen sahen sie zu, wie das Messer ihre Kehle durchtrennte, so glatt wie ein Bushido-Schwert ein Bündel Reispapier. Die Kamera zoomte den hilflosen Blick in ihren sterbenden Augen heran und zeigte dann das Blut, das aus der tödlichen Wunde strömte.

»Was zum Teufel geht da ab, Boss?« Jerome klang völlig außer sich.

D-King sagte kein Wort, bis die DVD zu Ende war. Als er sprach, war seine Stimme eiskalt. »Was glaubst du wohl, was da abgeht, Jerome? Wir haben gerade gesehen, wie die Jenny gequält und umgebracht haben.«

»Aber das stimmt doch nicht. Diese Detectives haben doch gesagt, sie hätte keine Schuss- oder Stichwunden und dass man sie bei lebendigem Leib gehäutet hätte. Und da sieht man, wie ihr jemand die Kehle aufschlitzt.«

»Die Detectives haben gesagt, die Frau auf dem Bild, das sie uns gezeigt haben, ist bei lebendigem Leib gehäutet worden. Wir dachten, die Frau wäre Jenny. Aber das war ein Irrtum.«

Jerome hielt sich beide Hände vors Gesicht. »Das ist total pervers, Boss.«

»Hör zu.« D-King schnippte zweimal mit den Fingern, um Jeromes volle Aufmerksamkeit zu bekommen. »Ab jetzt sind die Samthandschuhe weg. Ich will die zwei Kerle auf dem Video«, sagte er mit derart bebendem Zorn in der Stimme, dass Jerome unwillkürlich fröstelte. »Ich will den Schweinehund hinter der Kamera, ich will den Typ, dem dieses Rattenloch gehört, und ich will die Person, die für dieses gottverdammte Szenario verantwortlich ist. Hast du mich verstanden?«

»Verstanden, Boss«, sagte Jerome, der sich wieder gefasst hatte.

»Lass nichts davon auf die Straße dringen. Ich will nicht, dass die Schweine sich verkriechen. Halt dich nur an vertrauenswürdige Leute.

Ich will diese Kerle schnell, und wenn möglich lebend. Egal, wen du bezahlst, egal, wie viel. Ich will diese Kerle, egal, was es kostet.«

»Was ist mit den Bullen?«, fragte Jerome. »Wir sollten ihnen vielleicht sagen, dass die Frau auf dem Bild nicht Jenny ist.«

D-King überlegte kurz. »Du hast recht, aber zuerst will ich diese Kerle haben. Danach geb ich den Bullen Bescheid.«

47

SEIT MEHREREN TAGEN KLAPPERTEN SIE NUN SCHON ergebnislos die Bars und Clubs ab. Santa Monica hatten sie bereits komplett durch, inzwischen versuchten sie es in Long Beach, doch überall war das Resultat dasselbe. Auch sonst traten sie mit ihrer Untersuchung auf der Stelle. Genau wie bei den ursprünglichen Kruzifix-Morden war es ihnen auch bei den neuen bisher nicht gelungen, eine Verbindung zwischen den Opfern herzustellen. Zwar bestand die Möglichkeit, dass Jenny Farnborough und George Slater sich von einer Sex-Party gekannt hatten, doch noch immer war das erste Opfer nicht zweifelsfrei identifiziert. Niemand konnte bestätigen, dass die gesichtslose Frau tatsächlich Jenny Farnborough war. Garcia versuchte noch immer vergeblich, ihre Familie in Idaho oder Utah ausfindig zu machen. Außer Vermutungen hatten sie bisher nichts vorzuweisen, und Captain Bolter hasste Vermutungen. Er wollte Fakten.

Mit jedem Tag, der ergebnislos verstrich, wuchs außerdem die Wahrscheinlichkeit, dass wieder ein Anruf kam – und mit ihm ein neues Opfer. Alle verloren allmählich die Geduld, einschließlich des Polizeichefs. Er verlangte Resultate von Captain Bolter, und der wiederum verlangte Resultate von seinen beiden Detectives.

Die Untersuchung zehrte an ihrer aller Nerven. Garcia hatte Anna in den letzten paar Tagen kaum gesehen. Hunter hatte ein paarmal mit Isabella telefoniert, doch eine Gelegenheit für ein Date gab es nicht. Ihnen lief die Zeit davon, und sie wussten es.

Hunter traf früh im Morddezernat ein und fand wieder einmal Garcia am Schreibtisch vor.

»Es gibt was Neues«, sagte Garcia, als Hunter zur Tür hereinkam.

»Sag mir was Erfreuliches. Sag mir, dass jemand unser Phantom erkannt hat.«

»Nun, es sind zwar gute Neuigkeiten, aber nicht so gut«, erwiderte Garcia ein wenig gedämpfter.

»Na gut. Was ist es?«

»Dr. Winston hat mir eben das Ergebnis der DNA-Analyse des Haars geschickt, das wir in George Slaters Wagen gefunden haben.«

»Na endlich, und?«

»Es gab keine DNA, weil das Haar keine Hautfollikel aufwies.«

»Es ist also nicht von selbst ausgefallen. Es wurde abgeschnitten.«

»So ist es.«

»Das heißt, wir haben gar nichts?«, fragte Hunter.

»Doch, doch. Es gab Chemikalien an dem Haar, anhand derer das Labor ermitteln konnte, woher das Haar stammt.«

»Nämlich?«

»Es ist europäisch.«

»Von einer Perücke?« Hunter riss überrascht die Augen auf.

»Woher weißt du, dass europäisches Haar Perücken-Haar ist?«

»Ich lese viel.«

»Ah ja, stimmt. Das hatte ich vergessen«, sagte Garcia mit einem sarkastischen Nicken. »Also, wenn wir Kunsthaar mal außen vor lassen, dann sind die qualitativ hochwertigsten Perücken, die man kaufen kann: Echthaar, Humanhaar und europäisches Haar. In der Perückenindustrie beziehen sich die Bezeichnungen Echthaar und Humanhaar meist auf Haare asiatischer Herkunft, das behandelt, gebleicht und neu gefärbt wird, um europäischen Haarfarben zu ähneln. Dieser Vorgang schädigt zwar die Haarstruktur, aber dafür sind solche Perücken kostengünstig und überall zu kaufen.«

»Aber europäisches Haar«, fuhr Hunter fort, »ist nahezu unbehandelt. Es kommt hauptsächlich aus Osteuropa. Die Haare werden nicht gefärbt, sondern nur mit einem hochwertigen Conditioner gegen Abnutzung geschützt. Damit kommen solche Perücken natürlichen Haaren am allernächsten.«

»Stimmt genau. Aber dafür kosten die Dinger auch entsprechend.«

»Kann ich mir vorstellen. Von wie viel reden wir hier?«

»Halt dich fest: Unter viertausend Dollar geht da gar nichts.«

Hunter pfiff durch die Zähne, während er sich setzte.

»Eben. Diese Perücken werden nur auf Bestellung gefertigt. Die Anfertigung dauert ein bis zwei Monate, und das heißt, wer auch immer so eine bestellt, muss eine Adresse hinterlassen«, sagte Garcia mit einem triumphierenden Lächeln. »Es kann nicht so viele Geschäfte in Los Angeles geben, die europäische Echthaarperücken verkaufen.«

»Catherine?«

»Was?«

»Hast du Catherine Slater schon gefragt? Vielleicht trägt sie Perücken. Das tun viele Frauen heutzutage. Und leisten könnte sie sich so etwas definitiv auch.«

»Nein, noch nicht.« Garcias Enthusiasmus erlitt einen Dämpfer. »Ich kümmere mich gleich darum. Aber wenn sie keine Perücken trägt, wäre es dann nicht einen Versuch wert, sämtliche Perückenhersteller in Los Angeles, die europäische Echthaarperücken anbieten, zu kontaktieren?«

Hunter kratzte sich am Kinn. »Ja, wäre einen Versuch wert. Auch wenn ich fürchte, unser Killer ist zu schlau dafür.«

»Zu schlau wofür?«

»Du sagtest, die Perücken werden auf Bestellung gefertigt.«

»Genau.«

»Aber ich wette, die Perückenmacher haben auch ein oder zwei fertige im Laden, als Ausstellungsstücke sozusagen. Unser Killer wäre nicht so dumm, eine Perücke zu bestellen und eine Fährte aus Papierkram zu hinterlassen. Er würde einfach das nehmen, was der Perückenmacher gerade dahat, bar bezahlen, und wieder verschwinden. Er kauft die Perücke ja nicht aus ästhetischen Überlegungen, also dürfte ihm vermutlich jede recht sein.« Hunter stand auf und ging hinüber zur Kaffeemaschine. »Und da ist noch was.«

»Ja?«

»Das Internet«, sagte Hunter.

Garcia runzelte die Stirn.

»Das Internet hilft uns zwar oft, aber gleichzeitig erschwert es uns auch die Arbeit«, führte Hunter aus. »Vor ein paar Jahren noch hätten wir einfach sämtliche Perückenmacher aufgesucht, und mit ein bisschen Glück wären wir fündig geworden, aber heutzutage …« Er goss sich eine Tasse Kaffee ein. »Heutzutage kann der Killer sich diese Perücke übers Internet aus jedem beliebigen Land der Welt bestellen, und in nicht mal einer Woche hat er sie in Händen. Er hätte sie aus Japan oder

Australien kommen lassen können, oder direkt aus Osteuropa.« Hunter schwieg einen Moment, als ihm noch ein Gedanke kam. »Und dann gibt's auch noch eBay, wo er sie von einem privaten Verkäufer bezogen haben könnte, ohne eine Spur zu hinterlassen. Dieser Kerl ist zu clever, um irgendwo seinen richtigen Namen und Adresse zu hinterlassen.«

Garcia musste zugeben, dass Hunters Einwände berechtigt waren. Jeder halbwegs clevere Mensch konnte heutzutage nahezu alles übers Internet erwerben und dabei so geringe Spuren hinterlassen, dass sie kaum zu entdecken waren. Man musste nur wissen, wo man einkaufen musste.

»Vielleicht haben wir ja Glück. Vielleicht hat er sich sicher gefühlt und doch eine Perücke in einem Laden bestellt«, sagte Garcia zuversichtlich.

»Möglich. Wir sollten nichts ausschließen. Wir überprüfen die Perückenmacher auf alle Fälle.«

»Ich will ihm wenigstens einen Schritt näher kommen, bevor er das nächste Foto zu dieser verdammten Pinnwand liefert«, sagte Garcia und deutete auf die Bilder.

Hunter richtete den Blick auf die Fotos und blieb eine Weile reglos stehen.

»Ist irgendwas?«, fragte Garcia nach einer Minute Stille. »Du blinzelst ja nicht einmal.«

Hunter hob die Hand, um Garcia einen Moment Einhalt zu gebieten. »Hier fehlt was«, sagte er schließlich.

Garcia drehte sich ebenfalls zur Pinnwand. Sämtliche Fotos hingen da. Nichts war verändert worden, da war er sich ganz sicher.

»Was soll denn fehlen?«

»Ein Opfer.«

48

»Wovon zum Teufel redest du? Was soll das heißen, es fehlt ein Opfer? Sie sind doch alle da. Sieben von den ersten Morden und zwei, seit es erneut losging.« Garcias Blick wanderte von den Fotos zu Hunter.

»Wir haben ein Opfer, das er nicht markiert hat. Kein Doppelkreuz im Nacken, kein Anruf bei mir. Wir haben ein Opfer, das er gar nicht getötet hat.«

»Ein Opfer, das er gar nicht getötet hat? Bist du high? Das ergibt doch keinen Sinn.«

»O doch. Er hat es nicht selbst getötet wie die anderen … er hat es töten lassen.«

»Weißt du eigentlich, wie verrückt du dich gerade anhörst? Wen hat er nicht selbst getötet?«

Hunter richtete den Blick auf Garcia. »Mike Farloe.«

»Mike Farloe?« Garcia wirkte verblüfft.

»Der echte Killer hat ihm die Kruzifix-Morde angehängt. Das hab ich sogar dem Killer gesagt, als er mich kurz nach dem Auffinden der gesichtslosen Frau anrief. Aber aus irgendeinem Grund hat's trotzdem nicht geklickt bei mir.«

»Ja, ich erinnere mich, dass du davon geredet hast. Ich stand direkt neben dir.«

»Er hat Mike Farloe reingelegt, und das macht Farloe zu einem seiner Opfer.«

»Indirekt«, sagte Garcia.

»Unerheblich, er ist dennoch ein Opfer.« Hunter ging zu seinem Schreibtisch zurück und blätterte in einem Stapel Unterlagen. »Na gut, was wissen wir über unseren Killer?«

»Nichts«, antwortete Garcia mit einem halben Lacher.

»Das stimmt nicht. Wir wissen, dass er sehr methodisch vorgeht, intelligent ist, pragmatisch und dass er sich seine Opfer sehr, sehr sorgfältig aussucht.«

»Okay.« Garcia klang nicht wirklich überzeugt.

»Der Killer hat auch Mike Farloe nicht zufällig ausgewählt. Genau wie bei seinen anderen Opfern musste auch diese Zielperson exakt in sein Opferprofil passen. Nur dass das Opferprofil diesmal das eines Mörders sein musste. Genauer gesagt, das eines sadistischen, religiös motivierten Serienmörders.«

Garcia fing an, Hunters Gedankengang zu folgen. »Du meinst, wenn du damals jemanden verhaftet hättest, der nicht in dieses Profil gepasst hätte, hätte man ihn nicht als Kruzifix-Killer geschluckt?«

»Genau. Unser Killer ist zwar clever, aber gleichzeitig weiß er, dass auch wir nicht dumm sind. Wir würden nicht gleich auf den Erstbesten hereinfallen, den er uns als Täter unterzujubeln versucht. Es musste schon die passende Person sein. Jemand, der uns als Killer glaubwürdig erscheint. Jemand, den wir für ihn halten konnten. Mike Farloe war die perfekte Wahl.«

Garcia fuhr sich mit beiden Händen durch die Haare und zog sie wie zu einem kleinen Pferdeschwanz nach hinten. »Hatte Farloe eine Strafakte?«

»O ja, allerdings. Der ist praktisch in Jugendstrafanstalten aufgewachsen. Drei Verurteilungen wegen Exhibitionismus. Am liebsten machte er es vor Schulkindern.«

»Ein Pädophiler?«, fragte Garcia angewidert.

»Allerdings. Er hat achtundzwanzig Monate gesessen, weil er einen zwölfjährigen Jungen in einer öffentlichen Toilette befummelt hatte.«

Garcia schüttelte den Kopf.

»Und wo findet man jemanden wie Mike Farloe?«, überlegte Hunter weiter.

»Vielleicht kannte ihn der Killer von früher«, schlug Garcia vor.

»Möglich, aber ich glaube eher nicht. Mike war ein Einzelgänger, lebte allein, keine Frau, keine Freundin, keine Kinder. Er hat als Müllmann gearbeitet und sich in seiner Freizeit in seiner winzigen, vergammelten Wohnung eingeschlossen, um die Bibel zu lesen. Der Typ hatte kein Sozialleben.«

»Vielleicht eine Krankenakte? Unser Killer könnte Zugang zu Krankenakten gehabt haben. Wir wissen immerhin, dass er medizinische Fachkenntnisse besitzen muss, Dr. Winston meinte sogar, es würde ihn nicht wundern, wenn er Chirurg wäre.«

Hunter nickte. »Genau daran dachte ich auch.«

»Religiöse Zirkel, Kirchen? Wenn Farloe da hinging, könnte ihn der Killer dort aufgestöbert haben.«

»Auch das sollten wir überprüfen.«

»Was wissen wir sonst noch über Mike Farloe?«, fragte Garcia.

»Nicht viel. Es gab keinen Grund, noch groß Nachforschungen über ihn anzustellen, denn er hatte ja gestanden.«

»Stimmt. Und das bringt mich auf meine ursprüngliche Frage zurück: Warum? Warum zum Teufel hat er gestanden? Warum gesteht jemand so grauenhafte Verbrechen, wenn er sie gar nicht begangen hat und weiß, dass er dafür die Todesstrafe kriegt?«

»Um seinem Leben ein bedeutungsvolles Ende zu setzen«, sagte Hunter überzeugt.

»Wie bitte?«

»Du hast doch bestimmt schon von Leuten gehört, die nicht den Mut aufbringen, sich das Leben zu nehmen, also kaufen sie sich eine Waffe und wedeln auf offener Straße damit herum. Die Polizei kommt, fordert die Person auf, die Waffe abzulegen, die fuchtelt noch wilder damit herum, bis den Cops nichts anderes übrigbleibt, als zu schießen.«

»Ja, hab davon gehört. Suizid durch die Polizei.«

»Genau. Farloes Fall folgt demselben Prinzip. Wie gesagt, Farloe war ein Einzelgänger, keine Freunde, kein Sozialleben und auch keine Aussicht auf das eine oder andere davon. Und über den Kruzifix-Killer wusste er offensichtlich gut Bescheid.«

»Das taten alle, dafür hat die Presse gesorgt.«

»Haargenau. Dann wird es dich auch nicht überraschen zu hören, dass es da draußen einige religiöse Fanatiker gab, die auch noch fanden, der Kruzifix-Killer würde gute Arbeit leisten. Weil er Sünder tötete.«

»Und Farloe war einer von denen«, vollendete Garcia Hunters Gedankengang.

»Eben. Für diese Leute war der Kruzifix-Killer ein Held, jemand, der Gottes Werk verrichtet. Und auf einmal erhält Farloe die Chance, sein eigener Held zu werden.«

»Du meinst wohl eher, für seinen Helden die Prügel zu kassieren.«

»Das spielt keine Rolle. Für den Rest der Welt würde Mike Farloes Name synonym mit dem des Kruzifix-Killers sein. Eine perfekte Gelegenheit für Farloe, die eigene bedeutungslose Existenz hinter sich zu lassen. Sein Name würde in Büchern stehen und in Kriminologievorlesungen behandelt werden. Als Toter hätte er den Ruhm, der ihm als Lebender verwehrt blieb.«

»Aber du hast gesagt, Farloe wusste bestimmte Dinge über die Opfer, die eigentlich nur der Killer wissen konnte … wie die Motive für die Morde. Er hätte zum Beispiel was davon erzählt, dass eines der Opfer sich bis an die Spitze seiner Firma hochgeschlafen habe. Woher konnte er so etwas wissen?«

»Weil der Killer es ihm erzählt hat«, schloss Hunter.

»Was?«

»Überleg doch mal. Du bist der Killer, okay? Und du willst jemandem deine Taten anhängen. Du hast endlich den Richtigen gefunden. Du freundest dich mit ihm an.«

»Was vermutlich nicht allzu schwierig war, da Farloe keine Freunde hatte.«

»Genau. Deine Unterhaltungen kreisen hauptsächlich um die Kruzifix-Morde. Was der Killer für tolle Arbeit leistet, indem er die Welt von der Sünde befreit und so Zeug. Und dann fütterst du Farloe mit allerlei Gerüchten. *Ich habe gehört, eins der Opfer war eine Prostituierte mit einer Geschlechtskrankheit … eine andere hat mit allen möglichen Leuten in ihrer Firma geschlafen, nur um nach oben zu kommen.*« Hunter wechselte die Tonlage, um in die Rolle des Killers zu schlüpfen.

»Das Ganze als Vorbereitung für seine Festnahme«, führte Garcia den Gedankengang fort.

Hunter biss sich auf die Lippe und nickte.

»Aber warum erzählt er ihm dann nicht von dem echten Doppelkreuz, das er den Opfern in den Nacken ritzt?«

»Weil niemand davon wusste, mit Ausnahme des wahren Killers und einer Handvoll Leute, die an dem Fall arbeiteten. Wenn der echte Killer damit rausgerückt wäre, hätte das Farloe sofort misstrauisch gemacht. Mike war zwar durchgeknallt, aber nicht blöd.«

»Du meinst, Farloe wäre darauf gekommen, dass die Person, mit der er da redete, der echte Killer war.«

»Möglich, wenn auch nicht wahrscheinlich. Vermutlich hätte Farloe eher gedacht, dass der Kerl einen Haufen Scheiße im Hirn hat.«

»Warum?«

»Was glaubst du, wie Farloe überhaupt vom Kruzifix-Killer erfahren hat?«

»Durch die Presse.«

»Genau. Vermutlich hat er alles verschlungen, was die Medien zu dem Thema verbreiteten. Und jedes Wort davon geglaubt. Menschen lassen sich ziemlich leicht beeindrucken. Farloe indirekt zu sagen, dass das, was er da las, ein Haufen Mist ist, hätte ihn eher zurückgestoßen. Aber der Killer wollte ja sein Vertrauen gewinnen. Wem glaubt wohl ein ganz normaler Durchschnittsbürger eher, den Medien oder einem x-beliebigen Fremden?«

Garcia überlegte eine Weile. »Da ist was dran.«
Hunter nickte. »Der Killer wusste schon, wie er Farloes Vertrauen gewinnen konnte.«
»Glaubst du, er ging fest davon aus, dass Farloe gestehen würde?«
»Vielleicht. Ich bin nicht sicher.«
»Er hatte nichts zu verlieren«, räumte Garcia ein, schien jedoch noch immer nicht befriedigt. »Aber warum?«
Hunter blickte ihn alarmiert an. »Hast du mir eigentlich zugehört? Ich habe dir gerade erklärt, warum.«
»Nein, ich meine: Warum Farloe die Morde anhängen?«
Hunter schwieg eine Weile und blickte geistesabwesend auf seine Kaffeetasse. »Das wäre auch meine nächste Frage gewesen. Weshalb hängt man jemand anderem ein Verbrechen an?«
»Rache?«
»Nicht im wirklichen Leben.«
»Wieso?«
»Jemandem aus Rache ein Verbrechen anzuhängen, so was kommt nur in Hollywoodfilmen vor. Im wirklichen Leben machen sich Menschen nicht die Mühe, sondern jagen der betreffenden Person einfach eine Kugel in den Kopf. Warum erst lange an einer komplizierten Falle arbeiten? Außerdem starb Farloe durch die Todesspritze, was kein besonders qualvoller Tod ist. Wenn unser Killer wollte, dass er leidet, hätte er sich selbst um ihn gekümmert.«
Garcia nickte zustimmend. »Das stimmt allerdings.«
»Was gibt's noch für Gründe?«
»Vielleicht wollte er, dass die Ermittlungen aufhören.«
»Wäre möglich.«
»Vielleicht wollte er ursprünglich nur sieben Morde begehen.« Garcia goss sich ein Glas Wasser ein. »Nachdem die Morde, die er sich vorgenommen hatte, erledigt waren, wollte er vielleicht, dass die Untersuchung abgeschlossen würde, damit nicht womöglich Jahre später doch noch mal ein Cop zufällig auf irgendein Beweisstück stößt. Wenn er das Ganze jemand anderem anhängt, wird die Akte geschlossen, und er ist raus.«
»Und jetzt hat er seine Meinung geändert und begeht noch einmal sieben Morde?«
Garcia zog eine Augenbraue hoch. »Könnte doch sein.«

»Das überzeugt mich nicht. Der Killer hatte von Anfang an eine klare Agenda, und ich bin mir sicher, dass er der noch immer folgt. Wenn er mit dem fertig ist, was er vorhat, und wir ihn bis dahin nicht geschnappt haben, wird er verschwinden, und wir werden nie wieder irgendwas von ihm hören.« Hunters Ton war düster.

»Als Farloe verhaftet wurde, gab es da noch einen anderen Verdächtigen? Warst du an irgendjemandem dran?«, fragte Garcia in die eingetretene Stille hinein.

Hunter schüttelte den Kopf.

»Du hattest keine heiße Spur, weder eine Person noch sonst irgendwas?«

»Das hab ich dir doch schon ganz am Anfang gesagt: Wir hatten nichts, keine Verdächtigen, keine Spuren – aber ich weiß, worauf du hinauswillst. Wenn wir an jemandem dran gewesen wären, ihm allmählich näher gekommen wären – dem wahren Täter –, dann hätte uns die Sache mit Farloe von dieser Spur abgelenkt.«

»Es hätte die Untersuchung schlagartig zum Abschluss gebracht. Warum noch weiter suchen, wenn man einen Verdächtigen inklusive überwältigendem Beweismaterial hat?«

»Nun, wir hatten aber vor Farloe keinen Verdächtigen.«

»Das wusste der Killer ja nicht. Es sei denn, er hätte einen Informanten bei der Polizei gehabt.«

»Nur sehr wenige Leute hier wussten davon, und sie waren alle absolut vertrauenswürdig.«

»Na gut, aber vielleicht warst du ja doch auf etwas gestoßen, das dem Täter gefährlich werden konnte.«

Ein Muskel an Hunters Kiefer zuckte. »Wir waren auf überhaupt nichts gestoßen. Das Einzige, was wir hatten, waren sieben Opfer und jede Menge Frust«, sagte Hunter und starrte mit abwesendem Blick aus dem Fenster. »Aber lass uns die Akten trotzdem noch mal durchgehen … vor allem die zwei Monate vor Farloes Verhaftung. Sehen wir uns näher an, was wir hatten und was nicht.«

»Es gäbe noch eine andere Möglichkeit«, sagte Garcia und blätterte hastig in ein paar Unterlagen auf seinem Schreibtisch.

»Nämlich?«

»Wie viel Zeit ist zwischen Farloes Verhaftung und dem ersten neuen Opfer vergangen?«

»Ungefähr anderthalb Jahre.«

»Wenn der Killer nun Farloe ans Messer geliefert hat, weil er wusste, dass er eine Zeitlang außer Gefecht sein würde? Also, zum Beispiel, weil er wegen irgendeiner kleineren Sache im Gefängnis saß oder so.«

Hunter setzte sich und verschränkte die Arme vor der Brust. »Das Problem dabei ist: Er hätte im Voraus wissen müssen, dass er eine Zeitlang außer Gefecht sein würde. Jemandem eine Tat anzuhängen, die er nicht begangen hat, erfordert lange Vorbereitung – wie schon gesagt, er musste ja erst einmal die passende Person finden. So viel Zeit bleibt einem aber nicht, wenn man verhaftet wird. Allerdings …« Hunter deutete mit dem Zeigefinger in Garcias Richtung.

»Was?«

»Eine Operation«, sagte Hunter mit hochgezogenen Augenbrauen. »Der Killer könnte eine Operation vor sich gehabt haben. Das hätte er rechtzeitig vorher gewusst.«

»Aber er war über ein Jahr von der Bildfläche verschwunden. Welche OP setzt einen so lange außer Gefecht?«

»Das ist leicht beantwortet. Rücken- und Hüft-OPs, und andere, bei denen anschließend eine längere Reha-Behandlung nötig ist, um wieder die volle Bewegungsfähigkeit und Muskelkraft zu erlangen. Und unser Killer braucht all seine Kraft, um diese Morde zu begehen. Er hätte nicht erneut angefangen, wenn er nicht hundertprozentig fit gewesen wäre. Also erstellen wir am besten mal eine Liste von allen Krankenhäusern und Reha-Einrichtungen.«

Garcia war schon dabei, den ersten Suchbegriff in die Tastatur zu hämmern.

49

Den Rest des Tages verbrachten sie damit, Mike Farloes Leben noch einmal aufzurollen. Seine Strafakte war zwar lang, aber die Vergehen nicht außergewöhnlich schwer. Verurteilungen wegen Exhibitionismus, sexueller Belästigung ohne Anwendung von Gewalt und Pädophilie. *Er war ein mieser Sack*, ging es Hunter durch den Sinn, *aber kein Gewalttäter.* Während seiner letzten Gefängnisstrafe fand er zu Gott und begann, als er wieder auf freiem Fuß war, auf der Straße Gottes Wort zu predigen oder was er dafür hielt.

Farloes Krankenakte wies keine Besonderheiten auf. Ein paar Behandlungen wegen Geschlechtskrankheiten sowie Knochenbrüchen nach Straßenschlägereien, mehr nicht. Keine psychotherapeutische Behandlung, nichts, was auffiel. Hunter und Garcia gelangten zu dem Schluss, dass der Killer ihn nicht aufgrund seiner Kranken- oder Strafakte ausgewählt haben konnte. Als Nächstes nahmen sie sich religiöse Sekten und Zirkel vor, mit denen Farloe zu tun gehabt haben könnte, doch um halb zwölf Uhr nachts hatten sie noch immer nichts gefunden.

GARCIA WARF EINEN RASCHEN BLICK auf seine Uhr, als er den Wagen vor seinem Wohnhaus abstellte. *Schon wieder nach Mitternacht.* In den vergangenen zwei Wochen hatte er es nicht ein einziges Mal geschafft, vor Mitternacht nach Hause zu kommen. Aber er konnte es nicht ändern, der Job verlangte das von ihm, und Garcia war absolut bereit, diesen Einsatz zu leisten. Anna sah das allerdings anders.

Garcia blieb eine Weile auf dem dunklen Parkplatz im Wagen sitzen. Vom Auto aus starrte er zum Fenster seiner Wohnung im ersten Stock. Im Wohnzimmer brannte Licht. Anna war noch auf.

Er hatte ihr gesagt, sie solle sich keine Sorgen machen. Dass sie an einem komplizierten Fall arbeiteten und er eine Menge Überstunden einlegen musste. Doch von solchen Erklärungen wollte sie nichts hören. Ihr wäre es lieber gewesen, er wäre Anwalt oder Arzt geworden oder sonst irgendwas, nur nicht Detective beim Morddezernat von Los Angeles.

Langsam ging er an den parkenden Autos vorbei zum Haus und in seine Wohnung hinauf. Obgleich er wusste, dass Anna nicht schlief, öffnete er die Wohnungstür so leise wie möglich. Anna lag auf dem blauen Sofa gegenüber dem Fernseher. Sie trug ein dünnes, weißes Nachthemd, und ihre Haare waren auf einer Seite platt gelegen. Sie hatte die Augen zu, schlug sie jedoch sofort auf, als Garcia den ersten Schritt in die Wohnung tat.

»Hallo, Liebling«, sagte Garcia müde.

Sie setzte sich auf und verschränkte die Beine im Schneidersitz. Ihr Mann sah verändert aus. Jede Nacht, wenn er nach Hause kam, wirkte er wieder ein wenig älter und erschöpfter. Er war noch keinen Monat beim Morddezernat, doch Anna kam es vor, als wären es bereits Jahre.

»Wie geht's dir, Schatz?«, fragte sie leise.

»Ach, ganz gut … aber ich bin müde.«

»Hast du Hunger? Hast du was gegessen heute? Ich hab was im Kühlschrank. Du musst unbedingt was essen«, insistierte sie.

Garcia verspürte keinen Hunger. Genaugenommen hatte er keinen Appetit mehr verspürt, seit er vor etwa zwei Wochen in dieses alte Holzhaus marschiert war. Doch er wollte es Anna nicht abschlagen. »Ja, ich könnte eine Kleinigkeit vertragen.«

Sie gingen zusammen in die Küche. Garcia setzte sich an den kleinen Tisch, während Anna einen Teller mit einer Portion Essen aus dem Kühlschrank holte und in die Mikrowelle stellte.

»Willst du ein Bier dazu?«, fragte sie und wandte sich wieder zum Kühlschrank um.

»Ehrlich gesagt, ein Single Malt wäre mir lieber.«

»Das passt nicht zum Essen. Trink erst mal ein Bier, und wenn du danach noch einen willst …«

Sie reichte ihm eine geöffnete Flasche Budweiser und setzte sich ihm gegenüber. Die Stille wurde durch das Klingeln der Mikrowelle unterbrochen.

Anna hatte eine von Garcias Leibspeisen gekocht – Reis mit brasilianischen schwarzen Bohnen, Hühnchen und Gemüse –, doch nach gerade mal drei Gabeln voll fing er an, das Essen auf dem Teller herumzuschieben.

»Stimmt was nicht mit dem Hühnchen?«

»Doch, doch, Schatz. Du weißt doch, mir schmeckt alles, was du kochst. Ich bin nur doch nicht so hungrig, wie ich dachte.«

Ohne Vorwarnung vergrub Anna den Kopf in den Händen und fing an zu weinen.

Garcia war sofort bei ihr und kniete sich neben sie. »Anna, was ist denn?« Er versuchte, die Hände von ihrem Gesicht zu lösen.

Es dauerte ein paar Augenblicke, bis sie schließlich aufsah. Ihre Augen waren voller Tränen und Trauer. »Ich habe Angst.«

»Angst? Wovor hast du Angst?«, fragte er betroffen.

»Davor, was diese neue Arbeit mit dir macht … mit *uns* macht.«

»Was meinst du damit?«

»Sieh dich doch mal an. Seit Wochen schläfst du nicht mehr richtig. Und wenn du doch mal einschläfst, dann dauert es nur Minuten, bis du schweißgebadet und schreiend wieder aufwachst. Du isst kaum noch was. Du hast so viel abgenommen, dass du regelrecht krank aussiehst. Und was mich angeht … du siehst mich überhaupt nicht mehr, geschweige denn, dass du mit mir redest.«

»Es tut mir leid, Liebling. Du weißt, ich kann dir nichts über die Fälle erzählen, an denen ich arbeite.« Er versuchte sie zu umarmen, doch sie wich zurück.

»Ich will auch keine Einzelheiten über deine Fälle wissen. Aber du bist allmählich nur noch ein Geist in dieser Wohnung. Ich sehe dich ja kaum noch. Wir machen nichts mehr gemeinsam. Selbst Kleinigkeiten, wie einfach mal zusammen zu essen, sind der reinste Luxus geworden. Du gehst aus dem Haus, bevor die Sonne aufgeht, und kommst erst zu dieser trostlosen Uhrzeit wieder. Jede Nacht, wenn ich dich durch diese Tür kommen sehe, kommt es mir vor, als hättest du wieder ein Stück von deinem Leben da draußen gelassen. Wir werden einander immer fremder. Wie soll das erst in einem halben Jahr oder Jahr werden?«, fragte sie und wischte sich die Tränen von den Wangen.

Garcia überkam ein unbändiges Bedürfnis, sie zu beschützen. Er wollte sie in die Arme nehmen und ihr versichern, dass es keinen Grund zur Sorge gebe, doch in Wahrheit hatte er selbst Angst. Nicht seinetwegen, aber um alle anderen. Da draußen lief ein Killer herum, dem es Vergnügen bereitete, seinem Opfer größtmögliche Qualen zuzufügen. Ein Killer, dem Rasse, Religion, soziale Schicht und auch alles sonst egal war. Jeder konnte sein nächstes Opfer sein, Anna eingeschlossen. Ein Gefühl von Hilflosigkeit erfasste ihn.

»Bitte wein nicht, Liebling, es wird alles gut werden«, sagte er und strich Anna sanft übers Haar. »Wir kommen voran mit dem Fall, und mit ein wenig Glück können wir ihn vielleicht bald abschließen.« Garcia war sich nicht sicher, ob er selbst daran glaubte.

»Es tut mir leid«, sagte sie, noch immer mit tränenerstickter Stimme. »Aber dich hat noch nie ein Fall, an dem du gearbeitet hast, so mitgenommen.«

Garcia wusste nicht, was er sagen sollte.

»Ich habe Angst davor, was dieser Fall mit dir macht. Ich will dich nicht verlieren.« Erneut füllten sich ihre Augen mit Tränen.

»Du wirst mich nicht verlieren, Liebling. Ich liebe dich.« Er küsste sie auf die Wange und wischte ihr die Tränen ab. »Ich verspreche dir, es wird alles gut.«

Anna wollte ihm nur zu gerne glauben, doch in seinem Blick lag keine Überzeugung.

»Komm, lass uns ins Bett gehen«, sagte er und zog sie mit hoch, während er sich aufrichtete.

Sie schlang die Arme um ihn, und sie küssten sich. »Ich mache schnell noch das Licht im Wohnzimmer aus«, sagte sie.

»Okay, und ich stelle solange das Geschirr in die Spülmaschine.« Garcia räumte seinen Teller leer und hielt ihn unter den Wasserhahn.

»Du lieber Himmel!« Annas Schrei kam aus dem Wohnzimmer.

Garcia ließ den Teller auf der Spülmaschine stehen und rannte zu ihr hinüber. »Was ist los?«, fragte er und lief zu ihr ans Fenster.

»Da unten stand jemand und hat mich angestarrt.«

»Was? Wo denn?« Garcia sah angestrengt aus dem Fenster. Die Straße und der Parkplatz waren leer.

»Da unten, zwischen den zwei Autos.« Sie deutete auf zwei Fahrzeuge, die ein Stück weit die Straße hinunter parkten.

Garcia sah erneut hin. »Ich kann niemanden sehen. Außerdem ist es ziemlich dunkel da unten. Bist du sicher, dass du jemanden gesehen hast?«

»Ja. Er hat mich direkt angeschaut.«

»Ganz sicher?«

»Ja. Er hat hier heraufgestarrt.«

»Er? Es war ein Mann?«

»Ich bin nicht sicher. Ich glaube schon.«

»Vielleicht war es nur eine Katze.«

»Das war keine Katze, Carlos. Jemand hat direkt in unsere Wohnung gesehen.« Annas Stimme klang angespannt.

»In unsere Wohnung? Vielleicht hat die Person nur am Haus hinaufgeschaut.«

»Er hat mich direkt angesehen, ich weiß es, ich habe es gespürt, und es hat mir eine Heidenangst gemacht.«

»Bestimmt war das nur eins von den Kids aus der Nachbarschaft. Die treiben sich doch ständig um diese Uhrzeit noch draußen herum.«

»Die Kids aus der Nachbarschaft jagen mir nicht so eine Angst ein.« Erneut stiegen ihr Tränen in die Augen.

»Okay. Willst du, dass ich runtergehe und nachsehe?«
»Nein … bitte bleib bei mir.«
Garcia nahm sie in die Arme und spürte, wie sie am ganzen Körper zitterte. »Ich bin ja da, Liebling. Du bist einfach müde und durcheinander. Es war bestimmt nichts. Komm, lass uns ins Bett gehen.«

50

SIE HATTEN SICH DIE AUFGABEN GETEILT. Garcia sollte in Hunters und Scotts Untersuchungsakten die drei Monate vor Mike Farloes Verhaftung noch einmal durchgehen. Außerdem übernahm er die Perückenmacher und Rehakliniken.

Hunter machte sich an die Krankenhaussuche. Zunächst erwog er, die Krankenhäuser zu kontaktieren und Listen der Patienten anzufordern, die in den zwei Monaten nach Farloes Verhaftung operiert worden waren und bei denen die OP eine längere Genesungsphase nach sich zog, vor allem solche mit Rehamaßnahmen. Aus Erfahrung wusste er jedoch, dass solche Anfragen, selbst wenn sie als dringend gekennzeichnet waren, meist erst nach Wochen beantwortet wurden. Um das Ganze zu beschleunigen, entschied er sich, die Krankenhäuser in Downtown Los Angeles selbst aufzusuchen und nur an die restlichen eine Anfrage zu schicken.

Die Arbeit war mühsam und ging im Schneckentempo voran. Zuerst mussten sie eingrenzen, welche Art von Operationen eine so lange Rekonvaleszenzzeit erforderte, und dann anderthalb Jahre in den Akten zurückgehen.

Hunter war auch nicht überrascht, festzustellen, dass die Ablage in Krankenhäusern ans Komikhafte grenzte. Teils waren die Daten in Aktenschränken in stickigen, überfüllten Kellerarchiven verstaut, teils auf unübersichtlichen elektronischen Tabellenblättern vermerkt und teils in Datenbanken eingegeben, von denen keiner richtig wusste, wie man darauf zugriff. *Kaum besser als die Datenarchivierung im Morddezernat*, dachte er sich.

Seit halb neun morgens war er bereits damit beschäftigt. Um die

Mittagszeit kletterte das Thermometer auf siebenunddreißig Grad, und die stickigen Räume waren die reinste Strafe. Am späten Nachmittag war sein Hemd komplett durchgeschwitzt, und er hatte gerade einmal drei Krankenhäuser geschafft.

»Warst du schwimmen?«, fragte Garcia mit Blick auf sein pitschnasses Hemd, als Hunter im Büro einlief.

»Setz *du* dich mal stundenlang in brühwarme, winzige, unbelüftete Kellerräume von irgendwelchen Krankenhäusern«, entgegnete Hunter alles andere als amüsiert.

»Jacke ausziehen könnte helfen. Aber wie lief's denn?«

Hunter schwenkte einen braunen Umschlag. »Patientenlisten aus drei Krankenhäusern. Nicht viel, aber immerhin ein Anfang.«

»Und was ist das?«, fragte Garcia und deutete auf eine Schachtel, die Hunter unterm Arm trug.

»Oh, nur ein Paar Schuhe«, sagte er in möglichst gleichgültigem Ton.

»Ah, groß Geld ausgegeben, was?«

»Haargenau. Ich hab sie in einem Schaufenster in der Nähe von einem der Krankenhäuser entdeckt. Die schließen in einer Woche oder so und verkaufen alles zum Spottpreis. War ein echtes Schnäppchen.«

»Ehrlich? Kann ich mal sehen?«, fragte Garcia neugierig.

»Klar.« Hunter reichte ihm die Schachtel.

»Wow, schick«, kommentierte Garcia, nachdem er die schwarzen Lederschuhe aus dem Karton genommen und von allen Seiten betrachtet hatte. »Und du kannst weiß Gott welche gebrauchen«, fügte er noch hinzu.

»Ich muss sie allerdings erst einlaufen. Das Leder ist noch ziemlich steif.«

»So viel, wie wir in letzter Zeit zu Fuß unterwegs sind, dürfte das kein Problem sein.« Garcia stellte die Schuhe wieder in den Karton zurück und reichte sie Hunter.

»Und, wie lief's bei dir?«, kam Hunter auf die Untersuchung zurück.

»Ich habe Catherine Slater erreicht. Sie trägt keine Perücken.«

»Sehr gut. Irgendwas Brauchbares bei den Perückenmachern?«

Garcia schnitt eine Grimasse und schüttelte den Kopf. »Wenn wir eine Liste sämtlicher Kunden wollen, die bei Perückenmachern in Los Angeles europäische Echthaarperücken bestellt haben, brauchen wir eine richterliche Verfügung.«

»Im Ernst?«

»Sie wollen ihre Kundenliste nicht rausrücken. Immer dieselbe Entschuldigung … Privatsphäre der Kunden. Ihre Kunden würden es nicht schätzen, wenn man die Tatsache, dass sie eine Perücke tragen, in aller Öffentlichkeit ausposaunt.«

»In aller Öffentlichkeit ausposaunt? Wir führen hier eine Morduntersuchung durch, wir sind doch nicht von der Presse.. Oder verhökern die Informationen an die Boulevardpresse«, merkte Hunter gereizt an.

»Ist denen egal. Ohne richterliche Verfügung keine Kundenliste.«

Hunter warf den Umschlag auf den Tisch, hängte seine Jacke über die Stuhllehne und ging zum Ventilator. »Ich kann diese Leute nicht verstehen. Wir versuchen, ihnen zu helfen, wir versuchen, einen sadistischen Serienmörder zu fassen, dessen nächstes Opfer jemand aus ihrer Familie oder sie selbst sein könnten, aber anstatt uns zu helfen – was kriegen wir? Feindseligkeit und Misstrauen. Als ob *wir* die Bösen wären. Kaum sagst du ihnen, dass du von der Polizei bist, tun sie, als hättest du ihnen grundlos in den Magen geboxt. Wie auf Kommando gehen alle Türen zu, und die Schlösser werden vorgelegt.« Hunter ging zum Schreibtisch zurück. »Ich rede mit Captain Bolter. Wir kriegen diese Scheißverfügung und die Listen, sobald …« Hunter fiel auf, dass Garcia irgendwie zögerte. »Irgendwas gefällt dir nicht«, stellte er fragend fest.

»Das Haar, das wir in George Slaters Wagen gefunden haben, gefällt mir nicht.«

»Red weiter«, forderte Hunter ihn auf.

»Sonst ist rein gar nichts in dem Wagen gefunden worden, richtig? Keine Fingerabdrücke, keine Fasern, nur ein Haar aus einer Perücke.«

»Und du denkst jetzt, dass das nicht zu unserem Täter passt, stimmt's?«, fragte Hunter. »Der Killer säubert den kompletten Wagen, genau wie bei allen vorherigen Tatorten auch, aber er lässt dieses Haar zurück.«

»Er hat noch nie Mist gebaut, warum also jetzt?«

»Vielleicht ist es kein Versehen.«

Garcia schaute Hunter unsicher an. »Was willst du damit sagen? Dass er auf einmal gefasst werden will?«

»Ganz und gar nicht. Vielleicht spielt er einfach nur wieder Spielchen.«

Garcia war nicht überzeugt.

»Er weiß, wir können es uns nicht leisten, das Haar zu ignorieren. Er weiß, wir werden dieser Spur nachgehen und jeden Perückenmacher in Los Angeles abklappern und dadurch Zeit und Ressourcen verschwenden.«

»Du denkst also, er könnte das Haar absichtlich zurückgelassen haben?«

Hunter nickte. »Um uns auszubremsen. Und sich Zeit für seinen nächsten Mord zu verschaffen. Er nähert sich seinem Finale«, sagte Hunter leise.

»Was meinst du mit seinem Finale?«

»Aus Sicht des Täters steht hinter diesen Morden ein höherer Sinn«, erklärte Hunter. »Wie ich schon sagte, ich bin mir sicher, dass dieser Killer eine Agenda hat, und ein Gefühl sagt mir, dass er kurz davorsteht, sie zum Abschluss zu bringen.«

»Und du denkst, wenn wir ihn nicht erwischen, bevor er seine kranke Agenda zum Abschluss gebracht hat, dann erwischen wir ihn nie. Dann verschwindet er einfach.«

Hunter nickte langsam.

»Na gut, dann fangen wir ihn«, sagte Garcia und deutete auf den braunen Umschlag, den Hunter von seiner Krankenhausrecherche mitgebracht hatte.

Hunter lächelte. »Als Erstes eliminieren wir alle unter zwanzig und über fünfzig von der Patientenliste. Danach versuchen wir, uns von den Restlichen jeweils ein Bild zu machen. Vielleicht stoßen wir ja auf irgendwas.«

»Gut, gib mir eine der Listen.«

»Bist du mit den alten Untersuchungsakten schon durch?«

»Bin noch dran.«

Hunter überlegte einen Augenblick.

»Was gibt's?«, fragte Garcia.

»Etwas geht mir die ganze Zeit durch den Kopf. Vielleicht hat der Kruzifix-Killer Mike Farloe ja doch die Morde angehängt, um uns abzulenken. Vielleicht hatte er einen Fehler gemacht und musste ihn kaschieren.«

»Einen Fehler?«

»Wäre doch möglich. Etwas, was mit dem letzten Opfer zu tun hatte, dem unmittelbar vor Farloe. Eine junge Anwältin, daran erinnere ich mich noch. Hast du die Akte da?«

»Die müsste gleich hier sein.« Garcia fing an, die Akten auf seinem Schreibtisch zu durchsuchen.

Ihre Unterhaltung wurde vom Rattern von Garcias Faxgerät unterbrochen. Garcia rollte sich näher an den Tisch und wartete, bis das Fax durchkam.

»*Você tá de sacanagem!*«, sagte Garcia plötzlich, nachdem er das Fax eine halbe Minute angestarrt hatte.

Hunter verstand zwar kein Portugiesisch, doch selbst er ahnte, dass das nichts Gutes bedeutete.

51

HUNTER FIXIERTE SEINEN PARTNER und wartete, doch Garcia war noch immer in das Fax vertieft und murmelte etwas auf Portugiesisch.

Endlich streckte Garcia den Arm aus und reichte Hunter ein Schwarzweißfoto von einer Frau. Es dauerte ein paar Sekunden, bis Hunter verstand, was er da sah. »Ist das Jenny Farnborough?«

Garcia schüttelte den Kopf. »Nein. Das ist Vicki Baker.«

»Wer?«

»Victoria Baker, vierundzwanzig, arbeitet als leitende Angestellte in einem Fitnessstudio namens *24 Hour Fitness* am Santa Monica Boulevard«, las Garcia vor.

»Das Studio kenne ich«, warf Hunter ein.

»Anscheinend wollte sie am sechsten Juli für fünf Tage nach Kanada verreisen.«

»Und ist sie das?«

»Das steht hier nicht.«

»Wer hat uns das geschickt?«

»Logan von der Vermisstenstelle. Wir haben da immer noch eine Suchanfrage laufen – nach Vermisstenmeldungen, die auf das Computerbild von Dr. Winston passen, weißt du noch?«

Hunter nickte.

Da das erste Mordopfer noch nicht zweifelsfrei identifiziert war, sind die üblichen Standardmaßnahmen einfach weitergelaufen. Dazu gehört auch ein regelmäßiger Abgleich mit neu eingehenden Meldungen in der Vermisstendatenbank.

»Wann wurde sie vermisst gemeldet?«

Garcia las auf der zweiten Seite des Fax nach. »Vor zwei Tagen.«

»Und von wem?«

Noch ein Blick auf das Fax. »Joe Bowman, dem Leiter des Fitnessstudios.«

Hunter schnappte sich das Fax von Garcia und las es. Die Ähnlichkeit war da, allerdings gab es in Los Angeles attraktive, großgewachsene Blondinen wie Sand am Meer. Hunter konnte sich schon vorstellen, dass sowohl Victoria Baker als auch Jenny Farnborough auf das computergenerierte Bild passten. In ihrer Eile, das erste Opfer zu identifizieren, hatten sie einfach angenommen, dass Jenny Farnborough die Gesuchte war.

»Wann ist Jenny Farnborough aus dem Vanguard Club verschwunden?«, fragte Hunter.

Garcia blätterte hastig in ein paar Unterlagen herum, die er aus seiner obersten Schreibtischschublade gezogen hatte. »Am ersten Juli. Vicki Baker ist erst fünf Tage später verschwunden.«

»Das wissen wir nicht eindeutig. Sie könnte den Flieger nach Kanada bestiegen haben und dort verschwunden sein oder sogar erst bei ihrer Rückkehr. Wir wissen es nicht. Ruf mal bei diesem Studio an und frag, ob Joe Bowman heute da ist, und wenn ja, dann machen wir uns gleich auf den Weg. Der Leiter der Zollbehörde am Flughafen ist ein alter Kumpel von mir. Der soll für uns nachsehen, ob sie am sechsten ein Flugzeug bestiegen hat.«

Garcia ging rasch zu seinem Computer zurück und hatte mit ein paar Tastenanschlägen die Info zu dem Fitnessstudio vor sich. Er wählte die Telefonnummer, lehnte sich zurück und wartete ungeduldig darauf, dass jemand ranging. Nach dreimaligem Klingeln wurde der Hörer abgenommen. Das Gespräch dauerte gerade mal fünf Sätze.

»Er ist bis halb zwölf heute Abend da«, sagte Garcia, während er den Hörer zurücklegte.

»Dann nichts wie hin. Du fährst. Ich rufe nur noch schnell Trevor an.«

Trevor Grizbeck war der Leiter der Zoll- und Einwanderungsbehörde am Los Angeles International Airport – LAX. Hunter wusste, dass er keine Fluggesellschaft dazu bringen würde, ohne eine richterliche Genehmigung Passagierdaten preiszugeben, und er hatte keine Zeit, auf eine solche Genehmigung zu warten. Jetzt musste ein Gefallen eingefordert werden.

Die Sonne war bereits untergegangen, doch es fühlte sich noch genauso heiß an wie am Nachmittag. Hunter saß schweigend auf dem Beifahrersitz und las zum x-ten Mal das Fax über Victoria Baker. Es kam ihm immer noch unwirklich vor. Als sie eben in Santa Monica bei dem Fitnessstudio ankamen, wurde er durch das Klingeln seines Handys aus seinen Gedanken gerissen.

»Trevor. Was hast du für mich?«

»Also, wie du weißt, habe ich keinen Zugriff auf die Daten der Fluggesellschaften, auf die der Einwanderungsbehörde allerdings schon. Um ganz sicherzugehen, habe ich die Einreisen vom ersten bis zwölften Juli überprüft. Eine Victoria Baker ist in diesem Zeitraum nicht durch die Passkontrolle gegangen.«

»Sie hat also das Flugzeug nie bestiegen.«

»So sieht's aus.«

»Danke, Kumpel.«

»Gern geschehen. Lass dich mal wieder blicken.«

Mit seiner Polizeimarke in der Hand drängte sich Hunter an der kleinen Menschentraube im Eingangsbereich des Fitnessclubs vorbei und trat an den Empfang.

»Ist Joe Bowman, der Leiter des Clubs, da?«, fragte er, noch bevor eins der beiden Mädchen am Empfang dazu kam, Marke und Ausweis zu überprüfen.

»Ja«, kam die schüchterne Antwort.

»Wir müssen mit ihm sprechen«, verlangte er in unmissverständlichem Ton.

Die beiden Detectives sahen zu, wie die blonde Frau rasch zum Hörer griff, den Club-Manager über die interne Leitung anrief und sich kurz leise mit ihm besprach.

»Trish, kommst du hier fünf Minuten ohne mich klar?«, fragte sie nach dem Auflegen ihre Kollegin, eine kleine Rothaarige mit Sommersprossen unter den ozeanblauen Augen.

»Ja, ja, kein Problem«, erwiderte diese mit einem leichten texanischen Akzent.

Die blonde Frau drückte einen Knopf, und an einem der Drehkreuze sprang die Leuchtdiode auf Grün. »Bitte, gehen Sie durch, meine Herren«, forderte sie die beiden Polizisten auf und kam dann hinter der Empfangstheke hervor. »Wenn Sie mir folgen wollen.«

Das Büro des Club-Managers befand sich am anderen Ende der geschäftigen Hauptetage des Studios. Die Angestellte klopfte dreimal, woraufhin die Tür von einem Afroamerikaner geöffnet wurde. Er war eine auffallende Erscheinung: etwa fünf Zentimeter größer als Hunter und mindestens zehn Kilo schwerer, jedoch alles pure Muskelmasse. Er trug ein schwarzes, enganliegendes T-Shirt, das ihm zwei Nummern zu klein zu sein schien, und mit seinem kurzgeschorenen Haar sah er aus wie ein Army-Sergeant. Er stellte sich ihnen als Joe Bowman vor.

»Ich vermute, es geht um Vicki«, sagte er und bat die beiden Detectives ins Zimmer.

»Das ist richtig«, sagte Hunter, während sie sich auf den zwei bequemen Lederstühlen niederließen, die vor einem geschmackvollen schwarzweißen Schreibtisch standen. Bowman setzte sich hinter den Tisch.

Hunter betrachtete den Mann ihm gegenüber einen Augenblick grübelnd. »Sie kommen mir irgendwie bekannt vor. Sind wir uns schon mal begegnet?«, fragte er und kniff dabei die Augen zusammen, als forschte er in seinem Gedächtnis nach.

Bowman betrachtete Hunter seinerseits genauer. »Ich glaube nicht, jedenfalls kann ich mich nicht erinnern.«

Hunter tat den Gedanken mit einem Schulterzucken ab. »Sie sind derjenige, der Victoria Baker als verschwunden gemeldet hat, ist das richtig?«, fragte er.

»Ja.«

»Und weshalb?«

Joe blickte mit einem zwiespältigen Lächeln von seinen Händen auf. »Weil sie verschwunden ist.« Er sprach die Worte langsamer als normal.

Klugscheißer, dachte Hunter. »Was ich meinte, ist: Weshalb Sie? Sind Sie ihr Ehemann, Freund, Liebhaber?«

Joes Blick zuckte zu der Angestellten vom Empfang, die immer noch an der Tür stand. »Das wäre dann alles, Carey. Ich übernehme das.«

Sie ging hinaus und zog die Tür hinter sich zu.

Joe wandte sich wieder an die Detectives. »Ich bin weder ihr Ehemann noch ihr Freund oder Liebhaber. Ich bin verheiratet.« Er wies mit einer Kopfbewegung auf ein gerahmtes Foto, das auf seinem Schreibtisch stand: Es zeigte eine Frau mit kurzen schwarzen Haaren und einem ansteckenden Lächeln.

Hunter nahm das Foto zur Kenntnis, doch die Wehmut in Bowmans Blick verriet ihn. Hunter war schon jetzt klar, dass dieser Mann Gefühle für Victoria Baker hegte.

»Sie hätte eigentlich am Zwölften wieder hier arbeiten sollen, ist aber weder an dem Tag noch danach erschienen. Das ist überhaupt nicht ihre Art. Sie ist sehr zuverlässig, sehr professionell, nimmt sich nie frei oder meldet sich krank, kommt immer pünktlich.«

»Aber warum Sie und nicht ihre Familie, ihr Mann oder Freund?«

»Vicki ist nicht verheiratet und hat zurzeit auch keine Beziehung. Ihre Familie lebt in Kanada. Sie wollte eigentlich dort hinfliegen, um sie zu sehen. Sie wohnt allein in einer kleinen Mietwohnung ein paar Meilen von hier.«

»Hat ihre Familie Sie kontaktiert?«, fragte Hunter. »Wenn die sie erwartet haben, und sie ist nicht dort erschienen, dann müssten sie sich doch Sorgen gemacht haben?«

Joe schaute Hunter nervös an. »Sie wussten nicht, dass sie sie besuchen kommen wollte. Es war als Überraschung gedacht, verstehen Sie? Was soll das heißen, dass sie nicht erschienen ist?«

»Wir haben die Flüge überprüft. Sie hat kein Flugzeug bestiegen.«

»O mein Gott!«, entfuhr es Bowman. Er fuhr sich mit der Hand durchs Haar. »Das heißt, sie ist schon seit der ganzen Zeit verschwunden?«

»Sie sagten, sie sollte am Zwölften wieder hier arbeiten, aber Sie selbst haben die Vermisstenmeldung erst vor zwei Tagen aufgegeben, am Siebzehnten. Warum haben Sie damit fünf Tage gewartet?«

»Ich bin erst am Siebzehnten aus Europa zurückgekommen. Ich war bei einem Bodybuilding-Wettkampf.«

»Wann sind Sie dort hingeflogen?«, fragte Garcia.

»Ende letzten Monats … am Neunundzwanzigsten.« Er schaute auf seine zitternden Hände hinunter. »Ich hätte versuchen sollen, sie von Europa aus anzurufen. Wir haben uns zuletzt an dem Tag gesprochen, als sie nach Kanada fliegen wollte«, murmelte er niedergeschlagen.

»Weshalb sollten Sie sie anrufen? Ms Baker war doch nur eine Angestellte, oder nicht?«, fragte Hunter, in der Absicht, ihm Druck zu machen.

Joe schien sich unbehaglich zu fühlen. Er versuchte ein Lächeln, doch es misslang.

Hunter zog seinen Stuhl näher an den Schreibtisch, legte beide Unterarme auf und beugte sich nach vorn. »Jetzt kommen Sie schon, Joe, rücken Sie raus damit. Sie ist mehr als nur eine Angestellte, nicht wahr?«

Schweigen.

»Hören Sie, Mr Bowman, wir sind nicht die Ehepolizei. Wir sind nicht hier, um Sie über Ihre Beziehung zu Ihrer Frau auszufragen.« Er deutete auf das Foto, das auf dem Schreibtisch stand. »Aber Victoria Baker könnte in ernsthaften Schwierigkeiten sein, und wir versuchen nur, zu helfen. Doch dafür brauchen wir Ihre Kooperation. Was immer Sie uns sagen, bleibt unter uns. Wenn Ms Baker Ihnen etwas bedeutet, dann helfen Sie uns bitte.« Hunter schenkte ihm ein zuversichtliches Lächeln.

Bowman zögerte noch immer und warf einen Blick auf das Foto von seiner Frau. Schließlich gab er auf. »Wir lieben uns.«

Hunter beobachtete ihn und wartete, dass er weiterredete.

»Wir wollen zusammenziehen.«

Garcia riss überrascht die Augen auf. »Und was ist mit Ihrer Ehe?«, fragte er.

Bowman massierte sich mit der rechten Hand die Augen und ließ sich Zeit mit der Antwort. »Meine Ehe ist schon seit ein paar Jahren tot.« Sein Blick suchte wieder das Foto auf dem Schreibtisch. »Die Liebe ist gestorben … die Gespräche sind erstorben … es ist, als stünden sich zwei völlig Fremde gegenüber. Vor einem Jahr haben wir versucht, es zu kitten, aber da gibt's nichts mehr zu kitten.« Sein Ton war fest, mit einer Spur von Wehmut.

»Seit wann sind Sie und Vicki zusammen?«

»Seit ungefähr acht Monaten. Sie besitzt so eine ansteckende Fröhlichkeit … sie hat es geschafft, mich wieder glücklich zu machen. Also habe ich vor ein paar Monaten beschlossen, meine Frau um die Scheidung zu bitten und das zu tun, was mich glücklich macht, nämlich mit Vicki zusammen zu sein.«

»Wusste Vicki das? Haben Sie ihr von Ihren Plänen erzählt?«

»Ja, deshalb ist sie auch nach Kanada geflogen.«

Hunter schaute ihn fragend an.

»Sie wollte ihren Eltern mitteilen, dass sie vorhat, mit mir zusammenzuziehen. Sie wollte ihren Segen.«

Hunters Miene wirkte noch immer verständnislos.

»Sie kommt aus einem sehr konservativen Elternhaus«, erklärte Bowman. »Sie wollte, dass ihre Eltern mich akzeptieren.«

»Akzeptieren, dass ihre Tochter mit einem verheirateten Mann zusammenzieht?«, fragte Garcia interessiert.

»Nein«, warf Hunter ein. »Akzeptieren, dass ihre Tochter mit einem Afroamerikaner zusammenzieht«, vollendete er den Gedanken.

»Einem Schwarzen«, korrigierte Bowman ihn. »Wir möchten immer noch schwarz genannt werden. Das sind wir, und es ist keine Beleidigung. Diese ganze *political correctness* ist doch Scheißdreck, wenn Sie meine Meinung dazu wollen. Aber Sie haben recht. Man kann sagen, dass ihre Familie unsere Beziehung nicht gutheißen würde.«

»Und Sie haben keinen Kontakt zu ihr gehalten, als Sie in Europa waren?«

»Nein … ich wünschte, ich hätte …« Er vollendete den Satz nicht.

»Weshalb nicht?«

»Sie wollte es so. Sie hat gesagt, sie braucht Zeit, um ihre Eltern mit der Idee vertraut zu machen. Ich wusste, dass sie am Zwölften wieder hier sein sollte, also habe ich da versucht, sie von Europa aus anzurufen, aber sie hat nie abgenommen. Ich konnte ja nichts tun von Europa aus. Als ich dann zurückkam, bin ich in Panik geraten, weil ich sie nirgends finden konnte, und da habe ich die Polizei verständigt.«

»Sie sagten, sie wohnt nur ein paar Meilen von hier?«, fragte Hunter nach.

»Ja, in der North Croft Avenue.«

»Haben Sie die Schlüssel zu ihrer Wohnung?«

»Nein«, sagte Bowman und wich dabei Hunters Blick aus. »Aber das habe ich alles schon den anderen Polizisten erzählt.«

»Von der Vermisstenstelle?«

»Genau.«

»Wir sind nicht von der Vermisstenstelle. Wir sind vom Morddezernat.«

Bowman starrte sie mit einer Mischung aus Überraschung und Furcht an. »Morddezernat?«

Hunter zog eine Kopie des Phantombilds, das sie mit Isabellas Hilfe erstellt hatten, einschließlich der zwanzig Variationen heraus und legte sie vor Bowman auf den Tisch.

»Haben Sie diesen Mann schon einmal gesehen?«

Bowman nahm die Ausdrucke mit zitternden Händen und betrachtete sie genau.

»Nein, nicht dass ich wüsste. Wer soll das sein?«

Ohne darauf zu antworten, zog Hunter das computergenerierte Bild des ersten Opfers heraus und legte es Bowman vor. Joe starrte es konsterniert an. Sein Blick flehte förmlich nach Erklärungen »Warum haben Sie ein Digitalfoto von Vicki?«, fragte er mit unsicherer Stimme und feuchten Augen, noch bevor Hunter seine Frage stellen konnte.

»Was hat das alles mit Vickis Verschwinden zu tun? Warum sind Sie vom Morddezernat? Warum haben Sie ein Digitalfoto von Vicki?«

»Es könnte einen Zusammenhang zu einem anderen Fall geben, den wir untersuchen«, erklärte Garcia.

»Einem Mordfall? Glauben Sie denn, sie könnte tot sein?« Seine Stimme klang rau vor Angst.

»Wir wissen es noch nicht.«

»O mein Gott! Wer sollte denn Vicki etwas antun wollen? Sie ist der liebenswerteste Mensch, den Sie sich vorstellen können.«

»Lassen Sie uns keine vorschnellen Schlüsse ziehen, Mr Bowman«, versuchte Hunter ihn zu beruhigen. »Was diesen Mann angeht«, er deutete erneut auf die Phantombilder, »sind Sie sicher, dass Sie ihn noch nie hier im Studio gesehen haben?«

»Wenn er hier gewesen sein soll, müssen Sie die Mädchen am Empfang fragen.«

»Na gut, das werden wir. Außerdem bräuchten wir Vickis Anschrift.«

Bowman schrieb schweigend Vickis Adresse auf und reichte sie Hunter.

»Waren Sie beide öfter in Nachtclubs, auf Partys, gingen Sie viel aus und solche Sachen?«, fuhr Hunter fort.

Bowman schaute ihn verwirrt an. »Nein, überhaupt nicht. Angesichts meiner Situation konnten wir unsere Beziehung ja nicht gerade an die große Glocke hängen.«

Hunter nickte. »Ist Vicki gern ausgegangen, allein oder mit Freunden, in Clubs und dergleichen?«

»Meines Wissens nicht«, erwiderte Joe zögernd.

»Wissen Sie, ob sie an unorthodoxen Partys teilnahm?«, warf Garcia ein.

Bowman und Hunter schauten ihn mit demselben verständnislosen Ausdruck an. Keiner von beiden war sich sicher, was er mit »unorthodoxen Partys« meinte.

»Ich fürchte, ich verstehe Ihre Frage nicht ganz«, sagte Bowman.

Hunter war nicht minder gespannt auf Garcias Erklärung als Bowman.

Wieso lange um den heißen Brei herumreden, sagte sich Garcia. »Hatte sie Interesse an Sex-Partys, BDSM, Fetisch-Partys ... derartigen Sachen?«

»Was ist denn das für eine Frage?«, erwiderte Bowman mit großen Augen.

»Eine Frage, die mit dieser Untersuchung in Zusammenhang steht.«

»Wollen Sie von mir wissen, ob Vicki pervers war?«, platzte Bowman empört heraus.

»Nein, nur ob sie an derartigen Dingen Interesse hatte.«

»Nein, hatte sie nicht.«

Hunter schaltete sich ein. »Ist sie wohlhabend? Ich meine, verdient sie gut?«

Bowman wandte sich mit einem Blick zu Hunter um, der zu sagen schien: *Was hat denn das jetzt mit alldem zu tun?*

»Kann sie sich teure Produkte leisten?«, versuchte Hunter zu präzisieren.

»Was für Produkte? Pharmaka?« Bowmans Ausdruck war jetzt noch verständnisloser.

»Nein. Kosmetika – Feuchtigkeitslotionen, Cremes, Make-up, was Frauen sich so kaufen.«

»Na ja, sie ist nicht reich, jedenfalls nicht für L. A.-Verhältnisse, aber ich würde sagen, sie verdient nicht schlecht. Wenn Sie allerdings nach Kosmetikzeug fragen, dafür gibt sie ein Vermögen aus. Ich habe gesehen, wie sie über 300 Dollar für eine Anti-Falten-Nachtcreme hingeblättert hat, und das Fläschchen war gerade mal so groß wie eine Packung Kaugummi.«

Hunter zog überrascht die Brauen hoch.

»Und das ist bei weitem nicht alles«, fuhr Bowman fort. »400 Dollar für eine Augencreme aus der Schweiz, 150 für ein Fläschchen Nagellack, ganz zu schweigen von dem Geld, das sie für Maniküre, Pediküre, Schönheitsbehandlungen und solche Sachen ausgibt. Sie kann ohne Essen auskommen, aber nicht ohne ihre Cremes und Lotionen. Vicki ist ziemlich eitel. Vielleicht zu eitel.«

»Hat sie ein Schließfach hier im Studio oder einen Ort, wo sie persönliche Dinge aufbewahrt?«, fragte Hunter.

»Ja, das haben alle Angestellten. Wir ermuntern alle, selbst zu trainieren, und jeder hat ein eigenes Schließfach.«

»Das ist gut. Können wir es sehen?«

»Es hat ein elektronisches Schloss, für das man eine vierstellige Geheimnummer eingeben muss. Die kennt nur sie selbst.«

»Aber es wird doch bestimmt einen Universal-Code für Notfälle geben?«, warf Garcia ein.

Bowman verzog den Mund und überlegte anscheinend, ob die Sache in Ordnung war. »Brauchen Sie nicht einen Durchsuchungsbefehl, um sich ihre Sachen anzusehen?«

»Wir wollen sie finden, nicht ins Gefängnis sperren. Eine richterliche Genehmigung würde wieder einen Tag in Anspruch nehmen, dadurch verlieren wir kostbare Zeit«, erwiderte Hunter in dringlichem Ton.

»Es ist in der Damenumkleide.«

»Wir brauchen nur fünf Minuten. Geben Sie einfach den Frauen, die gerade drin sind, kurz Bescheid, dass sie sich was überziehen sollen«, sagte Garcia.

Schweigen.

»Wir verlieren hier Zeit«, drängte Hunter.

»Okay«, sagte Bowman schließlich. »Geben Sie mir ein paar Minuten. Ich werde eins der Mädchen vom Empfang bitten, eine Ankündigung zu machen.«

Hunter musterte Bowman, während der mit dem Empfang telefonierte. Als er den Hörer auflegte, fragte Hunter: »Sind Sie sicher, dass wir uns nicht schon mal begegnet sind? Sie kommen mir wirklich bekannt vor.«

»Ich war in einigen Bodybuilding-Magazinen. Ich bin Profi. Sie sehen selbst ziemlich fit aus. Lesen Sie solche Magazine?«, fragte Bowman zurück.

Hunter schnippte mit den Fingern. »Ab und zu mal, ja. Das muss es wohl sein, wahrscheinlich habe ich Sie da gesehen.«

Bowman lächelte halbherzig.

Zehn Minuten später standen sie vor dem Schließfach Nummer 365 im Damenumkleideraum. Joe gab eine sechsstellige Nummer ein, die Vickis Geheimnummer umging. Die Leuchtdiode auf dem Schloss sprang von Rot auf Grün, und die Tür ging auf. Garcia hatte ein paar Latexhandschuhe aus dem Auto geholt, und Hunter übernahm es, die Sachen durchzusehen.

Es war nicht viel. Ein paar Joggingschuhe, zwei Paar Socken, Sport-Shorts, ein Sport-Top und ein paar Lederhandschuhe mit abgeschnittenen Fingern zum Gewichtheben. Im oberen Fach fand er, wonach er suchte: ein Deo-Spray und eine Haarbürste. Er steckte beides in separate Klarsichttüten.

Bowman sah schweigend zu und fragte sich, warum sie nur die zwei Dinge mitnahmen und den Rest daließen.

52

Um acht Uhr am selben Abend machte sich Dr. Winston gerade fertig, um nach Hause zu gehen, als er einen Anruf von Hunter erhielt. Die Deo-Spraydose und die Haarbürste mussten auf Fingerabdrücke und DNA untersucht werden. Hunter wusste, dass es fünf Tage dauern würde, bis die Ergebnisse der DNA-Analyse eintrafen, vielleicht drei, wenn es als höchst dringlich eingereicht wurde, doch die Fingerabdrücke konnten noch an diesem Abend überprüft werden. Dr. Winston bot an, im Institut auf sie zu warten.

Hunter war froh, dass sie diesmal nicht in dem Kellerraum waren, wo die beiden ersten Leichen aufbewahrt wurden. Das rechtsmedizinische Institut war ohnehin kein Ort, wo er sich gerne aufhielt, aber von diesem Kellerraum bekam er eine Gänsehaut. Das forensische Labor lag im ersten Stock, und Dr. Winston hatte Ricardo Pinheiro, einen der Forensiker, gebeten, noch dazubleiben und ihm mit den Fingerabdrücken zu helfen. Hunter reichte Pinheiro die Dose und sah zu, wie er das Spurensuchpulver aus Titaniumdioxid auftrug, um die Fingerabdrücke sichtbar zu machen. Die hohe Kontrastwirkung des Pulvers auf der glatten, metallischen Oberfläche brachte sofort ein Resultat: Mehrere Fingerabdrücke wurden sichtbar.

Ricardo staubte das überschüssige Pulver ab und übertrug die Abdrücke auf Fingerabdruckfolie.

»Auf den ersten Blick und mit bloßem Auge würde ich sagen, wir haben hier drei verschiedene Abdrücke.« Ricardo lag selten falsch. Er ging mit den Folienobjektträgern zum Mikroskop und untersuchte sie genauer.

»Genau, dreierlei Abdrücke, aber einer ist vorherrschend«, sagte er, nachdem er eine Minute durchs Mikroskop gesehen hatte.

»Sehen wir uns den Vorherrschenden zuerst an«, wies Dr. Winston ihn an. »Können Sie die Abdrücke auf den Computer übernehmen?«

»Klar«, sagte Ricardo und ging mit den Folien zu einem der Videomikroskope, die bereits an die Laborcomputer angeschlossen waren. Er fotografierte die Abdrücke ab, und sofort erstellte die Fotoanalyse-Software ein vergrößertes Bild davon.

»Soll ich sie mit den Fingerabdrücken der polizeilichen Datenbank abgleichen?«, fragte Ricardo.

»Nein, mit dem hier.« Dr. Winston reichte ihm einen kleinen USB-Stick mit der digitalisierten Version der Fingerabdrücke des ersten Opfers.

Ricardo lud die Datei mit den Abdrücken auf die Festplatte und hatte im Nu beide Abdrücke nebeneinander auf dem Bildschirm. Er klickte auf »Vergleichen«, und die Software startete den Vorgang.

Auf den Digitalbildern der beiden Abdrücke erschienen mehrere rote Punkte, die Übereinstimmungen markierten. Es dauerte nicht einmal fünf Sekunden, bis unten an der Bildschirmansicht das Wort »Übereinstimmung« erschien.

»Ja, es ist dieselbe Person«, bestätigte Pinheiro.

»Dann ist es also offiziell, das Opfer ist identifiziert«, stellte Dr. Winston fest. »Wer war sie noch mal?«

»Sie hieß Victoria Baker. Kanadierin … lebte seit vier Jahren in L. A.«, gab Garcia zur Antwort.

Hunters Blick hing immer noch an den Fingerabdrücken auf dem Bildschirm. »Wir vergleichen die anderen Abdrücke sicherheitshalber noch mit der Polizeidatenbank«, sagte er schließlich. Etwas schien an ihm zu nagen. Doch er redete erst wieder, als sie in Garcias Wagen saßen.

»Was die Verbindungen zwischen den Opfern angeht, stehen wir jetzt wieder ganz am Anfang. Unsere Sex-Party-Theorie ist damit hinfällig. George Slater hatte vermutlich noch nie von Victoria Baker gehört.«

Garcia fuhr sich mit beiden Händen übers Gesicht und rieb sich die Augen. »Ich weiß.«

»Wir müssen herausfinden, wo sie entführt wurde. Vielleicht gibt uns der Ort irgendeinen Hinweis. Allerdings wird es bis morgen dauern, bis wir den Durchsuchungsbeschluss haben.«

Garcia stimmte zu. »Außerdem müssen wir ihre Familie in Kanada verständigen.«

Hunter nickte langsam. Das war eine der Aufgaben, auf die sie beide gerne verzichtet hätten.

»Ich erledige das im Lauf des Abends«, sagte Hunter.

Als Garcia beim Morddezernat seinen Wagen abstellte, fragte sich Hunter, ob er genauso mitgenommen aussah wie sein Partner.

»Ich rede gleich mit Captain Bolter über den Durchsuchungsbeschluss, hoffentlich haben wir ihn dann morgen früh«, sagte Hunter. »Treffen wir uns hier um halb elf. Ich will erst noch ins nächste Krankenhaus und eine Patientenliste von dort besorgen.«

Garcia legte den Kopf erschöpft an der Kopfstütze ab und holte tief Luft.

»Fahr nach Hause, Grünschnabel«, sagte Hunter und warf einen Blick auf seine Uhr. »Es ist noch nicht mal neun. Verbring den Abend mit deiner Frau. Du hast es dringend nötig, und deine Frau sicher auch. Es gibt nichts mehr, was wir heute Abend noch tun könnten.«

Im Büro gab es zwar immer irgendetwas zu tun, doch Hunter hatte recht. Sie würden an diesem Abend sowieso nichts mehr voranbringen. Garcia dachte an den vorherigen Abend mit Anna und fand selbst, dass er wenigstens einmal die Woche zu Hause sein sollte, bevor sie zu Bett ging. Seit Wochen arbeiteten sie jetzt schon, ohne auf die Uhr zu schauen. Eine Pause würde ihnen guttun, selbst wenn es nur eine kurze war.

»Ja, Anna wird es zu schätzen wissen, wenn ich mal ein wenig früher nach Hause komme.«

»Ganz sicher«, stimmte Hunter zu. »Kauf ihr doch ein paar Blumen auf dem Heimweg. Nicht irgend so einen Billigstrauß vom Supermarkt, sondern was richtig Schönes. Denk daran: Jemandem ein Geschenk zu machen zeigt, wie gut man diesen Menschen kennt. Also kauf ihr was, von dem du weißt, dass es ihr gefällt«, sagte er mit einem aufmunternden Lächeln.

53

Garcia beschloss, Hunters Rat zu befolgen, und hielt auf dem Nachhauseweg bei Markey's, einem kleinen Laden am North Rampant Boulevard. Hier gab es fast alles zu kaufen, von Blumen bis Schnaps, und die selbstgemachten Sandwichs mit Hackfleischbällchen und der Kaffee dort waren auch nicht zu verachten. In seinen Tagen als Detective beim LAPD hatte er hier oft vorbeigeschaut. Jetzt war es zwar ein kleiner Umweg, doch Anna würde sich über die Aufmerksamkeit freuen.

Die große, ziemlich hübsche Blondine hinter der Ladentheke begrüßte Garcia mit einem breiten Lächeln, das ihre makellos geformten Zähne entblößte. Garcia erwiderte das Lächeln und fuhr sich mit der Hand durch die Haare in der Hoffnung, halbwegs vorzeigbar zu erscheinen.

Garcia beschloss, zusätzlich zu den Blumen noch eine schöne Flasche Rotwein mitzunehmen. Es war schon eine ziemliche Weile her, seit Anna und er zu zweit eine Flasche getrunken hatten. Rioja mochte sie besonders. Die Blumen standen direkt am Eingang des Ladens, doch Garcia kümmerte sich erst einmal um den Wein.

»Entschuldigen Sie, wo ist bitte das Weinregal?«, fragte er.

»Ganz hinten«, sagte die blonde Verkäuferin mit einem erneuten Lächeln.

Die Auswahl war zwar nicht grandios, andererseits war Garcia ohnehin kein Experte auf diesem Gebiet. Er traf seine Wahl nach dem Preis. *Je teurer, umso besser sollte er sein*, dachte er sich. Dann ging er zu den Blumen zurück und suchte einen schönen Strauß mit Rosen aus.

»Das wäre alles«, sagte er und legte die Sachen auf die Theke.

»Das macht dann bitte 40,95 Dollar.«

Garcia reichte ihr drei Zwanzig-Dollar-Scheine.

»Sie ist eine beneidenswerte Frau«, sagte die blonde Verkäuferin, als sie ihm das Geld reichte.

»Wie bitte?«

»Die Dame, für die die Blumen sind … sie ist zu beneiden.« Sie lächelte erneut, und Garcia fiel auf, wie jung und hübsch sie aussah.

»Oh! Danke!« Er errötete.

»Wohnen Sie hier in der Gegend?«

»Ähm … nein, ich musste nur noch schnell ein paar Sachen besorgen. Das hier liegt auf dem Heimweg«, log er.

»O … wie schade, aber vielleicht kommen Sie ja wieder einmal vorbei?«

Garcia hatte keine Antwort darauf, also lächelte er nur verlegen.

Als er zu seinem Wagen ging, sinnierte er über die kleine Begegnung gerade eben nach. Er konnte kaum glauben, dass die Verkäuferin ihn angemacht hatte. So etwas war ihm seit einer Ewigkeit nicht mehr passiert.

Außer einem nagelneu aussehenden Chevy-Van war sein Wagen der einzige auf dem Parkplatz. Er machte die Beifahrertür auf und deponierte die Rosen vorsichtig auf dem Sitz. Seine Gedanken kehrten zu den Ereignissen des Tages zurück. Er konnte es noch immer nicht richtig fassen, dass Jenny Farnborough und Victoria Baker sich derart ähnlich sahen. Garcia glaubte nicht an Zufälle, aber er glaubte auch nicht, dass das gleichzeitige Verschwinden der beiden Frauen geplant gewesen war. Der Killer behielt seine Opfer nicht lange. Wenn er sie verschleppt hatte, tauchten sie binnen weniger Tage verstümmelt und tot wieder auf. Vicki Baker war sein Opfer gewesen, Jenny Farnborough war vermutlich nur verschwunden.

Auf einmal fiel Garcia ein, dass sie D-King immer noch beschatten ließen. Angesichts der sich überstürzenden neuen Erkenntnisse der letzten Stunden hatte er komplett vergessen, die Beschattung abbrechen zu lassen. Sie war ja jetzt nicht mehr nötig. Er griff zu seinem Handy, um die Sache sofort zu erledigen, und suchte im Adressbuch nach der Nummer. So vertieft, wie er war, bemerkte er nicht, wie jemand hinter ihn trat. Als er die Spiegelung der dunklen Gestalt auf seinem glänzenden Wagen wahrnahm, war es bereits zu spät. Bevor

Garcia sich herumdrehen und seinem Angreifer stellen konnte, spürte er einen scharfen Stich seitlich im Hals.

Das Mittel wirkte fast sofort. Garcia verschwamm alles vor den Augen, und er spürte, wie seine Knie unter ihm nachgaben. Sein Handy fiel zu Boden – er hörte noch den krachenden Aufschlag. Er versuchte, sich an seinem Wagen festzuhalten, doch es war schon zu spät. Der Fremde zog ihn bereits zu dem parkenden Van hinüber.

54

Jerome hatte noch eine Station vor sich, eine Person, die er aufsuchen wollte, bevor er nach Hause fahren und wieder eine alptraumhafte Nacht verbringen würde. D-King hatte ihm einen Auftrag gegeben, nur einen – die Leute zu finden, die Jenny entführt hatten.

Er hatte schon viele Leute sterben sehen, auf viele verschiedene Arten, und nicht wenige davon durch seine eigene Hand. Es hatte ihm nie etwas ausgemacht. Der sterbende Ausdruck auf ihren Gesichtern war ihm nie im Gedächtnis haften geblieben, doch die Szenen von der DVD, die er mit D-King in der Limousine gesehen hatte, ließen ihn nicht mehr los. Er schlief schlecht und aß kaum noch. Er vermisste Jenny. Er hatte sie gern gemocht: immer ein Lächeln auf den Lippen, immer positiv. Egal, wie schlimm eine Situation zu sein schien, Jenny fand immer eine gute, eine lustige Seite daran.

Inzwischen war Jerome seit fast zwei Wochen an der Sache dran. Er hatte von jedem noch so schmutzigen seiner Kontakte aus der Unterwelt einen Gefallen eingefordert. Jede Information hatte zum nächsten Drecksack geführt. Der neueste auf seiner Liste war ein heruntergekommener Junkie namens Daryl.

Das Netz aus Schmutz um das Geschäft mit Snuff-Movies war dicht gewebt. Niemand schien irgendetwas zu wissen, und wenn doch, dann redeten sie nicht. Die Information, die Jerome bekommen hatte, lautete, dass Daryl zwar selbst nichts mit solcherlei Filmen zu tun hatte, aber vielleicht etwas dazu wusste, was für Jerome von Interesse sein könnte.

Daryl lebte auf der Straße und schlief, wo immer er ein Loch fand, das ihm Schutz für die Nacht bot. In dieser Nacht teilte er sich mit ein paar anderen Junkies und Obdachlosen die luxuriöse Ruine eines halbverfallenen Gebäudes im Süden von Los Angeles. Jerome musste ihn bloß noch finden.

Er hatte das Gebäude aus sicherer Entfernung beobachtet und geduldig gewartet. Zwar hatte man ihm eine recht ordentliche Beschreibung von Daryl gegeben, doch irgendwie schienen die Leute, die sich hier herumtrieben, alle gleich auszusehen. Allerdings hatte Jerome einen Vorteil: Daryl war angeblich eins fünfundneunzig groß – das sollte es ziemlich leicht machen, ihn zu erkennen.

Es war schon nach ein Uhr nachts, als Jerome ein großgewachsener, schlaksiger Kerl auffiel, der die Straße überquerte und sich auf das halbverfallene Gebäude zubewegte. Jerome ging los und holte ihn mit ein paar großen Schritten ein.

»Daryl?«

Der Mann blieb stehen und drehte sich um. Seine Kleider waren schmutzig und zerlumpt, sein kahlgeschorener Schädel voller Schorf und Narben. Es war offensichtlich, dass er sich seit Tagen nicht rasiert oder gewaschen hatte. Er wirkte ängstlich.

»Wer will das wissen?«

»Ein Freund.«

Der Mann musterte Jerome von Kopf bis Fuß. Jerome hatte sein Outfit der Gegend angepasst und seinen üblichen Tausend-Dollar-Anzug gegen ein gewöhnliches T-Shirt und Bluejeans ausgetauscht. Trotzdem wirkte er für dieses Stadtviertel noch ziemlich overdressed.

»Was denn für ein Freund?«, fragte der große Kerl und wich einen Schritt zurück.

»Einer, der dir helfen kann«, sagte Jerome und zog eine kleine Zellophantüte mit einem braunen Pulver darin aus der Tasche. Er sah, wie die Augen des Mannes elektrisiert aufleuchteten.

»Was willst du von mir, Mann?«, fragte er, immer noch skeptisch.

»Ich will wissen, ob du Daryl bist.«

»Und wenn ich es bin, krieg ich dann die Tüte?«

»Hängt davon ab, ob du mir sagen kannst, was ich wissen will.«

Der Typ kam einen Schritt näher, und Jerome fiel auf, wie schwach er aussah. Es war ziemlich klar, dass Jerome die Information jederzeit aus ihm herausprügeln könnte.

»Bist du'n Bulle, Mann?«

»Seh ich vielleicht so aus?« Jerome hatte sich schon oft gefragt, wieso Leute so was fragten – als ob ein Cop, der undercover arbeitete, damit rausrücken und fröhlich antworten würde, *Hey, erwischt, stimmt genau, ich bin ein Bulle.*

»Kann man heutzutage schwer sagen, wie Bullen aussehen.«

»Also, ich bin jedenfalls keiner. Bist du jetzt Daryl oder nicht?«

Der Typ zögerte noch ein paar Sekunden, während seine Augen das Pulver in dem Tütchen fixierten. »Ja, bin ich.«

Ach, die Macht der Bestechung, ging es Jerome durch den Kopf. »Gut, dann können wir uns ja jetzt unterhalten«, sagte er und steckte das Tütchen wieder in die Tasche.

Daryls Blick wurde traurig wie der eines kleinen Jungen, dem man sein Spielzeug weggenommen hatte. »Worüber willst du dich unterhalten?«

»Über etwas, was du weißt.«

Daryls Gesichtsausdruck nahm eine neue, misstrauische Note an. »Und was soll das sein?«

Jerome spürte einen aggressiven Unterton in Daryls Stimme. Da war noch mehr Bestechung nötig. »Hast du Hunger? Ich hätte nämlich Lust auf was zu beißen und eine Tasse Kaffee. Um die Ecke ist ein Café, das rund um die Uhr aufhat. Wie wär's, wenn wir da reingehen? Ich bezahle.«

Daryl zögerte noch einen Augenblick und nickte dann. »Klar, Kaffee und was zu essen wär toll.«

Sie gingen schweigend, Daryl immer zwei Schritte vor Jerome. So erreichten sie das leere Café und setzten sich an einen Tisch im hinteren Teil. Jerome bestellte Kaffee und Pancakes, Daryl einen doppelten Cheeseburger mit Pommes. Jerome ließ sich Zeit mit dem Essen, aber Daryl verschlang seines gierig.

»Willst du noch einen?«, fragte Jerome, als Daryl fertig war. Daryl trank sein Rootbeer aus und rülpste laut.

»Nee, danke. Das war genau richtig. Also, was ist das jetzt, was du wissen willst?«

Jerome lehnte sich zurück und gab sich betont locker. »Ich brauche Informationen über ein paar Leute.«

»Leute? Was für Leute?«

»Nicht sehr nette Leute.«

Daryl kratzte sich zuerst an seinem buschigen Bart und dann an der krummen Nase. »In die Kategorie passen praktisch alle, die ich kenne«, sagte er mit einem flüchtigen Grinsen.

»Nach dem, was ich gehört habe, kennst du die Leute nicht persönlich, sondern weißt nur, wo ich sie finden kann.«

Daryl zog die Brauen hoch. »Da musst du mir schon mehr verraten, Mann.«

Jerome beugte sich nach vorn und legte beide Hände auf den Tisch. Er wartete darauf, dass Daryl dasselbe tat. »Weißt du, was ein Snuff-Movie ist?«, fragte er flüsternd.

Daryl erschrak so heftig, dass er beinahe Jeromes Kaffee umgestoßen hätte. »Scheiße, Mann, ich wusste, dass das irgend so'ne Kacke wird. Darüber weiß ich nichts.«

»Da habe ich was anderes gehört.«

»Dann hast du eben falsch gehört. Wer zum Teufel hat dir das gesagt?«

»Spielt keine Rolle. Ich will nur wissen, was du weißt.«

»Ich weiß überhaupt nichts, Mann«, sagte er heftig gestikulierend, wich jedoch Jeromes Blick aus.

»Also hör zu, wir können das auf zweierlei Arten regeln.« Jerome schwieg einen Moment und holte das Tütchen mit dem braunen Pulver wieder aus der Tasche. »Du sagst mir, was du weißt, und ich gebe dir zehn davon.«

Daryl rutschte auf seinem Sitz herum. »Zehn?«

»Genau.«

Das war mehr Heroin, als er je besessen hatte. Er könnte sogar was davon verkaufen und einen kleinen Gewinn einstreichen. Er fuhr sich mit der Zunge nervös über die aufgesprungenen Lippen. »Ich hab damit nichts zu tun, Mann.«

»Hab ich auch nicht behauptet. Ich will nur wissen, was du weißt.«

Daryl fing an zu schwitzen. Er brauchte einen Schuss.

»Die Leute, die mit so was handeln … das sind richtig üble Typen, Mann. Wenn die rauskriegen, dass ich sie verpfiffen habe, bin ich tot.«

»Nicht, wenn ich sie zuerst in die Finger kriege. Danach bräuchtest du dir um die keine Gedanken mehr zu machen.«

Daryl fuhr sich mit den Händen fest über die Lippen, als wolle er etwas abwischen. »Schätze, die andere Art, das zu regeln, ist die schmerzhafte?«

»Für dich – ja.«

Daryl holte tief Luft und blies sie langsam wieder aus. »Okay, aber ich weiß keine Namen oder so.«

»Ich brauche keine Namen.«

»Also, weißt du, in letzter Zeit hatte ich eine ziemliche Pechsträhne.« Daryl sprach leise und mit einem traurigen Unterton. »Ich krieg nicht jeden Tag ein Essen, das aus was anderem besteht als dem, was irgendwo jemand übergelassen hat. Wenn ich jeden Tag duschen könnte, würde ich's tun. Ist aber nicht so leicht, wenn man völlig abgebrannt ist. Die meiste Zeit schlafe ich auf der Straße, mal hier, mal da, ist mir eigentlich egal, wo, aber ein geschützter Platz, wenn ich einen finden kann, ist natürlich immer besser.«

Jerome hörte zu.

»Vor ein paar Monaten war ich ziemlich high, also betrunken, und bin da in irgend so 'ner alten Fabrik oder so was in Gardena gelandet.«

»Gardena? Das ist ziemlich weit außerhalb«, unterbrach ihn Jerome.

»Na ja, ich komm eben viel rum. Einer der Anreize, wenn man obdachlos ist«, sagte Daryl und grinste blöd. »Im hinteren Teil dieses Gebäudes gibt's noch einen Raum mit 'nem Dach drüber, da hab ich mich zum Pennen hingehauen. Dann bin ich davon aufgewacht, dass ein Auto kam. Keine Ahnung, welche Uhrzeit das war, ziemlich spät auf jeden Fall, es war noch dunkel. Jedenfalls hab ich aus reiner Neugier durch ein Loch in der Mauer geguckt, was da los ist.«

»Was hast du gesehen?«

»Vier Kerle, die eine gefesselte Frau aus einem Lieferwagen zerren.«

»Wohin haben sie sie gebracht?«

»Um das alte Gebäude rum und so einen kleinen Weg lang. Das hat mich neugierig gemacht, also bin ich hinter denen her. Ich hatte ja keine Ahnung, dass es da noch so unterirdische Räume gab, aber so war's. Am Ende des Wegs war so eine schwere Eisentür, versteckt hinter hohem Gras. Ich hab ungefähr fünf Minuten gewartet und bin ihnen dann nachgegangen.«

»Und?«

»Es war total versifft da unten, überall Ratten und Scheiße. Hat gestunken wie 'ne Kloake.«

Diese Bemerkung ausgerechnet aus Daryls Mund hatte eine gewisse Ironie, fand Jerome.

»Die haben da unten so ein komplettes Filmset stehen. Richtig mit Scheinwerfern und Kameras und so Zeug. Wobei, der Raum ist trotzdem total fertig, mit lauter Löchern in der Wand und so. Da war's nicht schwer, zuzugucken, ohne dass die mich bemerkt haben.«

»Was haben die getan?«

»Na ja, also erst dachte ich, die filmen da einen Porno. Hatten die Frau an einen Stuhl gefesselt. Die hat geschrien und um sich geschlagen wie wild, hat sich echt richtig gewehrt, aber die haben sie andauernd geschlagen und so. Zwei von den Typen waren an der Kamera, die anderen haben mit der Frau rumgemacht. Aber das war kein Porno, Mann.« Daryls Stimme klang jetzt unsicherer. »Als die damit fertig waren, sie zu schlagen und zu ficken, haben die ihr die Kehle durchgeschnitten. Haben sie aufgeschlitzt wie einen Halloweenkürbis, und das war kein *special effect*, glaub mir.« Sein Blick ging ins Leere, als würde er die Bilder dieser Nacht immer noch vor seinem inneren Auge sehen. »Hinterher haben sie alle gelacht, als hätten sie gerade 'ne Runde Billard gespielt oder so. Echt krank, Mann.«

»Was hast du getan?«

»Ich hab voll die Panik gekriegt. Mir war klar, wenn ich irgendein Geräusch mache, bin ich der Nächste. Also hab ich gewartet, bis sie anfingen, die Sauerei aufzuräumen, dann hab ich mich ganz leise nach oben geschlichen und bis zum Morgen in der alten Fabrik versteckt. Ich bin da nie wieder hin.«

»Aber du weißt noch, wo das war?«

»Ja, logisch«, sagte er und nickte langsam.

»Na los, fahren wir.« Jerome zog einen Zwanzig-Dollar-Schein aus seinem Portemonnaie und ließ ihn auf dem Tisch liegen.

»Wohin denn fahren?«

»Nach Gardena. Zu dieser alten Fabrik.«

»He, Mann, davon war aber nicht die Rede.«

»Ist es aber jetzt.«

»Muss das sein, Mann? Ich hab dir alles gesagt, was ich weiß, das war der Deal. Das reicht doch für die Beutel, oder?«

»Wenn du die Beutel willst, musst du mich da hinbringen.«

»Das ist nicht fair, Mann. Das war nicht unser Deal.«

»Dann ändere ich den Deal eben«, sagte Jerome ungerührt.

Daryl wusste, dass er sowieso keine Chance hatte. Er brauchte einen Schuss, und zwar dringend. »Okay, Mann, aber wenn diese Dreckskerle da sind, dann steig ich um keinen Preis aus.«

»Keine Sorge, ich will nur sehen, wo es ist.«

55

Undurchdringliche Dunkelheit umgab ihn, während er ganz allmählich zu sich kam. Die Reste des Betäubungsmittels wirkten noch in seinem schmerzenden Körper nach. Das heftige Pochen in seinem Kopf strahlte in den Nacken und in die Schulterblätter aus, und selbst die kleinste Bewegung war qualvoll. Er versuchte, zu rekapitulieren, was geschehen war und wo er sich jetzt befand, doch sein Erinnerungsvermögen war immer noch verschwommen.

Mehrere Minuten lang herrschte Verwirrung in seinem Kopf, bis ganz allmählich Einzelheiten hervortraten.

Der Laden fiel ihm wieder ein, die hübsche blonde Verkäuferin; dass er eine Flasche Wein ausgesucht und einen Strauß Rosen für Anna gekauft hatte. Anna … – er hatte sie nicht angerufen, um ihr zu sagen, dass er heute schon früher nach Hause käme. Sie erwartete ihn also nicht.

Er erinnerte sich an eine dunkle Spiegelung in der Fensterscheibe seines Wagens und dass er sich nicht schnell genug hatte umdrehen können, danach der stechende Schmerz seitlich im Hals. Und dann nichts mehr.

Er blinzelte in der Dunkelheit, versuchte zu begreifen, wo er war, doch es ergab alles keinen Sinn. Ein feuchter, fauliger Gestank hing in der Luft.

Er hatte keine Ahnung, wie lange er bewusstlos gewesen war. Er wollte auf seine Uhr schauen, konnte jedoch die Zeiger nicht erkennen.

»Hallo!«, versuchte er zu rufen, doch seine Stimme war zu schwach. »Hallo!« Diesmal hallte der Laut von den Wänden wider. Als er sich aufzusetzen versuchte, zerrte etwas an seinem rechten Knöchel. Er versuchte, sich loszureißen, doch die Umklammerung wurde nur noch fester. Er fuhr mit den Fingern darüber.

Eine Kette.

Eine sehr dicke Kette, die mit einem Eisenring an einer Mauer befestigt war. Er zog mit aller Kraft daran, doch nichts bewegte sich.

»Hallo, ist hier jemand?«

Stille.

Er holte tief Luft und bemühte sich, seine Nervosität im Zaum zu halten. Er musste jetzt ruhig bleiben und klar denken.

Was war passiert? Jemand hatte ihn angegriffen, aber warum ihn?

Seine Waffe war weg, sein Geld und die Polizeimarke waren dagegen noch da. Plötzlich traf ihn die Erkenntnis, wer ihn entführt haben könnte. Er fing an zu zittern.

Der Killer. Der Kruzifix-Killer.

Falls das stimmte, dann war er so gut wie tot. Man würde ihn erst finden, wenn der Killer mit ihm fertig war.

Er schloss die Augen und dachte an Anna.

Er hatte ihr nie richtig zu sagen vermocht, wie sehr er sie liebte, wie sehr sie ihm fehlen würde. Er wünschte sich, er hätte ihr ein besseres Leben geboten. Eines, bei dem sie nicht jeden Abend bangend warten musste, ob ihr Mann von der Arbeit nach Hause kam oder nicht. Eines, das nicht von ihr verlangte, sich mit der zweiten Stelle in seinem Leben, nach seiner Arbeit, zufriedenzugeben.

Reiß dich zusammen, Carlos, noch bist du nicht tot, sagte er sich.

Er musste versuchen, seine Umgebung zu erkunden, herauszufinden, wo er war. Er griff noch einmal nach der Kette um sein Fußgelenk und fuhr mit den Fingern daran entlang, um festzustellen, wie viel Bewegungsspielraum er hatte. Er erhob sich und merkte dabei, wie schwach er auf den Beinen war. Hastig stützte er sich an der Wand ab. Seine Beine schmerzten wie von tausend Nadelstichen. Er blieb eine Weile so stehen und wartete, bis seine Durchblutung sich wieder normalisierte.

Mit den Händen an der Wand entlangtastend, fing er an, langsam nach links zu gehen. Die Ziegelmauer fühlte sich feucht, aber solide an. Er kam nicht weiter als vielleicht eineinhalb Meter, dann stieß er an die Quermauer. Er folgte ihr, doch bevor er ganz ans Ende gelangen konnte, hielt ihn die Kette zurück. Er streckte den Arm aus und konnte die dritte Wand berühren. Dann ging er wieder zurück und tastete sich in der Gegenrichtung entlang. Er erreichte etwas, das sich anfühlte wie eine schwere Holztür. Er hämmerte mit der Faust dagegen, doch das einzige Geräusch, das er damit hervorrief, war ein dumpfer Laut. Wo er auch war, es war jedenfalls ein sehr solides Gefängnis.

Er ging wieder zurück zu seinem Ausgangspunkt, als er mit dem Fuß gegen etwas stieß. Instinktiv zuckte er einen Schritt zurück und wartete, doch nichts passierte. Er ging in die Hocke und tastete vorsichtig nach dem Gegenstand. Er berührte ihn mit den Fingern – eine Plastikflasche, gefüllt mit einer Flüssigkeit.

Er schraubte den Deckel ab und roch an dem Flascheninhalt. Kein Geruch. Er steckte den rechten Zeigefinger hinein. Die Flüssigkeit fühlte sich an wie Wasser, und dieser Gedanke machte ihm auf einmal bewusst, wie durstig er war. Vorsichtig führte er den Finger an seine Zunge: kein Geschmack. Genau wie Wasser.

Vielleicht wollte ihn der Killer lebend, zumindest vorerst. Es war nicht ungewöhnlich, dass Killer ihre Opfer erst einmal für einige Zeit am Leben ließen, bevor sie sie umbrachten. Wenn Garcia irgendeine Chance gegen den Killer haben wollte, braucht er jedes bisschen Kraft. Er tauchte erneut den Finger in die Flüssigkeit und leckte ihn ab. Es war Wasser, ganz sicher. Langsam führte er die Flasche an die Lippen, nahm einen Schluck und behielt ihn im Mund, ohne zu schlucken. Er spülte die Flüssigkeit eine Weile im Mund herum, um sie zu schmecken, doch er entdeckte nichts Ungewöhnliches daran. Schließlich ließ er sie in seine Kehle hinunterrinnen. Es fühlte sich himmlisch an.

Er wartete zwei Minuten lang, ob sein Magen irgendeine Reaktion zeigte, doch nichts passierte. Hastig nahm er drei, vier gierige Schlucke. Das Wasser war zwar nicht kalt, doch es gab ihm neue Kraft.

Er schraubte den Verschluss wieder auf und setzte sich, mit der Flasche zwischen den Beinen, gegenüber der Holztüre auf den Boden. Die Tür war der einzige Weg herein oder hinaus, und er hoffte, dass sie irgendwann aufgehen würde. Er brauchte einen Plan, doch ihm blieb keine Zeit, einen zu schmieden.

Eine Viertelstunde später spürte er, wie er schläfrig wurde. Er schlug sich kräftig mit beiden Händen ins Gesicht, um sich wach zu halten, doch es half nichts. Schwächer werdend griff er nach der Wasserflasche und schleuderte sie gegen die Holztür. Ihm war klar, was er getan hatte: Er hatte sich freiwillig selbst betäubt.

56

Um fünf Uhr morgens kroch Hunter nach wieder einer quälenden Nacht aus dem Bett. Er hatte nur in unregelmäßigen Intervallen geschlafen, nie länger als zwanzig Minuten, und auch dann nur unruhig. Der doppelte Scotch am Abend hatte zwar ein wenig geholfen, aber nicht genug. *Wenn das heute Abend wieder so geht, muss ich eine Ladung Schlafmittel einwerfen*, überlegte er. Er saß in der Küche und behandelte seine üblichen morgendlichen Kopfschmerzen mit einem Glas Orangensaft und einer Dosis starker Schmerztabletten.

Er hatte zwar früh loslegen wollen, allerdings nicht schon um fünf. Er wollte wenigstens noch eine Patientenliste erarbeiten, bevor er sich mit Garcia im Dezernat traf. Die Recherchen der letzten Nacht – der Abgleich mit Datenbanken und Fotos – hatten zwar nichts erbracht, doch nach wie vor gab es einige Krankenhäuser und Reha-Zentren, die er abklappern konnte, und er wollte unter allen Umständen eine gewisse Zuversicht bewahren.

Da er voraussichtlich ziemlich viel zu Fuß unterwegs sein würde, war es eine perfekte Gelegenheit, seine neuen Schuhe einzulaufen, überlegte er. Als er sie im Wohnzimmer ausprobierte, fühlten sie sich etwas eng an, doch nach zwei Tagen zu Fuß durch L. A. hätte sich das garantiert erledigt.

Der Besuch bei dem nächsten Krankenhaus auf seiner Liste gestaltete sich genauso zäh wie die vorherigen. Wieder eine winzige Kammer, wieder ein Archivierungssystem, das eigentlich einen Kryptographen erfordert hätte. *Warum haben Krankenhäuser Computer, wenn keiner weiß, wie man damit umgeht?*, schimpfte er halblaut vor sich hin, als er endlich mit der Liste unterm Arm aufbrach, gerade noch rechtzeitig, um zur vereinbarten Zeit im Dezernat zu sein.

Die Tatsache, dass Garcia nicht an seinem Schreibtisch saß, als Hunter um Viertel nach zehn sein Büro betrat, beunruhigte ihn nicht weiter. Vermutlich war sein Partner gerade unten bei Captain Bolter, um den Bericht des Vortages abzuliefern.

Hunter warf den Umschlag mit der neuen Patientenliste auf seinen Tisch und starrte eine Minute lang auf die Pinnwand mit den Fotos. Zuerst brauchte er noch eine Tasse von diesem brasilianischen Kaffee, bevor er nach unten ging. Jetzt fiel ihm auf, dass Garcia noch keinen gekocht hatte. *Seltsam*, dachte er, denn das war eigentlich immer das Erste, was sein Partner tat, wenn er ins Büro kam.

Hunter kochte sich den Kaffee selbst.

»Sind das neue Schuhe?«, fragte Detective Lucas, als Hunter das Großraumbüro auf der Hauptetage des Morddezernats betrat.

Hunter ignorierte Lucas' spöttelnden Ton.

Praktisch sämtliche Köpfe hoben sich neugierig von den Akten oder Computern, über die sie gebeugt waren. Diesen Anblick wollte sich keiner seiner Kollegen entgehen lassen.

»Und ob die neu sind! Ganz der Dandy, was?«, hakte Lucas nach.

»Alle zehn Jahre kaufe ich mir ein Paar neue Schuhe, und dafür muss ich mich aufziehen lassen?«, erwiderte Hunter mürrisch.

Bevor Lucas etwas erwidern konnte, klingelte Hunters Handy.

»Detective Hunter am Apparat …«

»Hallo Robert. Ich habe eine Überraschung für dich. Hast du deinen Partner in letzter Zeit mal gesehen?«

57

59, 58, 57 … HUNTERS BLICK WAR WIE GEBANNT auf die Digitalanzeige über Garcias Kopf gerichtet. Sein Herz klopfte wie ein Presslufthammer. Obwohl der Kellerraum sich anfühlte wie eine Sauna, war es Hunter kalt. Eine Eiseskälte, die von innen kam und ihn zittern ließ.

Such eine Farbe aus … irgendeine Farbe, dachte er fieberhaft. Schwarz, weiß, blau oder rot. Die Farben tanzten vor seinen Augen herum wie in einem psychedelischen Film. Er sah Garcia, an das Kreuz genagelt. Blut lief ihm übers Gesicht, von der Dornenkrone, die ihm in den Schädel gerammt worden war.

Es ist ganz einfach, hatte die metallische Stimme auf dem Band gesagt. *Wähl die richtige Farbe aus, und die Tür zu dem kugelsicheren Plexiglaskäfig geht auf.* Hunter könnte zu Garcia gelangen, und dann nichts wie raus hier mit ihm. *Such die falsche Farbe aus, und eine Stromladung fließt durch die Dornenkrone auf Garcias Kopf.* Und als ob das noch nicht grausam genug wäre, würde auch noch eine Sprengladung hinter dem Käfig detonieren und den ganzen Raum in die Luft jagen, sobald Garcias Herzrhythmus aussetzte.

Garcia schien erneut das Bewusstsein verloren zu haben.

»Grünschnabel, bleib wach«, schrie Hunter und hämmerte mit den Fäusten gegen die Tür des Käfigs.

Keine Reaktion.

»Carlos ...« Der laute Ruf hallte durch den Kellerraum.

Diesmal hob Garcia minimal den Kopf.

Hunter schaute auf den Herzmonitor. Der kleine Lichtpunkt hüpfte immer noch in gleichmäßigen Intervallen nach oben.

43, 42, 41 ...

»Komm schon, Grünschnabel, halt durch«, bettelte Hunter und sah sich fieberhaft in dem Raum um – nach irgendetwas, das ihm helfen könnte, irgendeinem Hinweis auf den richtigen Knopf. Doch da war nichts.

Noch nicht einmal zwei Monate. Garcia ist noch nicht einmal zwei Monate beim Morddezernat. Warum mussten sie ihn ausgerechnet mir zuteilen?, fluchte Hunter im Geiste. *Das hätte nicht sein erster Fall sein sollen.*

Garcias Körper zuckte in einem Krampfanfall, was Hunters Gedanken schlagartig wieder in den Kellerraum zurückbrachte.

32, 31, 30 ...

Wie viel Blut er wohl verloren hat? Selbst wenn ich ihn hier lebend rausbringe, schafft er es womöglich nicht. Hoffentlich war Garcia zäher als erwartet.

Nur noch ein paar Sekunden. Hunters Gehirn arbeitete auf Hochtouren, doch er wusste, dass er ein Wunder brauchte, um herauszufinden, welches der richtige Knopf war. Er konnte nur raten. Auf einmal spürte er seine abgrundtiefe geistige Erschöpfung. Er hatte es satt, ständig diese Spielchen zu spielen. Die er sowieso nie gewinnen konnte, weil der Killer immer im Vorteil war. Auch jetzt hatte er keine Garantie, dass das, was der Kruzifix-Killer gesagt hatte, überhaupt der Wahrheit entsprach. Vielleicht öffnete keiner der vier Knöpfe die Tür. Vielleicht ging er gerade dem sicheren Tod entgegen.

Hunter drehte sich um und starrte die Kellertür an. Er konnte noch immer da rausgehen und lebend entkommen.

Wenn ich hierbleibe, bin ich so gut wie tot.

Einen Sekundenbruchteil lang vergaß er alles, woran er immer geglaubt hatte, und erwog, einfach um sein Leben zu rennen. Der Gedanke löste ein Gefühl von Übelkeit und Scham in ihm aus.

Was denke ich da für einen Mist? Wir sind noch nicht tot.

15, 14, 13 …

»Scheiße!« Er fasste sich an die Nasenwurzel und kniff die Augen so fest zusammen, wie er konnte. »Schluss jetzt, Robert. Entscheid dich einfach für einen verdammten Knopf!«, befahl er sich. »Farben. Wieso Farben? Der Killer hätte ihnen Nummern geben können, weshalb sind es Farben?«

Ihm war klar, dass ihm die Zeit ausging.

»Er spielt wieder so ein beschissenes Spiel, genau wie bei dem Hunderennen …« Auf einmal erstarrte er mitten im Satz. »Das Hunderennen … der Gewinner, welche Farbe hatte der?« Er versuchte nachzudenken. Er wusste, es war der Hund mit der Nummer zwei gewesen, aber welche Farbe hatte seine Startnummer gehabt?

»Mist, welche Farbe hatte der Gewinner?«, rief er laut.

Er hob den Blick von den Knöpfen und sah Garcia in die Augen, der gerade wieder zu sich kam.

6, 5, 4 …

»Es tut mir leid«, sagte Hunter mit tieftraurigem Blick. Er wollte schon auf einen der Knöpfe drücken, als er sah, wie sich Garcias Lippen bewegten. Es kam kein Laut heraus, doch Hunter konnte seine Lippenbewegung problemlos lesen.

»Blau …«

Hunter blieb keine Zeit mehr für weiteres Zögern. Er drückte auf den blauen Knopf.

2 …

Die Digitalanzeige blieb stehen. Die Tür des Plexiglaskäfigs summte kurz und sprang auf. Auf Hunters Gesicht breitete sich grenzenlose Erleichterung aus. »Ich fass es nicht!« Er rannte in den Käfig und hob Garcia das Kinn von der blutigen Brust. »Halt durch, Grünschnabel.«

Hunter sah sich rasch in dem Käfig um. Garcia war mit den Händen an das Holzkreuz genagelt. Unmöglich, ihn zu befreien. Er musste Hilfe holen.

Er zog sein Handy heraus. »Komm schon, jetzt gib mir ein verdammtes Signal«, schrie er es an. Doch es war zwecklos: Er musste nach oben laufen.

»Halt durch, Grünschnabel. Ich hol Hilfe. Bin sofort wieder da«, sagte er, doch Garcia hatte bereits wieder das Bewusstsein verloren. Hunter trat aus dem Käfig, als ein Piepton hinter ihm ihn abrupt innehalten ließ. Er drehte sich um – und riss entsetzt die Augen auf.

»Das darf nicht wahr sein!«

58

DIE ROTE DIGITALANZEIGE WAR ERNEUT ANGESPRUNGEN.

59, 58, 57 …

»Ich habe den richtigen Knopf gedrückt, verdammt … das war doch der Scheiß-Deal«, schrie er. Er rannte in den Käfig zurück und sah sich noch einmal das Kreuz an. Unmöglich, Garcia davon zu befreien. Die Nägel, die seine Hände durchbohrten, steckten tief in dem Holz. Hunter bemerkte, dass das Kreuz unten in einem separaten Holzsockel steckte.

42, 41, 40 …

Seine einzige Hoffnung war, das ganze Kreuz herauszuheben und so schnell wie möglich aus dem Raum zu schleppen.

33, 32, 31 …

Ihm blieb keine Zeit zum Überlegen. Er stemmte sich mit der rechten Schulter unter den linken Kreuzbalken. Von seinem Krafttraining her wusste er, dass er die Kraft aus den Beinen holen musste, anstatt mit den Armen und dem Rücken zu heben. Er verschaffte sich einen festen Stand, beugte die Knie und stemmte sich dann mit seiner ganzen Kraft von unten gegen den Querbalken. Das Kreuz löste sich aus der Verankerung. Hunter war selbst überrascht, wie leicht es ging.

Die Tür des Glaskubus stand offen, doch Hunter erkannte, dass das Kreuz nicht hindurchpassen würde, wenn er es nicht neigte. Er verdrehte den Köper aus der Hüfte, so weit er konnte. Garcia stöhnte auf vor Schmerz, doch Hunters akrobatische Verrenkung funktionierte.

Sie waren durch die Käfigtür hindurch. Jetzt musste er es nur noch zur Tür des Raums schaffen.

20, 19, 18 …

Seine Füße schmerzten, und das doppelte Gewicht auf seinem Rücken machte sich jetzt massiv bemerkbar. »Nur noch ein paar Schritte«, murmelte er vor sich hin, doch plötzlich gab sein linkes Knie unter der Last nach. Er stürzte und schlug mit dem Knie auf dem Betonboden auf. Ein brennender Schmerz durchfuhr sein Bein, so heftig, dass ihm ein Moment lang schwindlig wurde. Wertvolle Sekunden verstrichen. Wie durch ein Wunder behielt er noch immer das Kreuz auf dem Rücken.

Hunter wusste nicht, wie viel Zeit ihm noch blieb. Er hatte Angst, sich umzudrehen und auf die Uhr zu sehen, doch ihm war klar, dass er sich schnellstens wieder aufraffen musste. Er stellte den rechten Fuß fest auf den Boden, und mit einem Schrei stemmte er sich wieder hoch.

9, 8, 7 …

Endlich war er bei der Tür. Jetzt musste er erneut das Manöver mit der Hüftdrehung anwenden, um durch die Tür zu kommen, doch diesmal konnte er sich nicht mehr auf sein linkes Bein verlassen. Also versuchte er es mit dem rechten als Standbein und wiederholte die Rotationsbewegung von vorhin noch einmal. Erneut schrie er auf vor Schmerz und betete, dass er noch ein paar Schritte durchhielt, nur noch zwei oder drei. Er schmeckte etwas Bitteres in seinem Mund, während sein Körper unter dem unerträglichen Schmerz zusammenzubrechen drohte. Hunter spürte, wie sein Griff um das Kreuz sich lockerte – er drohte, es zu verlieren.

Nur noch ein Schritt.

Mit allerletzter Kraft schob er sich samt Kreuz durch den Türrahmen.

Die Zeit war um.

Hunter ließ die schwere Eisentür hinter sich ins Schloss krachen und hoffte, dass sie dick genug wäre, um die Wucht der Explosion abzuhalten. Er ließ das Kreuz zu Boden sinken und warf sich über seinen Partner, um ihn mit seinem Körper zu schützen. Dann schloss er die Augen und wartete, dass die Sprengladung hochging.

59

Der Krankenwagen kam mit quietschenden Reifen vor dem Eingang zur Notaufnahme zum Stehen. Drei Schwestern standen bereit, um die Patienten in Empfang zu nehmen. Sie sahen mit entsetzten Mienen zu, wie die erste Trage herausgeschoben wurde. Ein halbnackter Mann mit einer Dornenkrone aus Stacheldraht auf dem Kopf war an ein lebensgroßes Holzkreuz genagelt. Aus seinen offenen Wunden lief Blut.

»Herr im Himmel …«, entfuhr es der Schwester, die als Erste bei der Trage war.

Der zweite Mann war über und über mit einer feinen grauen Staubschicht bedeckt, als wäre er unter den Trümmern eines eingestürzten Gebäudes hervorgezogen worden.

»Ich bin okay, lasst mich in Ruhe. Kümmert euch um ihn«, schrie der zweite Patient. Hunter versuchte, sich aufzusetzen, wurde jedoch von den Sanitätern daran gehindert. »Nehmt eure Finger weg.«

»Sir, man kümmert sich bereits um Ihren Freund. Bitte beruhigen Sie sich. Sie müssen sich von einem Arzt untersuchen lassen. Es wird alles gut.«

Hunter beobachtete schweigend, wie die Schwestern mit Garcia durch die Doppeltüren am Ende des Korridors verschwanden.

Er schlug die Augen auf und versuchte zu verstehen, was vor sich ging. Ein paar Sekunden lang verschwamm alles, dann fielen ihm die weißen Wände auf. Alles drehte sich, und er hatte furchtbaren Durst.

»Sie sind wach, das ist gut«, sagte eine sanfte, beruhigende Frauenstimme.

Mit großer Mühe drehte er den Kopf in ihre Richtung. Eine kleine, mollige Schwester mit kurzen schwarzen Haaren blickte auf ihn herunter.

»Wie fühlen Sie sich?«

»Durstig.«

»Hier …« Sie goss Wasser aus einem Aluminiumkrug neben seinem Bett in eine Plastiktasse und reichte sie ihm. Hunter trank gierig, doch als das Wasser durch seine Kehle rann, brannte es heftig. Er verzog vor Schmerz das Gesicht.

»Alles in Ordnung?«, fragte die Schwester besorgt.

»Der Hals brennt«, flüsterte er schwach.

»Das ist normal. Ich werde jetzt Ihre Temperatur messen«, sagte sie und hielt ihm ein dünnes Thermometer vor den Mund.

»Ich habe kein Fieber«, wehrte Hunter ab und schob das Thermometer weg. Endlich fiel ihm wieder ein, wo er war und was passiert war. Er versuchte sich aufzusetzen, doch der Raum vollführte auf einmal einen Salto rückwärts.

»Wow!«

»Langsam, Sir«, mahnte die Schwester und legte ihm eine Hand auf die Brust. »Sie müssen sich ausruhen.«

»Das Einzige, was ich muss, ist so schnell wie möglich hier raus.«

»Später vielleicht. Jetzt müssen Sie sich erst einmal versorgen lassen.«

»Nein, hören Sie mir zu. Mein Freund … wie geht es ihm?«

»Welcher Freund?«

»Der, der an ein verdammtes Kreuz genagelt hier eingeliefert wurde. Ich glaube nicht, dass Sie den übersehen haben. Er sah aus wie Jesus Christus persönlich. Wissen Sie jetzt, wen ich meine? Hätte wohl für unsere Sünden sterben sollen.« Hunter versuchte erneut, sich aufzusetzen. Sein Schädel dröhnte.

Die Tür ging auf, und Captain Bolter streckte den Kopf herein. »Macht er Ihnen Schwierigkeiten?«

Die Schwester lächelte Captain Bolter mit strahlend weißen Zähnen an.

»Captain, wo ist Carlos? Wie geht es ihm?«

»Können Sie uns einen Moment allein lassen?«, fragte der Captain die Schwester und kam ins Zimmer.

Hunter wartete, bis sie weg war. »Hat er's geschafft? Ich muss zu ihm«, sagte er. Er versuchte aufzustehen, sackte jedoch sofort wieder aufs Bett zurück.

»Sie gehen nirgendwohin«, wies ihn der Captain an.

»Nun reden Sie schon, Captain, lebt er?«

»Ja.«

»Und wie geht es ihm?«

»Carlos hat viel Blut verloren. Die Ärzte nennen das einen Blutverlust der Klasse IV. Als Folge sind Herz, Leber und Nieren stark geschwächt. Er hat eine Bluttransfusion erhalten, aber davon abgesehen kann man nicht viel für ihn tun. Wir müssen abwarten, ob er den Kampf aufnimmt.«

»Den Kampf aufnimmt?« In Hunters Stimme lag jetzt ein Zittern.

»Er ist stabil, aber immer noch nicht bei Bewusstsein. Die Ärzte reden zwar noch nicht von Koma, aber seine Körperfunktionen sind schwach … sehr schwach. Er liegt auf der Intensivstation.«

Hunter vergrub das Gesicht in den Händen.

»Carlos ist ein zäher Bursche, er wird das schaffen«, sagte der Captain zuversichtlich.

»Ich muss zu ihm.«

»Erst mal gehen Sie nirgendwohin. Was zum Henker ist passiert, Robert? Ich hätte beinahe zwei Detectives auf einen Schlag verloren und wusste noch nicht mal, was eigentlich vor sich ging.«

»Verdammt, Captain, was glauben Sie wohl, was passiert ist? Der Killer hat sich Carlos geschnappt«, entgegnete Hunter zornig.

»Aber warum? Will der Kerl jetzt in eine neue Liga aufsteigen und plötzlich zum Cop-Killer werden? Das ist doch überhaupt nicht sein Ding.«

»Ach ja? Wenn Sie das so genau wissen, Captain, dann sagen Sie mir doch bitte schön, *was* genau sein Ding ist.«

Captain Bolter wich Hunters Blick aus.

»Ich bin seit drei Jahren hinter diesem Killer her, und das Einzige, was *ich* weiß, ist, dass sein Ding darin besteht, Menschen bestialisch zu quälen und zu töten. Wen er tötet, scheint ihm so ziemlich scheißegal zu sein. Für ihn ist das alles ein Spiel, und Garcia war für ihn nur eine weitere Schachfigur«, sagte Hunter und gab sich alle Mühe, laut zu werden.

»Erzählen Sie mir in aller Kürze, was passiert ist«, befahl ihm der Captain mit ruhiger Stimme.

Hunter berichtete ihm sämtliche Einzelheiten, beginnend mit dem Anruf des Killers bis hin zu dem Augenblick, als er die Augen zugekniffen und auf die Explosion gewartet hatte.

»Warum haben Sie mich nicht angerufen? Warum haben Sie keine Verstärkung mitgenommen?«

»Weil der Killer sagte, keine Verstärkung. Ich hatte keine Lust, mit Carlos' Leben zu pokern.«

»Das ergibt alles keinen Sinn. Wenn Sie ihn bei seinem Spiel geschlagen hatten, warum springt dann der Zündmechanismus erneut an?«

Hunter schüttelte den Kopf und starrte zu Boden.

»Er wollte, dass Sie beide umkommen. Ganz klar«, schloss Captain Bolter.

»Das glaube ich nicht.«

»Weshalb dann der zweite Zünder?«

»Wegen der Beweise.«

»Was?«

»Der Raum war voller Beweismaterial, Captain. Der Kassettenrekorder, der Käfig, der Sprengstoff, der Türmechanismus, der Rollstuhl. Wenn wir das alles in die Finger kriegen, finden wir irgendwo eine Spur. Da jagt er doch lieber das Ganze in die Luft.«

Der Miene des Captains war anzusehen, dass er nicht überzeugt war.

»Das Kreuz hat sich aus der Verankerung gelöst, als ob es geölt worden wäre«, fuhr Hunter fort. »Das war zu leicht. Die Menge an Sprengstoff reichte gerade aus, um den Kellerraum zu zerstören. Wir waren ja gerade mal einen Schritt von der Tür weg. Der Killer hätte so viel Sprengstoff verwenden können, dass der gesamte Keller einkracht, dann hätten wir keine Chance gehabt, zu entkommen. Der Zweck der Explosion bestand nicht darin, uns zu töten.«

»Also kennt sich der Killer auch mit Sprengstoff aus?«

»Zumindest ein wenig«, sagte Hunter nickend.

»Was soll das heißen, ›zumindest ein wenig‹?«

»Das war bestimmt keine besonders ausgefeilte Bombe, jedenfalls nicht auf dem technischen Niveau von Terroristen. Ja, eine gewisse Ahnung von Sprengstoffen musste der Killer schon haben, um das Ganze zusammenzubauen und den Zündmechanismus zu basteln, aber ein Experte muss man dafür nicht sein.«

»Und wo zum Teufel kriegt er den Sprengstoff her?«

»Wir leben hier in Amerika, Captain«, antwortete Hunter mit sarkastischem Lacher. »Das Land, in dem man mit Geld alles bekommen kann. Mit den richtigen Kontakten und barem Geld kriegen Sie hier eine Flugabwehrrakete, ganz zu schweigen von einer kleinen Menge Sprengstoff, um einen Raum in die Luft zu jagen. Und wenn der Killer ein bisschen Ahnung von Chemie hat, kann er sich das Zeug sogar aus ein paar leicht zu beschaffenden Chemikalien selbst zusammenbasteln.«

Der Captain schüttelte schweigend den Kopf. »Wir können den Fall nicht länger geheim halten, das wissen Sie, oder? Die Presse stürzt sich bereits auf das hier. Eine Explosion, ein lebendig gekreuzigter Detective. Das ist der reinste Zirkus da draußen, und wir sind die Clowns.«

Hunter wusste darauf nichts zu sagen. Inzwischen hatte das Zimmer aufgehört, sich dauernd zu drehen, so dass er erneut einen Aufstehversuch wagte. Als seine Füße den Boden berührten, stöhnte er vor Schmerzen. Seine neuen Schuhe hatten ihm gründlich die Füße wundgescheuert.

»Sie glauben doch wohl nicht im Ernst, dass Sie jetzt irgendwo hingehen können?«, fragte der Captain.

»Ich muss Carlos sehen. Wo liegt er?«

Der Captain fuhr sich mit der Hand über den Schnauzbart und musterte Hunter mit scharfem Blick. »Wie ich schon sagte, auf der Intensivstation. Kommen Sie, ich bringe Sie hin.«

Als er an dem kleinen Spiegel links an der Zimmerwand vorbeikam, blieb Hunter kurz stehen, um einen Blick auf sich zu werfen. Er sah aus wie der Tod. Sein müdes, bleiches Gesicht war mit Hunderten von winzigen Schnittwunden übersät, seine Augen blutunterlaufen. Seine Unterlippe war angeschwollen und entstellt. Ein getrockneter Blutpfropfen hing in seinem linken Mundwinkel. Er war an einem einzigen Nachmittag um zehn Jahre gealtert.

»Sie müssen Anna sein«, sagte Hunter, als er das L-förmige Zimmer der Intensivstation betrat.

Eine junge, nicht allzu große, schwarzhaarige Frau saß an Garcias Bett. Ihr Gesicht wirkte bleiern, die Augen waren verquollen vom Weinen.

»Und Sie sind wohl Robert?« Ihre Stimme klang leise und niedergeschlagen.

Hunter versuchte ein Lächeln, doch seine Wangenmuskeln gehorchten nicht. »Tut mir leid, dass wir uns so kennenlernen.« Er reichte ihr zitternd die Hand.

Sie schüttelte sie ganz sanft, und ihre Augen füllten sich mit Tränen. Schweigend schauten sie alle drei auf den bewusstlosen Garcia hinunter.

Er lag flach unter einer dünnen Decke. Aus Mund, Nase und Armen hingen Schläuche, die sich durch das Bettgestell schlängelten und in zwei separate Maschinen mündeten. Hände und Kopf waren dick bandagiert und sein Gesicht voller Blutergüsse und Schnittwunden. Ein Herzmonitor in der Ecke des Raums piepte gleichmäßig vor sich hin. Der Anblick ließ Hunter frösteln.

Garcia wirkte beinahe friedlich, wie er so dalag, aber auch zerbrechlich. Hunter trat näher und berührte ihn sanft am Arm.

»Komm, Grünschnabel, du schaffst das. Ist doch eine Kleinigkeit für dich«, flüsterte er zärtlich. »Das Schlimmste ist überstanden. Wir haben es da rausgeschafft. Wir haben ihn geschlagen. Wir haben ihn bei seinem eigenen Spiel geschlagen … du und ich.«

Hunter ließ die Hand noch eine Weile auf Garcias Arm, bevor er sich wieder zu Anna umwandte. »Er ist stark, er wird das locker überstehen. Schläft sich wahrscheinlich nur mal eine Runde aus.«

Anna hatte keine Antwort darauf. Tränen liefen ihr über die Wangen. Hunter wandte sich wieder zu Garcia um. Er beugte sich tief über ihn, als suchte er nach etwas.

»Stimmt irgendwas nicht?«, fragte Captain Bolter.

Hunter schüttelte den Kopf und drückte ihn neben Garcia aufs Kopfkissen. Ganz vorsichtig, um Garcia nicht zu stören, fuhr er ihm mit dem Finger über den Nacken.

»Kommen Sie, er braucht Ruhe, und Sie auch«, sagte der Captain und wandte sich zur Tür. Hunter wollte irgendetwas zu Anna sagen, doch er fand keine Worte. Also folgte er einfach dem Captain, und keiner sprach, bis sie wieder in Hunters Zimmer waren.

»Er hatte kein Zeichen«, sagte Hunter schließlich.

»Wie bitte?«

»Auf Carlos' Nacken war kein Zeichen eingeritzt. Der Killer hat ihn nicht markiert.«

»Und was bedeutet das?«

»Das bedeutet, dass er nicht sterben sollte.«

»Dass er nicht sterben sollte? Aber Sie hätten auf den falschen Knopf drücken können.«

Hunter fiel keine Erwiderung darauf ein. Er versuchte nachzudenken, doch das Hämmern in seinem Kopf behinderte ihn. Er setzte sich aufs Bett, da sich erneut das Zimmer um ihn drehte.

»Sie müssen Matt und Doyle über den Fall ins Bild setzen«, sagte der Captain jetzt in die Stille hinein.

»Was? Wovon reden Sie?«

»Ich muss Sie von dem Fall abziehen, Robert, Sie kennen doch das Protokoll. Matt und Doyle übernehmen. Ich will, dass Sie die beiden über alles unterrichten, was Sie wissen und bisher haben.«

»Protokoll? Ich scheiß auf Ihr Protokoll. Was soll das, Captain? Das ist doch Schwachsinn –«

»Sie wissen, dass ich Sie nicht an diesem Fall weiterarbeiten lassen kann. Aus irgendeinem irrsinnigen Grund hat der Killer einen Narren an Ihnen gefressen. Er ruft Sie an. Nennt Sie beim Vornamen. Treibt Mord-Spielchen und Rätselraten mit Ihnen. Als Nächstes gehen Sie wahrscheinlich einen trinken mit ihm. Es sieht so aus, als ob er Sie inzwischen einfach zu gut kennt.«

»Genau, und wenn Sie mir jetzt den Fall entziehen, versetzt ihn das womöglich noch mehr in Rage. Weiß der Teufel, was er dann macht.«

»Das weiß so oder so nur der Teufel. Robert, wir haben absolut nichts über den Kerl, und das wissen Sie genau. Drei Jahre Untersuchung, und wir stehen noch immer mit leeren Händen da. Vielleicht sind zwei frische Köpfe genau das, was diese Untersuchung braucht.«

»Das Einzige, was diese Untersuchung braucht, ist, dass ich da weitermache, wo ich aufgehört habe. Wir sind dichter dran denn je, Captain. Carlos und ich waren auf der Spur zu etwas, das uns garantiert zu ihm führen wird.«

»Bestens, dann können Sie ja Matt und Doyle gleich über diese Spur unterrichten.«

»Das ist meine Untersuchung, meine und Garcias.«

»Ja, sind Sie noch bei Trost? Hat Ihnen die Explosion das Hirn weggeblasen?«, fragte der Captain geladen zurück. »Vielleicht darf ich Sie mal kurz an die Fakten erinnern, falls Sie die vergessen haben sollten. Carlos liegt im Halbkoma auf der Intensivstation. Er wurde lebendig gekreuzigt, Robert. Eine Stacheldrahtkrone wurde ihm so fest in den Schädel gebohrt, dass die Dornen am blanken Knochen gekratzt haben. Zwei fünfzehn Zentimeter lange Nägel gingen mitten durch seine Handflächen. Es wird einige Zeit dauern, bis er überhaupt wieder einen Stift in der Hand halten kann, geschweige denn eine Waffe. Und Ihnen als Psychologen brauche ich ja wohl nicht zu erläutern, welche Traumata er zu verarbeiten haben wird, bis er seinen Job wiederaufnehmen kann, falls es überhaupt je dazu kommt. Das war sein erster Fall.«

»Glauben Sie denn, das weiß ich nicht, Captain?«

»Sie haben im Augenblick keinen Partner. Ich habe niemanden, den ich Ihnen zuweisen kann, und selbst wenn ich jemanden hätte, würde ich es nicht tun. Nicht zu diesem Zeitpunkt.«

Hunter richtete den erhobenen Zeigefinger auf Captain Bolter. »Vor ein paar Tagen erst haben Sie mir gesagt, Sie würden nicht noch einmal denselben Fehler begehen wie bei dem John-Spencer-Fall. Sie haben gesagt, Sie hätten damals auf mich hören sollen, als ich sagte, dass er seine Frau nicht umgebracht hat. Sie haben gesagt, Sie hätten mir erlauben sollen, mit der Untersuchung fortzufahren …«

»Das hier ist nicht der John-Spencer-Fall, Robert«, fiel ihm der Captain ins Wort. »Wir haben nicht einen Unschuldigen in Haft, sondern wir haben überhaupt niemanden in Haft, und genau da liegt das Scheißproblem. Wir haben nur Leichen. Und die stapeln sich verdammt noch mal immer höher.«

»Sie machen wieder einen Fehler, Captain. Entziehen Sie mir nicht den Fall.«

Captain Bolter holte tief Luft und blickte entnervt zu Boden.

»Was zum Teufel ist denn los, Captain?«

»Hören Sie, Robert. Sie wissen, dass ich Ihrem Instinkt vertraue. Manchmal hätte ich ihm mehr vertrauen sollen, ich wünschte wirklich, ich hätte es getan. Sie haben eine Art sechsten Sinn in diesen Dingen, das gebe ich zu. Aber das Ganze liegt nicht mehr in meinen Händen.«

»Was soll das heißen?«

»Dass mir sämtliche Leute über mir die Hölle heiß machen, und zwar jeder einzelne höchstpersönlich, angefangen beim Polizeipräsidenten bis hin zum Bürgermeister. Die wollen Antworten, und ich habe keine. *Die* kontrollieren jetzt das Spiel, ich habe da nicht mehr viel zu melden. Das Ganze ist eskaliert. Die reden bereits davon, das FBI einzuschalten. Ich kann froh sein, wenn ich meinen Posten behalte.«

Hunter rieb sich mit beiden Händen das Gesicht. »Mir den Fall zu entziehen ist ein Fehler.«

»Nun, es ist wahrscheinlich nicht der erste, den wir in dieser Untersuchung machen, oder?«

Plötzlich ging die Tür auf, und die mollige kleine Schwester kam wieder herein. »Meine Herren, das hier ist ein Krankenhaus und kein Lakers-Spiel. Vielleicht sollte ich Ihnen wieder ein Beruhigungsmittel geben«, sagte sie zu Hunter.

»Das glaube ich kaum«, erwiderte Hunter und sprang vom Bett auf. »Wo sind meine Kleider?«

»Sie müssen mindestens vierundzwanzig Stunden zur Kontrolle hierbleiben«, sagte die Schwester und trat einen Schritt näher.

»Das wird garantiert nicht passieren, meine Liebe, also bleiben Sie mir bitte vom Leib, und zeigen Sie mir, wo meine Klamotten sind.«

Sie sah hilfesuchend zu Captain Bolter auf, doch der sagte nichts. Schließlich deutete sie zögernd auf den schmalen Wandschrank neben der Tür. »Da drin.«

»Wir werden leiser sein«, sagte der Captain und machte eine Geste in Richtung Tür. Er wartete, bis die verärgerte Schwester gegangen war.

»Nehmen Sie sich eine Weile frei, Robert.«

»Was?«

»Sie brauchen eine Pause. Ich will, dass Sie sich freinehmen, sobald Sie Matt und Doyle ins Bild gesetzt haben.«

»Suspendieren Sie mich?«

»Nein, ich sagen Ihnen nur, dass Sie sich freinehmen sollen.«

»Sie brauchen mich bei diesem Fall, Captain.«

»Ich brauche Sie im Moment nur, um die zwei neuen Detectives einzuweisen. Danach nehmen Sie Urlaub. Und das ist jetzt keine Bitte, Robert. Legen Sie eine Pause ein, sehen Sie zu, dass Sie wieder fit werden, und vergessen Sie diesen Fall. Sie haben getan, was Sie konnten. Wenn Sie wieder zurück sind, reden wir darüber, wie es weitergeht.« Captain Bolter ging zur Tür und wandte sich dann noch einmal um. »Wenn ich Sie wäre, würde ich auf die Schwester hören. Ist vermutlich eine gute Idee, sicherheitshalber eine Nacht hierzubleiben.«

»Ist das noch ein Befehl?«, fragte Hunter sarkastisch und salutierte dazu.

»Nein, nur ein Vorschlag. Aber ich mache mir auch Sorgen.«

»Worüber?«

»Um Sie. Der Killer hat sich Carlos geholt. Sie könnten der Nächste sein.«

»Wenn der Killer gewollt hätte, dass ich tot bin, wäre ich es längst.«

»Vielleicht will er Sie jetzt tot sehen, deshalb die Sprengladung. Vielleicht ist er mit seinen Spielchen durch, und jetzt will er Sie.«

»Dann soll er mal kommen«, sagte Hunter trotzig.

»Ja, klar, Sie sind natürlich ein ganz Harter. Scheuen weder Tod noch Teufel. Ein richtiger Mann.«

Hunter wich dem Blick des Captains aus.

»Sie sind nicht Superman, Hunter. Was würden Sie denn tun, wenn der Killer Sie heute Nacht aufsucht? Irgendeine Wunderwaffe aus ihrem Super-Hunter-Gürtel ziehen?«

»Weshalb sollte er das tun?«

»Um den angefangenen Job zu Ende zu bringen.«

Hunter hatte keine Antwort parat. Er schaute auf seine nackten, wundgescheuerten Füße hinunter.

»Hören Sie, Robert. Ich weiß, wie fit Sie sind. Wenn ich eine Wette auf einen Kampf Mann gegen Mann abschließen müsste, würde ich weiß Gott auf Sie setzen, egal mit wem Sie es zu tun haben. Aber im Augenblick sind Sie nicht gerade in Topform ... weder physisch noch mental. Wenn der Killer sich in den nächsten paar Tagen an Sie heranmacht, hat er einen leichten Stand.«

Hunter musste zugeben, dass der Captain in diesem Punkt nicht unrecht hatte. Ein unbehagliches Frösteln erfasste ihn.

»Denken Sie doch nach, Robert, seien Sie nicht dumm. Sie sind kein Übermensch. Bleiben Sie heute Nacht hier, wo jemand auf Sie aufpassen kann.«

»Ich brauche keinen Babysitter, Captain«, erwiderte er und trat ans Fenster.

Captain Bolter wusste, wie zwecklos es war, Robert Hunter von etwas überzeugen zu wollen, was ihm nicht passte. Er hatte es schon oft genug vergeblich versucht.

Hunter blickte auf den geschäftigen Parkplatz des Krankenhauses hinunter. »Was ist mit meinem Wagen?«

»Wurde ins Dezernat zurückgebracht. Wenn Sie wollen, bringe ich ihn morgen hier vorbei«, versuchte er es ein letztes Mal.

Hunter drehte sich zum Captain um. »Ich bleibe nicht hier, Captain. Ich nehme ihn auf dem Heimweg selbst mit.« Sein Ton war bestimmt.

»Wie Sie meinen. Ich geb's auf, mit Ihnen reden zu wollen. Nehmen Sie sich morgen und übermorgen frei, dann brauche ich Sie, damit Sie Matt und Doyle über alles in Kenntnis setzen.« Damit ging er hinaus und ließ die Tür krachend hinter sich zufallen.

60

HUNTER STIEG AUS DEM TAXI und schaute an der Fassade des Morddezernats empor. Sein ganzer Körper schmerzte. Er brauchte Ruhe, doch er wusste, eine Nacht in diesem Krankenhauszimmer eingesperrt zu sein, hätte er unmöglich ausgehalten.

Ihn plagten Schuldgefühle. Er hätte bei Garcia bleiben sollen, bei seinem Partner. Aber was hätte das genützt? *Seine Frau ist bei ihm, er ist in guten Händen*, sagte er sich schließlich. Er würde gleich morgen früh wieder zu ihm fahren.

Das Schwindelgefühl ließ allmählich nach, allerdings fühlte Hunter sich noch nicht in der Lage, selbst schon nach Hause zu fahren. Vielleicht fehlte ihm ja nur eine Tasse starker Kaffee.

Er ließ die Tür leise hinter sich zufallen und sah sich in dem leeren Büro um. Sein Blick fiel auf die Pinnwand mit den Fotos. Neun Opfer, die ihn anstarrten. Neun Morde, die er nicht hatte verhindern können, und nur ein Knopfdruck hatte gefehlt, dann wären es elf geworden.

Die Bilder aus dem Kellerraum kamen zurück, und auf einmal fühlte sich das Büro eiskalt an. Die Erkenntnis, wie nah er und Garcia dem Tod gewesen waren, ließ ihn schaudern. Er spürte einen Kloß im Hals.

Langsam kochte er eine Kanne Kaffee, genauso, wie Garcia es ihm gezeigt hatte, was nur neuerliche Erinnerungen auslöste.

Warum Carlos? Warum ein Cop? Warum mein Partner und nicht ich? Und kein Zeichen im Nacken, keine Signierung in Form des Doppelkreuzes. Warum? Vielleicht sollte Garcia wirklich nicht sterben, oder vielleicht schien es nur nicht lohnenswert, sich die Mühe mit dem Zeichen zu machen, wenn das Opfer sowieso bei der Explosion völlig ausgelöscht würde. Hunter war sich sicher, dass dieser Killer einen großangelegten Plan verfolgte, und zwar von Anfang an, und vielleicht hatte ja Captain Bolter recht mit der Theorie, dass der Killer nun vor der Vollendung dieses Plans stand und nur noch Hunter als letztes Puzzleteil fehlte.

Er goss sich eine Tasse Kaffee ein und setzte sich zum vielleicht letzten Mal an seinen Schreibtisch. Die neue Patientenliste, die er erst an diesem Morgen aus einem Krankenhaus geholt hatte, lag noch da. An jedem anderen Tag hätte Hunter seinen Computer angeworfen und nach Querverweisen in der Polizeidatenbank gesucht, doch heute war nicht jeder andere Tag. Heute war er geschlagen. Der Killer hatte gewonnen. Egal was von nun an geschah, und selbst wenn die zwei neuen Detectives den Killer fingen – Hunter hatte verloren. Der Killer war ihm überlegen gewesen.

Als er seine Unterlippe betastete, spürte er, wie sie pochte. Er lehnte sich zurück, legte den Kopf an die Stuhllehne und schloss die Augen. Er brauchte Ruhe, aber er war sich nicht sicher, ob er würde schlafen können. *Vielleicht sollte ich mich heute Abend sinnlos betrinken*, überlegte er. Das würde jedenfalls die Schmerzen betäuben.

Er massierte sich die Schläfen und überlegte, was er jetzt tun sollte. Er brauchte frische Luft, musste raus aus diesem Büro hier. Vielleicht war es doch keine so gute Idee gewesen, ins Dezernat zurückzukommen …

Das Klingeln des Handys riss ihn aus seinen Gedanken.

»Detective Hunter«, sagte er müde.

»Hunter, hier ist Steven.«

Hunter hatte überhaupt nicht mehr an das Beschattungsteam für D-King gedacht. Steven war einer aus dem Drei-Mann-Team, die den Zuhälter und Dealer rund um die Uhr überwachten.

»O Gott, Steven!«, sagte Hunter und kniff die Augen zusammen. »Ich hab völlig vergessen, die Beschattung abzublasen. Ihr könnt die Sache abbrechen. Es war eine falsche Spur.«

»Danke, dass du mir das jetzt sagst«, erwiderte Steven leicht ärgerlich.

»Tut mir leid, Mann. Aber es war höllisch viel los heute, ich bin praktisch zu gar nichts gekommen.«

»Dann interessiert es dich also nicht mehr, was heute Abend hier abgeht?«

»Was meinst du damit?«, fragte Hunter mit erwachendem Interesse.

»Bin mir nicht sicher, aber was es auch ist, es sieht nach einer großen Sache aus.«

61

Hunter folgte der Beschreibung, die Steven ihm gegeben hatte, und traf ihn vor der stillgelegten Fabrik in Gardena.

»Himmel! Was zum Teufel ist denn mit dir passiert?«, fragte Steven, als er Hunters zerschundenes Gesicht sah.

»Lange Geschichte. Was haben wir hier?«

Steven reichte Hunter das Fernglas. »Da unten, auf der Rückseite der alten Fabrik.«

Hunter schaute in die Richtung, die Steven ihm gewiesen hatte.

»Es ist zu dunkel. Was soll ich da überhaupt sehen?«

»Nicht weit von der Nordseite des Gebäudes. Gleich dort«, sagte Steven und deutete noch einmal auf die Fabrik.

»Warte mal … Ist das da ein Van?«, fragte Hunter, jetzt ein wenig erregter.

»Das ist der Van von D-King. Er und vier seiner Männer sind vor ungefähr einer halben Stunde da unten vorgefahren, aus dem Van gestiegen und in einem Eingang zu einem unterirdischen Keller oder so was auf der Rückseite der Fabrik verschwunden. Sie hatten ein hübsches kleines Waffenarsenal dabei.«

Hunters Interesse wuchs. »Worum geht es hier?«

»Keine Ahnung. Wir hatten uns aufgeteilt. Zwei Leute sind an D-King drangeblieben, einer an diesem Muskelprotz, der wohl seine rechte Hand ist.«

»Ja, und?«

»Na ja, irgendwas ist in den letzten zwei Tagen oder so passiert. Die haben wie verrückt nach irgendwas oder irgendwem gesucht. Und ich denke, hier haben sie es oder ihn gefunden.«

Hunter sah noch einmal durchs Fernglas zur Rückseite der Fabrik hinunter. *D-King weiß nicht, dass das erste Opfer nicht Jenny war,* überlegte er. *Er war hinter dem Killer her, und vielleicht hat er irgendetwas gefunden, irgendeine Spur.* »Wo ist der Rest des Überwachungsteams?«

»Ich habe sie abgezogen. Du hast ja gesagt, wir könnten die Sache abblasen. Das jetzt zeige ich dir nur, weil es ja vielleicht von Interesse sein könnte. Und dann bin ich auch weg hier.«

»Bevor du gehst, sag mir noch, wo genau die hin sind.«

»Siehst du den kleinen Pfad da, hinter dem Gebäude?« Er zeigte noch einmal zu der Fabrik hinunter. »Da sind sie lang. Aber du bist verrückt, wenn du da allein reingehst. Wo steckt denn dein neuer Partner?«

Hunter zögerte einen Moment. »Ist unterwegs«, sagte er in nicht sehr überzeugendem Ton.

»Soll ich dir Verstärkung rufen?«

»Nein, wir kommen klar.« Hunter wusste, dass Captain Bolter einen Anfall bekäme, wenn er jetzt, nach ihrer Unterhaltung von vorhin, Verstärkung anfordern würde.

»Wie du meinst.«

Hunter sah Steven nach, wie er in seinen Zivilwagen stieg und davonfuhr.

»Was zum Teufel tue ich hier?«, fragte sich Hunter laut, während er seine Waffe überprüfte. »Hattest du noch nicht genug Action für einen Tag, Robert?« Er zog eine kleine Taschenlampe aus seinem Handschuhfach und machte sich auf den Weg zu dem kleinen Pfad hinunter, den Steven ihm gezeigt hatte.

62

Hunter folgte dem Weg auf der Rückseite des alten Fabrikgebäudes bis zu einer von Gestrüpp überwucherten Eisentür. Dahinter führten Steinstufen in einen unterirdischen Keller. Er wartete ein paar Sekunden und lauschte.

Stille.

Vorsichtig stieg er die Treppen ins Dunkel hinunter.

Ein übler, faulig-feuchter Geruch ließ ihn würgen. Er hoffte, dass niemand sein ersticktes Husten gehört hatte.

»Was zum Teufel soll das, Robert?«, flüsterte er. »Noch ein altes Gebäude, noch ein düsterer Keller …«

Die Treppen endeten in einem dunklen, zementierten Tunnel, der von Müll übersät war. Hunter ging tiefer hinein. Nach einer Weile waren Stimmen zu vernehmen – verschiedene Stimmen – wütende Stimmen. Der modrige Geruch vermischte sich mit dem Gestank von ungeklärtem Abwasser. Überall wimmelte es von Ratten.

»Ich hasse Ratten«, murmelte Hunter zwischen zusammengepressten Zähnen hindurch.

Der Tunnel mündete in einen größeren runden Bereich, in dessen Mitte sich eine Art würfelförmiger Raum mit halbverfallenen, löchrigen Wänden befand. Die Stimmen kamen aus dem Inneren dieses improvisierten Zimmers.

Hunter knipste seine Taschenlampe aus und schlich sich vorsichtig näher, sorgsam darauf bedacht, nicht an einen der losen Ziegel zu stoßen, die überall auf dem Fußboden herumlagen. Er wandte sich nach links und verbarg sich hinter ein paar alten Zementsäcken, nur eine Armlänge von der Wand des Raums entfernt. Dann bückte er sich, um durch eins der Löcher zu spähen. Er konnte zwar Bewegungen erkennen, doch sein Blickwinkel erlaubte ihm nicht, zu sehen, was dort vor sich ging.

Die Stimmen wurden lauter. Hunter erkannte D-Kings Stimme.

»Wir tun Ihnen nichts. Wir sind hier, um Sie von diesen Schweinen wegzubringen. Es wird alles gut, Sie sind frei. Ich nehme Ihnen jetzt die Augenbinde und den Knebel ab, okay? Keine Angst, ich tu Ihnen nicht weh.«

Was zum Teufel geht da drin vor sich?, fragte sich Hunter. Er musste näher ran. Ganz langsam kroch er zu der Mauer und fand eine Stelle, von der aus er durch ein größeres Loch sehen konnte. Drei Männer standen mit dem Gesicht zur Wand und den Händen hinterm Kopf vor der gegenüberliegenden Zimmerwand. Einer von ihnen war vollkommen nackt, sein Rücken komplett tätowiert, anscheinend mit einem Jesus am Kreuz. D-King kniete mitten im Raum vor einer wie erstarrt wirkenden braunhaarigen Frau, die nicht älter als dreißig sein konnte. Man hatte ihr die Augen verbunden, sie geknebelt und an einen Metallstuhl gefesselt. Ihr schwarzes Kleid war zerrissen und schmutzig. Ihr BH war ihr vom Leib gerissen worden. Rund um ihre Brustwarzen waren frische Brandwunden von Zigarettenstummeln zu sehen, die bereits Blasen zu bilden begannen. Ihre Beine waren gespreizt und an die Stuhlbeine gefesselt worden, ihr Kleid hochgezogen, so dass ihre Vagina entblößt war, auch sie gesäumt von Brandwunden. Ihre Haare schienen teilweise mit getrocknetem Blut verklebt zu sein. Ihre Unterlippe war aufgeplatzt und angeschwollen.

Hunter sah zu, wie D-King an den Hinterkopf der Frau griff, um ihr die Augenbinde und den Knebel abzunehmen. Als die Augenbinde weg war, blinzelte die Frau in dem plötzlich grellen Licht. Der Knebel war so fest gebunden worden, dass er ihr in die Mundwinkel eingeschnitten hatte. Sie hustete heftig, nachdem sie davon befreit war. D-King zog ein Papiertaschentuch heraus und wischte ihr die Spuren von Wimperntusche und Blut vom Gesicht. Einer von D-Kings Männern hatte bereits ihre Hände und Füße von dem Stuhl losgemacht. Sie brach sofort in Schluchzen aus, ihr ganzer Körper bebte, doch diesmal weinte sie aus einer Mischung von Furcht und Erleichterung.

»Wie heißen Sie?«, hörte Hunter D-King fragen.

»Becky«, stieß sie zwischen Schluchzern hervor.

»Okay, Becky. Es ist vorbei, wir bringen Sie jetzt hier raus«, sagte D-King und versuchte ihr aufzuhelfen, doch ihre Beine gaben sofort wieder unter ihr nach. Bevor sie wieder ganz auf den Stuhl zurückgesunken wäre, fasste D-King sie um die Taille.

»Vorsichtig, ganz langsam … Ihre Beine sind noch schwach.« Er wandte sich an einen seiner Männer. »Hol irgendwas, was sie sich umhängen kann.«

Der Mann blickte sich in dem Raum nach einem Stück Stoff oder etwas Ähnlichem um, fand jedoch nichts.

»Hier, Boss.« Hunter erkannte Jerome, den Bodyguard aus dem Nachtclub, wieder. Der zog jetzt sein Hemd aus und reichte es D-King. Das riesige Hemd wirkte an der zierlichen Frau wie ein Kleid.

»Es wird alles gut, Becky. Es ist vorbei.« Dann nahm D-Kings Stimme einen anderen Tonfall an. »Bring sie hoch, setz sie ins Auto und weich ihr nicht von der Seite«, knurrte er einen seiner Männer an.

Hunter duckte sich rasch hinter zwei Zementsäcke. Das Halbdunkel half ihm, sich zu verbergen. Durch eine Öffnung zwischen den

Säcken sah Hunter, wie noch so ein riesiger Kerl mit der Frau herauskam, die offenbar noch immer angsterfüllt war.

»Keine Sorge, es passiert Ihnen nichts, Becky«, beruhigte er sie mit sanfter Stimme.

Hunter wartete, bis die beiden den Gang hinauf verschwunden waren, und kroch dann wieder näher an das Loch in der Mauer.

»Du glaubst also an Jesus, was?«, fragte D-King mit zorniger Stimme und trat zu dem nackten Mann mit dem tätowierten Rücken.

Es kam keine Antwort.

Hunter sah, wie D-King dem Mann den Holzgriff seiner Doppelflinte ins Kreuz stieß. Der Mann ging zu Boden. Instinktiv drehte sich der kleinste der drei gefangenen Männer in die Richtung seines Komplizen, doch im nächsten Augenblick schlug ihm bereits Jerome mit seiner Uzi ins Gesicht. Blut spritzte gegen die Wand, und zwei seiner Zähne fielen auf den Boden.

»Wer hat dir gesagt, dass du dich rühren darfst?«, brüllte Jerome ihn zornig an.

Verdammt, das war kein Witz von Steven, als er sagte, die hätten ein kleines Waffenarsenal dabei, dachte Hunter.

»Die Frau, wie alt war sie, achtundzwanzig, neunundzwanzig?« D-King versetzte dem am Boden liegenden Mann einen harten Tritt in den Unterleib. »Steh auf und dreh dich um, du Stück Scheiße.« D-King schritt vor dem Mann auf und ab, dem die Angst deutlich ins Gesicht geschrieben war.

»Wisst ihr, wer ich bin?« Die Frage hing in der Luft, bis schließlich der kleinste der drei Männer nickte.

D-King machte ein fassungsloses Gesicht. Mit ruhiger Stimme fuhr er fort. »Ihr wisst also, wer ich bin, und habt trotzdem eines von meinen Mädchen geraubt, vergewaltigt, gequält und umgebracht?«

Keine Antwort.

»Mann, ihr habt gerade dem Wort ›dumm‹ eine ganz neue Dimension verliehen. Ihr beide … ausziehen«, befahl er, auf die zwei noch bekleideten Männer deutend.

Sie blickten sich mit verdutzten Gesichtern zu ihm um.

»Seid ihr taub? Er hat gesagt, ausziehen«, befahl Jerome und schlug den mit der Brille in den Leib.

»Wow, dafür hätte sie ja ein Vergrößerungsglas gebraucht, Jungs«, sagte D-King, als sie nackt vor ihm standen. »Kein Wunder, dass ihr Probleme habt, 'ne Frau zu kriegen. Fesselt sie auf Stühle, genauso, wie sie es mit ihren Opfern machen.«

Klick. Hunter vernahm das unverwechselbare Geräusch einer soeben gespannten halbautomatischen Pistole hinter ihm. Einen Sekundenbruchteil später spürte er den kalten Lauf an seinem Hinterkopf.

»Keine Bewegung. Versuch's erst gar nicht«, befahl eine Stimme.

63

DIE TÜR GING AUF, und Hunter wurde in den Raum geschoben, während die Pistole sich weiter in seinen Hinterkopf zu bohren schien.

»Das Stück Scheiße da hab ich draußen beim Rumschnüffeln entdeckt. Die hier hatte er bei sich«, sagte der Mann und warf Hunters Waffe auf den Boden. D-King drehte sich herum.

»Detective Hunter? Was für eine Überraschung.«

»Detective?«, fragte Warren, der Hunter entdeckt und gefangengenommen hatte, verblüfft.

»Was zum Teufel ist denn mit Ihnen passiert?«, fragte D-King, als er Hunters blaugeschlagenes und zerschnittenes Gesicht sah.

»Sehen Sie nicht mich an, Boss«, sagte Warren und hob abwehrend die Hände. »Er war schon so hässlich, als ich ihn aufgegabelt hab.«

Hunter sah sich rasch in dem Raum um. Er war mit batteriebetriebenen, professionellen Filmscheinwerfern erleuchtet, der Boden komplett mit Plastikfolien ausgelegt. Der Metallstuhl, an den die Frau gefesselt gewesen war, stand in der Mitte. An der Wand hinter D-King stand ein kleiner Tisch, auf dem ein Sortiment Messer bereitgelegt war. In einer Ecke des Raums stand eine halbprofessionelle Videokamera auf einem Stativ, dahinter zwei weitere Stühle. Hunter brauchte keine drei Sekunden, um sich zusammenzureimen, was das hier war.

»Ein Snuff-Movie-Set? Echt große Klasse.« Sein Blick fixierte D-King.

»Oh, Sie sind fix«, sagte D-King. Erst dann fiel ihm Hunters ironischer Unterton auf. »Moment mal. Sie glauben doch wohl nicht, dass ich diese perverse Nummer hier betreibe? O nein, Mann.«

Hunters Blick wanderte zu den drei nackten Männern vor der Wand und dann zu Jerome, der mit nacktem Oberkörper dastand. »Dann feiert ihr hier wohl gerade eine kleine Party, was? Kommt ihr schon in Stimmung?«, fragte er mit betont alberner, nasaler Stimme.

»Ach, sind wir heute witzig drauf?«, fragte D-King zurück und spannte den Hahn seiner Waffe. »Was zum Teufel tun Sie hier, Detective?«

»Ich war gerade in der Gegend. Ist einer meiner Lieblingsschuppen hier.«

»In Ihrer Position würde ich nicht unbedingt Witze reißen«, warnte ihn Jerome.

Hunter richtete den Blick erneut auf die drei Männer.

»Sie haben meine Frage noch nicht beantwortet, Detective«, sagte D-King. »Was zum Teufel machen Sie hier?«

Hunter schwieg.

»Moment mal«, sagte D-King plötzlich und kniff die Augen zusammen. »Du raffinierter Mistkerl. Du wolltest, dass ich die Arbeit für dich erledige, stimmt's?«

Jerome machte ein verwirrtes Gesicht. »Was?«

»Er wusste, dass ich alles versuchen würde, um die zu kriegen, die Jenny umgebracht haben, also hat er einfach ganz still und leise zugesehen, während wir die Drecksarbeit für ihn erledigt und die Straße abgeklappert haben. Um dann im letzten Augenblick aufzutauchen und den Ruhm für sich einzustreichen.«

»Ganz so war's nicht«, erwiderte Hunter.

»Nun, dann habe ich schlechte Neuigkeiten für Sie, Detective. Das Mädchen auf Ihrem Computerbild ist nicht Jenny. Nicht euer gestörter Psychokiller hat sie auf dem Gewissen, sondern diese verdammten Drecksäcke hier.« Er deutete auf die drei nackten Männer. »Die haben sie gequält und von vorn und hinten vergewaltigt, bevor sie ihr die Kehle aufgeschlitzt haben. Ich hab's alles auf DVD.« D-Kings Zorn flammte wieder auf und entlud sich in einem weiteren Gewaltakt gegen den tätowierten Mann. Zum zweiten Mal rammte er ihm seine Waffe in den Unterleib. Hunter sah ungerührt zu.

»Fessle sie an die Stühle«, befahl D-King mit einem Kopfnicken in Richtung Warren.

»Sie sind Polizist, tun Sie doch was«, bettelte der mit der Brille.

»Halt's Maul«, fuhr Warren den Mann an und schlug ihn gegen den Mund.

»Er hat recht«, sagte Hunter. »Ich kann nicht einfach so zulassen, dass Sie sich hier nach Lust und Laune rächen.«

»Halten Sie sich da raus, Detective. Das hier ist nicht Ihre Show.«

»Dazu mache ich es aber.«

D-King blickte sich mit einem spöttischen Grinsen in dem Raum um. »Ist Ihnen schon mal aufgefallen, dass Sie ein wenig in der Unterzahl sind, Detective? Was glauben Sie wohl, was Sie hier ausrichten können?«

»Und wenn er Verstärkung hat, Boss?«, fragte Jerome.

»Hat er nicht. Die wären sonst längst hier«, sagte D-King und blickte Hunter herausfordernd an.

»Fessle sie«, befahl D-King erneut.

Ein paar Minuten später saßen die drei nackten Männer in der Mitte des Raums gefesselt auf den Metallstühlen.

»Hören Sie, Sie haben noch nichts Falsches getan«, versuchte es Hunter noch einmal und ging einen Schritt auf D-King zu. »Noch ist das Ganze nicht eskaliert. Lassen Sie mich die Kerle mitnehmen. Lassen Sie das Gesetz mit ihnen abrechnen. Die werden im Gefängnis verrotten.«

»Wenn ich Sie wäre, würde ich mich nicht vom Fleck rühren«, sagte Warren und richtete seine Waffe auf Hunter.

»Und wenn ich Sie wäre, würde ich mich da raushalten«, knurrte Hunter ihn an. »D-King, mir ist klar, dass Sie aufgebracht sind wegen dem, was sie Jenny angetan haben, aber wir können das Ganze hier auf eine saubere Art lösen.«

D-King lachte laut auf. »Ich fürchte, ›aufgebracht‹ trifft es nicht ganz. Und das hier ist die sauberste Art. Jetzt mal im Klartext, Detective Hunter. Das Gesetz wird die davonkommen lassen, das wissen Sie genauso gut wie ich. Die werden sich mit irgendwelchen beschissenen juristischen Tricks rauswinden, wie sie es immer tun. Wenn Sie die hier festnehmen wollen, dann müssen Sie uns auch festnehmen, und das wird nicht passieren, Baby. Tut mir leid, aber wir kümmern uns auf unsere Weise um die.«

»Ich kann nicht einfach danebenstehen und zusehen, wie Sie diese Leute umbringen.«

»Dann machen Sie die Augen zu. Sie sollten sowieso nicht hier sein. Diese Leute entführen, vergewaltigen und töten Frauen aus Profitgier.«

Hunter antwortete mit einem nervösen Lachen. »Und das sagen ausgerechnet Sie?«

»He, Moment mal, Sie wollen mich doch wohl nicht mit diesem Abschaum hier in einen Topf werfen? Ich zwinge keines meiner Mädchen zu dem Job, den sie machen. Und ich zwinge auch niemanden, sie zu mieten. Was die Kerle hier tun, ist einfach nur krank. Sehen Sie sich doch mal in diesem Drecksloch hier um. Wollen Sie das mit dem gleichsetzen, was ich mache?«

Auf einmal ging, völlig überraschend für alle, die rückwärtige Wand auf. Ein großer, kahlrasierter Mann mit je einer Desert-Eagle-.50-Pistole in jeder Hand stand plötzlich in der entstandenen Öffnung. Seine Augen waren aufgerissen, die Pupillen geweitet, die Nasenlöcher gerötet. Auf seinem Gesicht lag ein irrer, mörderischer Ausdruck.

Niemandem blieb Zeit zu reagieren. Ein Kugelhagel ging über den Raum nieder. Hunter warf sich auf den Boden und versuchte, an seine Pistole zu kommen.

Die Schüsse hatten weder Ziel noch Richtung. Einer der Filmscheinwerfer explodierte mit einem ohrenbetäubenden Krach. Durch den Lichtblitz waren alle einen Sekundenbruchteil lang geblendet. D-King duckte sich instinktiv, Kugeln verfehlten seinen Kopf nur um Millimeter und schlugen hinter ihm in die Wand ein. Warrens qualvoller Aufschrei war zu hören, und sein massiger Körper sank zu Boden. Er hielt sich beide Hände vors Gesicht, und Blut rann zwischen seinen Fingern hindurch.

Jerome stand da wie ein furchtloser Soldat im Angesicht des Todes. Er drückte den Abzug seiner Maschinenpistole durch, und seine Salve fand ihr Ziel mit militärischer Präzision. Der Körper des Angreifers bäumte sich unter den einschlagenden Kugeln auf und taumelte in das verborgene Zimmer zurück, aus dem er aufgetaucht war. Die Wucht der Kugeln war so heftig, dass sie ihm fast die Beine vom Oberkörper trennte. Das Ganze hatte nicht einmal zehn Sekunden gedauert.

Als die Schüsse verebbten, hallten nur noch die angsterfüllten Schreie der drei gefesselten nackten Männer durch den Raum. Wie durch ein Wunder waren sie alle unversehrt.

»Maul halten, ihr Scheißkerle«, brüllte Jerome sie mit überdrehter Stimme an und richtete seine Uzi auf sie.

»Chill, Nigga«, schrie D-King und richtete seine Waffe auf die neu entstandene Öffnung in der Wand. »Von denen haben wir nichts zu befürchten. Durchsuch ihn«, wies er Jerome an und wies mit dem Kopf auf den nahezu verstümmelten Angreifer.

Warren krümmte sich am Boden. Seine Hände und sein Hemd waren voller Blut.

Hunter war ebenfalls wieder auf den Füßen und hatte seine Waffe im Anschlag. »Okay, ihr legt jetzt alle schön die Waffen ab.«

D-Kings Gewehrlauf richtete sich sofort auf Hunter, der von Jerome ebenso. »Lassen Sie doch jetzt diesen Mist, Detective. Womöglich verstecken sich da hinten noch mehr Leute. Ich habe nichts gegen Sie, noch nicht jedenfalls, aber wenn es sein muss, knalle ich Sie über den Haufen wie einen räudigen Hund. Sie sind hier immer noch in der Unterzahl, denken Sie dran.«

Hunter zielte noch immer auf D-King. Der Abzugsmechanismus seiner Wildey-Survivor-Pistole war leichter eingestellt als normal. Diese Tatsache, und das Wissen, dass der durchschnittliche Abzugswiderstand einer Doppelflinte ungefähr um 250 Gramm schwerer war als bei den meisten Pistolen, bedeuteten, dass Hunter seinen Schuss wenigstens eine Sekunde schneller abgeben konnte als D-King. Jerome mit seiner Uzi dagegen stellte ein größeres Problem dar. Allerdings waren die beiden nicht seine Gegner. Hunter hatte wahrlich kein Interesse daran, noch eine Schießerei zu beginnen. Und vor allem hatte er kein Interesse daran, sich wegen dieser drei nackten Mistkerle da erschießen zu lassen. Er senkte den Lauf seiner Waffe.

»Okay, sichern wir erst einmal dieses Dreckloch.«

»Warren, was ist los mit dir, Junge? Bist du getroffen?«, rief D-King, ohne sein ursprüngliches Ziel aus den Augen zu lassen.

Warren stöhnte auf wie ein verwundetes Tier, ein Zeichen, dass er noch lebte.

»Der hier ist tot«, verkündete Jerome, der zu dem leblosen Körper des Angreifers in der Türöffnung getreten war.

D-King wandte sich an die drei gefesselten Männer. »Stecken da noch andere, wo dieser Motherfucker herkam?«

Keine Antwort.

»Ist noch jemand in dem Raum da?«, fragte er und drückte dem tätowierten Kerl den Lauf seiner Waffe an den Kopf.

»Nein.« Die Antwort kam von dem kleinsten der drei.

D-King gab Jerome, der eben ein neues Magazin in seine Maschinenpistole einlegte, ein Zeichen, und der Leibwächter trat in den angrenzenden Raum. »Alles sauber hier«, ertönte wenige Sekunden später sein Ruf.

»Ich muss nach Warren sehen. Jerome, du hältst Hunter in Schach.«

Jerome drehte sich wieder zu ihnen um und richtete seine Maschinenpistole auf Hunter, der die Freundlichkeit erwiderte.

D-King legte seine Waffe auf den Boden und kniete sich neben Warren.

»Okay, lass mal sehen, Mann. Nimm die Hände weg.«

Widerwillig löste Warren die Hände von seinem Gesicht. D-King wischte mit seinem Hemd das Blut etwas ab, um Genaueres erkennen zu können. Er entdeckte zwei Schnittwunden in der Haut, eine auf der Stirn, die andere an der linken Wange.

»Keine Einschüsse«, stellte D-King fest. »Du bist nicht getroffen. Sieht nach Splittern von der Wand aus. Das überlebst du.« Er zog sein Hemd aus und drückte es Warren in die Hand. »Hier, halt das auf die Wunden.«

»Boss, das sollten Sie sich mal ansehen.«

Etwas an Jeromes Ton beunruhigte D-King.

»Was denn?«

»Das müssen Sie selbst sehen.«

64

D-KING HOB SEINE WAFFE AUF und ging zu Jerome, der immer noch neben der neuen Tür stand. Dort blieb er wie angewurzelt stehen, den Blick forschend in das hintere Zimmer gerichtet. »Was zum Teufel …?«, flüsterte er, ohne den Satz zu vollenden. »Hunter, das sollten Sie sich ansehen.«

Hunter trat vorsichtig zu ihnen.

Das hintere Zimmer war in einem wesentlich besseren Zustand als das, in dem sie sich befanden. Die Decke war blau gestrichen und mit fluoreszierenden Sternen beklebt, so dass es aussah wie ein funkelnder Nachthimmel. Die Wände waren sogar noch bunter: Sie waren über und über mit Zeichnungen bedeckt – Drachen, Zauberer, Pferde, Kobolde … An einer Wand stand ein Holzregal mit einer umfangreichen Spielzeugsammlung – Puppen, Autos, Actionfiguren –, und auf dem Boden lag weiteres Spielzeug verstreut. Ein großes Schaukelpferd stand links neben der Tür. An einer Wand war eine Kamera aufgestellt.

Hunter spürte, wie sich seine Brust zusammenzog. Er richtete die Augen auf D-King, der mit fassungslosem Ausdruck in den Raum schaute.

»Kinder«, flüsterte Hunter. Der Zorn in seiner Stimme war so deutlich, als hätte er laut gebrüllt.

D-King starrte immer noch wie gebannt in den Raum. Es dauerte eine ganze Weile, bis er endlich den Blick davon lösen und Hunter ansehen konnte. »Kinder?« D-Kings Stimme erstarb mitten im Wort. »Kinder?« Diesmal war es ein kraftvoller Aufschrei, mit dem er ins erste Zimmer zurückstürmte. Seine Fassungslosigkeit hatte sich in pure Wut verwandelt.

»Was für eine perverse Scheiße«, sagte Jerome und schüttelte den Kopf.

»Ihr macht das mit Kindern? Was für widerliche, kranke Schweine seid ihr eigentlich?«, zischte D-King, der sich direkt vor den drei gefesselten Männern aufgebaut hatte. Seine herausfordernde Frage stieß auf Schweigen. Keiner der drei wagte, ihn anzusehen.

Hunter ließ seinen Blick auf den drei nackten Männern ruhen. Ihr Schicksal scherte ihn nicht mehr.

»Ich sag Ihnen mal was, Detective Hunter.« D-Kings Stimme bebte vor Zorn. »Ich bin auf der Straße aufgewachsen. Mein ganzes Leben lang hatte ich mit Abschaum zu tun. Wenn ich eines gelernt habe, dann, dass wir unsere eigene Art haben, Sachen zu regeln. Die meisten dieser Dreckskerle haben keine Angst, festgenommen zu werden. Für die ist das Gefängnis wie ein Ferienlager. Fast so was wie ein zweites Zuhause. Da drin haben sie ihre Banden, ihre Drogen und ihre Jungs. Nicht viel anders als draußen. Aber wenn sie wüssten, dass das Gesetz der Straße bei ihnen anklopft, würde denen der Arsch auf Grundeis gehen. Hier draußen sind wir die Geschworenen, die Richter und die Vollstrecker. Das hier geht Sie, Hunter, und Ihr Gesetz nichts an. Die drei hier werden zahlen für das, was sie Jenny angetan haben, und *Sie* werden mir nicht in die Quere kommen.«

Es war nicht nur Zorn, was da aus ihm sprach. Hunter wusste, dass er mit seiner Vermutung richtiggelegen hatte. Jenny war für D-King mehr gewesen als nur eines seiner Mädchen.

Auf einmal spürte Hunter seine ganze Erschöpfung. Er hatte genug. Ja, er sollte eigentlich nicht einmal hier sein. Das Ganze hatte mit den Kruzifix-Morden nichts zu tun. Es war D-Kings Angelegenheit.

»Zum Teufel mit dem Protokoll«, murmelte Hunter. »Ich bin nie hier gewesen.«

D-King antwortete mit einem kurzen Nicken und sah zu, wie Hunter seine Waffe einsteckte und sich schweigend zur Tür umwandte.

»Warten Sie!«, schrie der tätowierte Mann auf. »Sie können doch nicht einfach so gehen. Sie sind verdammt noch mal ein Bulle. Wir wollen vor ein ordentliches Gericht!«

Hunter ging einfach weiter. Er sah sich nicht einmal mehr um, bevor er die Tür hinter sich zuzog.

»Ein ordentliches Gericht?«, rief D-King mit einem höhnischen Lachen. »Ihr kriegt euer ordentliches Gericht, keine Sorge … euer Jüngstes Gericht.«

»Was machen wir mit dem Dreckloch hier unten … und mit denen da?« Jerome wies mit dem Kopf auf die drei Männer.

»Das Dreckloch hier fackeln wir ab. Aber die drei nehmen wir mit. Wir müssen noch den Namen von ihrem Anführer aus ihnen rausholen.«

»Glaubst du, die werden reden, Boss?«

»Oh, das werden sie, ich versprech's dir. Wenn die auf Analverkehr und Schmerzen stehen, dann sollen sie beides kriegen … von mir aus zehn Tage lang.« Das grausame Lächeln auf D-Kings Lippen ließ sogar Jerome schaudern.

Als Hunter wieder in seinem Wagen saß, starrte er auf seine zitternden Hände und rang mit dem quälenden, unbehaglichen Gefühl, das sich in ihm breitmachte. Er war ein Detective. Es war seine Aufgabe, das Gesetz zu verteidigen, und gerade eben hatte er es missachtet. Sein Herz sagte ihm, dass er richtig gehandelt hatte, doch sein Gewissen war anderer Ansicht. D-Kings Worte hallten noch immer in seinen Ohren. *Hier draußen sind wir die Geschworenen, die Richter und die Vollstrecker.* Auf einmal stockte ihm der Atem.

»Das ist es«, sagte er mit zitternder Stimme. »Daher kenne ich ihn.«

65

MIT KLOPFENDEM HERZEN UND SO SCHNELL ER KONNTE, machte sich Hunter auf den Weg zurück ins Morddezernat. Er musste unbedingt ein paar alte Berichte überprüfen.

Als er sein Büro betrat, war er froh, dass es auf einem separaten Stockwerk lag, getrennt von den anderen Detectives. Er musste das allein machen, und zwar ohne jede Störung. Er schloss die Tür hinter sich ab und fuhr seinen Computer hoch.

»Bitte, bitte, gib, dass ich recht habe …«, murmelte er vor sich hin, während er sich in die Datenbank des Justizministeriums von Kalifornien einloggte. Hastig tippte er den Namen ein, nach dem er suchte, bestimmte die Suchkriterien und klickte auf »Suchen«. Angespannt starrte er auf den kleinen Punkt, der auf dem Bildschirm hin und her hüpfte, während der Datenbankserver in Aktion trat. Die Sekunden fühlten sich an wie Minuten.

»Komm schon …«, feuerte er den Computer an. Hunter sprang auf und fing an, nervös vor dem Schreibtisch auf und ab zu gehen. Zwei Minuten später blieb der kleine Punkt auf dem Bildschirm endlich stehen: Gleichzeitig erschien die Nachricht »Kein Treffer«.

»Mist!«

Hunter versuchte es erneut, diesmal, indem er noch ein paar Jahre weiter zurückging. Er war sich sicher, auf der richtigen Fährte zu sein.

Wieder begann der schon vertraute Punkt auf dem Bildschirm hin und her zu hüpfen, wieder ging Hunter ungeduldig im Zimmer auf und ab. Die Anspannung war für ihn kaum noch zu ertragen. Er blieb vor der Pinnwand stehen und betrachtete eingehend die Fotos. Irgendwo hier lag die Antwort.

Der Such-Punkt blieb stehen, und diesmal erschienen Daten auf dem Schirm.

»Ja …«, rief Hunter triumphierend. Er trat vor den Schreibtisch und las hastig die übermittelten Informationen. Als er fand, wonach er suchte, runzelte er verblüfft die Stirn.

»Das darf nicht wahr sein!«

Hunter saß eine Weile schweigend da und überlegte, was er tun sollte. »Die Stammbäume«, sagte er zu sich selbst. »Die Familienstammbäume der Opfer.«

Bei der ersten Untersuchung zu den Kruzifix-Morden hatten Hunter und Scott alles Mögliche ausprobiert, um irgendeine Verbindung zwischen den Mordopfern herzustellen. Für einige von ihnen hatten sie sogar die Familienstammbäume rekonstruiert. Hunter wusste, dass die Unterlagen noch irgendwo sein mussten. Sofort fing er an, sich durch den Aktenstoß auf seinem Schreibtisch zu wühlen.

»Da!«, rief er aus, als er auf die Listen stieß. Er betrachtete sie eine Weile eingehend. »Das ist es.« Hunter tippte einen weiteren Namen in den Computer. Das Ergebnis kam fast augenblicklich, da er die Suchkriterien nun genau spezifizieren konnte.

Noch ein Treffer … und dann noch einer.

Hunter massierte sich die müden Augen. Alles tat ihm weh, doch diese Entdeckung erfüllte ihn mit neuem Leben. Er konnte zwar nicht zwischen allen Opfern eine Verbindung herstellen, doch er wusste bereits, weshalb.

»Wie konnte ich das nur die ganze Zeit übersehen?«, fragte er sich und schlug sich mit der Faust gegen die Stirn. Aber auch darauf kannte er die Antwort schon. Dies hier war ein alter Fall, der mehrere Jahre zurücklag. Einer, bei dem er selbst der ermittelnde Detective gewesen war. Und die versteckten Verbindungen zwischen den Opfern gingen den Stammbäumen nach in manchen Fällen bis zu drei Generationen zurück. In einigen Fällen war es noch nicht mal eine Verwandtschaftsbeziehung. Ohne zusätzlichen Hinweis hätte er es nie gefunden. Ohne D-King wäre er nie darauf gekommen.

Hunter fing erneut an, im Büro auf und ab zu gehen, und blieb vor Garcias Schreibtisch stehen. Eine abgrundtiefe Traurigkeit überfiel ihn, und er bekam einen Kloß im Hals. Sein Partner lag in einem Beinahe-Koma im Krankenhaus, und er selbst konnte nichts tun. Er sah Annas tränenvolle Augen vor sich. Wie sie neben ihm saß und auf ein Lebenszeichen ihres Mannes wartete. Sie liebte ihn über alles. *Nichts ist stärker als Familienbande*, dachte Hunter – und erstarrte. Er spürte, wie sich seine Nackenhaare aufstellten.

»Heilige Scheiße!«

Er ging hastig zu seinem Computer zurück. In der nächsten Stunde verschlang Hunter jede Information, die er abrief, mit wachsender Verblüffung und Fassungslosigkeit. Schritt für Schritt fügten sich nun alle Puzzleteile zu einem Bild.

Die Verhaftungsprotokolle ... die Tätowierungen, erinnerte er sich. Er startete eine Suche in der eigenen Datenbank des Morddezernats und hatte ein paar Minuten später die Verhaftungsprotokolle des alten Falls vor sich auf dem Monitor.

»Das kann doch nicht sein ...« Er murmelte die Worte vor sich hin wie im Schock. Ihn überkam eine Mischung aus Erregung und Furcht, die ihn frösteln ließ. Plötzlich fiel ihm etwas ein, das er erst vor zwei, drei Wochen gesehen hatte, und sein Magen krampfte sich zusammen. »Wie konnte ich so blind sein?«, murmelte er, bevor er sich für eine letzte Recherche noch einmal zum Computer wandte. Ein Name, in dem sich alles bündeln konnte. Er brauchte keine Minute, um ihn zu finden.

»Es war die ganze Zeit direkt vor meinen Augen«, flüsterte er und starrte mit leerem Blick auf den Bildschirm. »Die Antwort lag die ganze Zeit direkt vor mir.«

Hunter benötigte noch eine letzte Bestätigung, und die musste vom San Francisco Police Department kommen. Nachdem er mit Lieutenant Morris vom SFPD telefoniert hatte, wartete er ungeduldig auf das Fax mit dem Verhaftungsprotokoll, das Morris ihm versprochen hatte. Als die Akte schließlich eine halbe Stunde später durch das Faxgerät ratterte, starrte Hunter wortlos das mitgelieferte Foto an. Sein Verstand wehrte sich noch immer, die Realität zu akzeptieren. Es war ein altes Foto, doch es gab keinen Zweifel – er wusste, wer diese Person war.

Beweise. Darauf läuft jede Untersuchung am Ende hinaus. Und Hunter hatte keine. Es gab keine Möglichkeit, die Person auf dem

Foto mit irgendeinem der Kruzifix-Morde in Verbindung zu bringen. Er mochte sich noch so sicher sein – ohne Beweise stand er mit leeren Händen da. Er schaute noch einmal auf die Uhr und griff dann nach dem Telefon, für einen letzten dringenden Anruf.

66

Hunter fuhr langsam, ohne sich darum zu kümmern, dass alle anderen an ihm vorbeirasten und ihn durch die offenen Fenster beschimpften.

Er parkte den Wagen vor seiner Wohnung und legte den Kopf für einen Augenblick auf dem Lenkrad ab. Seine Kopfschmerzen waren, falls überhaupt möglich, noch schlimmer geworden, und er wusste, dass Tabletten nichts ausrichten würden. Bevor er ausstieg, sah er auf seinem Handy nach, ob ihm eventuell ein Anruf oder eine Nachricht entgangen war. Eigentlich eine überflüssige Maßnahme, da er bestimmt nichts vorfinden würde. Er hatte im Krankenhaus Bescheid gegeben, dass man ihn anrufen sollte, sobald Garcia das Bewusstsein zurückerlangte, doch er hatte das sichere Gefühl, dass das nicht diese Nacht passieren würde.

Er betrat seine leere Wohnung, schloss die Tür hinter sich und lehnte seinen pochenden Kopf dagegen. Die niederschmetternde Einsamkeit seines Wohnzimmers setzte ihm noch mehr zu.

Langsam ging er in die Küche, beinahe betäubt von den Kopfschmerzen, öffnete den Kühlschrank und starrte eine Weile geistesabwesend hinein. Eigentlich hätte sein Körper nach Nahrung schreien müssen – Hunter hatte den ganzen Tag noch nichts gegessen –, doch er verspürte keinen Hunger. Wonach er sich wirklich sehnte, war eine Dusche, um seine verkrampften Muskeln zu entspannen. Doch die musste warten. Als Erstes war jetzt ein doppelter Scotch angesagt.

Hunter ging zu seiner Bar und ließ seinen Blick unschlüssig über die Reihe der Flaschen wandern. Schließlich ging ein Lächeln über sein Gesicht, und er griff nach dem dreißig Jahre alten Aberlour – jetzt durfte es etwas Starkes sein. Er füllte sein Glas bis zur Hälfte und verzichtete diesmal auf das Eis. *Je stärker, umso besser*, sagte er sich und ließ sich auf das ramponierte Sofa fallen. Schon das bloße Gefühl, als die Flüssigkeit seine Lippen berührte, war belebend. Sie brannte zwar in den winzigen Schnittwunden an seinem Mund, doch selbst das Gefühl tat gut – ein willkommener Schmerz.

Hunter legte sich mit dem Kopf auf die Sofalehne, zwang sich jedoch, die Augen offen zu lassen. Er hatte Angst vor den Bildern, die hinter seinen geschlossenen Lidern auftauchen würden. Ein paar Minuten saß er so und starrte zur Decke, während er den herben Geschmack des Single Malt seine Zunge und seinen Rachen betäuben ließ. Schon bald, das wusste er, würde er seinen ganzen Körper betäuben.

Er erhob sich und ging zum Fenster. Die Straße vor dem Haus wirkte ruhig. Er drehte sich um und betrachtete erneut das leere Wohnzimmer. Sein Körper entspannte sich allmählich. Er trank noch einen Schluck Whisky, prüfte erneut sein Handy und drückte auf ein paar Tasten, um sicher zu gehen, dass es funktionierte.

Wieder in der Küche stellte er sein Glas auf dem Tisch ab und setzte sich. Er lehnte sich an die unbequeme Rückenlehne des Holzstuhls und rieb sich mit beiden Händen kräftig das Gesicht. In diesem Augenblick hörte er ein Knarren auf dem Flur, der zu seinem Schlafzimmer führte. Ein angstvoller, eisiger Schauer raste durch seinen Körper. Jemand war in der Wohnung.

Hunter sprang auf, doch im selben Moment fing die Küche an, sich um ihn zu drehen. Seine Beine hatten plötzlich keine Kraft mehr. Er hielt sich an der Küchentheke fest, um nicht umzufallen. Als die Verwirrung einsetzte, fiel sein Blick auf das leere Whiskyglas auf dem Tisch. *Ein Betäubungsmittel.*

Bevor er auf den Küchenboden sank, registrierte sein verschwommener Blick noch vage eine dunkle Gestalt, die auf ihn zukam.

67

LANGSAM ÖFFNETE ER DIE AUGEN, doch es machte keinen Unterschied. Die Dunkelheit war undurchdringlich. Er fühlte sich schwindlig und benommen. Das Mittel, das er mit seinem Whisky getrunken hatte, hatte ihn binnen Minuten komplett ausgeschaltet. Das Erste, was ihm jetzt auffiel, war, dass er saß, offenbar auf einen unbequemen Stuhl gefesselt. Seine Hände waren auf dem Rücken fixiert, die Knöchel an den Stuhlbeinen. Er versuchte sich loszureißen, vergeblich. Sein Körper schmerzte jetzt noch schlimmer, doch Hunter war sich sicher, dass er keine gebrochenen Knochen hatte – noch nicht jedenfalls. Er verspürte Durst, unendlichen Durst.

Hunter hatte keine Ahnung, wie lange er bewusstlos gewesen war. Langsam und unter Schmerzen kehrten seine Erinnerungen zurück. An das eigentümliche Gefühl, das er mit einem Mal verspürt hatte. Er erinnerte sich, wie er unruhig im Wohnzimmer und in der Küche umhergegangen war, nach irgendwelchen Unregelmäßigkeiten Ausschau haltend, dabei hätte er die ganze Wohnung nach einem Eindringling absuchen sollen, der sich bereits dort versteckt hielt. Er zwang sich zur Ruhe, und plötzlich überkam ihn ein vertrautes Gefühl. Er sah sich in der Dunkelheit um, und obwohl er nichts erkennen konnte, wusste er, wo er war. Er war immer noch in seiner Wohnung. Er saß in seinem eigenen Wohnzimmer.

Erneut versuchte er, sich zu bewegen, doch die Fesseln um seine Hände und Füße waren zu fest geschnürt. Er wollte schreien, doch seine Stimme versagte. Es überraschte ihn, wie schwach er sich fühlte. Auf einmal spürte er eine Kälte hinter sich – die Gegenwart einer Person.

»Wie ich höre, bist du wach, Robert.«

Dieselbe Roboterstimme, die ihn seit drei Jahren verfolgte, hallte auf einmal durch den Raum und ließ ihn bis ins Mark erstarren. Sie kam von hinter ihm, aus einer Art Lautsprecher. Ein eigenartiges Gefühl überkam ihn: Zu guter Letzt befand er sich tatsächlich in der Gegenwart des Killers. Des Kruzifix-Killers.

Hunter versuchte, den Kopf nach hinten zu drehen, doch wegen der Dunkelheit konnte er seinen Angreifer nicht sehen.

»Nur keine Eile, Robert. Das hier ist das letzte Kapitel. Zumindest für dich. Heute Nacht wird alles enden. Genau hier. Du bist der Letzte auf der Liste.«

Der Letzte auf der Liste. Hunters Erkenntnisse aus der vergangenen Nacht im Büro bestätigten sich also. Es war die ganze Zeit um Rache gegangen.

Auf einmal hörte er das Geräusch von Metall auf Metall. Chirurgische Instrumente, wie er vermutete. Unwillkürlich verkrampfte sich sein Körper vor Angst, doch er zwang sich ganz bewusst, ruhig zu bleiben. Hunter durchschaute die Psyche von Mördern, vor allem von Serienkillern. Die Sache, um die es ihnen vor allem anderen ging, war, verstanden zu werden. Für sie ergaben die Morde einen Sinn, sie dienten einem bestimmten Zweck. Die Opfer sollten wissen, dass sie nicht umsonst starben. Vor dem Akt des Tötens kam immer die Erklärung.

»Heute Nacht zahlst du für das, was du getan hast.«

Die Worte jagten ihm einen Schauder des Erkennens über den Rücken. Die Stimme hinter ihm war jetzt laut und klar – nicht mehr metallisch – nicht mehr roboterhaft – kein Stimmenverzerrer mehr. Hunter musste nicht erst in seiner Erinnerung graben. Er kannte diese Stimme, und zwar gut. Auf einmal verschwand die Dunkelheit um ihn her. Hunter kniff die Augen zusammen. Schillernde Lichtkreise ließen sein Blickfeld verschwimmen. Seine Pupillen zogen sich zusammen, um in der plötzlichen Helligkeit zu fokussieren. Als sich sein Blickfeld klärte, nahm eine vertraute Person vor seinen Augen Gestalt an.

68

Es schien eine Ewigkeit zu dauern, bis sich das verschwommene Bild lichtete, doch sobald sein Blick wieder scharf war, erkannte Hunter, dass er richtiggelegen hatte. Eigenartigerweise wehrte sich sein Gehirn noch immer gegen die Fakten. Seine Augen fixierten die Person vor ihm.

»Deinem Gesichtsausdruck nach zu urteilen, bist du überrascht.« Ihre Stimme klang so charmant wie immer.

Hunter hatte die ganze Zeit gehofft, dass er sich irrte. Doch als er sie jetzt ansah, fügte sich alles zu einem Bild. Er brachte nur ein geflüstertes Wort heraus. »Isabella.«

Sie lächelte ihn an. Dasselbe Lächeln, das er so viele Male gesehen hatte. Doch diesmal lag noch etwas anderes darin, etwas, was da noch nie zuvor gewesen war. Etwas Böses.

»Ich dachte, du freust dich, mich zu sehen.« Ihr italienischer Akzent war verschwunden. Ja, alles an ihr war anders. Als ob die Isabella, die er kannte, sich komplett in Luft aufgelöst hätte und an ihre Stelle eine Fremde getreten wäre.

Hunters Gesicht zeigte keine Regung. Sein Gehirn setzte endlich die letzten Puzzleteilchen zusammen.

»Du hättest einen Oscar verdient. Dein italienischer Akzent war perfekt.«

Sie verbeugte sich ironisch.

»Und auch der Trick mit dem Anruf im Restaurant – sehr clever. Ein perfektes Alibi«, sagte Hunter in Anspielung auf ihr Lunch-Date. »Eine vorher aufgezeichnete und getimte Nachricht. Einfach, aber effektiv.«

Der Anflug eines Lächelns kräuselte ihre Lippen. »Du erlaubst, dass ich mich vorstelle …«, sagte sie in gleichbleibendem Tonfall.

»Brenda …«, unterbrach Hunter sie mit heiserer, schwacher Stimme. »Brenda Spencer … die Schwester von John Spencer, dem Plattenproduzenten.«

Sie warf ihm einen überraschten, leicht verärgerten Blick zu. »Dr. Brenda Spencer, wenn ich bitten darf«, verbesserte sie ihn.

»Doktor der Medizin«, bestätigte Hunter.

»Wenn du es schon ansprichst … Chirurgin.« Dazu ein bösartiges Lächeln.

»Das alles war also nur die Rache für den Tod deines Bruders?«, fragte Hunter, obwohl er die Antwort bereits kannte.

»Sehr gut, Robert«, sagte sie und klatschte dazu überdreht in die Hände wie ein Kind, das ein unerwartetes, nagelneues Spielzeug erhalten hat.

Eine gespenstische Stille trat ein und schien eine Ewigkeit zu dauern.

»Er hat in seiner Zelle Selbstmord begangen«, sagte Hunter schließlich.

»Er hat Selbstmord begangen, weil du deinen verdammten Job nicht ordentlich gemacht hast.« Ihr Zorn war unüberhörbar. »Wie heißt noch mal das LAPD-Motto? *To protect and to serve.* ›Zu schützen und zu dienen‹, was für ein Witz. Er war unschuldig, und das wusstest du.« Sie hielt inne, um ihre Worte wirken zu lassen. »Immer wieder hat er dir gesagt, dass er Linda nie etwas antun würde. Er hat sie geliebt – die Art Liebe, die du nie verstehen wirst.« Sie schwieg erneut, um sich wieder zu fassen. »Du hast ihn verhört. Du wusstest, dass er unschuldig war, trotzdem hast du zugelassen, dass sie ihn verurteilen. Du hättest etwas tun können, aber stattdessen hast du seelenruhig zugesehen, wie ein Unschuldiger verurteilt wird.«

Hunter erinnerte sich an das Abendessen bei Isabella. Fast alles, was sie über ihr Leben erzählt hatte, war erlogen gewesen, bis auf den verstorbenen Bruder. Der war ihr herausgerutscht – ein Fehler, den sie rasch mit der Geschichte von dem US-Marine, der für sein Land gestorben sei, vertuscht hatte. Auch eine erfundene Geschichte, doch Hunter war ihr auf den Leim gegangen. Was er an jenem Abend in ihren Augen gesehen hatte, war nicht Traurigkeit gewesen, sondern Zorn.

»Es lag nicht mehr in meinen Händen.« Er überlegte, ob er ihr erzählen sollte, wie er sich damals bemüht hatte, die anderen von seiner Ansicht zu überzeugen, doch was hätte das jetzt noch gebracht? Für sie würde das nichts mehr ändern.

»Wenn du bei den Ermittlungen sorgfältiger vorgegangen wärst, hättest du den wahren Mörder früher gefunden – bevor mein Bruder den Verstand verloren und sich erhängt hat. Aber du hattest aufgehört zu suchen.«

»Du kannst nicht die Polizei für den Selbstmord deines Bruders verantwortlich machen.«

»Ich mache nicht die Polizei dafür verantwortlich, ich mache dich dafür verantwortlich.«

»Wir hätten den wahren Mörder noch gefunden, und dein Bruder wäre freigekommen.«

»Nein, hättet ihr nicht.« Ihre Stimme war jetzt wieder voller Zorn. »Wie hättet ihr ihn denn finden wollen, wenn ihr gar nicht mehr gesucht habt? Ihr hattet mit der Untersuchung aufgehört, weil die ersten, oberflächlichen Indizien auf John als Täter deuteten, und das hat dir und deinem Partner genügt. Die Wahrheit war euch doch scheißegal! Hauptsache wieder ein erfolgreich abgeschlossener Fall für die zwei Star-Detectives. Ihr habt eure Belobigungen kassiert, und das war das Einzige, was für euch zählte. Er war des Mordes für schuldig befunden worden, Robert. Er hat die Todesstrafe für etwas erhalten, was er nicht getan hatte. Niemand erwähnte auch nur die Maxime ›Im Zweifel für den Angeklagten‹, kein Einziger unter diesen armseligen Figuren auf der Geschworenenbank. Mein Bruder wurde als Ungeheuer abgeurteilt. Als ein eifersüchtiges, mordendes Ungeheuer.« Sie hielt inne, um Luft zu holen. »Und ich habe meine gesamte Familie verloren – wegen dir, deinem Partner und diesen beschissenen, nutzlosen, überflüssigen Geschworenen. Die hätten die Wahrheit nicht einmal erkannt, wenn sie glasklar vor ihnen gestanden hätte.« Ihre Augen loderten vor Zorn.

Hunter schaute sie verwirrt an.

»Zwanzig Tage nachdem John Selbstmord begangen hatte, starb meine Mutter an gebrochenem Herzen. Weißt du, was das heißt?«

Hunter antwortete nicht.

»Sie hat nichts mehr gegessen, nicht mehr gesprochen, sich nicht mehr vom Fleck gerührt. Sie saß bloß noch in ihrem Zimmer, mit einem Foto von John in den Händen, und starrte aus dem Fenster. Tränen liefen ihr übers Gesicht, bis sie keine mehr hatte. Die Qual und der Schmerz in ihrem Herzen fraßen sie innerlich auf, bis sie keine Kraft mehr hatte.«

Hunter folgte ihr schweigend mit den Augen, während sie langsam im Zimmer auf und ab schritt.

»Und das war noch nicht alles.« Brendas Stimme war jetzt ganz und gar finster. »Fünfunddreißig Jahre, Robert. Fünfunddreißig Jahre lang waren meine Eltern verheiratet. Nachdem mein Vater so kurz hintereinander seinen Sohn und seine Frau verloren hatte, überkam ihn eine bodenlose Niedergeschlagenheit.«

Hunter ahnte bereits, wie diese Geschichte ausgehen würde.

»Zweiundzwanzig Tage nachdem er meine Mutter begraben hatte, und nachdem der wahre Mörder endlich verhaftet worden war, unterlag er seinen Depressionen, und mein Vater nahm denselben Ausweg wie mein Bruder. Und ich war allein … wieder allein.« Ihre Wut war fast mit Händen zu greifen.

»Und so hast du beschlossen, dich an den Geschworenen zu rächen.« Hunters Stimme war noch immer schwach.

»Du hast es also endlich doch noch erraten«, erwiderte sie ruhig. »Lange genug hast du ja gebraucht. Vielleicht ist der großartige Robert Hunter ja doch nicht so großartig.«

»Aber du hast dir nicht die Geschworenen selbst als Opfer ausgesucht, sondern immer jemanden, der ihnen nahestand. Einen Menschen, den sie liebten«, fuhr Hunter fort.

»Ist Rache nicht süß?«, sagte sie mit einem erschreckend genüsslichen Lächeln. »Auge um Auge, Robert. Ich habe ihnen angetan, was sie mir angetan haben. Schmerz, Einsamkeit, Leere, Traurigkeit. Ich wollte, dass sie einen Verlust erfahren, der so groß ist, dass jeder einzelne Tag für sie zu einem Kampf würde.«

Nicht alle Opfer waren direkt mit einem der Geschworenen aus dem John-Spencer-Fall verwandt gewesen. Der Grund dafür lag auf der Hand. Einige waren Geliebte gewesen, verbotene Affären, sogar gleichgeschlechtliche Geliebte – heimliche Beziehungen, die unmöglich mit den Geschworenen in Verbindung zu bringen waren.

»Ich hatte es mir zur Aufgabe gemacht, genau die passende Person zu finden. Diejenige, die sie am meisten liebten. Ich bin ihnen gefolgt, habe ihre Gewohnheiten studiert. Ich habe jedes noch so winzige Detail über sie herausgefunden. Orte, an denen sie sich gerne aufhielten. Geheimnisse aus ihrer Vergangenheit. Sogar zu einer schmierigen Sexparty bin ich gegangen, um einem von ihnen näherzukommen. Aber ich muss zugeben: Zu sehen, wie diese Geschworenen nach jedem Mord litten, hat mich jedes Mal mit neuem Leben erfüllt.«

Hunter warf ihr einen verstörten Blick zu.

»O ja, ich habe mir die Zeit genommen, sie nach dem Mord zu beobachten«, erzählte sie weiter. »Ich wollte sehen, wie sie leiden. Ihre Qual hat mir Kraft gegeben.« Sie hielt kurz inne. »Drei der Geschworenen haben Selbstmord begangen, wusstest du das? Sie haben ihren Verlust nicht verkraftet. Sie haben den Schmerz nicht verkraftet, genau wie meine Eltern.« Sie lachte böse, und der Raum schien sich mit ihrem Gelächter zu verdunkeln. »Nur um zu zeigen, wie inkompetent die Polizei ist, habe ich bei jedem Opfer einen Hinweis hinterlassen. Und trotzdem seid ihr nicht auf mich gekommen«, fuhr sie fort.

»Das Doppelkreuz im Nacken der Opfer«, sagte Hunter.

Sie nickte bösartig.

»Wie das Tattoo, das dein Bruder im Nacken trug?«

Noch ein überraschter Blick von Brenda.

»Ich habe die Akte über deinen Bruder überprüft, nachdem ich das mit den Geschworenen herausgefunden hatte. Mir fiel wieder ein, dass der zuständige Officer im Verhaftungsprotokoll unter ›Besondere Merkmale‹ mehrere Tätowierungen notiert hatte. Allerdings hatte er sie nirgends genau beschrieben. So musste ich das Obduktionsprotokoll anfordern, um herauszufinden, was es genau war. Ein doppelarmiges Kreuz im Nacken war eine der Tätowierungen. Du hast jedes deiner Opfer mit dem Zeichen deines Bruders gebrandmarkt.«

»Wie schlau du doch bist! Ich habe meinem Bruder dieses Kreuz selbst in den Nacken tätowiert«, sagte sie stolz. »John liebte den Schmerz.«

Hunter war es, als würde die Luft in seinem Wohnzimmer kälter. Das Entzücken in Brendas Stimme, als sie beschrieb, wie sie ihrem eigenen Bruder Schmerz zufügte, ließ ihn frösteln.

»Aber weshalb Mike Farloe? Er hatte mit dem Fall deines Bruders gar nichts zu tun«, fragte Hunter. Es war einer der Punkte, auf die er noch keine Antwort hatte.

»Er war von Anfang an Teil meines Plans gewesen«, erwiderte sie nüchtern. »Nach dem letzten Opfer der Polizei einen glaubwürdigen Täter zu servieren, damit niemand mehr herumschnüffeln würde. Der Fall wird abgeschlossen, und alle sind zufrieden«, sagte sie mit einem verschlagenen Lächeln. »Nur leider ergab sich dann ein kleines Problem. Die Sache mit dem falschen Täter musste plötzlich vorgezogen werden.«

»Das siebte Opfer.« Hunter hatte mit seiner gegenüber Garcia geäußerten Theorie also richtiggelegen, nur war ihnen nicht die Zeit geblieben, sich die Akte noch einmal vorzunehmen.

»Wow. Du bist ja wirklich fix.« Sie machte ein beeindrucktes Gesicht.

Mike Farloe war verhaftet worden, kurz nachdem man das siebte Opfer gefunden hatte: eine aufstrebende junge Anwältin, die Tochter eines der Geschworenen – unter sämtlichen Opfern die engste Beziehung zu einem der Geschworenen aus dem Spencer-Prozess. Hätten Hunter und Wilson damals etwas mehr Zeit gehabt, wären sie mit Sicherheit auf diese Verbindung gestoßen. Aber weshalb noch nach Verbindungspunkten zwischen den Opfern suchen, wenn bereits ein geständiger Mörder in Haft war? Mit Farloes Verhaftung kam die gesamte Untersuchung zu den Kruzifix-Morden zum Stillstand.

»Sie sollte eigentlich mein letztes Opfer sein«, sagte Brenda in verächtlichem Tonfall. »Aber woher sollte ich wissen, dass sie ein fotografisches Gedächtnis besitzt? Als ich zum ersten Mal auf sie zuging, erkannte sie mich aus Johns Verhandlung wieder. Sie konnte sich sogar noch an meine Kleider von damals erinnern. Dadurch wurde sie zu einer Bedrohung für mich, also blieb mir nichts anderes übrig, als sie auf meiner Liste ganz nach oben zu setzen. Danach brauchte ich Zeit, um meinen Plan neu zu organisieren. Jemandem am Ende alles unterzuschieben, hatte ich sowieso von Anfang an vorgehabt. Mike Farloe war mir mit seinen Bibeltiraden auf der Straße aufgefallen, kurz nachdem ich dieses Stück Dreck von einem Buchhalter umgebracht hatte.«

Das fünfte Opfer, dachte Hunter.

»Das mit Mike war ein Kinderspiel. Ein perverser Kinderschänder, der die Kruzifix-Morde zu einem Instrument Gottes überhöhte. Monatelang fütterte ich ihn mit Informationen, um ihn vorzubereiten. Ich gab ihm gerade genug, um überzeugend zu wirken, wenn er festgenommen würde. Ich wusste, dass er so weit war.« Sie zuckte mit den Schultern. »Dass er sogar gestehen würde, damit hatte ich nicht gerechnet, das war eine Gratisbeigabe. Und es brachte die Untersuchung zum Erliegen. Genau das, was ich brauchte«, sagte sie mit einem hinterhältigen Lachen. »Außerdem lieferte mir die Verhaftung eine Gelegenheit, mit jemand anderem auf meiner Liste abzurechnen. Einem der Hauptverantwortlichen für meine Qualen … deinem verfluchten, idiotischen Partner.«

In Hunters Augen trat auf einmal ein Ausdruck blanken Entsetzens.

»Oh, das habe ich ganz vergessen«, sagte sie mit einem eiskalten Lächeln. »Du wusstest bisher nicht, dass das auf mein Konto ging, nicht wahr?«

»Was ging auf dein Konto?«, fragte Hunter mit bebender Stimme.

»Diese kleine Bootsexplosion.«

Hunter spürte, wie sich ihm der Magen umdrehte.

»Es hat mich nicht überrascht, dass du und dein Partner gleich nach dem Abschluss des Kruzifix-Killer-Falls Urlaub genommen habt. Stand euch schließlich zu nach so einer langen Untersuchung. Und so brauchte ich ihm nur zu folgen.« Sie hielt inne und sah zu, wie Hunter mit seinem Abscheu kämpfte. »Weißt du, sie haben mich sogar auf ihr Boot eingeladen. Darauf kann man sich immer verlassen: dass ein Polizist einem in der Not hilft, erst recht einer Frau. Nachdem ich an Bord war, war es ein Kinderspiel, sie umzubringen. Ich hab ihn gefesselt, genau wie dich jetzt, und dann habe ich ihn zusehen lassen. Ich ließ ihn zusehen, wie ich seiner Schlampe die Kehle aufschlitzte.« Sie fixierte Hunter einen Augenblick, um sich an seiner Qual zu weiden. »Und ja, ich wusste, dass sie deine einzige Cousine war. Das hat es nur noch reizvoller gemacht.«

Hunter verspürte eine würgende Übelkeit. Ein bitterer Geschmack stieg ihm aus dem Schlund empor.

»Er hat um ihr Leben gefleht. Er hat mir sogar seins im Austausch für ihres geboten. Das ultimative Liebesopfer. Aber was sollte ich damit? Sein Leben war sowieso schon in meiner Hand.« Eine kurze Stille folgte, bevor sie fortfuhr. »Sie starb langsam, und er heulte die ganze Zeit wie ein Baby. Ich habe ihn nicht gleich getötet, weißt du. Ich habe ihn noch ein paar Stunden leben lassen, damit er sich im Schmerz ihres Todes baden konnte. Danach brauchte ich nur noch ein paar Kanister Benzin von meinem Boot auf seines zu bringen, ein kleines Leck zu bohren, ein paar Zeitzünder zu setzen und dann … bumm! Das Feuer würde jegliche Spuren vernichten.«

Der genüssliche Ton in ihrer Stimme war geradezu arktisch.

»Aber das Beste danach war, mit anzusehen, wie du abgestürzt bist. Es war einfach herrlich. Nach ihrem Tod dachte ich, du würdest es tun – du würdest dir selbst eine Kugel durch den Kopf jagen. Du warst ziemlich nahe dran.«

Hunter brachte keine Entgegnung heraus.

»Doch dann hat man dir einen neuen Partner gegeben, und es sah so aus, als ob du wieder Tritt fassen würdest. Ich hatte noch immer zwei Opfer auf meiner Liste, von dir abgesehen, also dachte ich mir, es wäre an der Zeit, wieder mit unserem Spiel anzufangen.« Sie fuhr sich betont lässig mit der Hand durchs Haar. »An dich heranzukommen war nicht einfach. Ein Einzelgänger. Keine Frau, keine Freundin, keine Kinder, keine Geliebte und keine Familie. So habe ich Isabella erschaffen, die Schlampe, die dich in einer schummrigen Bar anmachen würde. Die dafür sorgen würde, dass du dich in sie verliebst.« Ihre Arroganz war maßlos.

»Kannst du dir eigentlich vorstellen, was es heißt, mit jemandem ins Bett zu gehen, den man verabscheut? Ihm zu erlauben, dich zu berühren, dich zu küssen?« Sie verzog angeekelt das Gesicht. »Jede Sekunde, die wir zusammen waren, ekelte mir vor dir. Jedes Mal, wenn du mich berührt hast, fühlte ich mich besudelt. Jedes Mal, nachdem du weg warst, habe ich mich stundenlang geduscht und mir die Haut geschrubbt, bis sie feuerrot und wund war.« Sie holte tief Luft, um sich unter Kontrolle zu bringen. »Du solltest dich in sie verlieben. Du solltest eigentlich für sie dein Leben riskieren. Sie sollte dir das Herz herausreißen, bevor sie dich töten würde. Siehst du die Ironie darin, Robert?«

Hunter erwiderte ihren Blick ungerührt.

»Aber du bist vor der Liebe davongerannt wie der Teufel vor dem Weihwasser«, fuhr sie mit ruhiger Stimme fort. »Du konntest ja nicht sehen, wie besonders sie war, stimmt's? War sie dir nicht gut genug? Hast du es dir so zurechtgelegt? Dass der große Robert Hunter zu gut für die arme kleine, zerbrechliche Isabella ist? Das war es doch, nicht wahr?«, fragte sie mit gespielt traurigem Kinderstimmchen.

»Das war mein Fehler. Ich hätte mehr Zeit mit Isabella verbringen sollen.«

Brenda schaute Hunter eine Weile tief in die Augen. »Ich weiß, was du jetzt denkst«, sagte sie schließlich. »Du denkst, du hättest sie schon durchschaut, wenn du nur mehr Zeit mit ihr verbracht hättest.« Sie lachte. »Da muss ich dich enttäuschen, Robert. Selbst wenn du Monate mit ihr zusammen gewesen wärst, hättest du noch immer keine Ahnung. Isabella war perfekt. Ich habe sie perfekt erschaffen. Über ein Jahr habe ich an ihr gearbeitet, habe ihr Leben gelebt, bevor ich mich an dich herangemacht habe. Ich habe mir neue Gewohnheiten und neue Gesten zugelegt. Ich habe ganz bei null angefangen. Ein neues Leben. Eine neue Wohnung. Ein neuer Job. Alles neu. Sich psychisch ganz und gar in jemand anderen hineinzuversetzen – du weißt doch, was das ist, nicht wahr, Robert? Ich bin praktisch zwei verschiedene Personen geworden. Nichts hat mich mit Isabella verbunden.«

Hunter erkannte, dass sie recht hatte. Selbst Brendas Körpersprache und ihr Gang unterschieden sich vollkommen von Isabella.

»Du magst noch so gut sein, Robert, ein Hellseher bist du nicht.

Du kannst nicht etwas sehen, was gar nicht da ist. Niemand kann das. Isabella hat nichts verraten. Keine Fehler, keine Ausrutscher. Wie ich schon sagte, ich habe sie perfekt erschaffen.« Sie ließ Hunter einen Moment Zeit, ihre Worte zu verdauen. Dann fuhr sie fort. »Jedenfalls, mir lief allmählich die Zeit davon. Ich musste meinen Plan ändern. Da du dich nicht in Isabella verliebt hattest, musste ich jemand anderen finden. Jemanden, für den du bereit warst, dein Leben zu riskieren. Jemanden, der dir am Herzen lag. Aber da ist ja niemand, nicht wahr, Robert? Die Person, die dir noch am nächsten stand, war dein neuer Partner. Und so fiel die Wahl auf ihn. Ich musste schnell handeln.«

Hunter dachte an Garcia, der im Koma lag. Sein einziger Fehler war gewesen, Hunter als Partner zugeteilt worden zu sein.

»Ich muss zugeben, ich hatte meine Zweifel. Ich hätte nicht gedacht, dass du dein Leben für seins riskieren würdest. Das hätte ich dir ehrlich nicht zugetraut. Ich hätte gedacht, dass du einfach weggehst und ihn allein dem Tod überlässt. Ich war mir sicher, du würdest deine Haut retten.« Sie schwieg einen Moment und zuckte gleichgültig mit den Schultern. »Robert, der Märtyrer, was? Was für ein beschissener Witz.«

Brenda war so vollkommen anders als Isabella, dass es Hunter geradezu Angst machte. Er beobachtete sie einige Sekunden lang, analysierte ihre Bewegungen. Sie wurde immer erregter.

»Aber irgendwie hast du es geschafft, die Uhr gleich zweimal zu schlagen und deinen Partner zu retten. Eine reife Leistung. Aber hast du tatsächlich geglaubt, du könntest *mich* schlagen?«, fragte sie jetzt mit einem zur Grimasse verzerrten Grinsen, während sie sich zu Hunter herabbeugte und ihm direkt in die Augen schaute. »Mich schlägst du nie, Robert. Ich bin zu gut für dich. Ich bin intelligenter als du. Ich bin schneller als du. Und ich mache keine Fehler. Du bist mir nicht gewachsen. Mein Plan war perfekt. Ich bin perfekt.«

Hunter verlor sie aus den Augen, als sie um ihn herumging. Hinter seinem Rücken erklang das Geräusch zweier blanker, aneinandergewetzter Metallklingen, und Hunter stockte das Herz. Er wusste, ihm lief die Zeit davon. Sie machte sich bereit für ihren letzten Mord.

69

Und jetzt ist es an der Zeit, dass du endlich zahlst für das, was du getan hast. Für deine Inkompetenz, für all den Schmerz, den du mir zugefügt hast, Robert. Ich vermute mal, ich habe dich ein oder zwei Tage lang ganz für mich. Nach dem, was heute passiert ist, hat dir dein Captain sicherlich gesagt, du sollst dir ein, zwei Tage freinehmen. Bestimmt erwartet niemand, in nächster Zeit von dir zu hören. Dein Partner ist momentan ausgeschaltet. Niemand wird dich vermissen, Robert. Und wenn sie anfangen, nach dir zu suchen …« Sie brauchte den Satz nicht zu vollenden.

»Aber bevor ich anfange, will ich dir noch eine ungefähre Vorstellung davon geben, was dich erwartet: Zuerst werde ich dich betäuben, um an deinem Kehlkopf zu arbeiten. Nichts Großartiges. Ehrlich gesagt, eine eher grobe Arbeit. Gerade genug, um deine Stimmbänder zu durchtrennen. Ich kann dich ja nicht zwei Tage lang hier herumschreien lassen.«

Vvvvvvvrum. Hunter hörte das durchdringende Geräusch eines elektrischen Bohrers hinter sich. Er holte tief Luft, doch er spürte, wie die Furcht die Überhand gewann.

»Dann«, fuhr sie fort, »wenn du wieder wach bist, werde ich Löcher durch deine Kniescheiben, Ellbogen und Fußknöchel bohren. Dadurch werden die Knochen in Hunderte winziger, messerscharfer Splitter zerbrechen. Jede noch so winzige Bewegung, ja, jeder Atemzug wird dir unsägliche Schmerzen verursachen. Das werde ich ein paar Stunden auskosten, bevor ich weitermache.«

Hunter schloss die Augen und versuchte, die Zuckungen unter Kontrolle zu bringen, die auf einmal durch seinen Körper jagten.

»Danach werde ich mit deinen Augen herumexperimentieren, mit deinen Zähnen, deinen Genitalien, deinem rohen Fleisch.« Sie lächelte teuflisch. »Aber keine Sorge, ich werde dafür sorgen, dass du dabei am Leben bleibst und bis zur letzten Sekunde leidest.«

Hunter verdrehte den Kopf nach hinten, doch er konnte sie nicht sehen. Zweifel überkamen ihn. Die Angst nistete sich ein, und er begann, seine Entscheidung zu bereuen. Vielleicht ging sein Plan doch nicht auf.

»Aber eins kommt zuallererst«, flüsterte Brenda.

Auf einmal spürte Hunter, wie er von hinten mit enormer Kraft an den Haaren gepackt und sein Kopf gewaltsam nach vorn gestoßen wurde. Er versuchte, sich zu wehren, doch er hatte schlicht und einfach nicht die Kraft dazu. Die Stahlklinge in seinem Nacken fühlte sich zuerst eiskalt an, dann brannte sie wie Feuer. Kein sehr tiefer Schnitt, das spürte er. Gerade genug für eine sichtbare Schnittwunde.

Das Doppelkreuz, zuckte es Hunter durch den Kopf. *Ich werde zum Töten markiert.*

»Warte …«, rief er. Seine Stimme war noch immer heiser, sein Hals trocken, brennend heiß. Er musste etwas tun. Zeit schinden. »Willst du denn nicht wissen, wo du einen Fehler gemacht hast? Willst du nicht wissen, weshalb du verlieren wirst?«

Er spürte, wie die Klinge von seinem Nacken weggezogen wurde. Ihr irres Lachen hallte durch sein Wohnzimmer. »Du kannst nicht mal richtig bluffen, Hunter. Ich habe keinen Fehler gemacht. Ich habe nie irgendetwas liegenlassen. Mein Plan war makellos«, sagte sie mit herablassender Arroganz. »Und ich glaube, du phantasierst allmählich. Darf ich dir mal die Fakten in Erinnerung rufen? Ich habe dich an einen Stuhl gefesselt. Du bist allein und schwach wie ein verwundetes Tier. Ich bin diejenige, die das Messer in der Hand hält, und du glaubst, ich werde verlieren?«

»Nun, du hast beinahe recht«, sagte er und hob den Kopf. Er spürte das Brennen der Fleischwunde in seinem Nacken. »Aber gestern Nacht, als ich alles herausfand – deinen Rachefeldzug gegen die Geschworenen, und wer du wirklich bist –, da bin ich auch darauf gestoßen, dass heute der Geburtstag deines Bruders wäre.«

Brenda kam hinter dem Stuhl hervor und stellte sich wieder vor Hunter. In der rechten Hand hielt sie eine blitzende Klinge, auf ihrem Gesicht lag ein Ausdruck von Faszination.

»Und da konnte ich mir ausrechnen, dass du es genauso willst«, fuhr Hunter fort. »Der letzte Akt deiner Rache am Geburtstag deines Bruders. Das perfekte Finale.«

»Sehr gut, Robert«, sagte sie und klatschte in die Hände. »Zu dumm, dass du ausgerechnet an deinem Todestag damit anfängst, endlich mal anständig deine Polizeiarbeit zu machen.«

»Deshalb …«, fuhr Hunter rasch fort, »habe ich, bevor ich das Morddezernat verließ, den Captain angerufen und ihm von meinen Entdeckungen erzählt, woraufhin er mich überwachen ließ.«

Brenda runzelte die Stirn. In ihren Augen lag ein Hauch von Zweifel.

»Als ich nach Hause kam, wusste ich sofort, dass etwas nicht stimmte. Ich wusste, dass jemand hier gewesen war. Und dass dieser Jemand du warst. Du wusstest, dass ich mir einen Drink oder zwei genehmigen würde, also hast du sämtliche Whiskyflaschen in meiner Bar mit Betäubungsmittel versetzt, weil du ja nicht wusstest, für welchen ich mich entscheiden würde. Allerdings hättest du sie wieder in der richtigen Reihenfolge zurückstellen sollen.«

Brendas Blick zuckte zu Hunters Bar hinüber und wieder zu ihm zurück.

»Sie stehen seit Jahren in genau derselben Reihenfolge. Ich stelle sie nie um.«

»Wenn du wusstest, dass die Flaschen präpariert waren, warum hast du dann trotzdem ein Glas getrunken?«, fragte sie in herrischem Ton.

»Weil ich wusste, dass du mich nicht auf diese Art umbringen willst. Das wäre nicht dein Stil. Es wäre ja keine Rache, wenn ich nicht einmal wüsste, wofür ich sterbe.«

Hunter spürte, dass Brenda unruhig wurde. Sein eigenes Herz raste, doch er versuchte, seine Stimme ruhig zu halten.

»Ich wusste, dass du in meiner Wohnung warst, ich konnte deine Gegenwart förmlich spüren. Ich wusste, dass du mich beobachten würdest, also tat ich so, als überprüfe ich nur die Nachrichten an meinem Telefon, während ich in Wirklichkeit den Captain anrief. Sieh in meine Jackentasche. Du wirst feststellen, dass mein Handy an ist. Und mit einem Blick aus dem Fenster wirst du sehen, dass das Gebäude umstellt ist. Du kommst hier nicht mehr raus. Das Spiel ist vorbei.«

Ihr Blick ruhte auf dem Fenster hinter Hunters Rücken. Auf ihrem Gesicht lag ein angespannter, verunsicherter Ausdruck. Sie hatte ihn unterschätzt, und sie wusste es.

»Du bluffst«, sagte sie mit nervöser Stimme.

»Geh zum Fenster«, wiederholte er lapidar.

Sie rührte sich nicht von der Stelle. Ihre Hand zitterte von dem

Adrenalin, das ihr durch den Körper jagte. »Nichts ist vorbei«, schrie sie auf einmal zornig auf und trat wieder hinter Hunters Stuhl.

Vollkommen unerwartet und mit lautem Krachen flog Hunters Wohnzimmertür auf, von den geborstenen Scharnieren segelten Holzsplitter durch die Luft. In einem Sekundenbruchteil waren drei Sondereinsatzkräfte der STU im Zimmer. Ihre Lasersichtgeräte warfen drei rote Punkte auf Brendas Brust, direkt über ihrem Herzen.

»Lassen Sie das Messer fallen! Sofort«, rief der Mann, der das Kommando hatte, im Befehlston. Doch Brenda hatte sich bereits hinter Hunter geduckt und praktisch ihren ganzen Körper hinter ihm in Deckung gebracht. Das Messer, das sie in der rechten Hand gehabt hatte, hielt sie nun mit beiden Händen, die Klinge horizontal gegen Hunters Kehle gepresst, als wollte sie ihn damit erdrosseln.

»Lassen Sie das Messer fallen«, befahl der Beamte erneut.

»Warten Sie …«, rief Hunter. Ihm war klar, was sie vorhatte. Sie hatte sich so positioniert, dass ihr gesamtes Körpergewicht sie nach hinten ziehen würde, weg von Hunters Stuhl. Durch die Klinge an seinem Hals würde er in dem Moment, in dem sie zu Boden sank, enthauptet. Wenn sie starb, dann starb er mit ihr. »Nehmen Sie die Waffen runter«, sagte Hunter.

»Nicht möglich, Sir«, kam sofort die Entgegnung.

Hunter wusste, dass die Officer keinen Rückzieher machen würden. Sie waren für Augenblicke wie diesen ausgebildet.

»Isabella … hör mir zu«, sagte er flüsternd. Er wollte sie nicht bei ihrem wirklichen Namen nennen, in der Hoffnung, dass noch ein Rest von Isabella in ihr steckte. »Diese Jungs haben ziemlich nervöse Finger. Sie werden nicht zögern, dich zu erschießen. Sie werden auch nicht zögern, mich zu erschießen, um dich zu kriegen.« Hunter versuchte, so ruhig wie möglich zu sprechen. Er kannte sich aus mit Stresssituationen. Er wusste, dass Leute in solchen Situationen die Anspannung absorbierten, die um sie herum herrschte. »Bitte lass es nicht so enden. Es gibt Leute, die dir helfen können, die dir helfen wollen. Ich verstehe, welchen Schmerz du durchgemacht hast, aber der Schmerz kann ein Ende haben.«

»Du wirst diesen Schmerz nie verstehen«, gab sie flüsternd zurück.

»Doch, ich verstehe ihn. Du hast es doch gesehen, das hast du selbst gesagt. Nachdem ich meinen Partner und meine einzige Cousine verloren hatte, hat mich der Schmerz fast aufgefressen. Ich war komplett am Boden, trotzdem bin ich da nicht geblieben. Gib uns die Chance, dir zu helfen.«

»Du willst mir helfen?«, fragte sie, und ihre Stimme klang jetzt ein klein wenig sanfter.

»Ja, lass mich dir helfen, bitte.«

»So wie du heute deinem Partner geholfen hast, Robert?« Ihr italienischer Akzent war wieder da. Hunter spürte, dass die Frau hinter ihm nicht mehr Brenda war.

»Ja … so wie ich Carlos geholfen habe.« Hunters Stimme war jetzt ganz fest.

Er spürte, wie sich der Druck der Klinge an seinem Hals noch um einen Hauch verstärkte und die Haut zu reißen begann.

»Würdest du für mich dasselbe tun, Robert?«, flüsterte sie ihm ins rechte Ohr. »Würdest du dein Leben für meines riskieren?«

»Sie haben drei Sekunden, um das Messer fallen zu lassen, dann erschießen wir Sie da, wo Sie stehen«, wies der Officer sie erneut an, diesmal hörte man ihm an, dass er gereizt war.

Hunter wusste, dass ihm nicht mehr viel Zeit blieb.

»Willst du mir nicht antworten?«, fragte sie noch einmal.

Einen Sekundenbruchteil lang herrschte Stille.

»Ja …«, sagte er flüsternd. »Ich würde mein Leben für deines riskieren.« Hunter spürte förmlich ein scheues Lächeln auf ihren Lippen, dann nahm sie die Klinge von seinem Hals. Blitzschnell stand sie auf, und noch bevor einer der Beamten des Sondereinsatzteams die Chance hatte, seine Waffe abzufeuern, stieß sie sich das Messer tief in den Bauch. Die laserscharfe Klinge schnitt mit verblüffender Leichtigkeit und chirurgischer Präzision durch Haut und Muskelgewebe. Ein Schwall warmer Flüssigkeit spritzte auf Hunters Nacken.

»Nein!«, schrie er heiser.

»Herr des Himmels«, entfuhr es dem Leiter des STU-Teams. Er senkte seine Waffe. »Holt die Sanitäter rein, schnell«, befahl er. Sie eilten zu Hunter und Brenda, die jetzt auf dem Boden lag. Die Blutlache um sie herum wuchs mit rasender Geschwindigkeit.

Der kommandierende STU-Beamte löste mit seinem eigenen Messer rasch Hunters Fesseln. Hunter fiel nach vorn auf die Knie, er zitterte am ganzen Körper.

»Sind Sie okay, Sir?«, fragte der Officer.

Hunter antwortete nicht. Seine Augen waren gebannt auf Brendas schlaffen Körper gerichtet. Einer der Männer hielt ihren Kopf in den Händen. Hunter spürte, wie das Leben aus ihr entwich. Der Gesichtsausdruck des Mannes spiegelte ihm wider, was er selbst bereits wusste.

70

VIER TAGE SPÄTER.

Hunter öffnete langsam die Tür zu Garcias Zimmer und spähte hinein. Anna stand neben seinem Bett und strich ihm über den Arm.

»Ist er wach?«, fragte Hunter leise.

»Ja, ich bin wach«, antwortete Garcia mit noch schwacher Stimme und wandte den Kopf zur Tür.

Hunter strahlte und trat ein. Unter dem Arm hatte er eine Schachtel Pralinen.

»Du bringst mir was mit?«, fragte Garcia mit besorgter Miene.

»Himmel, nein … das ist für Anna«, erwiderte Hunter und reichte Anna die Schachtel.

»Oh! Danke sehr!«, sagte sie, nahm das Geschenk entgegen und drückte Hunter ein Begrüßungsküsschen auf die Wange.

»Was ist denn hier los?«, fragte Garcia. »Pralinen, Küsschen … als Nächstes kommst du wahrscheinlich zu mir nach Hause zum Abendessen.«

»Und ob er das wird«, bestätigte Anna. »Ich habe ihn schon eingeladen. Sobald du wieder zu Hause bist.« Sie lächelte so liebevoll, dass das ganze Zimmer heller zu werden schien.

»Wie geht's dir, Partner?«, fragte Hunter.

Garcia schaute auf seine bandagierten Hände hinunter. »Nun, abgesehen von den unbeabsichtigten Löchern in meinen Händen, den tiefen Kratzern an meinem Kopf und davon, dass ich mich fühle, als wäre ich von der Golden Gate Bridge gefallen, prächtig. Und dir?«

»Vermutlich in etwa genauso«, erwiderte Hunter ohne Überzeugung.

Garcia warf Anna einen Blick zu, den sie sofort verstand.

»Ich lasse euch beide mal einen Augenblick allein. Ich will sowieso in die Cafeteria hinunter«, sagte sie und beugte sich über Garcia, um ihm einen Kuss auf die Lippen zu geben. »Muss mich doch um meine Pralinen kümmern«, zog sie ihn auf.

»Heb mir ein paar auf«, sagte Garcia mit einem Augenzwinkern.

Als sie hinausgegangen war, sprach Garcia als Erster.

»Ich hab gehört, du hast ihn gekriegt.«

»Ich habe gehört, du erinnerst dich kaum an etwas«, erwiderte Hunter.

Garcia schüttelte langsam den Kopf. »Ich kann mich an nichts Konkretes erinnern. Vereinzelte Erinnerungssplitter, aber ich wäre nicht einmal in der Lage, den Killer zu identifizieren, wenn ich müsste.«

Hunter nickte, und Garcia bemerkte einen Anflug von Bedrücktheit in seinem Blick. »Ich habe zwar alles herausgefunden, aber gekriegt habe ich sie nicht«, sagte er und trat näher an Garcias Bett.

»Wie bist du draufgekommen?«

»Joe Bowman …«

Garcia runzelte die Stirn und versuchte, sich an den Namen zu erinnern. »Der Fitnessstudio-Manager? Der Bodybuilder?«

Hunter nickte. »Ich wusste, dass ich ihn schon mal irgendwo gesehen hatte, aber er redete mir ein, dass es in einem Fitnessmagazin gewesen sein müsse. Der Groschen ist erst gefallen, als D-King etwas von Geschworenen, Richtern und Vollstreckern sagte.«

»D-King?«, fragte Garcia überrascht nach. »Der Drogen-Dealer?«

»Lange Geschichte. Erzähl ich dir später mal. Jedenfalls hat mich das auf den Spencer-Fall gebracht. Bowman war einer der Geschworenen. Er sah damals noch ganz anders aus, kein Bodybuilding, viel schmaler. Aber als es mir wieder einfiel, war ich mir ganz sicher.«

Garcias Miene bedeutete Hunter weiterzuerzählen.

»Danach fand ich heraus, dass alle Opfer irgendeine Beziehung zu Geschworenen aus dem Spencer-Fall hatten: Manche waren mit ihnen verwandt, manche waren heimliche Geliebte, so wie Victoria Baker. Du weißt ja, sie war Joe Bowmans Geliebte, er ist verheiratet.«

Garcia nickte schweigend. »Und George Slater?«

»Er hatte einen homosexuellen Liebhaber, Rafael, der Geschworener war. Wir haben gestern mit ihm gesprochen.«

»Weiß es seine Frau?«

»Ich denke nicht. Und ich denke, sie braucht es auch nicht zu erfahren. Das würde ihr nur noch mehr zusetzen.«

»Stimmt. Das heißt, wir lagen richtig mit unserer Vermutung, dass er eine Affäre hatte.«

Hunter nickte. »Mein Problem war, herauszufinden, wer nun der Killer war. Ganz offensichtlich ging es um den John-Spencer-Fall, um Rache – aber wer war es?«

»Jemand aus der Familie«, sagte Garcia.

»Nichts ist stärker als Familienbande«, sagte Hunter mit einem Nicken. »Als ich dann weiterrecherchierte, stellte sich aber heraus, dass er nur noch eine Schwester hatte … eine Adoptivschwester.«

»Adoptivschwester?«

Noch ein Nicken. »Brenda wurde mit neun Jahren von der Familie adoptiert. Nicht, weil sie ein Waisenkind war, sondern weil ihre biologischen Eltern sie misshandelten und das Jugendamt sie aus der Familie geholt hatte. Die Spencers adoptierten sie und gaben ihr die Liebe, die sie nie bekommen hatte. Sie fühlte sich bei ihnen sicher und behütet. Die Spencers wurden ihre eigentliche Familie. Der Tod ihrer Ersatzeltern und ihres Bruders muss in ihrem Unterbewusstsein etwas ausgelöst haben. Vielleicht das beängstigende Gefühl, wieder allein zu sein. Vielleicht die Erinnerungen an die Misshandlungen, die ihr als Kind widerfahren waren. Vielleicht auch die Angst, wieder in ihre ursprüngliche Familie zurückgeschickt zu werden.«

Garcia machte ein verständnisloses Gesicht.

»In traumatischen Situationen, wie sie sie erlebt hat«, erklärte Hunter, »wenn man beispielsweise seine komplette Familie in so kurzer Zeit verliert, kann es vorkommen, dass das Gehirn keinen Unterschied mehr zwischen verschiedenen Altersstufen macht. Es holt einfach die entsprechenden Erinnerungen aus dem Unterbewusstsein nach oben. Die ganze Angst und Wut, die sie als Kind erlebt haben muss, kam dann mit derselben Intensität oder womöglich noch stärker zurück und gaben ihr wieder das Gefühl, ein hilfloses kleines Mädchen zu sein. Dadurch könnte eine Art maßloser Zorn, ein schlummerndes Böses in ihr erwacht sein. Sie beschuldigte alle, die in den Fall ihres Bruders involviert waren, ihr die Familie geraubt zu haben. Vor allem die Geschworenen, Scott und mich. Das konnte sie nicht ungestraft lassen.«

»Wann wusstest du, dass es Isabella war?«

»Nachdem ich auf John Spencer gekommen war. Da seine Schwester die einzige noch lebende Verwandte war, brauchte ich nur noch herauszufinden, wer sie war. Eine weitere Recherche ergab, dass sie kurz nach dem Tod ihres Adoptivvaters in eine Anstalt eingeliefert worden war.«

»In eine Anstalt?«

»Ja, in San Francisco, wo sie damals lebte. Nachdem ihr Vater gestorben war, ging ihre Wut mit ihr durch, und sie verlor anscheinend die Kontrolle ... ist ausgerastet, hat ihre Wohnung demoliert und fast ihren Freund umgebracht, mit dem sie damals zusammenlebte.«

»Sie wurde also verhaftet«, sagte Garcia. Mehr eine Feststellung als eine Frage.

»Zunächst ja, aber dann wurde sie in die Psychiatrie eingewiesen, ins Langley Porter Psychiatric Hospital, wo sie ein paar Jahre verbrachte. Ich habe inzwischen das San Francisco Police Department angerufen, und die haben mir das Verhaftungsprotokoll inklusive Foto geschickt. Sie sah damals ganz anders aus. Eine andere Haarfarbe und -länge, ja, sie sah, ehrlich gesagt, älter aus, so als ob das, was sie durchgemacht hatte, ihr alle Lebenskraft geraubt hätte. Doch es bestand kein Zweifel. Ich wusste, wer sie war.« Hunter ging zum Fenster und schaute hinaus. Es war ein herrlicher Tag, keine Wolke am Himmel. »Und dann fiel mir ihre CD-Sammlung wieder ein, und jeglicher Zweifel, den ich noch hatte, war ausgeräumt.«

»Ihre CD-Sammlung?«

»An dem Abend, als sie mich zum Essen bei sich einlud, habe ich in ihrer CD-Sammlung gestöbert.«

Garcia machte ein Gesicht, als wollte er sagen: *Was hat das denn geholfen?*

»Die ganze Sammlung bestand aus Jazz-CDs, mit Ausnahme einer Handvoll Rock-Alben, alle signiert, und zwar nicht von den Musikern, sondern vom Produzenten – John Spencer. Was ich damals nicht wusste, war, dass Spencer nie mit ›John Spencer‹ signierte – so war er in der Musikbranche nicht bekannt. Seine Autogramme gab er immer als Specter J. Wohl sein Rock-Pseudonym oder so was – das habe ich dann im Internet herausgefunden. Deshalb ist mir auch nichts aufgefallen, als ich die Autogramme sah. Da stand etwas wie, *Von Big B, in Liebe*. Ich nahm einfach an, dass das irgend so ein verrückter Künstlername war, wie ihn sich Leute aus der Musikszene geben, Du weißt schon, wie Puffy oder LL Cool J. Specter J und Big B sagten mir einfach nichts.«

»*Big Brother?*«, fragte Garcia nach.

Hunter nickte. »John Spencer war ein Jahr älter als Brenda.«

»Also hatte sie während der Jahre in der Psychiatrie alle Zeit der Welt, ihren Plan zu schmieden.«

»Einige Jahre, ja«, bestätigte Hunter.

»Daher auch die Zeitverschiebung zwischen dem Spencer-Fall und dem ersten Kruzifix-Mord.«

Noch ein Nicken von Hunter. »Und gestern fand ich auch noch heraus, dass sie beim Militär war.«

»Beim Militär?«

»Ja, gewissermaßen. Sie war Chirurgin, anscheinend sehr begabt. Zu Beginn ihrer Berufslaufbahn verbrachte sie zwei Jahre im Ärzteteam der US-Truppen in Bosnien-Herzegowina und kümmerte sich um die Opfer von Landminen.«

»Das ist nicht dein Ernst!« Garcia zog vor Verblüffung die Brauen hoch – dann dämmerte es ihm. »Der Sprengstoff!«

»Genau. Dort muss sie ihre Kenntnisse im Umgang mit Sprengstoff herhaben. Grundkenntnisse über Minen, Sprengstoffe, Zündmechanismen, Sprengkraft und Reichweite von Explosionen und solche Sachen gehören zur Ausbildung. Sie muss damals Zugang zu sämtlichen Handbüchern gehabt haben.«

»Sie musste also nur noch wissen, wo sie suchen und an wen sie sich wenden musste, um das Rohmaterial zu beschaffen.«

»Genau.«

Eine kurze Stille trat ein. »Und dieses Phantombild, das sie uns gegeben hat?« Garcia ahnte die Antwort schon.

»Nur ein Ablenkungsmanöver. Ich hatte an dem Abend gedankenverloren herumgekritzelt und dabei das Doppelkreuz gemalt. Ein unbewusster Reflex, weil ich gedanklich ständig bei dem Fall war. Isab …« Hunter unterbrach sich und setzte noch einmal neu an. »Brenda«, korrigierte er sich, »war sehr clever, sie konnte blitzschnell auf Situationen reagieren und erkannte sofort, dass sich ihr hier eine perfekte Gelegenheit bot, uns auf eine falsche Fährte zu schicken, und so kam sie mit dieser erfundenen Geschichte von dem Typen, der sie in der Bar ansprach. Jemand mit einem tätowierten Doppelkreuz auf dem Handgelenk. Nun brauchte sie uns nur noch eine erfundene Beschreibung zu geben, und schon lief unsere Untersuchung in eine völlig falsche Richtung.«

»Wir haben zwei Wochen damit vergeudet, diesem Phantom hinterherzujagen.«

»Und wir hätten noch mehr Zeit damit verschwendet«, stimmte Hunter zu. »Wir hatten ja keinen Grund, ihr zu misstrauen. Wir dachten, wir hätten eine heiße Spur.«

»Und woher wusstest du, dass sie an diesem Abend kommen würde?«

»Drei Hinweise. Erstens, sie war mit den Geschworenen fertig.«

»Aber es gab nur neun Opfer, und es waren zwölf Geschworene.«

»Die anderen drei waren inzwischen eines natürlichen Todes gestorben, an denen konnte sie sich nicht mehr rächen. Scott, mein Partner, der andere zuständige Detective bei dem Fall, war bereits tot …« Hunter hielt inne, als er daran dachte, was Brenda ihm vor vier Tagen erzählt hatte. Er musste tief Luft holen, bevor er fortfuhr. »Ich war als Einziger noch übrig.«

»Nicht gerade eine beneidenswerte Position«, witzelte Garcia.

Hunter nickte. »Zweitens, es war John Spencers Geburtstag. Der Tag schlechthin für ihre Rache. Das ultimative Geburtstagsgeschenk an ihren Bruder und ihre Familie.«

Eine lange Pause folgte.

»Und drittens?«, fragte Garcia schließlich. »Du hast was von drei Hinweisen gesagt.«

»Dass ich dein Kreuz getragen habe.«

»Wie bitte? Ich kann dir nicht folgen.« Garcia rutschte auf dem Bett herum, um sich anders hinzulegen.

»Die vollkommenste Analogie für jemandes letzten Tag auf Erden.«

Garcia überlegte. »Das Kreuz auf seinem Rücken zu tragen. Jesus' letzter Tag auf Erden«, führte er Hunters Gedanken laut aus.

Hunter nickte wieder. »Mir war klar, dass mir nur ein paar Stunden blieben, um mir etwas einfallen zu lassen. Ich wusste, dass sie in dieser Nacht kommen würde.«

Hunter drehte sich erneut zum Fenster. Sein Blick schien ins Leere gerichtet zu sein. Vorsichtig berührte er die Schnittwunde in seinem Nacken, die noch nicht ganz verheilt war.

»Wenn du dir sowieso fast sicher warst, dass es Isabella war, warum hast du dir dann all das angetan? Dein Leben zu riskieren, sie so nahe an dich ranzulassen? Warum hast du sie nicht einfach verhaftet?«, fragte Garcia und suchte erneut nach einer anderen Liegeposition.

»Ich hatte keine Beweise, nur Indizien. Eine verrückte Rachetheorie. Und du weißt ja, dass wir nichts Handfestes von dem Killer haben, keine DNA, keine Fingerabdrücke, nichts, was sie auch nur mit einem der Opfer oder Tatorte in Verbindung bringen könnte. Hätten wir sie verhaftet, wäre sie in kürzester Zeit wieder draußen gewesen, und dann hätten wir sie garantiert für immer verloren. Meine einzige Chance war, sie an mich heranzulassen.«

»Also hast du ihr eine Falle gestellt. Eine verdammt gefährliche Falle.«

Noch ein Nicken. »Mir ist nichts anderes eingefallen, mir lief die Zeit davon.«

»Wie konnte sie zu all diesen Morden fähig sein? Zu diesem Grauen?«, wollte Garcia wissen.

»Das werden wir nie mit Sicherheit sagen können. Aber wenn sie mit einem der Opfer allein war, dann mutierte sie zu einer anderen Person. In ihren Augen loderten Hass und Zorn. Sie war zu allem fähig, ich weiß es. Ich habe es in ihren Augen gesehen. Ich konnte die Aura des unermesslichen Zorns, die sie umgab, buchstäblich spüren.«

Garcia beobachtete seinen Partner eine Weile. »Geht es dir gut?«, fragte er.

»Mir geht es gut«, erwiderte Hunter zuversichtlich. »Und ich bin froh, dass es endlich vorbei ist.«

»Das kannst du laut sagen«, sagte Garcia und hob seine bandagierten Hände.

Sie mussten beide lachen.

»Solange mich Captain Bolter nicht zu einem Schreibtischjob verdonnert.«

»Keine Chance«, sagte Hunter. »Du bist mein Partner. Wenn ich hinter den Bösen her bin, bleibt dir gar nichts anderes übrig, als mitzukommen.«

Garcia lächelte. »Danke, Robert«, sagte er in ernsterem Ton.

»Schon gut. Ich würde sowieso nicht zulassen, dass Captain Bolter dich am Schreibtisch versauern lässt.«

»Nicht dafür … Ich meine, danke, dass du dein Leben riskiert hast … um meins zu retten.«

Hunter legte seinem Partner die Hand auf die linke Schulter. Keiner sagte mehr etwas. Worte waren nicht notwendig.

DR. WINSTON ÖFFNETE DIE TÜR zu seinem Autopsieraum im Keller des Rechtsmedizinischen Instituts und bat Captain Bolter herein.

»Und, was haben wir?«, fragte der Captain ohne Umschweife. Wie die meisten Menschen bekam auch er hier unten eine Gänsehaut und wollte am liebsten so schnell wie möglich wieder draußen sein.

»Die Todesursache war eine tiefe Schnittwunde im Bauch mit Verletzungen von Magen, Darm und Bauchaorta in Verbindung mit massiven Blutungen. Als sie sich das Messer in den Bauch stieß, hat sie es von links nach rechts gezogen, ein wenig wie bei dem japanischen Ritual«, erklärte Dr. Winston, während er den Captain zu der Leiche auf dem Seziertisch führte.

»Harakiri?«

»Sozusagen, auf alle Fälle mit demselben Effekt. Sie wusste, dass sie binnen kürzester Zeit tot sein würde. Keine Überlebenschance.«

Sie schauten beide eine Weile schweigend auf die Leiche.

»Nun«, sagte der Captain schließlich, »ich muss zugeben, ich bin froh, dass das alles endgültig vorbei ist.«

»Geht mir ebenso«, erwiderte Dr. Winston lächelnd. »Wie geht es Garcia?«, fragte er, um das Thema zu wechseln.

»Schon besser. Er wird noch etwas Zeit brauchen, aber er wird wieder.«

»Und Hunter?«

»Ist noch ein wenig mitgenommen. Er macht sich Vorwürfe, dass er nicht früher darauf gekommen ist.«

»Verständlich. Der Killer ist ihm sehr nahegekommen, zu nahe, genaugenommen. Sowohl psychisch als auch physisch. Aber ich wüsste keinen anderen Detective, der da lebend herausgekommen wäre.«

»Ich auch nicht«, sagte Captain Bolter. Sein Blick ging zurück zu der Leiche. »Nun, sie ist tot. Eine Woche, und Hunter wird drüber hinweg sein und an seinem nächsten Fall sitzen.«

»Ganz bestimmt. Allerdings, da wäre noch was, weswegen ich Sie überhaupt hergebeten habe.«

Der Captain machte ein gespanntes Gesicht und wartete darauf, dass Dr. Winston fortfuhr.

»Hunter wird den Obduktionsbericht sehen wollen.«
»Und?«
»Ich denke, ich sollte darin eine Änderung vornehmen.«
Captain Bolter warf ihm einen beunruhigten Blick zu. »Weshalb das denn?«
Dr. Winston nahm ein Blatt Papier von seinem Schreibtisch und reichte es dem Captain, der es aufmerksam durchlas. Etwa auf der Mitte der Seite riss er verdutzt die Augen auf.
»Und Sie sind sich sicher?«, fragte er Dr. Winston, während er zu ihm aufblickte.
»Absolut.«
»Wie alt?«
»Der Größe des Embryos nach zu urteilen, nicht älter als vier bis fünf Wochen.«
Captain Bolter fuhr sich mit der Hand durchs Haar, bevor er den Autopsiebericht noch einmal las. »Das ist ungefähr um die Zeit, als sie sich kennenlernten, nicht wahr?«
»Das war auch mein Gedanke«, sagte Dr. Winston.
»Sind Sie sicher, dass es von ihm ist?«
»Nein … das könnte nur ein DNA-Test beweisen. Aber sie lebte nur für ein Ziel. Und sie erscheint mir nicht als der Typ, der ständig Affären hat – nicht, wenn sie ihre gesamte Energie darauf richtet, den Tod ihrer Familie zu rächen und an Hunter heranzukommen.«
Captain Bolter legte den Bericht zurück auf den Schreibtisch. Eine Minute verging in beiderseitigem Schweigen, bevor der Captain weiterredete.
»Es würde Hunter nicht guttun, wenn er davon erführe.«
»Ganz meine Meinung. Das ist das Letzte, was er jetzt brauchen kann.«
»Wer weiß sonst noch davon?«
»Nur Sie und ich.«
»Dann belassen wir es dabei. Streichen Sie es aus Ihrem Bericht«, sagte der Captain bestimmt.

»Ich habe gehört, du erhältst eine Belobigung vom Polizeipräsidenten und vom Bürgermeister persönlich«, sagte Garcia, während Hunter sich ein Glas Wasser aus dem Krug neben Garcias Bett einschenkte.

»Du auch.«

Garcia zog überrascht die Augenbrauen hoch.

»Wir sind Partner, schon vergessen? Wir haben diesen Fall gemeinsam bearbeitet.«

Garcia lächelte.

»Nicht schlecht für deinen ersten Fall als Detective beim Morddezernat«, zog Hunter ihn auf.

»Stimmt. Nicht schlecht für jemanden, der in Zukunft durch seine Hände pfeifen kann«, sagte Garcia, bewegte dazu seine rechte Hand vor den Mund vor und zurück und tat, als ob er hindurchpfeifen würde.

Sie brachen in Gelächter aus.

Ein sanftes Klopfen an der Tür ließ sie aufschauen. »Ich habe euer Lachen den halben Gang runter gehört«, sagte Anna, als sie eintrat. »Schön, euch beide fröhlich zu sehen.«

»Das ist es«, sagte Hunter, die Hand auf Garcias Arm gelegt. »Das ist es allerdings.«